KB058267

와인의 역사

A SHORT HISTORY OF WINE

by Rod Phillips

Copyright ⓒ 2000 by Rod Phillips

All right reserved.

The moral right of the author have been asserted.

The Korean edition was published by arrangement with

Penguin Books Ltd., Londin through Korea Copyright Center, Seoul.

와인의 역사

A Short History of Wine

로드 필립스 지음 | 이은선 옮김

시공사

와인을 마실 때는 왕처럼, 물을 마실 때는 황소처럼.

프랑스 속담

contents

들어가는 글

1999년 10월, 이란 대통령이 프랑스를 국빈 방문하려던 계획이 무산되었다. 이유는 와인 때문이었다. 이란 대통령은 이슬람 율법에 따라서 와인을 마실 수 없을 뿐만 아니라 와인이 나오는 자리에 참석할 수도 없다고 주장했다. 프랑스의 행사 관계자는 와인—물론 프랑스 와인을 말한다—이 없는 만찬은 상상할수도 없다고 반박했다. 결국 만찬은 취소되었고 국빈 방문에는이에 상응하는 만찬이 따라야 한다는 외교 관례 때문에 이란 대통령의 방문은 '국빈 방문'에서 '공식 방문'으로 격이 낮아졌다.

살얼음판 같은 외교 관계에 금이 가지는 않았지만 이로 인해와인의 역사는 세간의 관심사로 부각되었다. 다양한 문화가 오랜 시간을 거치면서 와인에 어떤 의미를 부여해 왔는지를 알아야 이와 같은 상황을 이해할 수 있기 때문이었다. 이란의 입장에서 보면 와인은 마호메트가 7세기 초에 금지시킨 술이다. 마호메트는 와인 즉 술이 즐겁고 화기애애한 분위기를 낳지만 정도가 지나치면 폭력적이고 파괴적인 결과로 이어지는 것을 보고신도들에게 금주령을 내렸다. 술은 나중에 천국에서 즐기고 지상에서는 삼가라는 것이었다.

반면에 오랜 역사 동안 와인을 매우 긍정적인 시각으로 대해 온 프랑스의 입장에서는 와인이 국빈 만찬에 없어서는 안 될 도구였다. 프랑스인들이 보기에 와인은 저주가 아니라 축복이었고, 수천 년 동안 인간 관계와 동맹 관계를 원활하게 다지는 역할을 했으며, 중요한 행사마다 어김없이 등장하는 음료였다. 프랑스가 국빈 만찬에 예외를 두지 않았던 이유는 오랜 세월 동안 와인과 맺어 온 특별한 관계 때문이다. 다른 나라였다면 이란 대통령의 종교적인 입장을 감안해서 물이나 주스로 대체했겠지만 프랑스에서 와인은 국가적인 아이덴티티의 표현이었다. 만찬석에 놓인 프랑스산 고급 레드 와인과 화이트 와인은, 붉은색, 하얀색, 파란색으로 이루어진 국기와 마찬가지로 프랑스를 대표하는 상징이었다.

'1999년 프랑스 · 이란 와인 사건'은 역사의 뒤안길로 묻혀 버리겠지만, 이 사건을 보면 와인만큼 역사적 · 문화적 상징성을 띠고 있는 식품이나 음료가 또 있을까 하는 생각이 든다. 최근 빵이나 아침식사 대용으로 쓰이는 시리얼, 맥주, 커피의 역사까지 거론되는 것을 보면 알 수 있듯이 우리가 날마다 먹고 마시는 음식에는 저마다의 과거가 숨어 있다. 하지만 서양의 식탁에서 와인만큼 그 역사가 풍부하고 복잡한 것은 없다. 이 책은 바로 그 와인의 역사를 소개하기 위한 것이다.

와인의 역사는 의외로 간단하게 여겨질 수도 있다. 경제적인 관점에서 보자면 와인은 많은 지역에서 중요한 역할을 담당해 왔고 지금도 그중 일부 지역은 주요 와인 생산지로 각광을 받고 있다. 와인은 프랑스, 이탈리아, 에스파냐, 포르투갈 등지의 경제와 수출에 상당한 영향을 미치고 있으며 보르도, 부르고뉴, 도루 강, 헤레스에서는 지역 경제를 책임지는 주춧돌과 다름없다. 게다가 오스트레일리아, 칠레 및 기타 동유럽 국가에서는 와인 수출이 차지하는 비중이 점차 높아지고 있다.

오늘날 주요 와인 생산지의 분포도는 자연적 · 사회적 환경의 변화에 따라 부침을 거듭한 와인의 역사가 낳은 결과이다. 하지만 이 책을 보면 알 수 있듯이 와인의 역사에는 자연적인 요소와 인간적인 요소가 복잡하게 얽혀 있다. 포도 재배가 가능해야 와인을 만들 수 있다는 점에서 환경은 중요한 역할을 한다. 그러나 한때 유명한 와인으로 각광을 받았지만 사회 · 문화 · 경제의 변화로 인해 현대에는 그 생산을 거의 혹은 완전히 중단한 지역도 있다. 즉 소비자의 기호 변화에 적응을 하지 못했거나 값싼 와인의 공격에 무너진 것이다.

한편 최근까지만 하더라도 와인 산업의 발전 가능성이 거의 없었던 지역에서 와인을 생산하기도 한다. 오늘날 미국의 거의 모든 지역과 캐나다 동부, 뉴질랜드 최남단에서 포도 재배가 활발하게 이루어지는데 이는 하천과 삼림, 토질이 주변 지역과 다른 덕분이기도 하지만 실상 인간의 노력이 빚은 결과로 보아야 한다. 포도 재배와 와인 제조 기술은 여러 가지 환경적인 장애를 극복하며 발전했다. 인류는 추위와 병충해에 강한 품종으로 포도를 개량했고, 가지치기, 나무 사이의 간격 넓히기 등을 통해 포도의 숙성도를 높였고, 햇빛이 부족한 지역에서는 설탕을 넣어 와인의 알코올 도수를 높였다.

이와 같은 기술로 환경의 영향을 어느 정도 극복할 수는 있지만 그래도 포도 재배는 기후와 토양의 영향을 많이 받는 산업이다. 사막이나 북극 지방에서 포도나무를 기를 수는 있겠지만 경제적인 측면에서 보자면 이는 무의미한 발상이다. 뿐만 아니라 포도나무가 잘 자라는 지방이라 하더라도 수요가 없으면 와인을 생산할 이유가 없다. 즉 생산과 운송, 판매에 따르는 비용을 기꺼이 지불하는 소비자들이 있어야 한다는 뜻이다. 소비자들이 이러한 대가를 지불하는 이유로는 사회적·의학적 측면 외에도 종교적인 측면을 들 수 있을 것이다.

와인 생산은 판매 가능성에 의해서도 좌우되는데, 예로부터 관세 장벽과 운송상의 문제점은 와인의 판매를 방해하는 요소로 작용해 왔다. 프랑스 와인의 경우에는 포르투갈 와인이 누리는 관세 특혜 때문에 1703년에서부터 1860년까지 150여 년 동안 영국 시장으로 수출하는 데 어려움을 겪었다. 그리고 무겁고 깨지기 쉬운 나무통이 보관 용기로 쓰이던 시절에는 운송상의 불편함 때문에 포도 재배를 포기한 지방도 있었다. 반면에 캘리포니아와 랑그 도크에서는 1800년대 후반 들어 철도가 개설되면서 와인 생산 붐이 일었다.

포도가 와인으로 만들어지고 소비자에게 전달되기까지의 과정은 인간과 환경의 합작품이며 와인의 역사는 인간과 환경이 어우러져 이룬 이야기이기도 하다. 하지만 자연이 선물한 포도와 기술만 있다고 해서 와인을 만들 수 있는 것은 아니다. 포도 재배업자와 와인 생산업자들은 혹독한 추위, 화산, 홍수, 가뭄, 전염병, 병충해 등 자연과의 전쟁을 치러야 하는 동시에 인간이 만들어 놓은 여러 가지 장애물도 극복해야 한다.

인간과 자연의 팽팽한 긴장 관계는 와인의 역사에서 꾸준히 등장하는 단골 소재이며 그 갈등은 인간이 포도나무를 심는 첫 단계부터 시작된다. 오스트레일리아의 어느 와인 생산업자는 와인 주조 방법을 다음과 같이 아주 천진난만하게 묘사했다.

와인을 만드는 방법은 아주 간단하답니다. 먼저 기름진 땅을 준비하세요.
여기다 훌륭한 품종의 포도나무 묘목을 심으세요.
자연이 물과 햇빛을 선물하면 포도나무가 열매를 맺지요.
이 열매를 따서 으깨고 발효시키고 숙성시킨 다음
마시기만 하면 됩니다.

이 간단명료한 글은 포도 재배와 와인 생산의 주요 단계를 깔끔하게 정리해서 보여 줄 뿐만 아니라 와인이 자연과 인간의 합작품이라는, 가장 근본적인 사실까지 담고 있다.
아주 간단하게 말하자면 와인은 발효라는 자연발생적인 과정의 산물이다. 와인과 포도의 성분이 정확하게 일치한다는 점으로 미루어 볼 때 포도알은 저마다가 작은 양조장이라고도 할 수 있다. 포도의 과육에는 수분, 과당, 펙틴이 들어 있고, 껍질은 타닌과 이스트의 공급원이며, 레드 와인과 로제 와인에 색을 입히는 역할을 한다. 포도가 와인으로 탈바꿈하는 과정은 간단하다. 과육을 으깨서 과당과 이스트를 섞고 발효될 수 있도록 상온에 보관하기만 하면 된다. 발효가 시작되면 과당이 알코올과 탄산가스로 변하면서 우리가 와인이라 부르는 음료가 탄생한다. 하지만 포도가 저절로 발효되는 것은 아니다. 과육을 으깨고 상온을 유지시켜 주는 인간의 노력이 있어야 한다. 뿐만 아니라 통이나 탱크, 병에 넣어서 공기를 완전히 차단하지 않으면 그것은 금세 식초로 변해 버린다.

아주 단순하게 이야기하자면 발효가 시작되는 조건을 만들어 주는 것이 와인 생산업자의 역할이다. 북아메리카 어느 도시의 부엌에서 농축 과즙으로 와인을 만드는 사람이든, 유럽 남부 어느 지방의 작은 포도밭에서 자신이 마실 와인을 빚는 사람이든, 세계 시장으로 수출하는 어느 기업에서 수백만 리터의 와인을 생산하는 사람이든, 부르고뉴나 보르도의 소규모 농원에서 세계적으로 유명한 와인 몇 천 상자를 만드는 사람이든 이 점에서는 마찬가지이다.

구석기 시대의 사람들은 야생 포도를 으깨서 움푹 들어간 바위에 넣고 식초로 변하기 전에 얼른 마셔 버렸을 것이다. 하지만 인간이 들이는 노력은 시대를 더해 가면서 꾸준히 증가했다. 사람들은 포도나무를 정성껏 가꾸었고, 와인으로 만들기에 가장 적합한 품종을 선택 · 개량했다. 또한 사람들은 발효 과정을 꼼꼼히 따졌고, 특별한 맛을 내기 위해 여러 가지 조치를 취했다. 인간의 역할은 발효가 시작될 수 있도록 여건을 조성하는 단순한 것에서, 원하는 결과가 나올 수 있도록 와인 제조 과정을 조율하는 역할로 서서히 발전한 것이다.

와인의 역사상 지금처럼 인간의 역할이 강조된 적은 없다. 우리가 마시는 와인 한 병은 수많은 선택이 낳은 결과물이다. 어디에 포도나무를 심을 것인지, 어떤 품종을 재배할 것인지, 포도나무 사이의 간격을 얼마나 넓게 할 것인지, 어떤 식으로 가지치기를 할 것인지, 비료를 뿌릴 것인지 말 것인지, 잎을 솎아 낼 것인지 말 것인지, 언제, 어떤 식으로 포도를 수확할 것인지……한마디로 말해서 와인용 포도 재배는 해당 품종의 특징을 최대한 살리면서 수확량, 당도, 농도 면에서 타깃 층의 요구 조건을 만족시켜야 하는 복잡한 산업이다.

와인 주조 과정에서도 선택의 갈림길은 계속된다. 포도를 어떤 식으로 압착하고 발효시킬 것인지, 발효시킬 때 껍질을 넣을 것인지 뺄 것인지, 발효를 언제 중단할 것인지, 와인에 앙금을 남겨 놓을 것인지 제거할 것인지, 설탕이나 산을 넣을 것인지 말 것인지, 여러 가지 품종을 어떤 비율로 섞을 것인지, 방부제나 기타 첨가물을 사용할 것인지, 와인을 걸러 낼 것인지, 통이나 탱크나 병에 넣고 어느 정도 숙성시킬 것인지, 언제쯤 출시할 것인지……

경험과 전통과 과학적인 연구에 따라 수천 년 동안 발전을 거듭한 포도 재배와 와인 생산업은 나름대로의 역사를 가지고 있다. 포도 덩굴은 격자시렁이 일반화되기 전까지는 다른 나무를 버팀목으로 삼았다. 포도를 압착하는 도구는 발에서 손을 거쳐 기계로 옮아 갔고, 포도를 수확하는 데에서도 기계가 손을 대체했다. 그리고 알코올 도수를 높이기 위해 동원된 수단으로, 포도를 햇빛에 말리는 방식부터 과즙에 설탕을 넣거나 와인에 브랜디를 섞는 방식까지 다양한 시도가 이루어졌다.

와인의 성격은 포도의 품종에 따라 달라지는데, 포도의 특징은 토양의 상태에 많은 영향을 받는다. 따라서 와인의 색상과 향과 맛은 제조 과정에서 택한 여러 가지 선택의 결과이다. 와인의 맛은 허브와 향신료부터 꿀에 이르기까지, 브랜디부터 납에 이르기까지, 송진부터 참나무 통의 맛에 이르기까지 무수한 요인들에 의해 수백 년 동안 변화되어 왔다.

와인은 보통 포도밭에서 만들어지고, 와인의 기본적인 특징은 어떤 포도를 사용하는지에 따라 달라진다. 이 점만큼은 분명하다. 그렇지만 인간은 단순히 자연의 보조자에 머무르지 않는다. 물론 발효는 자연발생적인 과정이다. 밀가루에 이스트와 물을 넣어 반죽하고 따뜻한 곳에 놓아 두면 효모에 의해 발효가 되는 것도 마찬가지로 자연발생적인 과정이다. 와인과 빵은 인간이 목적의식을 가지고 만든 음식이다. 즉 한 손에는 와인, 한 손에는 빵을 들고 앉아 있는 사람은 자연이 아니라 인간이 빚은 작품을 양손에 들고 있는 셈이다. 삭막하게 들릴지는 몰라도 역사적으로 볼 때 이는 틀림없는 사실이다.

와인의 역사는 포도를 재배하고 와인을 만든 것만으로 이루어진 것은 아니다. 수천 년 동안 이어진 와인의 역사를 보고 있노라면 한 가지 의문이 떠오른다. 왜 와인을 만드는 것일까? 필요로 하는 사람이 있기 때문이라는 대답은 또 다른 질문으로 이어진다. 사람들이 일상생활에서뿐만 아니라 특별한 자리나 행사가 있을 때 와인을 마시는 이유는 무엇일까? 시장의 등장, 와인 무역의 발달, 와인 소비 문화의 변화 등은 와인의 역사를 구성하는 또 다른 측면이다.

와인의 수요에는 종교적인 요소가 영향을 미치기도 했다. 일찍이 와인은 제례의식과 밀접한 관계를 맺었고 사람들은 와인을 마시면 신과 가까워진다고 생각했다. 고대 이집트의 종교와 그리스도교를 비롯한 다양한 종교에서 와인은 신의 피를 대신하는 상징물이었다. 하지만 이슬람교와, 19세기에 등장한 그리스도교의 여러 분파는 와인과 기타 주류를 금지했다.

종교의 이유를 떠나 와인이 여러 문화권에서 인기를 얻은 이유는 맛과 그 효능 때문이다. 와인은 기분을 좋게 만들고 인간관계를 원활하게 하며 건강을 다지는 효과가 있다. 의학계에서는 수백 년 동안 와인을 몸에 좋은 알코올로 여겼고 물보다 안전하다고 믿었다. 와인이 건강에 좋다는 주장은 20세기로 접어들면서 인정받지 못하다가 최근 들어 와인이 여러 가지 질병의 발병율을 낮추는 효과가 있다는 연구 결과가 나오면서 다시 주목을 받게 되었다.

물론 이와 상반되는 주장이 제기된 적도 있었다. 과도한 음주는 개인과 사회에 악영향을 미치는 것으로 간주되었고 이에 따라 술을 전면 금지한 시대도 있었다. 와인 무역과 매매에 대한 여러 가지 조치는 한결같이 와인을 너무 많이 소비하는 것을 통제하는 것이 그 목적이었지만 미국의 금주법조차도 와인의 생산과 판매를 뿌리 뽑지는 못했다.

모든 와인이 똑같은 대접을 받은 것은 아니다. 와인은 종류별로 그 시장이 달랐다. 이집트인들은 특별히 귀하게 여기는 와인이 따로 있었고, 여기에서 비롯된 와인 감정법이 3,000년을 거치며 발전을 거듭했다. 고대 그리스와 중세 시대에도 오늘날과 마찬가지로 대중이 마시는 와인과, 소수가 즐기는 와인 간의 구분이 있었다. 이 시대부터 와인은 계층과 성(姓), 나이와 종교를 가르는 지표 역할을 했다.

와인 시장은 꾸준한 공급 덕분에 팽창할 수 있었지만 여기에
도 문화적·사회적 요소가 영향을 미쳤다. 예를 들어 고대 이집
트의 경우 와인은 소수 특권층만이 즐길 수 있는 술이었고 서민
들은 맥주를 마셨다. 남녀노소가 와인을 즐긴 사회에서도 와인
의 질과 가격, 소비 행태에 따라 계층간의 구분이 있었다. 고대
그리스에서 상류층의 남성들은 단맛이 강한 와인을 화려하게 장
식된 잔으로 마신 반면에 하류층 사람들은 묽고 신맛이 강한 와
인을 조잡한 토기에 부어 마셨다. 지나친 음주벽을 대하는 태도
도 계층별로 달랐다. 부유층이 술에 취하면 대수롭지 않은 일로
치부되거나 심지어는 남성미의 상징으로 여겨졌지만 노동자가
술에 취하면 상스럽고 위험한 행동으로 간주되었다.

와인은 대화의 물꼬를 트고 인간 관계를 다지는 도구로 동원
되기도 하였다. 그리고 근대 이후 로맨스의 상징으로 자리 잡은
샴페인이 등장하기 훨씬 이전부터 와인은 로맨스와 섹스의 상징
이었다. 여성의 음주가 제한된 것도 문란한 성생활로 이어질 것
을 염려한 남성들 때문이다. 여성은 와인을 마시더라도 남성과
다른 종류를 선택해야 했다. 레드 와인은 남성미의 상징이었기
때문에 여성들의 몫은 자연히 화이트 와인이었고 남성들의 입맛
이 쌉쌀한 테이블 와인으로 바뀌었을 때도 여성들 사이에서는
달콤한 와인의 인기가 여전했다.

한 마디로 말해서 와인은 다양한 역사를 통해 바라보아야 하
는 대상이다. 농업, 산업, 상업, 국가 규제의 역사에서 와인은 빠
질 수 없는 존재이고 의학, 종교, 성, 문화, 감각의 역사에서는

큰 부분을 차지한다. 이 책은 유럽과, 유럽인들의 식민지였던 아메리카, 아프리카, 오스트레일리아의 와인에, 위에서 말한 바와 같이 폭넓은 관점으로 접근한다. 그러다 보니 모든 지역에 똑같은 지면을 할애하지 못하고 일부 지방은 주마간산으로 지나가 버렸을 수도 있지만, 와인의 풍부한 역사를 짧은 책 안에 최대한 깊이 있고 맛깔스럽게 담을 수 있도록 애를 썼다. 이 책은 어쩌면 역사서라기보다는 와인 생산지와 주요 인물, 포도의 품종과 유명한 포도밭을 정리한 카탈로그라고 할 수 있겠다.

이 책에서 와인은 하나의 상품이자 일상의 필수품이며 아이콘이다. 와인은 본질적으로 이중성을 가지고 있기 때문에 중립적인 가치판단을 내리기란 불가능하다. 와인이 자연의 산물인지, 인간의 작품인지를 놓고 벌이는 열띤 논쟁을 보면 알 수 있듯이 와인의 역사는 모순의 역사이다. 가난한 부랑자도 부유한 권력층도 와인을 마신다. 와인 중에는 몇 푼 안 될 만큼 싼 것도 있고 웬만한 사람이 아니면 꿈도 꾸지 못할 만큼 비싼 것도 있다. 와인은 신이 내린 선물인 동시에 사탄의 유혹이다. 예절과 교양의 상징인가 하면 사회 질서를 위협하는 병폐이기도 하다. 건강에 도움이 되기도 하지만 해로울 때도 있다. 이처럼 복잡 미묘하기 때문에 와인의 역사는 매력적인 것이다.

1

신의 선물,
와인의 탄생

구석기 시대의 보졸레 누보에서
이집트 신화의 상징물로

와인의 탄생은 베일에 가려져 있다. 누가 최초로 곡물을 갈고 구워서 빵을 만들었는지 알 수 없는 것처럼 포도즙을 최초로 발효시킨 주인공이 누구였는지는 알 길이 없다. 그럼에도 불구하고 고고학자와 사학자들은 인류 최초의 와인의 흔적을 찾기 위한 노력을 게을리 하지 않았고 결국 7,000년이라는 세월을 거슬러 올라갔다. 물론 7,000년 전에 만들어진 와인이 그대로 보존되어 있을 리는 없다. 당시 누군가가 와인을 마시다 남겼다 하더라도 그것은 이미 오래 전에 증발해 버렸을 것이다. 그래서 지금까지 남아 있는 증거물은 씨, 줄기, 껍질과 같은 포도 찌꺼기나, 와인의 흔적이 남은 토기에 불과하다. 중동의 여러 지역에서 발굴된 이러한 토기들은 기원전 8500년부터 기원전 4000년까지 이어졌던 신석기 시대의 유물이다.

하지만 포도씨나 기타 잔류물의 흔적이 남아 있다고 해서 그때 와인이 만들어졌다고 단정할 수는 없다. 토기 단지는 고체와 액체를 담는 데 모두 사용되었던 만큼 그 흔적은 포도나 건포도, 포도즙이 남긴 것일 수도 있기 때문이다. 하지만 따뜻한 지방에서는 단지에 담아 두었던 포도나 포도즙이 발효되었을 가능성이 높은 것은 사실이다. 뿐만 아니라 후대 사람들이 남긴 문자나 그림을 보면 포도를 껍질과 씨를 제거하지 않은 채 그대로 단지에 넣고 와인으로 발효시켰다는 기록도 눈에 띈다.

초기 와인에 대한 정보는 화학적인 분석과 고고학적인 추론을 통해 얻을 수 있다. 이란 서부에 위치한 자그로스 산맥의 신석기 유적을 발굴하던 고고학자들은 붉거나 누런 침전물이 묻어 있는 단지를 발견했다. 그 침전물을 분석하자 타르타르산과 타르타르산칼슘염이 대량 검출되었다. 포도가 과일 중에서 드물게 타르타르산을 축적하고 있다는 점으로 미루어 볼 때 이 침전물은 포도로 만든 무엇인가가 수천 년 전에 증발하면서 남긴 흔적임이 분명했다. 이 사실은 와인 생산의 확실한 증거라 단정하여 말하기에는 부족할지 모르겠지만 적어도 가정으로 삼을 수는 있을 것이다. 위에서도 밝혔듯이 따뜻한 지방에서 포도즙을 그릇에 담아 일정 기간 이상 놓아 두면 와인으로 발효되었을 것이 분명하기 때문이다. 어떤 침전물은 붉고 또 어떤 침전물은 누런 이유는 확실히 알 수 없지만 종류가 다른 와인이 남긴 흔적이 아닐까 싶다.

자그로스 산맥에서 발굴한 신석기 시대 유물 가운데 가장 오랜 역사를 자랑하는 것은 북부 핫지 피루즈와 고딘 테페 지역의 진흙 건물 밑바닥에 있던 9리터들이 단지 6개이다. 기원전 5400년에서 기원전 5000년 사이에 만들어진 것으로 추정되는 이 단지 안에는 포도즙뿐만 아니라 송진 찌꺼기도 남아 있었다. 이 지방의 야생 테레빈나무에서 추출한 송진은 특정 박테리아를 없애는 효과가 있기 때문에 예전부터 와인의 방부제로 널리 쓰였고,

지금도 그리스에서 만드는 일부 와인에는 송진이 들어간다.

7,000여 년 전 핫지 피루즈에 와인이 존재했다는 증거는 남아 있지만 그것이 어떻게 만들어졌는지, 누가 마셨는지에 대해서는 알려진 바가 거의 없다. 이 지역에는 태곳적부터 야생 포도나무가 자라기는 했지만(이는 지금도 마찬가지임) 와인을 그 야생 포도나무에 열린 포도로 만들었는지, 아니면 사람들이 재배하여 수확한 포도로 만들었는지는 알 수 없다. 각 단지의 용량을 모두 합하면 54리터에 달한다는 점에서 볼 때 당시 사람들은 대규모로 와인을 생산해 놓고 이듬해 포도 수확기까지 조금씩 마셨을 것이라고 추측할 수 있을 뿐이다. 송진이 방부제 역할을, 단지 주둥이와 크기가 똑같은 점토 마개가 공기와의 접촉을 차단하는 역할을 했기 때문에 이 시기의 와인도 어느 정도는 보관이 가능했을 것이다.

또 다른 와인 유적지 고딘 테페는 자그로스 산맥에 자리 잡은 교역·행정·군사의 중심지로, 그 위치는 핫지 피루즈에 비해서 훨씬 남쪽이다. 이곳에서 발굴된 30리터들이, 60리터들이 단지들은 신석기 시대가 끝난 직후인 기원전 3500년에서 기원전 3000년 사이에 만들어진 것이다. 이곳의 단지에 남은 침전물은 타르타르산을 함유하고 있을 뿐만 아니라 그 모양이 단지의 바닥부터 어깨 부분까지 일직선을 그리고 있다. 이는 단지가 옆으로 뉘여 있던 상태에서 안에 들어 있던 액체가 증발하며 침전물을 남겼다는 이야기이다. 이곳에서 발견된 단지들 역시 점토 마개가 있는 것을 보면 요즘처럼 단지를 옆으로 뉘여 보관함으로써 와인이 산화되는 것을 막았다는 것을 알 수 있다. 그리고 고딘 테페에서는 포도를 으깨는 데 썼음직한 커다란 대접과, 포도 즙이 발효되기 전이나 후에 찌꺼기를 걸러 내는 데 썼음직한 깔때기도 발견되었다.

앞으로 발굴 조사 작업이 계속되면 와인이 최초로 등장한 시기가 더 앞당겨지거나 초기에 포도를 재배했던 지역이 더 넓어질지도 모른다. 그렇다 하더라도 최초의 와인을 만든 주인공은 누구이며, 어떤 환경에서 와인이 제조되었는지는 알 길이 없다. 하지만 몇 가지 가설을 생각해 볼 수는 있다. 일부 역사학자들은, 신석기 시대 이전의 인류가 식량을 찾아 헤매다 야생 포도를 짐승의 가죽이나 나무로 만든 그릇에 넣었는데 바닥에 깔린 포도알이 터지면서 즙이 흘러나왔을 것이라는 주장을 제기하기도 한다.

> 하루나 이틀이 지나면서 즙은 발효되었다.……밑바닥에 고인 즙을 마시고 감미로운 향과 기분 좋은 맛에 깜짝 놀란 사람들은 이후 일부러 포도를 으깨게 되었다.
> ―맥거번 외, 『와인 제조의 기원(Beginning of Winemaking)』

미국의 저명한 와인 전문가인 아메린(Amerine)과 버넌(Vernon)은 이와 비슷한 주장을 펼치며 신석기 시대의 와인이 발견된 곳이 오늘날 이란 북부에 해당되는 지역이라고 말했다. 그곳에 살던 어느 가정주부가 으깨진 포도를 단지에 넣은 채로 며칠을 묵혔더니 술로 변했다는 것이다. 신석기 시대의 가정주부라는 게 감이 잘 안 오지만, 이들의 주장은 두 가지 진실을 담고 있다. 첫째 인류 최초의 와인은 우연히 탄생한 작품이었고, 둘째 이때 인간의 역할은 포도를 따서 자연 발효될 수 있도록 내버려 두는 정도로 한정되어 있었다는 것이다. 맥주나 빵은 '발명하였다'고 하는 데 반해 와인은 '발견되었다'고 하는 이유도 바로 여기에 있다.

와인의 발견에 대한 고대 기록에도 우연이라는 단어가 등장한다. 페르시아의 왕 잠시드는 포도를 너무나도 좋아했던 나머지 제철이 지나도 먹을 수 있도록 단지에 넣고 보관했다. 그런데 어느날 단지 하나를 열어 보았더니 포도 맛이 변해 있었다. 그는 포도가 몹쓸 약으로 변했구나 생각하고 단지에 독약이라고 써 붙였다. 그런데 잠시드 왕의 하렘(이슬람 세계에서, 가까운 친척 이외의 일반 남자들의 출입이 금지된 장소)에 두통을 심하게 앓는 여자가 한 명 있었다. 그녀는 지긋지긋한 고통에 시달리느니 차라리 죽는 게 낫겠다 싶어 그 '독약'을 마셨다. 그리고 그녀는 술에 취해 깊은 잠에 빠져들었다. 그런데 일어나 보니 놀랍게도 두통이 씻은 듯이 사라진 게 아닌가(이 여자는 아마 죽지 않았다는 사실에도 놀랐을 것이다)! 그녀는 왕에게 '독약'의 효험을 이야기했고 왕은 와인을 대량으로 만들기 시작했다.

전해 내려오는 이야기나 학자들이 내 놓은 의견들은 공통적으로 인류 최초의 와인이 우연의 산물이었다고 하지만 의도적인 탄생이었을 가능성도 배제할 수는 없다. 고대 중동의 여러 도시에서는 사람들이 곡물, 꿀 그리고 대추야자, 석류 등의 과일을 발효시켜 술을 만들었다. 인류 최초의 술은 발효시킨 꿀로 만들었다는 설이 지배적인데, 그렇다면 포도나무가 체계적으로 재배되기 훨씬 이전에도 야생 포도로 똑같은 절차를 밟을 수 있었다는 것이다. 사실 와인은 제조 과정이 쉽기 때문에 맥주보다 먼저 만들어졌을지도 모른다. 와인은 포도를 으깨서 과육에 함유된 과당을 껍질에 있는 천연 이스트와 섞기만 하면 만들 수 있지만, 맥주는 곡물에 이스트를 따로 넣어야 하기 때문이다.

와인이 최초로 등장하게 된 사연이야 어찌되었든 와인을 생산하려면 포도가 있어야 한다. 따라서 와인의 근원지는 야생 포도가 자라는 곳으로 한정될 수밖에 없다. 와인을 만들 수 있는 포도(비티스 비니페라 실베스트리스 즉 '와인을 낳는 포도나무' 품종을 말함)는 북반구, 그중에서도 유라시아, 북아메리카, 아시아의 여러 지방에서 무성하게 자랐다. 일부는 덩굴이 숲의 바닥을 따라 뻗어 가거나 다른 나무의 몸통과 가지를 휘감으며 자랐고, 일부는 강둑이나 바위 위에서 자랐다. 현재 야생 포도는 초기 와인의 흔적이 남아 있는 유럽과 서아시아의 수많은 지역 외에 그리스, 이탈리아, 프랑스, 에스파냐, 알제리에서도 볼 수 있다.

구석기 시대의 초기 유목민들은 야생 포도를 먹었을 것이다. 포도는 그냥 먹든 말려서 먹든 열량, 무기질, 비타민을 비롯한 기타 영양소가 풍부하고, 건포도는 오랫동안 상하지 않으며 운반이 간편하다는 장점이 있다. 하지만 와인은 1년 중에서 아주 짧은 기간 동안에만 맛볼 수 있는 별미였을 것이다. 포도는 늦여름이나 초가을이 되면 와인으로 만들 수 있을 만큼 여무는데(술로 만들 수 있을 만큼 당분이 축적된다는 뜻) 이때는 날씨가 따뜻하기 때문에 즙이 3일이나 4일만 지나면 발효가 된다. 따라서 밀폐 용기가 없던 신석기 시대 이전의 사람들은—신석기 시대 이전에 와인이 등장했다는 확실한 증거는 없다—와인이 식초로 변하기 전에 얼른 마셔야 했을 것이다. 매년 가을이면 잠깐씩 맛볼 수 있는 와인이야말로 구석기 시대의 보졸레 누보가 아니었을까?

신석기 시대 이전의 와인은 짧은 기간 동안만 마실 수 있다는 점 때문에 특별하게 취급되었고 그래서 일상적인 음료로는 자리 잡지 못했다. 와인을 1년 내내 아무때나 즐기기 위해서는 먼저 해결해야 하는 문제가 있었다. 보리와 같은 곡물은 씨를 뿌린 뒤에 수확하기까지 몇 개월이면 충분하지만 포도는 열매를 맺으려면 2년 이상을 기다려야 한다. 따라서 포도를 재배할 수 있는 부류는 유목민이 아니라 정착민으로 한정되어 있었다. 뿐만 아니라 포도는 풍성한 수확을 거두려면 1년 내내 끊임없는 노력을 기울여야 하는 작물이었다.

와인 생산이 체계적으로 이루어지는 데 결정적인 역할을 한 공신은 두 가지이다. 하나는 포도 재배의 시작이고 또 하나는 와인을 몇 달 혹은 몇 년씩 보관할 수 있는 도구의 발명이다.

물론 야생 포도로도 와인을 만들 수 있었고, 초기 와인의 재료는 야생 포도였다. 그럼에도 불구하고 인간이 포도 재배를 시작한 이유는 입맛에 맞는 와인을 만들기 위해서였을 것이다. 껍질과 씨에 즙이 많고, 알이 굵고, 단맛이 강한 포도가 알이 작고, 신맛이 강하고, 즙이 적은 포도보다 인기가 있었다. 이와 같은 기호가 야생 포도를 선별하고 재배하는 수고로 이어졌다.

야생 포도는 대부분 암수딴그루이다. 즉 수술과 암술을 가진

나무가 따로 있어서 곤충에 의한 수분이 이루어지지 않으면 열매를 맺지 못한다. 반면에 재배된 포도는 한 송이의 꽃 속에 암술과 수술이 모두 들어 있는 암수한그루이기 때문에 바람에 의한 수분이 가능하다. 따라서 암수한그루인 품종을 골라서 번식시키는 것이 포도 재배의 핵심이었다.

이렇게 선별하여 재배한 결과 오늘날 대부분의 재료로 쓰이는 비티스 비니페라가 나왔다. 카베르네 소비뇽, 샤르도네, 피노 누아르, 리슬링, 소비뇽 블랑, 시라처럼 귀에 익은 품종들은 모두이 비티스 비니페라이다. 반면 북아메리카 토종이라 할 수 있는 콩코드, 스커퍼농이나 뮐러 투르가우, 바코 누아르와 같은 변종은 비티스 비니페라가 아니다.

하지만 야생 포도가 자라는 지역마다 사람들이 양조용 품종을 재배하거나 포도로 와인을 만들었던 것은 아니다. 유럽인들만 하더라도 그리스인과 로마인이 포도 재배 기술과 와인을 소개하기 전까지는 와인이라는 존재를 알지도 못했다. 아메리카 대륙에서도 일부 원주민들이 옥수수나 기타 식물로 술을 빚어 마시기는 했지만 유럽인들이 정착한 이후에야 야생 포도로 와인을 만들려는 시도가 있었다고 한다. 기록에는 남아 있지 않지만 아마도 세계 각지의 원주민들이 포도로 와인을 만들려다 여러 차례 포기한 적이 있었을지도 모르겠다.

포도나무의 꽃가루와 포도씨라는 고고학적·생물학적 증거를 분석해 보면 포도가 최초로 재배된 곳은 중동이고, 시기는 기원전 6000년에서 기원전 4000년 사이였다. 그루지야에서는 기원전 6000년의 유물로 추정되는 양조용 품종의 씨앗(양조용 품종과 야생 품종은 씨앗의 모양이 다름)이 발견되었고 기타 여러 지방에서도 기원전 6000년에서 기원전 4000년 사이의 것으로 보이는 유사한 증거가 발굴된 바 있다. 인류가 포도나무를 최초로 재배하기 시작한 때는 짐승을 사냥하고 가축을 기르며 야생에서 과일이나 여러 식물을 캐고 동시에 농사를 짓기 시작한 신석기 시대였다. 인류는 와인용 포도를 비롯한 농작물을 경작하면서 정착 생활로 접어들었다. 그런데 사실 와인은 정착 사회와 문명 발달의 결과라기보다는 그 원인이었다.

와인은 신석기 시대에 등장한 새로운 식습관과 요리법의 필수 요소였다. 빵이나 맥주와 같은 주식(主食)이 등장하고, 인류가 열을 가하거나 물에 담그거나 발효시키거나 향신료를 넣는 등 음식을 가공하기 시작한 것도 신석기 시대부터였다. 현재 와인은 송진과 더불어 의학적인 효능을 인정받으면서 건강 식품으로 자리 잡았다. 와인을 즐기는 사람들이 많은 나라는 그렇지 않은 나라에 비해 국민들이 건강하다는 조사 결과도 있듯이 신석기 시대에도 와인을 마시는 사람들이 장수할 가능성이 높았으리라 생각된다.

포도 재배의 시작으로 신석기 시대에는 더 많은 포도를 수확할 수 있었고, 기원전 6000년경에는 와인을 보관하기에 가장 이상적인 도구 즉 토기가 등장했다. 말랑말랑한 점토로 그릇을 빚기 시작한 신석기 시대 사람들은 주둥이가 넓은 사발보다는 공기와의 접촉을 효과적으로 막을 수 있는, 목이 좁은 항아리를 사용했다. 불에 구워 만든 토기는 물이 스며들지 않아 와인을 담기에는 안성맞춤이었다. 토기에 비하면 돌이나 나무로 만든 그릇은 비실용적이었고, 짐승의 가죽으로 만든 자루가 와인을 담는 데 쓰이기는 했지만 그 수명에 한계가 있었다.

야생 포도는 아시아 서부와 유럽의 여러 지방에서 자랐지만 이 시기에 와인을 만들었다는 증거가 남아 있는 곳은 비옥한 초승달 지대 즉 흑해와 카스피 해 사이의 카프카스 산맥 기슭, 터키 동쪽의 토러스 산맥, 이란 서부에 있는 자그로스 산맥의 북부 지역에 불과하다. 지금으로 따지면 이곳은 이란, 그루지야, 터키가 아르메니아, 아제르바이잔과 만나는 접점에 해당된다. 이 일대에 살던 인류가 기원전 6000년부터 포도를 재배했을 가능성은 있다. 앞에서도 거론했다시피 이곳에서 기원전 5000년쯤에 와인을 만들었다는 증거가 나오기도 했다. 하지만 와인의 재료가 야생 포도였는지 재배한 포도였는지는 정확히 알 수 없다. 이 지역에서는 오랫동안 정치 분쟁이 계속되었기 때문에 와인의 초기역사를 알려 줄 자료의 발굴 작업은 미흡한 상태이다. 한 지방에서 시작된 와인 제조가 전역으로 번졌는지 아니면 여러 곳에서 동시다발적으로 와인 제조가 시작되었는지 역시 아직은 물음표로 남아 있다.

와인 생산이 한 곳에서 시작되었다는 주장은 '노아의 가설'이라고 불린다. 이는 구약성서에서 노아와 포도주가 등장하는 『창세기』의 내용을 딴 별칭이다. 이 가설에 따르면 포도 재배와 와인 제조가 시작된 곳은 아라라트 산이라고 한다. 아라라트 산은 대홍수가 끝나고 노아의 방주가 머문 곳이다. 성경에서 말하는 포도주의 기원을 그대로 믿는다면 인류 최초로 포도를 재배하고 와인을 만든 주인공은 바로 노아이다.

> 노아는 농사를 시작하여 포도나무를 심었다. 하루는 그가 포도주
> 를 마시고 취하여 자기 천막 안에 벌거벗은 채 누워 있었다.
>
> ―『창세기』 9:20-21

여기서 한 가지 놀라운 점이 있다면 터키 동부에 있는 토러스
산맥과 이 아라라트 산이 지리적으로 가까이에 있다는 사실이
다. 위에서도 밝혔다시피 토러스 산맥은 야생 포도가 자라고 고
대에 와인이 만들어졌던 곳이고, 아라라트 산 기슭에서는 오늘
날에도 포도가 재배되고 있다. 일부 성경학자들은 하나님에게
구원받은 의인(義人) 노아와, 취해서 옷을 벗은 인물 사이의 거
리감을 메우기 위해 노아는 포도주를 본 적도, 마신 적도 없었기
때문에 술을 마시면 어떻게 되는지를 몰랐을 것이라는 주장을
펼친다. 이들의 주장대로라면 노아는 홍수가 나기 이전에 포도
를 심은 적이 없다는 뜻이 된다.

성경뿐만 아니라 수메르의 『길가메시 서사시』에도 대홍수가
등장하는 것을 보고 미국의 과학자 라이언(Ryan)과 피트먼
(Pitman)은 또 다른 시나리오를 제시했다. 즉 지금의 흑해 자리
에 기원전 5600년까지는 호수가 있었는데 이 호수 주변의 비옥
한 땅, 그러니까 사막에 있는 거대한 오아시스였던 이곳에서 문
화와 언어가 다양한 사람들이 모여 살았다는 것이다.

이 호수는 지중해보다 수위가 낮았고, 지중해(엄밀히 말하면
에게 해의 어귀에 해당되는 마르마라 해)와 호수의 사이에는 너비

32킬로미터의 좁은 땅이 있었다. 그런데 기원전 5600년쯤, 지중해가 댐을 넘어 범람하면서 보스포루스 해협이 탄생했다. 이때 담수였던 호수는 해수로 바뀌었고 수위가 지중해와 같아지면서 흑해가 만들어졌으며 원래 호수가 있던 주변은 물에 잠기게 되었다. 여기서 살고 있던 사람들의 입장에서 보면 대홍수가 들이닥쳤던 것이다.

홍수를 겪은 후 살아남은 사람들은 사방으로 뿔뿔이 흩어졌다. 호수의 북쪽과 서쪽에 살던 사람들은 유럽과 우크라이나로 건너갔고 남쪽에 살던 사람들은 아나톨리아(흑해와 지중해 사이에 있는 넓은 고원)로 피신했다. 이들이 전한 이야기는 여러 지방에서 대홍수로 해석되었고, 이들의 이동으로 각지에 와인이 전파되었다. 일부에서는 와인을 부르는 단어가 세계적으로 비슷한 이유는 한 지역에 살던 사람들에 의해 전파되었기 때문이라고 주장하기도 한다. 와인을 러시아와 이탈리아어족에서는 비노(vino), 게르만어족에서는 바인(wein), 카르트벨리어족에서는 위노(wino), 원시 셈어족에서는 와이누(wajnu), 인도유럽어족에서는 와이 노(woi-no)라고 하는 것을 보면 이를 알 수 있다.

이 시나리오가 사실이라면 유럽으로 건너간 사람들이 그곳에서 자라는 야생 포도로 와인을 빚지 않은 이유가 무엇인지가 의문으로 남는다. 다만 기원전 5000년쯤 비옥한 초승달 지대의 산간 지방에서 동시다발적으로 와인이 만들어진 이유에 대해서는 어느 정도 추측할 수 있다. 와인 제조법은 비옥한 초승달 지대에서 남쪽으로 자그로스 산맥을 넘어 지중해의 동쪽 끝까지 전해졌다. 고딘 테페에서 발굴된, 기원전 3000년쯤의 와인 단지를 보면 알 수 있듯이 당시 그곳에 살던 사람들은 와인 제조법을 알고 있었을 뿐만 아니라 포도를 직접 재배하기도 했다. 왜냐하면 그 정도로 남쪽에 있는 지방에서는 야생 포도가 자라지 않았기 때문이다. 이렇듯 중동의 작은 지방에서 비롯된 포도 재배는 시대를 거치면서 세계 각지로 뻗어 나가기 시작했다.

카프카스, 토러스, 자그로스 산맥 북부에서 중동의 다른 지역으로 포도 재배와 와인 제조법이 건너간 연대와 순서는 알 수 없다. 하지만 특정 시기에 일정한 지역에서 포도가 재배되고 와인이 만들어졌다는 기록은 남아 있다. 이 기록을 참고하면 와인의 전파 경로를 대강 그릴 수 있다. 여러 분야의 탐정들―고고학자, 사학자, 생물학자, 언어학자, 화학자―이 와인의 전래 시기를 놓고 끊임없는 조사 작업을 벌이고 있지만 정확한 지도를 만들기는 불가능할 것 같다.

포도 재배 기술의 행적을 좀더 자세히 살펴보기에 앞서 한 가지 짚고 넘어가야 할 부분이 있다. 포도와 와인의 '확산'에는 환경과 인간이 함께 영향을 미쳤지만 포도 재배에 '제약'이 가해진 데에는 기후가 미친 영향이 더 크다는 점이다. 수천 년 전의 기후는 오늘날과 몇 가지 면에서 차이가 있지만(기원전 3000년쯤에는 세계적으로 기후가 습해서 다른 곳에 비해 건조했던 지방에서도 포도 재배가 가능했음) 포도 재배 지역에 경계선이 그어진 이유는 오늘날과 비슷했다. 북반구의 경우 와인을 만들기에 알맞은 포도는 위도 30도와 50도 사이의 좁은 지역에서만 잘 자랐다. 왜냐하면 봄과 여름에 햇볕이 넉넉하고 기온이 따뜻해야, 와

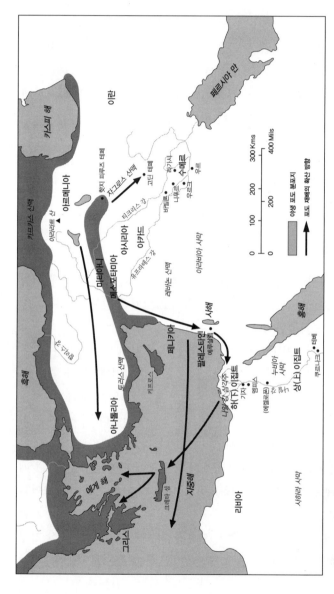

중동의 포도 재배지 확산 모습(기원전 5000～기원전 1000년)

인으로 발효시킬 수 있을 만큼 포도의 당도가 높아지기 때문이다. 앞서 말한 와인용 포도인 비티스 비니페라 품종은 성분의 3분의 1이 과당이다.

와인의 맛은 시간이 흐르면서 엄청난 변화를 겪었다. 초창기의 와인은 지금보다 알코올 도수가 낮았기 때문에 당분이 적은 포도―야생 포도의 당도는 재배된 품종의 절반 정도에 불과하다―로도 애호가들의 입맛에 맞는 와인을 만들 수 있었다. 하지만 7,000년 전에 최고급으로 꼽혔던 와인을 요즈음 내 놓으면 푸대접을 면치 못할 것이다. 고대의 와인에는 대부분 허브, 꿀, 기타 첨가물을 섞었기 때문이다. 그러나 야생 포도는 추위에 강해서 비니페라 품종이 자라기 어려운 지역에서도 열매를 맺었다. 따라서 고대의 포도 재배는 현대보다 기후와 토양의 구속을 덜 받았다고 할 수 있다.

하지만 기후와 토양은 특정 지역에서 와인용 포도를 재배할 수 있느냐, 없느냐를 판가름할 따름이다. 실제로 포도를 재배하고 와인을 만드는 주체는 인간이며, 인간이 내리는 판단은 와인을 대하는 경제적·사회적 가치관에 따라 결정된다. 기원전 5000년부터, 로마 제국이 멸망한 기원후 500년까지 포도 재배와 와인 생산이 지중해와 남부, 서부 유럽에까지 전파된 이유는 크게 네 가지로 볼 수 있다.

첫째 포도 재배법은 문화와 문화가 만나면서 건너간 정보와 기술의 일부분이었다. 포도가 자라는 지역을 여행한 사람들은 포도 재배법과 와인 제조법 그리고 묘목을 함께 가지고 돌아왔다. 이들이 와인을 만드는 데 성공하자 원예 전문가와 와인 생산업자들을 데려오거나 심지어 납치하는 일도 있었다. 포도 재배가 본격적으로 시작된 것은 수입한 와인의 수요가 지방에까지 확산된 이후였다. 기후나 기타 여러 가지 조건 때문에 직접 포도를 기를 수 없는 지역에서는 와인의 수입량을 늘렸다.

포도 재배와 와인 생산은 식민지화로 이어졌다. 그리스는 기원전 300년에 이집트를 식민지로 삼으면서 포도 재배 지역을 넓혔고 남부 이탈리아 지방에 와인 제조법을 전했다. 로마는 제국의 속주에 포도와 와인을 소개했는데, 이들은 현재 주요 와인 생산지가 되었다. 유럽에서도 프랑스, 독일, 헝가리는 로마 시대부터 와인 산업이 시작된 나라들이다.

와인이 유럽 전역으로 전파된 두 번째 이유는 와인에 부여된 종교적·문화적 의미 때문이다. 고대의 거의 모든 문명권에서 와인은 신을 연상하게 만드는 음료였고 제례의식에서 없어서는 안 될 요소였다. 메소포타미아, 이집트, 그리스, 로마에서는 여러 신에게 와인을 바치는 것이 관례였다. 그리고 신은 포도나 와인과 밀접한 관계를 맺고 있었다. 와인은 죽음과 부활의 상징이었고, 고대 이집트와 그리스도교에서는 와인을 신이 흘린 피로 여겼다.

세속적인 측면에서 보자면 와인은 희소성과 높은 가격 때문에 여러 문화권에서 사치품으로 간주되었다. 따라서 와인은 부유층과 권력층만 마실 수 있는, 권위의 상징이었다. 메소포타미아와 이집트에서는 특권층만 와인을 접할 수 있었고 서민은 맥주를 마셨다. 와인이 보다 보편화되었던 그리스와 로마에서조차 계층에 따라서 와인의 질과 가격뿐만 아니라 마시는 자리와 방법까지 확연하게 달랐다.

와인을 전 지역으로 퍼트린 세 번째 원동력은 수익성과 경제성이었다. 와인이 사치품으로 간주되는 지역에서는 거래량에 한계가 있었지만, 그럼에도 불구하고 와인이 몇몇 지역의 경제에 미치는 영향은 실로 막대했다. 와인은 수세기 동안 아프리카와 아시아는 물론 지중해와 유럽에서까지 대규모 수출입품으로 꼽혔다. 이탈리아, 에스파냐, 프랑스의 몇몇 지방에서는 와인 생산이 장기적인 경제 성장과 번영에 없어서는 안 될 요소였다.

마지막으로 네 번째 요인은 와인 문화를 대변하는 시장의 등장이었다. 와인이 종교 생활뿐만 아니라 일상생활에서도 차지하는 영역이 넓어지자 그 수요가 급증했던 것이다. 고대에는 와인이 전파되는 속도가 더뎠다. 메소포타미아와 이집트에서는 특권층만 와인을 마실 수 있었다. 하지만 2,000-3,000년 뒤 로마 제국에서는 모든 계층이 와인을 즐기게 되었다. 꾸준히 증가했던 와인 생산량과 대규모 거래량을 보면 이 시기의 와인 시장이 어느 정도로 성장했는지 단번에 알 수 있다.

앞으로 좀더 자세히 설명하겠지만, 위에서 꼽은 네 가지 요소는 와인의 생산과 소비가 지리적 · 사회적으로 널리 퍼져 나간 과정과 이유를 이해하는 데 중요한 구심점 역할을 한다. 경우에 따라 한 가지 요소가 더 크게 부각되기도 하지만 대부분의 경우에는 네 가지 요소가 긴밀한 상관 관계를 맺고 있다. 포도 재배와 와인 생산 그리고 운송에 대한 장기적인 투자는 이를 기꺼이 부담하는 소비자가 존재하기 때문에 가능했다. 와인의 가격과, 생산자에게 돌아가는 몫은 제작, 운송, 판매에 따르는 비용이나,

와인의 품질에 따른 가치뿐만 아니라 와인을 대하는 사회적·문화적 시각으로도 결정되는 것이었다.

인류 최초의 와인을 탄생시켰다는 비옥한 초승달 지대의 포도 재배나 와인 생산 및 소비상을 엿볼 수 있는 자료는 거의 없지만 이 지역에서는 평민들도 직접 와인을 담그고 즐겼을 가능성이 높다. 기원전 2000년경에는 아나톨리아와 자그로스 산맥에서도 가내공업이 이루어졌을 것이다. 와인은 담그기가 어렵지 않은데다 당시에는 포도 농사를 짓거나 포도를 와인으로 만드는 데 따르는 법적인 제재가 없었으니 말이다.

이 지역의 부유층 역시 와인을 통해 계층의 구분을 두었다. 자그로스 산맥의 남부에 해당되는 고딘 테페에서는 많은 사람들이 와인을 마셨지만 와인이 사치품으로 간주되었는지 돌 구슬이나, 구리 혹은 청동으로 만든 유물 옆에 와인 단지가 같이 묻혀 있었다. 와인 단지가 발굴된 이 지역은 상류층의 거주지였는지 깔끔하게 회반죽을 칠한 바닥이 눈에 띄며, 대리석 사발, 검은색과 하얀색 구슬로 만든 목걸이와 같은 사치품도 있었다. 메소포타미아 북서부인 마리(시리아의 유프라테스 강 중류 지역에 있음)에서 와인은 기원전 1700년까지 상류층의 일상적인 음료였다. 이것은 왕끼리 주고받는 선물이었고, 외교 활동에 으레 등장하는 품목이었으며, 통치자가 외국 방문객이나 사절을 대접하는 데 이용되었다. 하지만 시간이 흐르고 공급량이 늘어나면서 와인을 소비하는 계층은 확대되었고 와인은 군인들에게 지급되는 군수품이 될 정도로 일상화되었다.

하지만 와인이 생산되지 않는 지역에서 와인은 여전히 평민은 구경할 수 없는 사치품이었다. 메소포타미아의 북서부는 우르(이라크 남부 유프라테스 강 인근에 있던 수메르의 도시국가), 라가시(우르 북방, 유프라테스 강 어귀에 있던 도시), 바빌론과 수메르의 도시들을 중심으로 초기 문명이 발달했던 지역이지만 포도를 재배하기에는 적합하지 않은 땅이었다. 이곳은 기후가 너무 따뜻하고 지하수의 깊이가 얕은 충적평야라, 물이 금세 빠지는 땅에서 자라는 포도에는 맞지 않았던 것이다. 최남단이었던 우르나 라가시의 경우에는 신전 옆에 배수가 잘 되는 둑을 쌓고 그 위에다 포도를 심었을지 모르겠지만 이것으로 와인을 빚었는지는 확실히 알 수 없다.

몇몇 권위 있는 학자들이 남긴 저서에 따르면 메소포타미아 남부인들은 포도를 발효시켜 와인으로 만들기보다는 졸여서 시럽 형태의 감미료로 만들었다고 한다. 바빌론 사람들은 "메소포타미아의 바이에른(독일 남동부에 있는 맥주의 고장)"이라고 불릴 만큼 맥주를 즐겼다고 주장하는 학자도 있다. 보리로 만든 맥주가 값도 쌌고, 이 지역에서 생산한 와인보다 맛도 좋았다는 것이다.

메소포타미아에서 수입된 와인은 상류층의 식탁을 장식했고, 제례의식에도 쓰였다. 이곳에서도 와인이 종교와 결부되기는 마찬가지였다. 와인은 기원전 2750년쯤의 유물로 추정되는 우르의 점토 서판에 등장하며 이로부터 약 750년 뒤 우르에서는 와인과 맥주를 만드는 데 필요한 재료를 읊는, 주연의 노래가 만들어졌다. 왕족과 측근들이 와인 등의 술을 마시는 연회 장면을 묘사한 그림도 있는데 커다란 단지에 담아 대롱으로 마시는 쪽이 맥주이고, 잔에 담아 홀짝이는 쪽이 와인인 것 같다.

메소포타미아 남부인들이 마신 와인은 대부분 북쪽과 동쪽의 산간 지방에서 수로나 육로로 운반된 수입품이었다. 메소포타미아는 와인 무역 최초의 종착역이었던 셈이다. 와인은 값비싼 사치품이었고 메소포타미아의 여러 도시와 와인 생산지와의 거리가 상당했다는 점으로 미루어볼 때 거래량은 많지 않았을 것이다. 카프카스와 토러스 산맥의 경우에는 거리가 1,600킬로미터에 달했지만 유프라테스 강과 티그리스 강을 통해 물품 수송이 가능했다. 사실 메소포타미아의 도시들과 자그로스 산맥의 포도밭은 직선거리로 따지면 몇 백 킬로미터 거리에 불과했지만 와인을 운송하려면 산을 넘어야만 한다는 문제가 있었다.

와인 무역은 까다롭고 한계가 있었지만 수익성은 높았다. 바빌론의 벨라누(Belânu)라는 상인이 기원전 1750년쯤에 남긴 편지에는 유프라테스 강을 통해 건네받은 화물에 와인이 빠진 것을 놓고 중개업자에게 항의하는 내용이 담겨 있다.

시파르(바빌론에서 북쪽으로 50킬로미터 떨어진, 해운업의 중심지)에 배가 도착하기는 했지만 고급 와인을 보내지 않은 이유가 무엇이오? 열흘 안으로 직접 갖다 주시오!

벨라누는 와인의 수익성을 간파한 상인이었던지 또 다른 편지에서 중개업자에게 이렇게 말했다.

와인을 가득 실은 배가 시파르에 도착하였소. 나 대신 10시클어치를 사 주시오. 내일 바빌론에서 만납시다.

이것은 아마도 200-300리터의 와인을 사달라는 부탁의 편지가 아니었을까 싶은데 당시로 보면 이는 상당한 양이었다.

메소포타미아의 와인 무역은 이후 수천 년 동안 계속되었다. 상인 벨라누가 중개업자를 다그치고 바빌론의 고객들에게 와인을 판매하던 시절에서 1,000여 년을 훌쩍 뛰어넘은 기원전 5세기, 그리스의 사학자 헤로도토스(Herodotos)는 아르메니아와 바빌론 사이에서 이루어지던 와인 무역에 대한 기록을 남겼다. 볏짚과 와인을 가득 싣고 출발한 아르메니아의 배는 바빌론에서 거래가 끝나면 강물을 거슬러 본국으로 돌아갈 수 없기 때문에 폐기처분된다고 적은 것이 그 부분이다. 한 번 운송할 때마다 없어지는 바지선 비용까지 감안했을 때 그 당시 와인의 소매가는 상당한 수준이었을 것이다.

하지만 거래량은 제한되어 있었고 와인의 가격은 운송료 때문에 곡물로 만든 맥주나, 대추야자 등 이 지방에서 자라는 과일주보다 훨씬 비쌌다. 라가시의 군주가 기원전 2340년경에 와인 저장실을 만들고 "산간 지방의 와인을 커다란 단지째 보관했다."는 기록을 보면 메소포타미아에서 와인을 즐기던 사람들의 수준을 알 수 있다. 당시에는 '와인 저장실(wine cellar)'이라는 단어가 없었는지 이 기록에서는 '맥주 창고(reserve of beer)'를 가리킬 때 쓰는 단어를 쓰고 있다. 이런 점에서 당시 메소포타미아에서는 맥주가 일반적인 주류였다는 결론을 내릴 수 있다. 이곳에서 와인은 '산간 지방의 맥주'로 불리기도 했는데, 포도를 재배하고 와인을 수출하는 곳이 바로 산간 지방이었기 때문이다. 당시 그곳에서 주식은 '빵과 맥주'였다.

포도 재배는 중동 지역까지 확산되었지만 와인은 여전히 부유층과 권력층만 누릴 수 있는 특권으로 남아 있었다. 니네베(고대 아시리아의 수도. 이라크 북부, 티그리스 강가에 있었음)에서 출토된 기원전 7세기의 부조를 보면 아슈르바니팔 왕은 포도 덩굴에 비스듬히 기대고 왕비는 그 밑에 앉아 와인을 마시고 있다. 이 시기의 그림과 조각은 서민보다 고위 관료들의 모습을 담기 마련이었는데 평범한 사람들도 와인을 마셨다는 증거는 찾아볼 수 없다.

하지만 특권층과 관련이 있는 평민들의 경우에는 가끔 특별 대우를 받았다. 님루드(현재 이라크의 모술 남쪽에 해당되는, 아시리아의 고대 도시)에서는 왕족이건 하인이건 상관없이 왕궁에 사는 6,000명 모두에게 와인을 지급했다. 배급량은 남성의 경우 10명당 하루에 1.8리터(오늘날의 기준으로 따지면 한 사람당 한 잔 남짓에 해당됨) 정도였고 특수 기능공은 2배로 지급되었다. 계급이 높을수록 배급량이 많아졌겠지만 정확한 양은 알 수 없다. 왕비와 시종들에게는 하루 54리터가 주어졌다는데 그것을 몇 명이 나누어 마셨는지는 불분명하다. 이와 같은 배급량으로 볼 때 님루드 왕궁의 연간 와인 소비량은 상당했으리라 생각된다.

포도 재배가 중동의 다른 지방으로 확산된 이후에도 여전히 아나톨리아와 비옥한 초승달 지대의 인근 지역은 중요한 와인 생산지였다. 기원전 3000년 무렵에는 지중해 동쪽 해안에서도 와인을 만들었고, 시리아와 팔레스타인에서는 이집트로 와인을 수출하기도 했다. 기원전 1000년경, 오늘날 레바논에 해당되는 항구도시들을 중심으로 페니키아가 번영을 누리면서 지중해 동안의 와인 무역은 더욱 활기를 띠게 되었다. 페니키아의 와인은 이집트 너머로까지 수출되었다. 에스파냐와 포르투갈에 포도 재배 기술을 소개한 주인공도 이비사 섬(에스파냐 발레아레스 제도에 있는 섬)에서 포도 농사를 지은 페니키아인들이 아닐까 싶은데, 에스파냐 사람들이 독자적으로 포도 재배 기술을 익혔을 가능성도 있다.

이집트는 야생 포도가 자라지 않는 중동의 다른 지역들과 비슷한 전철을 밟았다. 팔레스타인과 시리아 등 지중해 동부 지역에 와인이 수입되고 시장이 형성되자 그곳에서 자체적으로 포도를 심고 와인을 생산하기 시작한 것이다. 기원전 3150년경을 풍미했던 스코르피온 1세(Scorpion I)의 것으로 추정되는 무덤에서 수백 개의 와인 단지가 출토된 것을 보면 국내 생산이 이루어지기에 앞서 이집트의 와인 수입이 어느 정도 규모였는지를 알 수 있다. 나일 강 중류 아비도스에 있는 스코르피온의 무덤에서 출토된 와인 단지에는 이란 서부의 자그로스 산맥에서 발견된 것과 똑같은 종류의 와인과 송진이 흔적으로 남아 있고, 그 단지의 경우 고딘 테페에서 발굴된 와인 단지와 제작 시기가 거의 비슷하다.

하지만 아비도스에서 출토된 단지는 나일 강독의 점토가 아니라 레반트 남부에서 쓰인 단지와 비슷한 재료로 만들어졌다. 레반트는 현재 이스라엘에 속해 있는 팔레스타인 고원과 요르단 일대를 가리킨다. 기원전 4세기 말엽의 와인 무역이 어느 정도 규모였는지는 알 수 없지만 스코르피온 1세와 함께 묻힌 와인 단지의 양은 실로 어마어마하다. 그의 무덤에서 발굴된 단지가 모두 와인으로 가득 채워져 있었다고 가정한다면 무려 4,500리 터에 달하는 와인이 스코르피온 1세와 함께 매장되었다는 뜻이 된다.

와인 문화가 발달한 곳도 이집트이고 초기 와인 생산과 와인 소비 습관을 담은 기록이 남아 있는 곳도 이집트이다. 이집트의 와인 제조 과정이 처음으로 등장하는 그림은 기원전 3000-기원 전 2500년경에 그려진 것으로 추정되는데, 이때는 메소포타미아 에서 와인 생산을 막 시작한 시기에 해당된다. 이집트에서 포도 밭이 집중되어 있던 지역은 가장 비옥하기로 유명한 나일 강 삼 각주였다. 이곳은 지중해의 영향으로 기온이 낮아 포도 재배가 가능했다. 남쪽의 상(上) 이집트에도 군데군데 포도밭이 존재하 기는 했지만 기온이 높아서 대규모 재배는 불가능했다. 몇몇 오 아시스는 포도를 재배하기에 안성맞춤이었고 덕분에 일정 기간 동안 번영을 누렸다. 기원전 300년경 이집트가 그리스의 식민지 가 되면서 포도밭의 면적이 확대되었지만 이집트인들이 마시는 와인의 양까지 늘어난 것은 아니었다. 사실 고대의 다른 지역들 처럼 이집트에서도 와인보다는 맥주가 더 일반화된 술이었기 때 문이다. 따라서 늘어난 생산량의 대부분은 와인이 문화의 중심 으로 자리 잡은 그리스인들의 차지가 되었다.

이집트에서는 왕과 제사장 그리고 고위 관료가 포도 재배를 관리하였는데, 담을 쌓은 정원에서 다른 식물들과 함께 포도를 키우는 경우가 대부분이었다. 기원전 2550년경 사카라(이집트의 북부, 카이로의 남쪽에 있는 마을)의 고위 관료였던 메트젠(Metjen)의 포도밭은 "길이 200큐빗(고대의 척도. 가운뎃손가락 끝에서 팔꿈치까지의 길이로, 보통 43~53센티미터임), 너비 200큐빗으로, ……포도나무와 다른 나무들로 무성하고 대규모의 와인 생산이 이루어졌다."고 한다. 포도나무가 차지하는 면적이 어느 정도였는지는 알 수 없지만 가로세로 200큐빗이라면 지금의 9,917제곱미터에 해당되는 넓은 땅이었다.

포도나무는 큰 정원의 한가운데에서 재배되었고 키가 큰 나무들은 주위에서 바람막이 역할을 했다. 사람들은 포도나무를 물을 머금은 진흙 웅덩이에 심었고, 비료로 비둘기 똥을 종종 사용하였다. 일부 포도밭에서는 포도 덩굴이 막대를 휘감고 올라가서 천연 차양 역할을 하도록 내버려 두었지만 보통은 격자시렁을 썼다. 그리고 이렇게 웅덩이에 뿌리를 박고 격자시렁 밑으로 주렁주렁 늘어진 포도 덩굴의 모습은 와인을 상징하는 상형문자가 되었다.

그리스 식민 시대의 후반기로 접어들면서 포도밭의 규모가 확장되었으며, 이에 따라 이집트의 포도 재배 현황을 적은 기록의 수도 늘어났다. 일부 특권층의 전유물이었던 와인은 이제 시장을 형성했고, 소비자는 대부분 그리스인이었다. 고대부터 전해 내려오던 풍습이 그리스인들에 의해 변화를 겪고 포도 재배가 주요 산업으로 자리 잡은 것도 이 당시였다. 하지만 와인 생산업자들은 이집트의 악천후 때문에 여전히 골머리를 앓아야 했다.

260년에 눈을 감을 때까지 알렉산드리아의 행정관을 맡았던 아피아누스(Appianus)의 포도밭을 묘사한 기록을 보면 파라오 시대와 규모 면에서 상당한 차이를 보인다. 아피아누스의 영지에는 총면적이 198,348제곱미터에 달하는 20개의 포도밭이 있었고 와인 생산량만 하더라도 연간 50,000리터에 이르렀다. 이곳에 심은 포도나무의 간격은 촘촘했고—세 군데의 포도밭에 동원된 격자만 하더라도 58,800개나 되었다—아피아누스는 이유 없이 내버려 두는 땅이 있으면 무시무시한 벌을 내리겠다고 하며 일꾼들을 다그쳤다고 한다.

고대의 와인 제조 방식은 지역과 시대에 따라 약간의 차이가 있었지만 기본적으로는 비슷했다. 먼저 검푸른색 포도를, 송이째 자르는 게 아니라 한 알씩 손으로 따서 바구니에 담고 으깬 뒤 2-3단계에 거쳐 즙을 만들었다. 과즙은 단계마다 질이 달랐는데 다른 포도의 무게에 눌려 저절로 흘러나온 즙이 가장 깨끗했다. 소량에 불과한 이 추출액은 짧은 발효 기간을 거쳐 달콤하고 끈적끈적한 화이트 와인으로 만들어지기도 했다.

하지만 고대 이집트에는 즙이 저절로 흘러나오기를 기다리는 예비 단계가 없었다. 그들은 포도를 커다란 통에 넣고 밟아서 즙을 만들었다. 이집트의 여러 벽화를 보면 4-6명의 남자들이 양쪽 막대에 매달아 놓은 줄로 중심을 잡아 가며, 나무나 구운 점토, 회반죽을 바른 돌로 만든 커다란 통에 포도를 넣고 밟는 모습이 그려져 있다. 가끔은 옆에서 노래를 하거나 악기를 연주하여 박자를 맞추어 주는 사람이 등장하기도 하는데, 그들은 농경의 여신인 레누테트에게 바치는 노래를 하였다.

이 작업을 하는 우리 곁을 지켜 주시기를……이것(와인)을 드시
는 우리 주인님께 폐하의 총애가 끊이지 않기를.

통에서 흘러나온 포도즙은 큰 단지 안으로 떨어졌다. 벽화의
포도즙이 항상 붉은색인 것을 보면 껍질째로 즙을 냈거나, 아니
면 껍질의 색깔이 과육에 착색되도록 통 속에서 어느 정도 묵혔
을 것 같다. 껍질을 벗기고 알맹이로만 만든 포도즙은 붉은색일
수가 없기 때문이다. 그런데 와인 제조 과정을 묘사한 이 벽화
들의 순서가 뒤죽박죽인 것으로 보아 화가가 와인의 색깔을 떠
올리며 포도즙마저 붉은색으로 표현했을 가능성도 배제할 수
없다.

1차로 즙을 빼고 남은 과육, 껍질, 씨, 줄기는 다른 곳으로 옮겨
져 마지막 한 방울까지 즙을 내는 절차를 밟았다. 이집트에서는
포도를 자루에 넣고 양쪽 막대에 매달아 비트는 방법을 썼다.

포도를 통에 넣고 밟을 때부터 발효가 시작되기는 하지만 본
격적으로 술이 완성되는 곳은 커다란 토기 안이었다. 고대 이집
트인들은 포도즙을 단지 안에 넣고 뚜껑을 닫은 뒤 나일 강의
진흙을 단지의 어깨 부분부터 원뿔 모양으로 쌓아 가며 틈을 메
웠다. 처음에는 작은 구멍을 뚫거나 가는 갈대를 끼워 발효 과
정에서 생기는 탄산가스를 빼냈지만 나중에는 산소와의 접촉을
막기 위해 이 구멍마저 막았다. 뚜껑 위로 쌓은 진흙에는 포도
밭의 위치, 와인을 만든 사람의 이름과 주조 연도를 적었다. 이
것이 바로 라벨의 시초이다. 포도즙 단지를 어떻게 보관했는지
는 정확히 알 수 없지만 어느 벽화를 보면 나란히 세워 놓았던

모양이다.

이집트 와인의 색깔이나 향, 맛, 농도를 그대로 재현할 수는 없다. 그것들 대부분이 레드 와인이었고, 화이트 와인은 일부에 불과했다는 것만 알 수 있을 뿐 단맛이 어느 정도였을지는 영원한 수수께끼로 남아 있다. 와인을 마시기 전에 그것에 허브와 향신료를 넣었다는데, 아마도 이는 와인을 응용하여 만든 리큐어와 비슷한 것이 아니었을까? 어쨌거나 이집트 와인은 충분한 숙성 과정을 거치지는 못했을 것이다. 이집트인들은 8월에 수확한 포도를 천천히 밟고 비틀어 즙을 낸 뒤 단지에 담았는데 이집트의 열대 기후 때문에 급속히 발효된 와인은 산화가 빠를 수밖에 없었다. 게다가 와인을 발효시키고 보관하는 단지에는 송진이나 기름으로 칠을 하지 않는 한 미세한 구멍을 통해 공기가 들어오기 마련이었다. 따라서 이집트 와인을 3~4년 묵히면 시큼하게 맛이 변했을 것이다.

위에서 소개한 아피아누스가 살았던 시기는 이보다 훨씬 후대인데(3세기) 그의 포도밭을 묘사한 기록을 참고하면 이집트 와인의 특징을 파악할 수 있다. 그의 밭에서 만든 와인은 대부분 여러 변종을 섞어서 발효시킨 화이트 와인으로, 그리스에서 인기가 높았다. 당시에 와인을 평가하는 기준은 당도였고 가끔은 '덜 익었다.' 혹은 '잘 익었다.' 는 식으로 숙성도에 따라 가치를 평가하기도 했다. 하지만 뜨거운 폭염과 밀봉 기술의 부족으로 와인이 금세 시큼하게 변하거나 고약한 냄새를 풍기기 십상이었기 때문에 주조된 해에 마시는 것이 일반적이었다. 아피아누스의 기록에는 245년 8월에 생산된 와인이 18개월 뒤인 247년 2월

이전에 '매진되었다'고 적혀 있다. 와인을 만드는 쪽에서는 가능한 한 빨리 팔아 치우고 보관이나 변질에 따른 문제는 소비자에게 떠넘기는 것이 유일한 해결책이었다.

고대 이집트에서는 와인의 소비는 물론이고 포도밭을 소유하는 것까지 상류층의 특권이었다. 따라서 와인의 생산량은 극히 한정되어 있었고 와인의 값은 맥주의 다섯 배까지 치솟을 수밖에 없었다. 와인을 마시는 층은 왕과 귀족, 거부, 신전을 관리하는 제사장 정도였고, 제사장의 경우에는 와인 판매가 주수입원이 되기도 했다. 와인은 신에게 바치는 헌주(獻酒)가 되거나 망자와 함께 묻히는 등 제례의식에도 사용되었다.

왕궁의 지하실이나 무덤에서 와인 단지가 발견되는 경우는 많았다. 그런데 이 중에서 가장 흥미로운 유물은 1922년에 발굴된 투탕카멘(Tutankhamen) 묘에 묻혀 있던 와인 단지이다. 기원전 1348년, 열 살의 나이로 즉위한 투탕카멘은 9년 후에─현대로 치자면 미성년자의 딱지를 떼자마자─숨을 거두었고 와인을 담은 36개의 단지가 그와 함께 묻혔다. 36개의 단지 중에서 26개에는 밀봉용 진흙에 와인의 제작 연도와 만든 사람의 이름이 쓰여 있다. 가장 많은 단지가 제작된 연도는 투탕카멘의 재위 기간에서 4년, 5년, 9년째에 해당되는 기원전 1345년, 기원전 1344년, 기원전 1340년이었다. 이해에 만들어진 와인이 26개 가운데 23개인데 그중 한 단지에는 다음과 같이 적혀 있다.

즉위 4년. 생명, 번영, 건강을 상징하는 아톤 신전에서 빚은 달콤
한 와인. 양조인은 아페르에르쇼프(Aperershop).

왕과 함께 묻힌 와인이니 만큼 최고급 제품이었을 것이라고 추측되지만, 투탕카멘이나 시종장이 어떤 원칙으로 와인을 저장했는지가 확실하지 않기 때문에 최고급 와인부터 마시고 남은 것이 묻혔을 가능성도 있다. 아무튼 가장 오래된 와인이 5년 묵은 제품인 것을 보면 이집트 와인의 유효기간이 짧았음을 알 수 있다.

밀봉용 진흙에 적힌 문구는 와인의 특징에 대해서 감질나는 힌트만 알려 주고 있다. '달콤하다'는 표현이 쓰인 단지가 4개에 불과한 것을 보면 나머지는 그렇지 않다는 뜻이 되고, "고급 와인"이라는 단어가 쓰인 단지가 있는 것으로 보아 나머지 와인들의 품질을 예측할 수 있을 뿐이다. 어쩌면 고대 이집트의 '프르미에 크뤼(1등급 와인을 가리키는 말)'는 워낙 명성이 자자해서 그 와인의 품질에 대해 이러쿵저러쿵 언급할 필요가 없었을 테고, 유명하지 않은 포도밭에서 생산된 와인에만 부가설명이 붙었을지도 모르겠다. 어쨌든 투탕카멘 묘에서 발굴된 유물이 이집트 와인을 대표한다고 볼 수는 없을 것 같다. 다른 지역에서 발견된 와인 단지에는 "고급 와인," "최고급 와인," 심지어는 "잔치용 와인"이라고 적혀 있는데, 이 투탕카멘 묘에서 발굴된 것들은 후딱 마셔 버리는 게 나을 만큼 싸구려인 듯한 분위기를 풍기기 때문이다. "세금용 와인," "봉헌용 와인"이라는 꼬리표를 달고 있는 와인들도 마찬가지일 것이다.

고대 이집트에서 와인은 주로 제례의식에 쓰였지만 일상생활에서도 상당히 자주 등장했다. 떠들썩한 연회를 묘사한 벽화를 보면 남녀 모두가 상당한 양의 와인을 마시고 있다. 와인이 많이 필요하다 싶으면 발효용 단지를 통째로 들고 오기도 했던 모양인데, 어떤 벽화에는 단지에 관이나 빨대를 꽂고 직접 마시는 모습이 그려져 있기도 하다. 하지만 대부분 하인들이 디캔터(포도주 등을 따르는 데 쓰이는 마개 있는 유리 그릇) 비슷한 소형 용기에 와인을 담아 와서 여과기로 거른 후 따라 주곤 했다. 와인은 사발이나 잔에 따라 마셨고 제18 왕조 때는 여기에 유리나 설화석고로 만든 고블릿(손잡이가 없는 술잔)이 추가되었다. 그런데 여과기로 걸렀다는 것을 보면 와인에 포도 찌꺼기가 그대로 남아 있었던 모양이다.

연회 풍경을 담은 벽화의 주인공으로는 웃고 떠들며 와인을 마시는 손님들이 대부분이지만 가끔은 속을 게우거나 정신을 잃은 채 하인들에게 업혀 가는 남녀가 등장하기도 한다. 취하기 위해 연회에 참석하는 부류도 있었는지 어떤 여성의 무덤에는 연회 풍경을 담은 벽화와 함께 다음과 같은 문구가 적혀 있다.

와인 열여덟 잔 줘요.…… 취하고 싶단 말이에요! 난 지금 속이 바싹 타들어 가는 것 같아요!

술에 취해서 구역질을 하거나 고생하는 것으로 묘사되는 쪽은 대부분 여성이다. 그 밖의 이집트 벽화에서는 와인을 사랑이나 섹스와 연결시키기도 하는데 그리스로 건너가면 그 주제가 좀더 노골적으로, 자주 등장한다. 이집트 축제를 그린 어느 벽화에서 여성들은 속이 비치는 옷을 입고 연꽃잎과 멘드레이크 열매를 들고 서 있는데, 이 두 가지는 모두 사랑의 상징이다. 그리고 하녀들은 알몸인 채 술을 따르고 있다.

예로부터 와인에는 부정적인 시각과 긍정적인 시각이 항상 함께 했다. 사회학자들은 와인이 인간 관계를 부드럽게 만드는 반면 사회 질서 유지에 악영향을 미칠 수도 있다고 지적한다. 의학자들은 와인의 좋은 면을 칭찬하면서도 폭음은 건강에 해롭고 심지어는 목숨을 앗아갈 수도 있다고 경고한다. 적절한 양을 권하고 자제를 강조한다는 면에서 확실히 상반된 주장이라고 볼 수는 없지만 전문가들은 예전부터 찬성과 반대, 어느 한 쪽으로 입장을 분명히 밝히지는 않았다.

어느 시대, 어느 문화권에서나 그래 왔듯이 이집트에서도 와인에 대한 의견은 다양했다. 부유층 사람들은 일상에서 혹은 축제 때 접하는 와인을 자연스러운 즐거움으로 간주했다. 나크헤트(Nakhet)의 무덤 벽화를 보면 한 소녀가 축제 때 부모님에게 와인을 권하며 이렇게 말한다.

건강에 좋대요! 신이 주신 이 훌륭한 와인을 마시면서 축제를 즐기세요.

이집트에서 적절한 음주는 좋은 습관으로 간주되었고 술에 취하는 것도 어느 정도 긍정적인 면이 있다고 여겨졌다. 하지만 폭음에는 경고가 뒤따랐다. 이집트의 현자 아니(Ani)는 이런 말을 남겼다.

술에 취하면 입을 열어도 무의미한 말만 튀어나온다. 넘어져 팔다리가 부러져도 아무도 도와 주지 않는다.

또 다른 현자는 이런 충고를 했다.

미치광이가 되지 않으려거든 술에 취하지 마라.

폭음에 대해 너그러운 사람이라도 남들 앞에서 주정을 부리는 것은 못마땅하게 여겼다. 이와 같이 공적인 장소와 사적인 장소를 구분하는 태도는 다른 문화권에서도 마찬가지였다.

폭음에 대해서 이러저러한 의견들이 많았다는 사실은, 와인의 생산, 판매, 소비를 규제하려는 시도가 예전부터 존재했다는 의미가 된다. 이 가운데 그 시초를 꼽으라면 바빌로니아 역사상 가장 위대한 왕으로 꼽히는 함무라비(Hammurabi)가 기원전 1750년에 발표한 법전일 텐데 이 법전에는 와인 판매와 선술집에 대한 제재가 여러 부분에서 나온다. 제재 대상은 당시 바빌로니아에서 거래되던 와인과 맥주 모두였다. 함무라비 법전에 따르면 선술집 주인(모두 여성이었음)은 정치적이거나 범죄의 냄새를 풍기는 모임이 열리면 당국에 신고를 해야 한다는 것이 의무조항에 명시되어 있다. 교단(敎團)에 속한 여성이 술집을 열면 화형을 당했다. 술에 물을 섞다 붙잡힌 술집 주인은 수장(水葬)되었다. 교단에 속한 여성의 술집 개업을 금한 이유는 제례의식에 쓰여야 할 와인이 유출되는 것을 방지하기 위해서였던 것으로 해석된다.

이러한 점들과 달리 와인이 건강에 좋다는 측면도 강조되었다. 와인은 허브나 향신료와 같은 약초를 섭취하는 데 도움이 되는 수단이었고, 와인 자체로도 어느 정도 약효를 가지고 있었다. 이집트에서는 와인이 식욕을 돋우고, 몸 속 기생충을 제거하고, 소변을 잘 볼 수 있게 한다고 보았다. 또한 천식을 치료하거나 관장이 필요할 때 와인과 함께 수지, 송진, 허브, 향신료, 당나귀털, 짐승과 새의 배설물을 섞어서 만든 '키피'를 처방하기도 했다. 이는 악령이 몸 속으로 들어오면 병에 걸리는데 고약한 음식을 먹으면 악령이 도망친다는 발상에서 비롯된 처방이었다. 좋은 약은 입에 쓰다는 속설이 이 당시에도 통용되었던 셈이다. 와인은 연고나, 종창을 가라앉히는 약으로도 쓰였고, 와인을 붕대에 묻혀 상처를 치료하기도 하였다.

와인은 육신의 고통을 달래는 진정제인 동시에 영혼을 해방시키는 구원자였기 때문에 등장하자마자 종교와 긴밀한 관계를 맺기 시작했다. 와인에 사회적·문화적·경제적 의미가 최초로 부여된 시기는 와인의 시초만큼이나 베일에 가려 있다. 야생 포도가 자라는 전 세계 수많은 지역 중에서 유독 특정 지방의 사람들만 포도를 재배하고 와인을 만들기 시작한 이유는 무엇일까? 처음에는 종교적인 이유에서 와인을 만들기 시작했다가 점차 일상적인 즐거움을 위한 것으로 그 용도를 확장한 것이 아닐까? 종교가 와인 확산에 미친 영향을 지나치게 확대 해석하면 안 되겠지만, 수많은 서양 문화권에서 와인이 갖는 종교적 의미가 비슷하다는 측면을 간과해서도 안 될 것이다.

와인 하면 가장 먼저 떠오르는 것은 죽음과 부활인데, 이는 포도나무에서 비롯된 이미지이다. 포도나무는 겨울이 되면 잎이 지고 밑동이 말라 죽은 것처럼 보이다가도 봄이 오면 극적으로 '부활한다.' 이집트의 매장 풍습을 담은 벽화에서도 포도나무는 부활을 상징하고 있다. 그런데 이와 비슷하게 순환 과정을 반복하는 수많은 나무 중에서 왜 포도나무에만 특별한 의미가 부여되었는지, 그 이유는 알 수 없다. 모태였던 덩굴이 죽더라도 열매는 와인이나 건포도의 형태로 남기 때문은 아닐까? 이뿐만 아니라 와인은 남녀 관계를 비롯한 여러 가지 인간 관계를 부드럽게 만드는 역할을 했기 때문에 다산의 상징이기도 했다. 수천 년 동안 찬사와 비난의 대상이었던 와인과 섹스의 결합도 알고 보면 다산의 상징에서 비롯된 것이다.

와인에 독특한 종교적인 의미가 부여된 이유가 발효 과정 때문이라는 주장은 좀더 설득력 있게 들린다. 포도즙은 열을 받으면 기포가 생기면서 놀라운 변신을 한다. 맛은 있었지만 평범했던 과즙이 누구든지 취하게 만드는 액체로 바뀌는 것이다. 이와 같은 변화는 미스터리였고 사회적·의학적·종교적 연구와 관심을 불러일으킬 만한 기적이었다. 고대의 학자들은 와인이 정신에 미치는 작용을 일종의 '탈속'으로 간주했다. 즉 이성과 자제력이라는 세속적인 고리를 끊고 신과 더 가까워지는 과정으로 여겼던 것이다. 그런데 맥주나 대추야자주, 기타 술이 정신에 미치는 영향은 왜 와인과 비슷한 대접을 받지 못했을까? 아무래도 와인이 다른 술보다 독해서 신과 더욱 빨리 가까워지게 만들었기 때문이 아닐까?

와인은 고대의 다양한 종교에서 중요한 몫을 담당했다. 특정한 신에게 기도를 드리며 술을 바치는 헌주식에 와인이 쓰인 것이 대표적인 예이다(이와 같은 의식에서는 맥주, 오일, 꿀, 물도 쓰였음). 헌주는 인간과 신이 교감을 나누는 의식이었고 여기에서 와인은 신이 내린 선물에 대한 보답이었다. 와인은 이 밖의 제례 의식에도 동원되었다. 메소포타미아에서는 와인이 신에게 바치는 제단의 한 귀퉁이를 장식했고, 이집트에서는 5개 지방의 최고급 와인을 망자의 시신과 함께 묻었으며, 포도나무를 심는 것을 종교적인 의무로 여기게 되었다. 람세스 3세(Ramses III)는 아몬 라에게 바치는 글에서 자신의 공적을 "저는 남 오아시스에 포도밭 3개를 만들었고 북 오아시스에도 셀 수 없이 많은 포도밭을 만들었습니다. 남부 지방에 만든 포도밭은 그 수를 이루 헤아릴 수가 없습니다."라고 밝히면서 신에게 바친 와인 단지가 59,588개에 달한다고 하였다.

와인과 포도나무는 수많은 종교에서 주요 상징물로 자리 잡았다. 맥주를 비롯한 기타 술도 상징적인 역할을 했지만 와인만큼 두드러진 활약을 보이지는 못했다. 뒤에서도 살펴보겠지만 유럽에 그리스도교가 뿌리를 내린 이후로 와인의 라이벌 격이었던 술은 하나같이 종교계 외곽으로 밀려났다.

와인을 발견한 사람이 여성이었다는 주장이 일반적이듯이 초기 종교에서 와인과 결부된 신도 대부분 여신이 많았다. 수메르에는 와인의 여신 게스틴이 있었고, 시리아에서는 반신반인인 다넬이 딸과 함께 포도를 재배했다. 나중에 이집트에서는 남신들이 와인과 포도 재배를 관할했지만 뱀의 여신 레넨우테트가 포도의 수확을 상징했다는 점을 잊어서는 안 될 것이다. 하지만 시간이 지나면서 와인과 결부된 신은 여신에서 남신으로 바뀌었다. 이집트에서 자연의 신이자 죽음과 부활의 신이라 불리는 오시리스는 또한 포도나무의 신이기도 했다. 오시리스는 이집트의 농사를 좌우하는 나일 강의 범람을 자축하는 축제를 주관하는 신이었다.

이집트에서 와인을 부활의 상징으로 여겼던 이유는 해마다 범람하는 나일 강이 철을 함유한 퇴적층으로 인해 붉은색을 띠었기 때문이라는 설도 있다. 그러나 일부분이기는 하지만 고대에도 화이트 와인이 만들어졌다는 점에서 이 주장은 설득력이 떨어진다.

이집트의 일부 기록에서는 와인을 태양신 라의 땀방울로 묘사했다. 또 어떤 기록에서는 호루스의 눈이라고도 했는데, 레드 와인은 그의 오른쪽 눈, 화이트 와인은 왼쪽 눈이라는 것이다. 와인은 피와 동일시되는 경우도 많았는데, 이는 포도즙을 짜는 신 셰스무가 도살자로 그려졌기 때문이다. 피는 와인과 하토르 여신 간의 연결고리이기도 한데, 이집트 신화에 따르면 라 때문에 누비아에서 이집트로 끌려 온 하토르는 축제 때 펼쳐지는 노래와 춤, 와인, 공물을 보고서야 노여움을 풀었다고 한다. 이 경우 와인은 하토르의 적이 흘린 피의 상징이다.

와인은 고대 그리스 · 로마 시대 이전의 많은 문화권에서 종교적으로 중요한 위치를 차지했지만 시간이 흐르면서 많은 변화를 겪었다. 비옥한 초승달 지대에서 최초의 와인이 탄생한 이후 이집트 상류층의 문화로 자리 잡기까지 4,000년이라는 세월이 흘

렀으니 변하는 것도 당연한 일일 것이다. 포도 재배가 이집트로 전파되기 이전에 대한 자료는 거의 없지만, 자세한 기록을 남긴 이집트의 화가와 관리들 덕분에 우리는 와인 제조업자들이 기원전 2000년부터 이미 와인의 품질과 보관 방법을 놓고 고심했다는 사실을 알 수 있게 되었다. 이들은 기후 조건 때문에 골머리를 앓기도 했는데, 여러 가지 문제점들이 해결된 것은 기후가 온난한 지중해 지역에서 와인 생산이 시작된 이후였다.

이 시기에는 포도 재배법이 야생 포도가 자라지 않는 지역에까지 전해졌지만 생산이 불가능한 지역에서 와인은 여전히 값비싼 사치품이었다. 와인 생산이 확산되지 못한 데에는 기후와 환경의 탓이 크지만, 대규모 와인 산업에 반대하는 사회적인 분위기도 무시할 수 없는 이유였다. 신과 고귀한 신분의 사람들만 와인을 마셔야 한다고 생각한 사람들이 고대 이집트의 상류층 외에도 많았던 것이다. 이런 점에서 볼 때 와인이 이집트에서 고대 그리스로 전래된 것은, 단순히 바다와 시대를 건너간 것이 아니라 와인을 소수가 독점하는 문화에서 다수가 공유하는 문화로 이행되었음을 의미하는 것이었다.

2

와인의 민주화

특권층의 사치품에서 대중의 음료로

이집트와 크레타 섬의 와인 무역은 기원전 2500년부터 시작되었다. 기원전 2200년경의 유물로 보이는 크레타 섬의 토기 안에는 포도씨와 줄기, 껍질의 흔적이 남아 있는데 이것이 만약 와인의 찌꺼기라면 이집트에서 수입된 와인이었을 가능성이 크다. 하지만 얼마 지나지 않아 크레타 섬 사람들도 포도를 재배하고 와인을 직접 생산하기 시작했다. 팔라이카스트로에서 발견된 포도 압착기는 제작 연대가 미케네 시대(기원전 1600~기원전 1100년)로 거슬러 올라가며 크레타 섬의 왕궁이 관리한 농산물을 기록한 점토 서판 역시 그 즈음에 제작되었다. 크레타 섬의 와인 생산 방식은 에게 해의 다른 섬들로 퍼져 나갔다. 본국인 그리스에 포도 재배법과 와인 생산 기술이 전해진 데에는 크레타 섬을 다스렸던 미케네 관리들의 역할이 컸다고 볼 수도 있지만 어쩌면 예전부터 그리스에서 와인이 만들어지고 있었을 것이라고 생각할 수도 있다. 정확한 시기와 경로는 알 수 없지만 이 시기는 와인의 역사에서 아주 중요한 위치를 차지한다. 왜냐하면 이때가, 그리스가 지중해 서부 지역 너머까지 지리적·사회적 확장을 시작한 시기이기 때문이다.

초기에 그리스 포도는 다른 농작물, 특히 올리브와 함께 재배되었지만 시간이 흐르면서 포도만 경작하는 밭이 생기기 시작했다. 처음에는 아테네, 스파르타, 테베, 아르고스 등 인구가 많고 와인 시장이 형성되어 있는 도시 근처에 포도밭이 있었다. 하지만 기원전 6–기원전 5세기 들어 와인의 수요가 증가하면서 양조장들은 그리스의 중심으로 진출했다. 이 중에서도 타소스(에게 해 북부에 있는 그리스령 섬), 레스보스(그리스 남동쪽, 에게 해 북동부에 있는 섬), 키오스(에게 해 서부에 있는 그리스령 섬)의 와인은 그 맛이 좋기로 유명했다.

육로보다는 바다나 강을 통해 운송하는 쪽이 훨씬 비용이 적게 들었기 때문에 포도밭은 항상 해안에 자리를 잡았다. 타소스의 한 포도밭은 면적이 290,000제곱킬로미터에 달했고 수많은 남녀노예와 일꾼들이 농사에 동원되었다. 포도는 올리브나 곡물보다 손이 많이 가는 작물이었다. 때문에 가지치기를 담당하는 것이 하나의 직업으로 자리 잡았고 이 일을 하는 사람들은 여러 포도밭 주인들과 계약을 맺고 자신들의 기술을 팔았다.

그리스인들은 추수하기 쉽도록 나무보다는 격자시렁이나 막대를 포도 덩굴의 버팀목으로 삼는 등, 전통적인 포도 재배 방식에 혁신을 꾀했다. 하지만 건조한 바람이나 비로부터 꽃을 보호하는 데에는 비과학적인 방법을 동원했다. 즉 그것을 위해 두 남자가 반으로 자른 흰색 수탉을 들고 밭의 주변을 각기 다른 방향으로 뛰어가다 만나는 자리에 가엾은 수탉을 묻는 의식을 치렀던 것이다.

기원전 3세기로 접어들면서 그리스에서는 진정한 의미의 와인 산업이 시작되었고, 포도 재배를 자체적으로 시작한 지역들이 차례대로 그리스로 편입되면서 포도는 올리브, 곡류와 함께 지중해의 3대 주요 농산물로 자리하였다. 그리스인들은 자국 내에서 와인을 마음껏 즐기는 한편 유럽의 여러 지방으로 수출도 했다. 기원전 5세기 무렵, 그리스 와인은 손 강 상류와 쥐라를 비롯한 프랑스의 여러 지방, 이집트, 흑해 주변, 도나우 강 주변에까지 확산되었다. 그리스인들은 와인을 수출하면서 일부 식민지에 포도 재배법과 와인 생산 기술을 소개하기도 했다. 앞에서도 살펴보았다시피 이집트의 경우 기원전 3000년경에 와인이 등장한 이후로도 그 소비량은 줄곧 한정되어 있었지만 그리스인들이 몰려 오기 시작한 기원전 300년부터는 포도 재배지와 와인 생산율이 가파른 상승곡선을 그렸다.

그리스인들은 와인 문화가 전혀 발달하지 않은 시칠리아 섬과 이탈리아, 프랑스 남부에 포도 재배법과 와인 생산 기술을 전수하였다. 로마의 사학자 유스티누스(Justinus)는 마살리아(오늘날 마르세유 인근)에 정착한 그리스인들이 전한 문명의 이기로 포도 재배 기술, 도시 생활, 입헌 정부를 꼽았다. 기원전 8세기경 에스파냐와 포르투갈에 포도 재배 기술을 전한 것도 그리스로 추정되는데, 어떤 학자는 그리스가 아니라 페니키아였고 에스파냐에서는 이미 독자적으로 포도를 재배하고 있었다고 주장하기도 한다.

이탈리아 최남단 지방에서는 포도 재배를 통한 식민 정책이 워낙 성공적이어서 그리스인들은 이 지역을 오이노트리아 즉 '잘 길들여진 포도의 땅'이라고 불렀다. 이 지역에서는 와인의

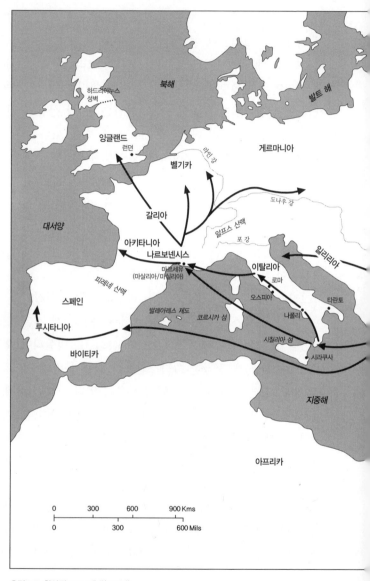

유럽으로 확산된 포도 재배(100년)

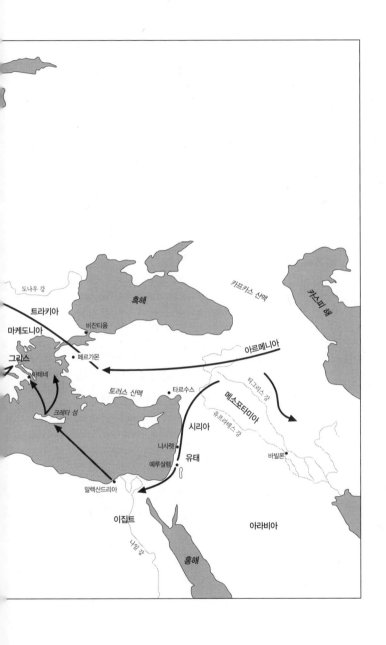

도나우 강

트라키아

마케도니아

그리스

아테네

비잔티움

흑해

카프카스 산맥

카스피 해

아르메니아

페르가몬

토러스 산맥

타르수스

티그리스 강

메소포타미아

크레타 섬

시리아

유프라테스 강

나사렛

예루살렘

유태

바빌론

알렉산드리아

이집트

아라비아

나일 강

홍해

중요성이 어찌나 컸던지 고고학자들에 따르면 이탈리아 남부의 어느 지방은 기원전 4-기원전 3세기경 포도가 전체 농산물에서 차지하는 비율이 무려 30퍼센트에 달했다고 한다. 하지만 에트루리아인들이 거주하면서 이미 포도 재배와 와인 생산을 시작했던 이탈리아 북부는 그리스의 식민지가 되지 않았다. 에트루리아인의 유래는 아직도 논란의 대상이 되고 있지만 오래 전부터 와인을 생산해 온 지중해 동부나 소아시아에서 이탈리아로 건너온 것으로 추정된다. 그리스인들이 이탈리아 남부에서 포도를 심고 있을 때 에트루리아인들은 이미 알프스 너머 부르고뉴까지 와인을 수출하고 있었던 것이다.

그리스의 와인 무역은 국내 유통이건 해외 수출이건 상당히 수지가 남는 장사였다. 그리스의 와인이 뻗어 나간 범위는 유럽 전 지역에 산재하는 수천 개의 암포라를 보면 짐작할 수 있는데, 1세기 들어 나무통이 등장하기 전까지 와인을 발효시키고 묵히고 저장하고 운반하는 것은 물론 오일이나 올리브, 곡물을 실어 나를 때도 가장 널리 쓰인 용기가 암포라였다. 아름답지는 않지만 묘한 매력이 있는 암포라는 크기와 모양이 다양했고 지역과 만든 이에 따라 특징이 있었다. 암포라의 용량은 대부분 25리터에서 30리터 사이였다. 암포라의 외형은 바닥이 뾰족하고 몸통은 위로 갈수록 넓어지며 손잡이는 두 개로, 와인을 가득 채우면 한 사람이 들기에는 너무 무거웠기 때문에 두 사람이 한 쪽씩 잡고 옮길 수 있게 되어 있었다. 빈 암포라의 무게도 와인을 가득 채웠을 때의 절반 정도로밖에 줄지 않아 한 사람이 들기에는 만만치 않게 무거웠다.

이 후에 등장한 나무통과 마찬가지로 암포라도 빙빙 돌릴 수가 있어서 운반하기에 편리했다. 하지만 나무통처럼 굴릴 수는 없었다. 암포라는 뾰족한 바닥 때문에 똑바로 세울 수가 없어서 어딘가에 기대어 놓곤 했는데, 와인 저장실에 가득한, 비스듬히 세워져 있는 암포라는 배불리 와인을 마신 주정꾼들이 나란히 기대 앉아 있는 모습과 비슷했다. 암포라를 똑바로 세워야 할 때는 토기나 나무로 만든 버팀대가 동원됐고 배에 싣고 이동할 때는 그것을 나무 상자에 넣거나 모래를 깔고 그 위에 세웠다.

와인의 운송 수단은 주로 선박이었는데, 뱃길이 워낙 위험해서 과거 그리스 상선들이 오갔던 바다 밑바닥에는 이루 헤아릴 수 없을 만큼 많은 암포라가 묻혀 있다. 이들은 와인을 싣고 가다 폭풍을 만나거나 암초에 부딪힌 선박들이 남긴 흔적인데, 프랑스 남부 해안은 암포라를 실은 선박의 난파 사고가 잦기로 유명했다. 이 중에서 어느 해양 고고학자가 인양한 선박에는 무려 10,000개나 되는 암포라가 실려 있었다. 그 내용물만 300,000리터, 오늘날로 따지면 400,000병에 해당되는 와인을 싣고 있었던 것이다. 그리스에서 갈리아로 향하는 주요 관문인 마살리아를 통해 해마다 수출된 와인의 양은 1천만 리터 정도로 추정된다.

갈리아에서 발굴된 수많은 암포라를 보면 그리스 와인의 인기가 어느 정도였는지 짐작할 수 있다. 프랑스 남서쪽의 툴루즈나 동쪽의 샬롱쉬르손 같은 외딴 지방도 예외는 아니었다. 손 강의 바닥에만도 수십 만 개의 암포라가 묻혀 있는데, 이것을 와인으로 환산하면 5백만~1천만 리터에 해당되는 양이다. 샬롱쉬르손 인근의 지하무덤에서 발굴된 유물은 그리스 와인이 이 지역에 미친 영향을 가장 단적으로 보여 준다. 이 무덤에는 빅스 혈통의 켈트족 왕자가 묻혀 있는데, 보물, 조상, 기타 귀금속 외에도 그리스의 대형 크라테르가 묻혀 있었다. 크라테르란 와인과 물을 섞을 때 쓰는 단지를 말하는데, 화려한 장식이 특징인 이 크라테르는 높이가 2미터에 가깝고 와인을 1,000리터나 담을 수 있는 크기였다. 대부분의 크라테르는 용량이 몇 리터에 불과하다는 점으로 미루어볼 때 이것은 장식용으로 만들어진 것 같다. 이 크라테르 말고도 무덤에는 주전자와 잔 등 그리스에서 와인을 마실 때 쓰인 용품까지 함께 묻혀 있었는데, 이것을 보면 켈트족이 살던 갈리아 지방에서 와인의 중요성이 어느 정도였는지를 알 수 있다.

그리스의 영향이 살짝 미친 지역이 이 정도인데 중심지는 어떠했을지 짐작이 가고도 남는다. 신흥 세력인 로마 제국이 이탈리아 남부를 장악하기 시작한 기원전 4–3세기 무렵, 와인 생산은 그리스의 후원 아래 이미 입지를 단단히 굳힌 상태였다. 그리고 앞에서도 밝혔다시피 에트루리아인들이 정착한 북부는 와인 생산을 시작한 시기가 남부보다 빨랐다. 로마의 정치가 카토(Cato)는 기원전 200년경 라틴어 최초의 포도 재배 기록이라 할 수 있는 『농업론(De Agri Cultural)』에서 포도 재배는 이제 생계가 아니라 이윤을 위한 수단이 되었다고 말했다. 기원전 300년에는 십만 명에 불과했던 로마의 인구가 300년 만에 백만 명을 넘기면서 와인, 그중에서도 대중을 위한 값싼 와인에 대한 수요도 폭발적으로 증가했다. 당시 로마인들은 1년에 1억8천만 리터의 와인을 소비했는데, 이는 로마의 모든 남녀노소가 하루에 0.5

리터씩 와인을 마셨다는 의미이다.

79년, 베수비오 화산의 폭발로 폼페이의 주요 와인 수출입항과 포도 재배지가 잿더미로 변하면서 2년치 와인 물량이 자취를 감추었고 로마에서는 품귀 현상이 일어나 와인 값이 폭등했다. 이것을 본 사람들은 부족분을 메우고 한 몫 단단히 챙기겠다는 속셈으로 너도나도 포도 농사에 뛰어들었고 몇 년 만에 전세는 공급 부족에서 공급 과잉으로 역전되었다.

도미티아누스(Domitianus) 황제는 사방이 모두 포도밭으로 바뀌는 광경을 보다 못한 나머지 92년, 로마 본국에 더 이상 포도를 심지 말라는 금지령을 내렸고 속령에서 자라는 포도의 절반은 없애라는 명령을 내렸다. 이는 로마의 곡물 부족 현상을 예방하고 동시에 이탈리아의 포도 재배업자들을 보호하기 위한 조치였다. 이런 역사적 배경을 놓고 볼 때 프랑스가 포도밭으로 뒤덮인 지중해 연안을 관통하는 A9 고속도로의 일부 구간에 도미티아누스 황제의 이름을 따서 붙인 것은 일종의 아이러니라고 볼 수 있다. 후손들이 이런 방식으로 도미티아누스 황제의 조치를 비웃었다면 그들의 조상들이 취한 태도는 좀더 직선적이었다. 즉 사람들이 포도 재배를 중단하라는 황제의 명령을 거의 지키지 않은 것이었다. 결국 도미티아누스 황제의 금지령은 280년, 폐기 처분되기에 이르렀다.

포도 재배와 와인 주조가 체계적인 문서로 기록되기 시작한 것도 로마 시대부터였다. 지금까지 전하는 기록 중 가장 방대한 기록은 에스파냐 출신의 콜루멜라(Columella)가 65년에 저술한 『농업론(De Re Rustica)』이다. 그는 이 책에서 버팀목을 세우는 방법과 포도나무 사이의 알맞은 간격을 소개했고(지금보다 훨씬 빽빽했음), 제조하려는 와인의 종류에 따라 알맞은 지방이 따로 있다는 사실을 강조했다. 콜루멜라는 이 밖에도 포도 재배에 대해서 아주 자세한 설명을 곁들였다. 일꾼 한 명이 하루 동안 얼마나 많은 버팀목을 세울 수 있는지, 포도 농사에는 몇 명의 일꾼이 필요한지, 심지어는 노예의 식대로 얼마가 드는지까지 설명하였다.

『농업론』에 담긴 내용이 오늘날에 그대로 적용될 수는 없지만, 콜루멜라를 비롯한 로마의 문필가들은 포도 재배를 아주 진지하게 다루었다. 콜루멜라만 하더라도 와인의 양만큼이나 질에도 신경을 썼고, 수확량이 적다는 이유로 아미네안 포도와 같은 품종을 외래 품종으로 바꾸어서는 안 된다고 강조했다.

로마의 문필가들 사이에서도 최상의 포도 재배 방법에 대해서는 생각이 제각각이었다. 어떤 크기의 포도밭에 몇 명의 가지치기 담당이 필요한지, 격자시렁을 세우는 것이 좋은지 아니면 덩굴이 나무를 타고 올라가도록 하는 것이 좋은지 의견이 분분했다. 카토는 포도 덩굴이 자라는 높이가 하늘과 가까울수록 햇볕을 최대한 많이 쪼일 수 있어 좋고, 열매가 익기 시작하면 잎을 잘라 주는 것이 좋다고 주장했다. 그리고 좋은 와인을 생산하려면 토양이 중요하다고 강조했다. 또한 완하제로 쓰이는 와인(당시에는 와인을 의학적인 용도에 따라 분류했음)을 만들기 위해서는 포도나무 뿌리에 검은색 크리스마스 로즈와 삭힌 거름, 재를 뿌리는 것이 좋다고 말했다.

포도밭의 투자 가치에 대해서도 여러 가지 의견이 있었다. 와인이 막대한 이윤을 낳는 것은 사실이지만 날씨에 따라 수확량에 차이가 있고 그에 따라 가격의 차이도 컸기 때문이다. 수확량이 너무 많으면 가격이 추락했고 수확량이 너무 적으면 이윤 자체를 기대할 수 없었다. 한 마디로 말해서 포도 농사는 자금과 땅을 담보로 하는, 위험도 높은 사업이었다. 카토는, 중간 크기의 농경지에서 수익을 가장 크게 낼 수 있는 작물은 좋은 품종의 포도나무라 말하며 네 번째 순위로 꼽은 올리브에 비해 포도나무가 이윤이 훨씬 많이 남는다고 했다. 반면에 바로(Varro)는 "포도밭을 돈 잡아먹는 괴물로 보는 사람들도 있다."고 했다.

와인은 그 수익률이 엄청나기는 하지만 장미만큼이나 손이 많이 가는 사업이었다. 자기 마실 몫을 떼고 남는 것만 시장에 내놓는 소규모 농장주들로서는 로마인들의 수요를 채울 수 없었기 때문에 로마의 인근 지역에서는 노예를 동원하여 경영하는 대규모 포도밭이 우후죽순으로 등장했다. 그렇지만 실정은 여전해서 해마다 그리스와 지중해 동부의 여러 지역에서 수백만 리터의 와인을 수입해야 했다.

그리스를 통해 와인 사업을 알게 된 로마인들은 자신들의 정복지에 포도 재배법과 와인 생산 기술을 전파시켰다. 1세기 무렵에는 기후와 조건이 맞는, 로마 제국 내의 모든 지역에서 와인이 생산되었다. 그리스는 프랑스 식민지인 마살리아에 와인을 소개했고, 마살리아는 다시 로마에 와인을 소개했는데, 와인 생산과 무역이 갈리아 전체로 번진 것은 로마의 영향이었다. 하지만 무역의 주체는 그리스 상인들이었다. 로마인들이 보기에 갈리아는 와인에 목마른 사람들과, 와인으로 한몫 잡으려는 상인들로 북적대는 곳이었다. 디오도루스(Diodorus)는 1세기 중엽에 다음과 같은 글을 남겼다.

탐욕스럽기로 유명한 로마 상인들이 갈리아를 착취하고 있다. 이들은 와인을 배에 싣고 강을 건너오거나 수레에 싣고 육지를 넘어와 어마어마한 이윤을 챙긴다. 가끔은 와인 값이 암포라 하나당 노예 한 명으로 치솟기도 한다. 와인을 마시려면 하인을 포기해야 하는 것이다.

갈리아에서 대규모의 포도 재배가 처음으로 시작된 곳은 나르보넨시스라는 지역이었다. 이곳은 프로방스와 랑그 도크의 대부분을 차지했던 지역인데, 오늘날 그 중심에 있는 도시가 나르본이다. 보르도 지방에서는 나르보넨시스의 영향을 받아 1세기부터 포도 재배가 시작되었다. 3세기 초 부르고뉴까지 전파된 포도 재배는 몇 십 년 뒤 북쪽 알자스까지 뻗어 나갔다. 이는 유럽에서 가장 유명한 와인 생산지 가운데 몇 곳의 경우 로마인들을 통해 포도 재배가 전수되었다는 뜻이다. 로마인들은 멀리 지금의 브리튼 섬인 브리타니아에까지 영향을 미쳤지만 브리타니아는 포도를 재배하기에 알맞은 기후가 아니었다. 때문에 영국의 와인 산업은 암포라까지 제작하며 활발하게 전개되는가 싶더니 금세 자취를 감추고 말았다. 이처럼 와인 산업은 여러 지역으로 확산되었지만 로마인들의 와인 무역에는 아무런 도움이 되지 않았고 결국 로마의 와인 무역은 1세기부터 사양길로 접어들었다.

이 시기를 맞이하여 와인 보관 기술에도 변화가 생겼다. 수백 년 동안 쓰인 토기, 암포라가 나무통으로 대체된 것이다. 로마의 수출업자들이 도입한 나무통은, 20세기에 유리병이 확산되기 전까지 천여 년 동안 와인을 운반하는 수단으로 널리 쓰였다. 암포라가 폐기 처분된 이유는 확실하지 않지만 그 결과 와인 무역의 흔적을 찾기는 더욱 어려워졌다. 암포라는 수천 년 동안 땅 속이나 바다 밑에 묻혀 있더라도 어느 정도 형태가 남아 있지만 나무통은 썩거나 흔적도 없이 사라져 버리기 때문이다.

와인의 보관법은 달라졌지만 중동에서 다져진 와인 생산의 기본 절차는 그리스와 로마에서도 유지되었다. 이것은 유럽이나 기타 다른 지역도 마찬가지였다.

하지만 포도를 통에 넣고 밟는 1차 과정에 변화가 없는 대신 2차로 즙을 짜는 방식은 지역별로 다른 길을 걸었다. 크레타 섬에서는 포도즙이나 올리브유를 짤 때 널빤지 밑에 과실을 넣고 바위로 누르는 방법을 썼다. 그리스와 로마에서는 권양기(捲揚機, 밧줄이나 쇠사슬을 이용해 물건을 끌어올리거나 끌어당기는 데 쓰는 도구)나 나사 장치를 활용하여 무거운 나무기둥으로 포도를 눌렀다. 이는 대규모 양조장에서 쓰는, 비용이 많이 드는 방식이었다.

당시 1차 과정에서 나온 즙과 2차 과정에서 나온 즙을 섞어서 발효시켰는지, 따로 발효시켰는지는 정확히 알 수 없다. 여러 단계의 즙을 따로 발효시켜 만든 와인의 품질은 확실히 달랐다. 포도의 무게에 눌려 자연스럽게 흘러나온 소량의 즙으로 만든 와인은 보통 약으로 쓰였다. 1차 과정에서 나온 즙으로 만든 와인은 맛이 좋았고, 보관만 잘하면 몇 년 동안 상하지도 않았다. 하지만 2차 과정에서 나온 즙으로 만든 와인은 불순물이 많았고 보관 기간도 짧았다. 따라서 두 과정에서 나온 즙을 섞어 발효시키면 와인의 전체적인 질과 수명을 떨어뜨리는 결과를 낳게 되었다.

와인은 밀봉된 암포라 속에서 발효 과정을 거쳤다. 처음에는 탄산가스를 빼내기 위해 밀봉 부분에 작은 구멍을 뚫었지만 나중에는 이 구멍마저 완전히 막았다. 제작 단계에서 여과 과정을 거치지 않은 와인은 체로 걸러서 마셔야 했다. 그리스에서는 와인을 좋은 가죽 주머니(보통 염소 가죽으로 만든 주머니였음)에 넣고 발효시키기도 했는데, 가스가 차서 기포가 생기지 않도록 조심스럽게 채워야 했다. 성경에서 "새 술은 새 부대에 담으라." 라고 경고를 했듯이 낡은 가죽 주머니는 찢어지거나 와인이 샐 염려가 있었다.

이집트에서는 포도를 따자마자 으깼던 것 같지만 크레타 섬, 그리스, 로마에서는 포도의 당도를 높이기 위해 짧은 중간 과정을 거쳤다. 포도의 당도를 높이면 더 달콤하고 더 독하고 더 오래가는 와인을 만들 수 있기 때문이다. 그리스의 서사시인 헤시오도스(Hesiodos)는 기원전 8세기경, 수확한 포도를 1주일 정도 햇볕에 말리는 풍경을 시로 묘사했는데, 이것이 건포도를 만드는 과정이었는지, 달콤한 와인을 위한 준비 과정이었는지는 정확히 알 수 없다.

오리온 자리와 큰개 자리의 시리우스가 하늘 한가운데로 자리를

옮기고

아르크투루스(목자 자리의 별들 가운데 가장 빛나는 별)가 장밋빛
새벽을 열면

페르세스가 밭에서 딴 포도송이를 들고 당신의 집을 찾아온다.

이 포도를, 열흘 밤낮으로 햇볕을 쪼이고

이후 닷새 동안 그늘에 두었다가 여섯째 되는 날

디오니소스에게 올리는 잔에 따르라.

— 헤시오도스, 『노동과 나날(*Erga Kai Hemerai*)』

크레타 섬에서는 포도 가지를 떼어 내기도 했지만 포도의 당
도가 높아지면서 오그라드는 것을 방지하기 위해 그대로 두는
경우가 대부분이었다. 로마의 카토는 포도를 2-3일 동안 햇볕에
말리라고 했지만 로마의 시인 베르길리우스(Vergilius)는 다른
방식을 권했다. 즉 서리가 내릴 때까지 수확기를 늦추라는 것이
었는데, 베르길리우스의 방식을 따른 제품이 바로 늦 수확 와인
(late harvest wine)의 원조였다.

와인 생산 방법은 지역마다 달랐다. 그리스의 타소스 섬에서
는 사과 향이 나는 검붉은 와인을 생산했다. 이 지방의 와인 생
산업자들은 포도를 5일 동안 햇볕에 말리고 6일째 되는 날에는
끓인 포도즙과 소금물에 섞었다. 이후 압착하고 발효시키고 이
물질을 걸러 낸 뒤 끓인 즙을 다시 한 번 섞었다. 이런 과정을 거
쳐 탄생한 와인은 보기에도 아름다웠고 약으로 쓰기에도 알맞았
다. 이 제품은 그리스에서 프리미엄급 와인 대접을 받았을 뿐 아
니라 불면증을 치료하거나 피임의 효과가 있었고, 식초와 섞어

서 마시면 시력이 좋아졌다고 한다.

고대에 최고급으로 꼽혔던 와인의 대부분이 화이트 와인이었지만 보통 제조되는 와인은 레드 와인이었다. 고대의 그림을 보면 포도는 항상 검은색이고 포도즙과 와인은 붉거나 거무스름하다. 호메로스(Homeros)는 에게 해를 "와인처럼 거무스름하다."라고 표현했고, 와인을 묘사할 때는 항상 붉다는 단어를 썼다. 일부 그리스 저술가들에 따르면 이집트에서는 화이트 와인—화이트라기보다는 옅은 녹색에 가까웠지만—이 생산되었다고 하는데 아마도 그리스에서 영향을 받은 것이었을 터이다. 그리스와 로마에서 가장 높은 평가를 받은 와인은 대부분 달콤한 화이트 와인이었지만 그 생산량이 적었다.

포도즙은 껍질이나 과육의 색깔에 관계없이 항상 밝은 색이다. 레드 와인이 검붉은 이유는 붉은색 혹은 검은색 껍질을 함께 넣고 발효시키기 때문이다. 반면에 화이트 와인은 껍질을 완전히 제거하기 때문에 포도즙 고유의 옅은 녹색이 유지된다. 고대에는 발효 전에 포도즙을 걸러 내는 과정이 없어서 앙금이 남았다. 카토는 30일의 발효 기간 동안 와인 단지에 앙금이 들러붙지 않도록 느릅나무 가지로 솔을 만들어 문질러 주는 것이 좋다고 했다. 이러한 것은 이스트가 포도즙과 잘 섞이도록 젓는 바통나주와 비슷한 방식이라고 볼 수 있는데 이 과정을 거치면 색과 향이 더욱 짙어진다고 카토는 주장했다. 아무튼 발효가 끝난 단지는 밀봉됐고 봄이 되면 와인은 깨끗한 암포라로 옮겨져 숙성 기간을 거쳤다.

그리스와 로마에서는 '와인'이 여러 가지 의미로 쓰였다. 즉 포도즙을 발효시킨 술뿐만 아니라 와인을 응용하여 만든 다양한 음료에도 와인이라는 단어가 사용되었던 것이다. 카토는 그리스, 코스(터키 남서부 해안 부근에 있는 그리스령 섬)를 비롯한 여러 지역의 와인 만드는 방법을 소개했는데, "겨울 내내 술을 마시는 사람들"에게 적합하다는 와인의 제조법은 다음과 같았다.

단지에 포도즙 10콰드랜털(quadrantal, 고대 로마에서 쓰인 도량형), 식초 2콰드랜털, 끓인 포도즙 2콰드랜털, 물 50콰드랜털을 넣는다. 여기에 묵힌 소금물 64섹스타리우스(오늘날의 0.53리터)를 부어서 뚜껑을 덮고 10일을 기다린 뒤 밀봉한다. 이 와인은 하지까지 상하지 않는다고 하며 하지까지 다 마시지 못한 와인은 독한 식초로 활용하면 좋다.

이 밖에도 와인에 넣는 첨가물과 그 제조법은 다양했다. 끓인 포도즙과 묵힌 와인에도 소금, 밀가루, 송진, 대리석 가루, 허브, 향신료의 양과 조합을 다르게 해서 섞으면 여러 가지 맛과 향이 나는 와인이 탄생했다. 갈리아 남부에서는 허브의 향과 맛이 포도로 옮아 가길 바라는 마음에서 포도나무 사이에 사향초나 라벤더와 같은 허브를 심었다. 어쨌거나 고대인들은 와인을 마시기 직전에 허브와 향신료를 넣었다.

카토와 기타 문인들은 포도즙을 구리나 납으로 만든 그릇에 넣고 끓이는 것이 좋다고 했다. 특히 납 그릇에 넣고 끓이면 와인의 단맛이 더욱 강해진다고 했다. 건축가 비트루비우스(Vitruvius)는 납의 유독성을 일찌감치 경고했지만 납은 그것의 사용이 금지되기까지 2천 년 동안 그릇이나 유약제로 널리 사용되었다. 이와 같이 고대에 와인은 포도즙을 발효시켜 만든 모든 음료를 가리키는 단어였다.

기원전 1000년까지 와인은 특별한 음료였다. 와인은 가격 하나만 놓고 보더라도 대중적인 술로 자리 잡은 맥주의 경쟁 상대가 될 수 없었다. 하지만 와인은 싼값에 대량으로 생산되는 지역도 있었을 뿐 아니라 종교적·문화적 의미가 결부되었기 때문에 지배 계급에서는 폭발적인 인기를 누렸다. 고대 그리스처럼 와인의 소비 계층이 다양한 지역에서도 사회적 지위에 따라 어떤 와인을 어떻게 마시느냐가 달랐다.

오늘날 유럽의 많은 나라가 그렇듯이 고대에도 술은 일상적인 음료였다. 곡물을 발효시켜 만든 맥주는 칼로리와 영양소의 공급원이었고, 와인 역시 칼로리원이면서 동시에 다양한 이점을 가지고 있었다. 하지만 와인은 단순히 맥주 대신 마시는 음료가 아니었다. 그것은 일반적인 발효주와는 달리 문화적인 측면이 강조되는 음료였다. 와인은 종교적·문화적 의미를 부여받았고, 인간이라는 존재의 가장 기본적인 특성인 종족 유지와 삶, 인간관계, 섹스, 죽음, 내세를 상징하게 되었다.

와인이 널리 전파되면서 소비자도 급격히 증가했다. 카토는 사슬에 묶인 노예라도 1년에 와인을 10암포라는 마셔야 한다고 주장했다. 1년에 10암포라면 매주 5리터 정도를 마시는 게 되는데, 노예에게 와인을 먹인 이유는 와인이 힘을 길러 준다는 믿음 때문이었다. 아파서 일을 할 수 없는 노예의 경우에는 와인 할당량이 건강한 노예의 절반이었다.

와인 소비층이 확대된 것은 기후 조건이 맞는 지방으로 포도 재배가 확산된 이후부터였다. 중동, 지중해 동부, 이집트는 포도 밭의 한계선이었던 반면에 그리스와 로마는 포도 재배에 딱 알 맞은 조건을 가지고 있었다. 포도 재배와 와인 생산이 주요 산업 으로 부상한 그리스와 로마에서는 대량 생산을 통해 저렴한 가 격으로 대규모 시장을 공략했다.

하지만 포도밭의 확산이라는 한 가지 이유 때문에 와인의 민 주화가 이루어진 것은 아니었다. 기후 조건이 맞는 지방으로 포 도 재배가 번져 나간 것 자체가 사실 우연히 이루어진 일은 아니 었다. 고대 그리스와 로마의 지배 계급이 와인을 소수만이 누릴 수 있는 특권으로 묶어 둘 생각이었으면 벌써 생산을 규제하고 나섰을 것이다. 하지만 이집트의 예를 보면 알 수 있듯이 프톨레 마이오스(Ptolemaeos) 왕조 때 이집트를 지배한 그리스인들은 포도밭의 수를 늘리기 시작했다. 그리고 그리스에게 정복당하기 이전까지만 하더라도 이집트는 와인의 종교적인 의미가 분명했 고, 계층간의 구분이 엄격했기 때문에 와인의 소비를 제한했다.

어떤 문화권에서는 와인의 소비층을 지배 계급으로 한정하고 또 다른 문화권에서는 그렇지 않았던 이유는, 경제적인 측면 하 나로만 해석할 수는 없는 문제이다. 그리스인들은 와인을 수익 성이 높은 산업으로 인식하고 시장을 넓혀 나갔다. 즉 지중해 너 머 수입 시장뿐만 아니라 국내 시장까지 넓혔던 것이다. 그런데 경제적인 논리대로만 와인 소비가 확산되어 갔던 것은 아니고, 그리스와 로마 모두 특정 계층, 특히 여성의 음주에 제한이 있었다. 다시 한 번 강조하지만 고대의 와인 소비에는 신분에 따른 차별이 있었다. 즉 어떤 계층이냐에 따라 마시는 와인의 종류와 방법이 달랐다. 굳이 자세한 설명을 곁들이지 않더라도 부유층은 값비싼 고급 와인을 즐겼고 서민은 값싼 와인을 마셨다는 것을 짐작할 수 있다. 뿐만 아니라 와인을 마시는 상황에도 차이가 있었다. 이와 같은 점들을 놓고 보면 고대인들은 글과 그림으로 와인에 대한 정보를 남겼고, 반대로 와인 역시 그 안에 고대 사회에 대한 정보를 담고 있다.

후대에 우리에게 민주주의라는 단어를 선물한 그리스인들은 와인의 소비를 더 넓은 계층에 확산시킨 장본인이기도 했다. 그리스에서 와인은 최고 권력층에서 평민, 노예에 이르기까지 모두가 즐기는 술이었다. 그리스 3대 비극시인 중 하나인 에우리피데스(Euripides)는 그리스에서 와인의 신으로 불리는 디오니소스가 "포도의 선물인 와인을 부유한 자와 가난한 자에게" 똑같이 나누어 주었다는 말로 와인의 평등을 표현했다.

하지만 민주주의 사회가 그렇듯이 그리스의 와인에도 절대 평등이란 있을 수 없었다. 가난한 사람들이 마신 와인은 훗날 프랑스에서 '피케트'라고 알려진 것으로, 묽고 알코올 도수가 낮으며 마지막까지 압착을 하고 남은 포도 껍질과 가지, 씨에 물을 넣고 발효시킨 와인이었다. 반면에 상류층은 달콤하고 풍부하며 맛과 향이 쉽게 변하지 않는 값비싼 와인을 즐겼다. 똑같은 와인이라 하더라도 최상품과 최하품은 둘 다 같은 포도로 만든 게 맞을까 싶을 만큼 질이 달랐다.

그리스인들은 공개적인 모임에서, 집에서, 선술집에서 와인을 마셨다. 상류층 남성들 사이에서는 개인 저택에 모여 만찬을 끝낸 뒤 와인을 마시며 좌담회를 벌이는 것이 정례화되어 있었다(좌담회를 의미하는 심포지엄[symposium]은 그리스어로 심포시온[symposion]에서 나온 말인데, 함께 마신다는 의미임). 열두 명 혹은 스물 네 명이 화관을 쓰고 의자에 앉아서 와인을 마시며 대화를 주고받는 이 자리에는 나이 어린 소년과, 여흥을 돋우기 위한 무희, 악사들이 함께 참석했다. 원래는 다양한 주제를 가지고 수준 높은 토론을 벌이는 것이 좌담회의 목적이었지만 가끔은 대화보다 여흥이 중요시되었고 창녀나 다른 참석자 혹은 시중 드는 소년과 몸을 섞는 자리로 변하기도 했다. 그리스의 도자기, 특히 좌담회에서 와인을 섞고 따르고 마시는 데 쓰인 그릇에는 좌담회의 풍경이 단골 소재로 등장한다.

원래 좌담회는 엄숙한 분위기였다. 이는 와인을 자제해서가 아니라 오히려 와인이 함께했기 때문이다. 즉 좌담회는 기도나 헌주식과 함께 시작하고 끝나는 모임이었기 때문이다. 그리스인들은 보통 와인을 물(특히 소금물)과 섞어서 마셨는데 와인에 섞을 물의 양을 정하는 것이 심포시아르크라 불린 좌담회 주최자의 역할이었다. 심포시아르크가 크라테르에 물을 넣고 와인을 부으면(그리스인들은 와인을 넣고 물을 붓는 것보다 이렇게 하는 쪽이 도수가 낮아진다고 생각했음) 시중 드는 소년들이 참석자들에게 와인을 한 잔씩 따라서 바쳤다. 와인을 따라 마시는 잔은 킬릭스라고 불렸다.

와인의 도수에는 정해진 기준이 없었지만 물과 와인의 비율은 보통 3 대 1, 5 대 3, 3 대 2였다. 말린 포도로 빚은 와인은 비교적 독한 편이었지만(16도쯤) 이 정도 비율로 섞으면 도수가 5도에서 10도 사이로 낮아졌다. 좌담회에 참석한 사람들은, 아무리 든든하게 저녁식사를 마쳤다 하더라도 몇 시간 동안 술잔을 기울이며 이야기를 나누다 보면 취할 수밖에 없었을 것이다. 그래서인지 그리스의 항아리와 와인 잔에 남은 좌담회 풍경을 보면 가끔 무릎을 꿇고 속을 게우는 참석자들이 등장하기도 한다.

좌담회에서 와인이 얼마나 중요한 역할을 차지했는지는 참석자들이 즐긴 여러 가지 게임을 보면 알 수 있다. 이 중에는 와인을 담는 가죽 주머니 안에 공기를 가득 넣고 기름을 바른 뒤에 밟고 서서 누가 오래 버티는지를 겨루는 게임이 있었다. 또한 코타보스라는 게임도 있었는데, 이는 막대 꼭대기에 올려 놓은 청동 원반을 향해 와인이나 와인 찌꺼기를 던지는 게임으로서 꼭대기의 원반이 떨어져 막대기 가운데 꽂혀 있는 원반을 맞춰 종소리를 내면 이기는 게임이었다. 물 단지 위에 작은 받침 접시를 띄워 놓고 위에서 와인을 부어서 접시를 가라앉히는 게임도 있었다. 게임의 성격으로 볼 때 좌담회는 와인 씀씀이가 헤픈 자리였던 것 같다.

좌담회는 성격상 부유층만 참석할 수 있는 모임이었고 관례상 남성만의 모임이었다. 좌담회에 참석하는 여성은 들러리이거나 악사, 하녀, 창녀 아니면 곤드레만드레 취한 참석자를 돌보는 역할을 맡고 있는 사람이었다. 남성들과 똑같은 자격으로 좌담회에 참석한 여성은 와인을 마셨지만 문학 작품에 남은 여러 자료를 보고 짐작하건대 당시 남성들은 여성의 음주를 못마땅하게 생각했던 것 같다. 수많은 남성 문인들은 자신들이 물로 희석한 와인을 마시는 것과 달리 여성들은 와인을 그냥 마셨고 그것은 뻔한 결과로 이어졌다고 주장했다. 진위 여부는 알 수 없지만, 자신들과는 다른 방식으로 와인을 마시는 부류를 미개하다고 치부했던 그리스의 풍습으로 미루어 볼 때 이는 와인을 마시는 여성들을 야만인으로 몰아붙이려는 주장이었다.

그리스 희극에 등장하는 여성들은 술에 취한 모습으로 그려질 때가 많았고 이런 모습은 여성 특유의 나쁜 습관으로 간주되었다. 서양 문화권에서는 여성이 술에 취하면 문란해진다는 남성적인 시각이 예로부터 주류를 이루어 왔는데, 이는 고대 그리스에서도 다를 바 없었다. 디오니소스의 유혹에 처음으로 넘어간 사람도 여성이었고 로마의 바코스 축제 때 광분하는 사람도 역시 여성이었다. 와인을 놓고 발생한 남녀차별은 기원전 8세기에 건설된 아테네의 공동묘지를 보면 확연하게 드러난다. 즉 공동묘지에서 남성의 무덤은 크라테르로, 여성의 무덤은 식료품을 담을 때 쓰는 길다란 항아리로 표시했던 것이다.

와인은 그리스보다 로마에서 한층 더 많은 사람들의 사랑을 받았다. 고고학자들이 발견한 바에 따르면 오스티아, 폼페이, 헤르쿨라네움과 같은 도시에는 주점이 상당히 많았다고 하는데, 로마의 주요 와인 수출입항이었던 폼페이 유적지에서는 2백 여 군데의 주점 자리가 발굴되기도 했다. 이 중에서 70미터에 달하는 어느 거리는 번화가였던 모양인지 무려 여덟 개의 주점이 모여 있었다.

로마의 상류층은 그리스의 좌담회에 해당되는 연회를 즐겼는

데, 친분을 다지는 자리였던 만큼 와인은 필수적이었다. 연회는 좌담회처럼 공식적인 모임이었지만 몇 가지 면에서 차이가 있었다. 즉 와인을 마시면서 함께 식사를 했고 여성들도 가끔 어울려 술잔을 기울였던 것이다. 하지만 여성의 참석에 대해서는 의견이 분분했고 일부 문인들은, 와인을 입에 댄 기혼녀는 이미 판단력을 상실했다는 이야기이므로 부정을 저지를 가능성이 높다고 주장했다. 풍자시인 유베날리스(Juvenalis)는 이렇게 읊었다.

사랑의 여신이 술에 취하면 어떻게 될까? 사타구니와 머리를 구분하지 못하겠지.

이렇게 음주 문화가 일반화되었다지만 고대 사회에서 계급과 성에 따른 차별은 여전히 존재했다. 와인에 관한 한 가장 긍정적이고 깨어 있던 로마인들도 여성과 와인의 관계를 불안한 시각으로 보았다.

이 시기의 문학 및 예술 작품은 대부분 대중이 아니라 특권층의 음주 문화를 대변하였다. 하지만 로마에서의 수요를 충당하기 위해 수입된 와인의 양을 보면 기원전 2세기를 중심으로 수요가 폭발적으로 증가한 것을 알 수 있다. 이 시기에 와인의 수요가 폭발적으로 증가한 데에는 식습관의 변화가 미친 영향이 컸다. 지중해 지역의 주식은 곡물이었고, 이 중에서도 로마의 주식은 에머밀이었다. 로마에서는 에머밀로 만든 죽이나 포리지가 수백 년 동안 식탁의 한 자리를 차지하고 있었다. 에머밀로 빵을 만들지 않았던 이유는 겉껍질을 벗기는 과정에서 빵을 부풀게

하는 글루텐을 형성하는 단백질이 파괴되었기 때문이라 한다. 이 이야기의 진위 여부는 확실히 알 수 없지만 어쨌거나 로마에서 빵이 주식으로 자리 잡은 것은 상당한 시간이 흐른 뒤의 일이었다. 가정에서는 조금 더 일찍 빵을 구웠을지 모르겠지만 최초의 빵집이 등장한 시점은 기원전 171년에서 기원전 168년 사이였다. 덕분에 촉촉한 음식에서 팍팍한 음식으로 주식이 바뀌면서 로마인들은 빵을 먹으면서 함께 마실 무언가가 필요했고, 이렇게 해서 빵과 와인은 2세기 말엽부터 로마의 양대 주식으로 자리하게 되었다.

이와 비슷한 시기에 여성의 음주가 허용되기 시작한 것을 보면 와인의 소비는 식습관의 변화와 관계가 있다는 주장에 무게가 실린다. 이전까지만 해도 여성들은 와인과 관계된 자리에 일절 접근할 수 없었다. 그들은 신에게 와인을 바칠 수도 없었고, 와인을 마시다 발각되면 사형되거나 이혼을 당했다. 하지만 이런 이유로 여성이 이혼을 당한 것은 기원전 194년의 일이 마지막이었다. 기존의 규칙을 고집하는 일부 남성들도 있었지만—아우구스투스(Augustus) 황제는 황녀를 섬으로 유배하면서 와인을 입에 대지도 못하게 했다—그런 경우가 흔치는 않았다. 여성들은 난생 처음 누리는 자유를 마음껏 즐겼고 로마의 윤리학자들은 이들의 모습을 보며 술이 사회에 미치는 나쁜 영향에 대해 개탄했다.

와인 문화가 로마의 모든 계층으로 확산되기는 했지만 와인이라고 해서 모두 다 똑같은 것은 아니었다. 예를 들어 카토가 노예들에게 준 와인은 포도의 즙이 5분의 1밖에 안 되는 혼합물에 불과했다. 뿐만 아니라 로마의 노동자 계급은 일상적으로 와인을 즐길 만한 여력이 못 되었다. 이들이 즐긴 것은 와인을 섞어 만든 몇 가지 음료 정도였고 그중 하나가 물과 시큼한 와인을 섞은 포스카였다.

시큼한 와인과 식초는 구분하기가 애매했다. 왜냐하면 둘 다 초산균 발효 음료이기 때문인데, 시큼한 와인이란 본래의 맛이 조금이라도 남아 있는, 그러니까 식초로 넘어가기 직전 단계의 와인이었다. 이러한 와인은 식초보다 신맛이 약하기는 하지만 알코올 도수가 일반 와인보다 낮아서 취기가 돌게 만드는 효과는 없었다. 로마가 병사들에게 포스카를 지급한 데에는 값이 싸다는 이유도 있었지만 바로 이 때문이기도 했다. 유스티니아누스 법전에는 병사들에게 포스카를 배급했다는 기록이 남아 있는데, 그 양은 하루에 1리터 정도였던 것으로 추정된다.

병사들은 병에 걸리거나 부상을 입으면 와인을 받아 마셨고, 이때 와인은 술이 아니라 약이었다. 그리고 병사들은 와인을 사서 마실 수도 있었는데, 기원전 109년 로마군 사령관 메텔루스(Metellus)는 원정을 떠나 아프리카에 도착해 보니 병사들이 노예와 가축을 와인과 맞바꾸기 위해 인근 마을을 약탈하는 일도 있었다고 전했다. 또한 기원전 38년 유태의 왕 헤로데스(Herodes)는 예루살렘을 포위한 뒤 폭동을 일으키겠다고 협박하는 로마 병사들에게 와인과 올리브유, 곡물, 가축을 주어 진정시켰다는 기록도 있다. 병사들에게 와인이나 기타 술을 지급하는 것이 관행으로 굳어진 이유는 물보다 와인이 덜 변질되었기 때문이다. 특히 장시간의 포위 공격 때에는 식수가 인간이나 가축의 사체로 오염되기 쉬워 더 그러했다.

로마의 서민들이 자주 마셨던 또 하나의 음료로는 로라가 있다. 로라는 포도의 즙을 모두 짜고 남은 찌꺼기를 물에 담가서 만드는 음료였는데, 이것은 추수가 끝난 뒤 노예에게 배급되었다. 카토는 포도를 딴 이후로 석 달 동안, 바로는 겨울 동안 각각 노예와 농부에게 로라를 주었다고 한다. 하지만 두 사람 모두 나머지 기간에는 그들에게 와인을 나눠 줬다고 밝혔다.

우리는 로마 제국에서 주조된 와인이 어떤 맛이었을지 정확하게 알 수 없다. 로라와 포스카가 로마 제국의 와인, 그중에서도 특히 부유층이 즐겼던 와인과는 맛이 전혀 달랐으리라는 것만 짐작할 수 있을 뿐이다. 밀봉된 암포라가 고스란히 발굴된다 하더라도 그 안에 담긴 와인은 상한 지 오래일 테니 말이다. 그리고 고대의 양조 과정대로 와인을 빚는다고 해도 오늘날의 유명한 제품들과는 맛이 전혀 다를 것이다. 뿐만 아니라 어떤 음료를 '와인'이라고 불러야 하는지조차 불분명하다. 단지나 암포라에 포도를 넣고 발효시킨 음료를 와인이라고 불러야 하는 것일까? 아니면 포도즙을 물이나 소금물로 희석시키고 허브, 향신료, 꿀 등을 넣은 음료를 와인이라고 불러야 하는 것일까?

오늘날 병에 담겨 판매되는 와인은 자연의 산물인 포도에 인간의 손길을 한두 번 더해 만들어지는 것으로 보이지만 사실 와인은 파종부터 마실 때의 분위기까지 여러 단계의 판단과 계산을 거쳐 탄생하는 작품이다. 여기에서 말하는 판단이란 품종, 재배 장소, 관개(灌漑), 가지치기, 수확량, 수확 시기, 발효 방법, 블렌딩, 첨가물, 방부제, 숙성 기간, 출하 시기에 대한 고민을 뜻한다. 와인 제조업자들은 와인이 그들의 수중을 떠난 뒤에도 알맞은 저장 기간이나 어울리는 음식을 추천하는 등 제품의 맛을 관리하는 데 주의를 기울인다. 와인 문화에도 유행이 있어서 어떤 시기에는 스위트 와인이 인기를 얻었고 또 어떤 시기에는 드라이 와인이 인기를 얻었다. 와인 제조업자들은 그러한 유행에 영향을 미치기도 했고, 또 대중의 기호에 맞는 와인을 직접 생산하는 역할도 했다.

그리스와 로마의 와인 제조업자들은 고객들의 입맛에 맞는 달콤한 와인을 주로 만들었다. 그들은 포도를 발효시키기 이전에 말려 당도를 최대한 높였고, 이후 끓인 즙과 꿀을 넣어 단맛을 한층 강화시켰다. 심지어 포도즙과 비슷한 양의 꿀을 섞은 와인이 있을 정도였다. 결과적으로 식감은 안 좋았겠지만 꽃가루의 향기가 남은 벌꿀 덕분에 와인의 향은 더욱 좋았으리라 생각된다. 달콤한 맛과 쌉쌀한 맛은 상대적인 것이라 기준을 정할 수는 없지만 벌꿀과 포도즙이 반 정도씩 섞인 와인의 당도가 달콤한 맛의 상한선에 해당되지 않았을까 싶다.

와인에 넣는 소금물은 단맛을 덜어 주는 역할을 했다. 그리고 로마의 정치가이자 학자인 플리니우스(Plinius)의 말마따나 소금물은 "와인의 단맛을 북돋우기 위한" 수단이기도 했다. 이는 와인의 달콤한 맛을 강조하는 한편 머리가 지끈거릴 만큼 강한 단맛을 소금물이 덜어 주었다는 뜻도 있었을 것이다. 서민이나 노예가 마시는 와인은 상류층이 즐기는 와인만큼 달지 않았다. 위에서 카토가 소개한 제조 방식을 따르면 묽고 알코올 도수가 낮으며 색깔이 옅은 와인이 나오기 마련인데, 심지어 대량 생산되는 제품은 이보다 더 묽고 도수가 낮았을 것이다. 여기에 넣는 허브와 향신료는 와인의 맛을 돋굴 뿐 아니라 식초로 변하기 직전의 상태임을 감추는 역할을 했다.

그리스와 로마의 와인 중에는 토기의 구멍을 막기 위해 토기 안쪽에 바른 송진 향이 와인 맛에 남는 경우도 있었다. 송진은 방부제의 효과가 있었고 향도 은은했다(적어도 이상한 냄새를 감출 정도는 되었음). 때문에 와인 발효 과정에서 일부러 송진을 넣기도 했다. 플리니우스는 이 방법을 추천했지만 반대로 콜루멜라는 송진을 넣으면 좋은 와인이 될 수 없다고 주장했다. 어쨌든 그리스의 레트시나 와인을 주조할 때는 독특한 맛을 내기 위해 요즘도 송진을 쓴다.

납 역시 단맛을 더하기 위한 또 하나의 도구였다. 납의 쓰임새는 아주 다양했다. 어떤 이는 포도즙을 납 냄비에 넣고 끓였고 또 어떤 이는 납을 직접 와인에 넣기도 했다. 뿐만 아니라 와인잔에 납을 넣어 만든 유약을 칠하기도 했다. 납은 와인의 단맛을 더하기도 했고, 박테리아를 없애는 방부제 역할도 했다. 그리고 납은 와인을 마시는 사람들을 중독시키기도 했는데, 고대에 납 중독의 징후를 보인 지역은 몇 군데에 불과했다.

기록으로 남은 자료를 토대로 고대 와인의 맛을 재현하기란 상당히 어려운 노릇이다. 같은 시대를 사는 사람들끼리도 말로는 느낌을 제대로 표현하지 못하는 법인데 2천여 년이라는 시대적 격차가 있으니 오죽할까? 게다가 와인에 대한 기록을 남긴 그리스인과 로마인은 대부분 당도와 도수의 차이로 와인을 분류했다. 그들에게는 달콤한 와인과 그렇지 않은 와인, 독한 와인과 그렇지 않은 와인이 존재할 따름이었고, 고대의 와인 전문가들은 하나같이 독하고 달콤한 제품을 좋아했다. 단맛을 좌우하는 요소는 벌꿀이었을 텐데 실제로 "꿀처럼 달콤하다."고 표현된 와인도 있었다. 당도와 도수를 제외하고 허브나 소금물, 송진 등 기타 첨가물로 와인의 맛을 설명하기도 했지만, 고대에는 와인의 맛을 표현하는 단어가 거의 없었다. 오늘날 와인이나 기타 향이 강하기로 유명한 초콜릿, 파인애플, 담배 등의 묘사에 동원되는 어휘들이 고대 와인 전문가의 사전에는 없었던 것이다.

그렇다고 해서 이들이 와인의 향과 색에 전혀 관심을 기울이지 않았던 것은 아니다. 이들은 와인의 색을 구분했고, 색상이 짙을수록 독한 것으로 생각했다. 향을 직접적으로 논한 문인은 거의 없지만 향은 고급 와인이라면 반드시 갖추어야 할 품격이었다. 카토는 와인에 달콤한 향을 추가시키는 방법을 밝힌 적이 있었는데, 토기 조각에 송진을 바르고 따뜻한 재, 향긋한 허브, 골풀, '향료업자들이 쓰는 야자나무'에 묻어 둔 다음 그것을 와인 발효용 단지에 넣는 것이었다. 무엇보다도 향은 와인의 변질 여부를 알려 주는 역할을 했는데, 카토는 와인의 향이 변했을 때 그 악취를 없애는 방법도 소개했다.

우리가 고대 와인의 맛을 재현할 수 없는 또 하나의 이유는 당시 어떤 품종의 포도로 와인을 빚었는지 모른다는 점이다. 그리스와 로마의 문헌에서 특정 포도를 언급한 경우가 있기는 하지만 그것이 현대의 어떤 품종을 가리키는지는 알 도리가 없다. 예를 들어 플리니우스는 이집트의 어떤 와인을 가리켜 타소스 포도, 검댕 포도, 소나무 포도를 섞어 만들었다고 소개했는데, 그 당시의 독자들이라면 이 설명을 듣고 고개를 끄덕였을지 몰라도 우리에게는 전혀 도움이 안 된다. 고대의 와인을 이해하려면 고대 포도의 품종에 대한 지식을 먼저 쌓아야 한다.

고대 그리스인과 로마인은 와인의 다양한 맛을 구분했고 이에 따라 기호가 나뉘었다. 당시에도 각각의 와인에 대해 평가를 내린 학자들이 몇 명 눈에 띄는데, 플리니우스는 고대 로마의 로버트 파커(Robert Parker, 미국의 유명한 와인 가이드, 『와인 애드버키트〔The Wine Advocate〕』를 창간한 인물)쯤 되는 와인 전문가였던 모양인지 카이쿠반 와인에는 XCVI 등급을, 팔레르노 와인에는 XC 등급을 매겼다. 이와 같은 학자들 때문에 몇몇 와인의 값이 천정부지로 뛰기도 했을 것이다. 고대 그리스인과 로마인은 와인의 숙성도에 따라 그 품질을 따지기도 했는데, 오래 익힐수록 와인의 맛이 좋아진다고 생각했던 것인지, 아니면 좋은 와인이라야 오랜 숙성 기간을 견뎌 낼 수 있다고 생각했던 것인지는 알 수 없다. 사실 적당한 숙성 기간이란 주관적인 개념이었다. 로마의 와인이 카베르네 소비뇽과 같이 다른 방식의 와인이나, 보르도와 같은 블렌드처럼 수십 년에 달하는 숙성 기간을 견딜 수는 없었을 것이다. 로마의 법학자 울피아누스(Ulpianus)는 "오래된 와인이란 어떤 것이냐?"라는 질문에 전년도에 만든 와인부터는 모두 오래된 와인이라고 대답했다. 와인이 한여름의 폭염을 견디기 위해서는 도수가 높고 산이나 타닌이 많이 함유되어 있어야 했을 것이다. 그리스의 철학자 아테나이오스(Athenaeus)는 5년에서 25년 동안 숙성시킨 와인을 최상급으로 꼽았지만 사실 당시에 25년은 무리였다. 어쨌거나 오랫동안 숙

성시킨 고급 와인은 갓 빚은 보통의 와인보다 비쌌다. 로마의 황
제 디오클레티아누스(Diocletianus)는 301년에 칙령을 통해 보통
와인은 1스티에(곡식, 액체의 옛 도량 단위로, 대략 150-300리터
의 양에 해당됨)당 8드니에, 묵힌 와인은 16-24드니에로 가격을
정했다.

　지금까지 전하는 등급으로 보면 고대의 와인은 포도밭이나 제
조업자, 생산 연도보다는 지역에 따라 구분됐다. 포도밭과 생산
지에 따라 와인의 등급을 매기기 시작한 것은 17-18세기 이후
의 일이었다. 그리스에서는 이집트산 마레오틱 와인을 최상급으
로 여겼는데, 시인 호라티우스(Horatius)의 주장에 따르면 클레
오파트라(Cleopatra)는 이 와인 때문에 정신이 이상해졌다고 한
다. 아테나이오스는 알렉산드리아의 남서부에서 생산되는 타이
니오틱을 더 높이 쳤다. 타이니오틱은 색이 옅고 약간 떫은맛이
나며 향이 좋고 물을 조금씩 넣어 희석시키면 기름 성분을 녹이
는 약한 수렴제였다. 반면에 플리니우스는 나일 강의 삼각주 한
가운데 자리한 세베니스에서 빚은 와인을 높이 쳤다.

　그리스 와인에는 등급이 구분되어 있었고, 몇몇 지역에서는
자신의 지방에서 생산되는 와인의 명성을 철저히 관리했다. 기
원전 5세기 에게 해 북부, 트라키아 해변에 자리 잡은 타소스 섬
의 군주들은, 그리스에서 키오스 와인에 이어 두 번째로 꼽히는
자신들의 와인을 관리하기 위해 법규를 새로이 제정했을 정도이
다. 타소스 와인은 묵직하면서도 달콤한 맛이 특징이다. 게다가
말린 포도를 쓰고 즙을 끓였기 때문에 알코올 함유량이 최고 18
도 정도로 높았다. 타소스 섬의 법규는 다른 지방에서는 유래를

찾아볼 수 없는 것이었는데, 그 목적은 타소스 와인의 판매와 운송을 관리하는 것이었다. 이 법규에 따르면 타소스 와인은 특정 크기의 용기—타소스 섬은 암포라 생산지로도 유명했다—에 담아서 물을 섞지 않은 채로 판매해야 했다. 뿐만 아니라 타소스의 선박에 다른 지방에서 생산한 와인을 실어서는 안 된다는 조항도 기록되어 있었다. 이는 쓸데없는 경쟁을 피하고 소비자에게 생산지를 확실하게 인식시키기 위한 조치였다.

이와 같은 규제는 과도한 경쟁에서 비롯된 것이었다. 타소스 와인은 한때 상당한 명성을 자랑했지만 기원전 4-기원전 3세기 들어 로도스, 코스, 레스보스, 스키아토스 섬의 와인이 급부상하며 그 빛을 잃기 시작했다. 기원전 2세기가 되자 타소스 섬의 와인 산업은 사양길로 접어들었고 기원전 400년 이후에는 거의 자취를 감추었다. 타소스 와인의 흥망은 품질을 중시하는 시장과, 기호의 변화를 단적으로 보여 주는 증거였다. 그리스의 여러 와인 생산지들은 오늘날과 마찬가지로 시장의 점유를 위해 치열한 싸움을 벌였던 것이다.

그리스뿐만 아니라 로마에서도 와인 생산지별로 등급이 매겨져 있었다. 초기 로마인들은 그리스 와인을 좋아했지만 차츰 자국에서 생산되는 와인으로 눈길을 돌렸고, 이 중에서도 특히 로마 남쪽 해안 지방인 라티움과 캄파니아 와인의 인기가 높았다.

그리스도와 비슷한 시기에 활약했던 지리학자 스트라본(Strabon)은 동쪽으로 투르크부터 서쪽으로 포르투갈에 이르기까지 다양한 지방의 와인을 평가했고 자신뿐만 아니라 다른 사람들의 의견까지 기록하여 두었다. 그는 투르크와 에게 해의 여러 섬(특히 키오스와 레스보스)의 와인에는 높은 점수를 주었지만, 리구리아 와인에는 송진을 넣는다는 이유로, 리비아 와인에는 소금물을 너무 많이 섞는다는 이유로 인색한 평가를 내렸다. 그가 극찬한 와인들은 대부분 남부 이탈리아에서 생산된 제품들이었다.

스트라본이 높게 평가한 로마 와인 중에는 라티움과 캄파니아의 경계인 팔레르눔의 포도밭에서 생산되는 전설적인 와인이 있었다. 특히 기원전 121년산은 당시 집정관이었던 오피미우스(Opmius)의 이름을 따서 오피미안이라고 불렸는데, 그중에서도 유명한 와인이었다. 로마의 와인 전문가들 사이에서 오피미안은 고급 와인의 대명사였다. 로마의 문인 페트로니우스(Petronius)는 『사티리콘(Satyricon)』에서 "팔레르눔산 오피미안, 숙성기간 100년"이라고 적힌 와인 병을 꺼내는 한 연회의 주최자를 등장시켰다. 폼페이의 수많은 선술집 중에서 헤도누스라는 주점에는 와인 1아스(당시의 화폐 단위), 고급 와인 2아스, 팔레르눔 4아스라는 가격표가 벽에 붙어 있었다. 아마도 그때에는 와인의 생산, 판매, 라벨링이 체계화되지 않았을 테니 팔레르눔산이라고 속여파는 와인이 많았을 것이라 생각된다.

플리니우스는 1세기 무렵 『박물지(Historia Naturalis)』에서 로마 제국 각지에서 생산되는 와인을 소개했다. 91가지의 일반 와인, 50가지의 고급 와인, 38가지의 수입 와인을 소개한 이 목록은, 특정 제품에 대한 평가가 딸려 있다는 면에서 원산지를 강조하던 당시의 일반적인 분위기와 차별성을 보였다. 그는 아미니안 포도 다음으로 노멘티안 또는 아피아나 포도로 빚은 와인을 높이 평가했는데, 이들은 모두 로마에서 생산되는 품종이었다. 그는 로마와 해외에서 생산되는 와인을 원산지별로 평가, 정리하기도 했다.

이 시기의 와인 전문가들은 품질과 맛에 따라 와인의 등급을 매길 때 레드 와인과 화이트 와인의 구분을 두지는 않았다. 발효용 통에 남은 껍질을 보았을 때 고대의 제품들은 대부분 레드 와인이었던 것 같지만 로마인들이 가장 귀하게 여긴 제품은 달콤한 화이트 와인이었다. 화이트 와인은 숙성 기간이 보통 2년에서 3년 정도였고 다른 와인보다 높은 온도에서 산화 기간을 거쳤다. 그래서 보통 화이트 와인은 벽난로 위쪽 다락방에 저장되었는데, 이런 과정을 거치면 와인의 색깔이 더욱 짙어졌다. 잘 익은 팔레르눔산 와인은 호박색 내지는 갈색이었다고 한다. 와인을 평가하는 또 하나의 기준은 와인의 맛이었는데, 플리니우스는 이것을 세 가지로 분류했다. 쌉쌀한 맛의 드라이, 달콤한 맛이 강한 스위트, 진하지 않은 맛의 라이트가 그 세 분류였다.

하지만 고대에는 맛이 와인을 평가하는 절대적인 기준이 아니었다. 당시 전문가로 활약했던 학자들 가운데 일부는 의사였고, 이들은 미각적인 즐거움 못지 않게 용도를 중요하게 생각했다. 아테나이오스는 의사는 아니었지만 알렉산드리아 인근에서 생산되는 마레오틱 와인을 "뛰어난 화이트 와인, 향기롭고 쉽게 흡수되며 마셔도 어지럽지 않고 이뇨 효과가 있다."고 묘사했다. 오늘날에는 배변 운동을 돕는다는 식의 와인 소개를 상상할 수조차 없을 텐데 위와 같은 설명은 흥미롭기만 하다. 어지럽지 않다는 표현은 타닌─히스타민을 함유한다─이나 알코올 성분이 적다는 뜻으로 해석된다. 와인이 건강에 좋다고 생각한 고대인들의 관점은 뒤에서 자세히 살펴보겠다.

그리스인들은 와인이 인간 관계에 미치는 장점과 단점을 모두 알고 있었다. 이들은 좌담회에서 와인을 마시면 사람들이 꾸밈없고 솔직해진다고 생각했고, 그래서 수많은 문인들은 "와인 속에 진실이 있다(in vino veritas)."는 격언에 충실했다. 초기 헬레니즘 시대의 작가인 필로코루스(Philochorus)는 아래와 같은 말을 남겼다.

와인을 마신 사람은 말을 삼가지 않고, 자신의 속마음뿐 아니라 모든 것을 털어놓는다.

비극작가 아이스퀼로스(Aischylos)는 이렇게 말했다.

청동이 겉모습을 비추는 거울이라면, 와인은 영혼을 비추는 거울이다.

좌담회의 참석자들은 본심을 숨기거나 이리저리 재지 않고 정직하고 솔직하게 이야기를 나누었다. 그리고 이렇게 서로를 존중하는 가운데 의견과 생각을 교환하는 분위기를 유도하는 매개체가 바로 와인이었다.

그리스 문인들은 좌담회를 교양의 극치로 간주했다. 대화를 부드럽게 만드는 선까지만 술잔을 기울이며 와인에 취하지 않는 좌담회를, 자제력을 시험하는 장으로 여겼다. 술에 대한 태도는 섹스에 대한 태도와 마찬가지로 국가, 성별, 사회 계층, 종교 및 정치 집단별로 차이가 있었다. 와인은 맥주나 기타 증류주보다 훨씬 '세련된' 술로 여겨졌기 때문에 고대에나 19-20세기에나 계층이나 지위를 나타내는 특별한 신분증의 역할을 하였다.

그리스인들은 와인을 문명의 척도로 삼았다. 이들이 보기에 그리스 식—물에 희석해서, 여러 사람들과 함께, 약간 기분 좋을 정도로만—으로 와인을 마시는 사람은 교양인이었다. 반면에 맥주를 마시거나, 와인에 물을 섞지 않거나, 정신을 잃을 만큼 많이 마시는 사람은 야만인이었다. 따라서 좌담회에서 기분 좋을 정도로 취한 부유층과, 주점에서 코가 비뚤어질 정도로 취한 평민층은 격이 달랐다. 전자가 교양 있고 세련된 음주 문화의 상징이었다면, 후자는 술 하나 자제할 줄 모르는 무능력의 소산이었다.

폭음을 교양 없는 습관으로 간주하고, 특출한 인물이 그들의 민족성을 대표한다고 생각한 점에서는 고대인들 모두—트라키아인이건 스키타이인이건 마케도니아인이건—가 공통적이었다. 마케도니아의 지도자였던 필리포스 2세(Phillipos II)와 그의 아들 알렉산드로스(Alexandros) 대왕은 둘 다 엄청난 술꾼이었고 좋은 이야깃거리가 되었다. 기록에 따르면 필리포스 2세는 군사들을 이끌고 전장에 나가지 않는 이상은 하루도 거르지 않고 술을 마실 만큼 두주불사했고, 그리스 포로들을 쇠사슬로 묶어 두고 포도밭에서 일을 시켰다고 한다. 알렉산드로스 대왕은 술을 마시면 변덕을 부렸고 폭력적인 성향을 드러냈다. 그리스의 신학자 유스티누스(Justinus)의 주장에 따르면 알렉산드로스는 "부하의 피를 손에 묻히고 연회장을 빠져나갈 때가 많았고" 친구였던 클레이토스(Kleitos)를 살해한 것도 술에 취해 격투를 벌이다 저지른 일이었다고 한다.

그리스의 문인들은 와인을 이야기할 때 항상 물을 얼만큼 섞는가 하는 문제에 대한 논의를 빠트리지 않았다. 몸에 해로운지 아닌지가 와인의 농도에 따라 달라졌기 때문이다. 에우에누스(Euenus)는 다음과 같은 말을 남겼다.

바코스는 너무 강하지도, 너무 약하지도 않은 것이 좋다. 고뇌와 광기의 원인이 되기 때문이다. 그는 세 명의 님프와 함께할 때 신방에 가장 잘 어울린다. 그의 입김이 너무 세면 사랑이 날아가고 죽음과 다름없는 수면 속으로 빠지게 된다.

에우에누스의 이 말은 사랑을 나눌 때 마시는 와인은 물과 3 대 1의 비율로 섞는 것이 적당하며, 이보다 진하면 지치게 된다는 의미의 충고이다. 이와 비슷한 맥락에서 어느 문인은 와인 한 크라테르를 비우면 좌담회 참석자들의 건강에 좋고, 두 번째 크라테르를 비우면 사랑을 나누기에 좋고, 세 번째를 비우면 잠이 오고, 네 번째를 비우면 자제력이 약해져서 비도덕적인 행동을 하게 된다고 말했다.

그리스에는 과음의 폐해를 기록한 문헌들이 많았다. 호메로스의 작품에는 오디세우스의 부하인 엘페노르가 술에 취해 지붕에서 떨어져 죽는 장면이 등장한다. 뿐만 아니라 음주벽이 있는 인물로 묘사되는 폴리크세노스는 떠들썩한 연회장을 나서다 진창에 미끄러져 넘어진다. 기원전 5세기에 플라톤(Platon)은 와인을 대하는 올바른 태도를 지침으로 남겼다. 그의 지침서에 따르면 18세 이하는 와인을 마시면 안 되고, 20대도 취하지 않을 정도로 절제할 줄 알아야 한다. 40대는 "노화 현상에 따르는 건조함을 덜기 위해" 마음껏 마셔도 괜찮다. 와인을 마시면 일에 차질이 있는 사람들—플라톤이 든 예는 군인, 뱃사공, 판관 등이었다— 은 물론 만족해야 하고 노예가 주인만큼 와인을 마시는 것은 불손한 태도이다. 그리고 아이를 가지려는 부부는 합방하는 날 술을 자제해야 한다. 이는 건전한 충고이기는 했지만 와인이 성욕을 촉진시키고 이는 곧 다산으로 이어진다는, 당시의 전반적인 분위기와는 거리가 있었다.

플라톤은 이성에 반하는 행동을 낳는다는 이유로 폭음을 반대했지만 그의 저작 『법률(Nomoi)』에서는 노인의 경우에는 취할 만큼 술을 마시는 것이 이로운 면도 있다고 했다. 취기 덕분에 젊은 시절의 자연스러움이 되살아나고 마음이 여유로워져서 춤을 추고 노래할 수 있다는 것이었다. 하지만 플라톤이 이렇게 말한 이유는 노년층도 열린 마음으로 배움에 임하기를 바라는 마음에서였다. 즉 사고나 행동 방식이 경직되어 있는 노인들이 술을 통해 용감해지기를 바라는 마음에서였다.

플라톤의 충고는 동시대 학자들에 비해 조심스러운 것이었는데, 이는 스파르타의 리쿠르고스(Lycurgos)에 비하면 비교도 안될 만큼 너그러운 편이었다. 남성다움의 상징으로 유명한 스파르타에서 가장 못마땅하게 여겼던 것이 바로 술이었다. 스파르타의 지도층은 이따금 농노 계급인 헬로트에게 희석시킨 와인을 내려 취하게 만든 뒤, 음란한 노래를 부르고 꼴사나운 춤을 추며 시내를 행진하게 했다. 이는 스파르타의 청소년들에게 알코올의 부작용을 보여 주기 위해서였다. 하지만 스파르타처럼 극단적으로 술을 금지한 사회는 소수에 불과했고 대부분의 사회에서는 금주를 선언한 사람을 비웃었다. 아테네의 정치가 데모스테네스(Demosthenes)는 와인 대신 물을 마시겠다고 했다가 숙적들의 손가락질을 받았다.

남녀노소가 와인을 즐긴 로마에서는, 와인을 묵인한 정도가 아니라 긍정적으로 받아들였다. 모두들 물과 섞은 와인을 적당히 마시는 것을 유익하다고 생각했다. 하지만 술을 지나치게 마시는 것에는 비판적이었고, 여성의 음주의 경우 반대하는 분위기가 강했다. 로마의 신화 중에는 에그나티우스 메케니우스라는 영웅이 와인을 입에 댄 아내를 매질하여 죽였더니 로마를 건국한 로물루스가 칭찬했다는 이야기가 있다. 그리고 와인 저장실 열쇠가 들어 있는 지갑을 열었다가 가족들에게 벌을 받아 죽임을 당한 어떤 여성의 이야기도 있다. 두 이야기의 사실 여부는 알 수 없지만 여성의 음주를 반대했던 로마 사회의 분위기만큼은 확실하게 느낄 수 있다.

위의 이야기에서 두 여인은 와인을 마셨거나 마시려 했다는 이유로 벌을 받아 죽임을 당했지만 와인이 직접적인 사인(死因)이 되었다고는 할 수 없다. 하지만 로마에는 와인을 마시면 여러 가지 병에 걸리고 심지어는 죽음에 이른다고 경고하는 사람들이 있었다. 예를 들어 시인 루크레티우스(Lucretius)는 와인의 노기(怒氣)가 영혼을 어지럽히고 육신을 망치며 싸움을 불러일으킨다고 주장했고, 수사학자 세네카(Seneca)는 와인이 인간의 약점을 드러나게 한다고 했다. 플리니우스는 고급 와인을 격찬하면서도, 와인을 마시면 하지 않아야 할 말을 많이 하게 된다고 경고했다.

로마에서는 적의 위신을 깎아내리기 위해 종종 그 사람의 지나친 음주벽을 거론하였다. 키케로(Cicero)는 숙적에게 술주정뱅이 딱지를 붙이기로 유명했다. 그는, 마르쿠스 안토니우스(Marcus Antonius)는 사생활이 방탕하며 매일 새벽부터 술을 마시는데, 그가 원로원에서 구역질을 한 이유도 그 때문이라고 주장했다. 로마에서 이러한 주장이 반향을 불러일으켰던 이유는, 술을 주체하지 못하는 것은 갈리아 지방 사람들, 특히 지중해 이외의 지역에 사는 사람들이나 저지르는 미개한 짓이라는 의식이 팽배했기 때문이다. 야만족으로 치부되었던 이들이 나중에는 로마 제국을 침략하게 되는데, 로마인들이 이들을 야만족으로 몰아붙였던 이유에는 이렇듯 과음을 즐기는 태도도 포함되어 있었다. 그리스인과 마찬가지로 로마인에게 와인과 음주 습관은 도덕성과 교양을 판단하는 기준이었다.

와인이 건강에 좋은지 나쁜지 하는 오늘날의 논쟁은 고대부터 시작되었지만 사실 고대 사회에서 와인은 문화의 척도인 동시에 몸에 좋은 약이었다. 또한 와인을 마시는 것은 건전한 생활 습관의 일부이자 육체적·정신적 건강에 기여하는 요소이기도 했다. 이를 냉소적으로 표현하면 와인은 세상 시름을 잊게 하는 마취제였다고 할 수 있을 것이다. 오늘날의 의사들이 우울증과 상실감을 치료하는 수단으로 와인을 처방하지는 않겠지만 에우리피데스는 극중 인물을 통해 디오니소스가 "인간을 위해 와인이라는 선물을 발명한 것"은 축복이라고 말했다.

> 그의 선물에 흠뻑 취하면
> 괴로워하던 사람들이 슬픔을 잊는다네, 마시면
> 잠이 온다네, 하루의 고단함이 사라진다네.
> 고통을 달래는 데 그만한 명약은 없다네.
> ─에우리피데스, 『주신 바코스의 시녀들(Bacchae)』

고대인들은 와인이 위장병과 비뇨기 질환에 효험이 있다고 믿었다. 사도 바울은 제자 디모테오에게 이렇게 권했다.

> 이제부터는 물만 마시지 말고 위장과, 자주 앓는 병을 치유하기 위해 포도주를 조금씩 마셔라.
> ─『디모테오에게 보낸 편지』 5:23

카토는 향나무나 도금양의 꽃잎을 와인에 담그면 뱀에 물린 상처, 변비, 통풍, 소화불량, 설사 치료에 좋다고 하면서 이와 같은 질병에 효과가 있는 와인 제조법을 소개했다. 즉 그는 크리스마스 로즈를 포도나무 뿌리 근처에 심거나 와인에 섞으면 변비에 좋고, 묵힌 와인과 향나무를 납 그릇에 넣고 끓이면 요실금에 좋으며, "복통, 설사, 촌충, 위충"에는 독한 와인에 시큼한 석류 열매를 섞어 마시면 좋다는 식으로 와인의 효과를 소개하였다.

와인은 병을 진단하는 데 쓰이기도 했다. 앞에서도 밝혔다시피 스파르타에서는 와인이 금지되어 있었지만 간질을 진단하는 약으로는 활용되었다. 갓 태어난 아이를 와인 원액에 담갔을 때 간질이 있는 아이는 발작을 일으킨다고 믿었던 것이다.

현대 서양 의학의 아버지인 히포크라테스(Hippocrates)는, 와인과 소화 기능의 관계를 장황하게 설명하며 "와인은 열을 내고 건조시키는 성질이 있어서 자체적으로 정화 성분을 가지고 있다."고 말했다. 그는 여러 가지 와인 중에서도 "색깔이 짙고 깔깔한 와인은, 다른 와인보다 몸을 더 건조하게 만들고 대변이나 소변, 타액으로 배설이 잘 되지 않으며, 그보다 약간 옅은 색의 와인은 장에 가스가 차게 해서 대변으로 배설이 잘 되며, 깔깔한 화이트 와인은 대변보다 소변으로 배설된다."고 기록했다.

와인과 소화 기능의 관계와 와인이 열을 낸다는 인식은 서양 의학의 기본 원칙으로 자리 잡았는데, 17-18세기만 하더라도 인체 내에는 뜨거운 기운과 차가운 기운이 자리 잡고 있어서 이를 적절하게 다스려야 한다는 인식이 지배적이었다. 동물의 질병을 다스리는 데에도 효과적이었던 와인은 병든 소를 치료하거나 염소의 옴을 예방하는 약으로 쓰였다. 한 마디로 말해서 와인은 고대인의 일상생활과 종교 문화에 없어서는 안 될 요소였을 뿐 아니라, 의사와 수의사의 처방전에 빠짐없이 등장하는 필수 요소였다.

하지만 와인은 지친 영혼을 달래는 동시에 인체에 해를 미칠 가능성도 있었다. 세네카와 플리니우스는 와인과 관계 있는 질병으로 건망증, 기억상실, 자아 도취적인 방종, 반사회적인 행동, 언어 및 시력 장애, 위장 확장증, 구취, 오한, 현기증, 불면증, 돌연사를 들었다. 또한 운동 선수는 와인을 마시지 않는 게 좋다는 것이 중론이었다. 2세기에 스토아 학파 철학자 에픽테토스(Epictetos)는, 올림픽의 우승자들을 살펴본 결과 디저트와 찬물은 피했고 와인은 아주 가끔씩만 마셨다는 결론을 내렸다. 소피스트 필로스트라토스(Philostratos)는 운동 선수가 와인을 너무 많이 마시면 "배가 나오고, 맥박이 빨라진다."고 했다.

고대 그리스·로마 시대에서 와인은 종교적인 상징이었다. 와인이 이와 같은 의미를 가지게 된 것은 디오니소스를 널리 숭배한 그리스 시대부터였다. 일부 문헌에 따르면 디오니소스는 제우스 신과, 인간인 세멜레 사이에서 태어난 아들이었다. 아내 헤라의 꾐에 넘어간 제우스가 번개로 나타나는 바람에 세멜레는 타죽었지만 뱃속에 있던 디오니소스는 제우스의 허벅지 속에서 산달을 채우고 태어났다. 이 후 고향 크레타 섬에서 쫓겨난 디오니소스는 이집트로 건너갔고 그곳에서 포도 재배 기술을 터득했다. 이는 포도 재배와 와인 제조법이 이집트에서 크레타 섬으로 전래되었다는 속설과도 맞아떨어지는 설정이다.

로마에서는 바코스를 떠받들었고 기원전 3세기 무렵에는 중부와 남부 이탈리아를 중심으로 그를 숭배하는 무리가 나타났지만 이들의 세력이 어느 정도였는지는 알 수 없다. 대부분의 구성원이 여성이었던 이들은 바코스 축제라는 주신제(酒神祭)를 벌였는데, 외부인들이 보기에는 제물을 바침으로써 정점을 이루는 문란한 의식이었다. 기원전 186년 로마 원로원은 도덕성을 문제로 삼아 이 축제를 금지시켰다. 하지만 축제를 금지시킨 진정한 이유는, 바코스 숭배 집단을 로마의 권위에 대항하는 세력이라고 여겼기 때문이다. 바코스 숭배 집단의 위계 제도와 충성을 다짐하는 맹세, 기부금 모집과 사유재산 소유는 일반적인 가족관이나 지배 계급의 위상에 크게 위배되는 사항이었다. 따라서 원로원의 조치는 흥청망청한 축제 분위기나, 범죄에 가까운 행동 때문이 아니라 이 이유에서라고 보는 쪽이 타당할 것이다.

와인을 긍정적으로 생각한 로마 제국 내에는 와인에 색다른 의미를 부여하는 민족과 종교가 있었는데, 그중 대표적인 예가 유태 민족이었다. 이들이 보기에 포도나무는 이스라엘을 상징하며 조물주가 만든 피조물 가운데 으뜸이었다. 구약성서에서 포도는 대홍수가 끝난 뒤 최초로 등장한 농산물 중 하나로 그려진다. 『창세기』(9:20-21)를 보면 노아는, 방주가 아라라트 산에 도착한 이후 농사를 시작하여 포도나무를 심었고, 하루는 포도주를 마시고 취해서 자기 천막 안에 벌거벗은 채 누워 있기도 했다. 포도나무는 이집트에서 노예로 지내던 유태 민족이 이스라엘로 건너가는 장면에도 등장한다. 가나안을 살펴보라는 모세의 명령을 받고 떠난 사람들이, 막대에 꿰어서 운반해야 할 만큼 큰 포도와 무화과, 석류를 들고 나흘 만에 돌아와, 가나안에는 젖과 꿀이 흐른다며 "이것이 그곳에서 가지고 온 과일"이라고 내 놓았던 것이다.(『민수기』 13:17-28) 포도나무는 성경에 가장 많이 등장하는 식물이며 또한 조물주가 인간에게 약속한 선물의 상징이다. 선지자들은 조물주가 내리는 벌을 예고할 때마다 "너희가……포도주를 만들어도 그것을 마시지 못할 것이다."(『미가』 6.25) 내지는 "포도를 재배하는 자들아, 통곡하여라……포도나무가 말랐으니."(『요엘』 1:11-12)처럼 포도나무와 와인을 통해 경고했다.

유태 민족은 와인을 조물주의 선물로 여겼지만 역시 폭음은 경계했다. 심지어 구약성서에는 와인에 취해 근친상간을 행하는 경우도 나오는데, 롯의 두 딸이 어머니가 소금기둥으로 변하자 아버지 롯에게 포도주를 권해 그의 아이를 가졌다는 이야기가 바로 그것이다. 이 밖에도 성경에는 와인이 행동거지에 미치는 영향을 이야기한 구절이 있는데 "포도주는 사람을 거만하게 하고 독주는 사람을 떠들어 대게 하니 술에 취하는 사람은 지혜롭지 못한 자이다."(『잠언』 20:1)와 "이들도 포도주로 인하여 옆걸음 치며 독주로 인하여 비틀거리고 제사장과 선지자도 독주로 인하여 옆걸음 치며 포도주에 빠지고……"(『이사야』 28:7)가 대표적인 예이다. 선지자 여호수아는 "묵은 포도주와 새 포도주가 마음을 빼앗았다."(『호세아』 4:11)며 조물주의 불만을 대변했다.

유태교의 일부 분파에서는 와인을 일절 금했다. 1세대 유태 민족의 본보기를 이어 유목 생활을 했던 레갑족속도 이와 같은 분파에 속했다. 레갑족속은 유목 생활 때문에 포도를 재배할 수 없기도 했지만 후손들에게까지 와인 금지령을 내릴 만큼 금욕적이었다. 하지만 이와 같은 분파는 소수에 불과했고 대부분의 유태인들은 와인을 긍정적으로 생각하는 편이었다. 유태인의 전통은 그리스도교로 이어졌으며, 신약성서에는 포도와 와인에 대한 이야기가 자주 등장한다. 신약성서는 구약성서보다 와인에 대해 너그러운 성향을 보이는데, 여기에는 아마도 그리스의 영향이 컸을 것이다. 성경에도 지나친 음주에 대한 경고가 자주 등장하지만 그리스도교의 여러 교파에서 와인을 비롯한 술 일체를 금지시킨 것은 훨씬 나중의 일이었다.

예수 그리스도가 처음으로 행한 기적도 가나의 혼인 잔치에서 물을 포도주로 바꾼 것이었다. 잔치 자리에서 포도주가 떨어졌다는 어머니의 말을 들은 예수는 잠시 머뭇거리더니 하인들에게 항아리 여섯 개를 물로 가득 채우게 했다. 하인들은 시키는 대로 이 물을 떠다 주인에게 바쳤는데 이것이 어느 틈에 포도주로 바뀌어 있었다. 게다가 이것은 보통 포도주가 아니었다. 연회장이 신랑에게 "흔히 좋은 포도주를 먼저 내 놓고 손님들이 취한 뒤에 그보다 못한 것을 내 놓는데 낭신은 지금까지 좋은 포도주를 남겨 놓았구려."(『요한의 복음서』 2:1-11)라고 칭찬할 만큼 고급 포도주였다. 이 이야기는 당시 와인이 연회에서 차지했던 위상을 알려 줄 뿐 아니라 미각이 시들지 않았을 때 맛볼 수 있도록 좋은 와인을 먼저 내 놓는 요즘 관행과도 연관이 있다.

예수가 포도주를 마셨다는 기록은 없지만 최후의 만찬 때 "진실로 너희에게 이르노니 하나님의 나라에서 새것으로 마시는 그 날까지 내가 포도나무에서 난 것을 다시 마시지 아니하리라." (『마르코의 복음서』 14:25)라고 말한 것을 보면 예수는 당시가 금식 기간이었음에도 불구하고 포도주를 마셨던 것 같다. 하지만 예수가 십자가에 매달릴 당시 로마 병사들은 측은한 마음에 예수에게 식초와 쓸개즙을 섞은 와인을 권했지만 그는 마시지 않았다. 여기서 병사들이 권한 것은 아마 물과 시큼한 와인을 섞은 포스카였을 것이다.

와인은 그리스도교 신학과 제례의식, 전통의 일부가 되었다.

예수가 "이것은 많은 사람을 위하여 흘리는 내 계약의 피이다."(『마르코의 복음서』 14:24)라고 말했듯이 영성체에서 포도주는 그리스도의 피를 상징했다. 이런 점들로 보아 바코스와 그리스도는 비슷한 부분이 많다. 둘 다 신과 인간 사이에서 태어난 인물이었고, 그리스도가 등장하기 이전까지 바코스는 인간에게 죽음 이후의 삶을 내리는 구세주였다. 물을 포도주로 바꾼 그리스도의 기적은 바코스 축제 때 열리는 볼거리와 비슷하다. 그리스인들에게 와인을 마시는 것은 신을 마시는 것이었고 이와 같은 믿음은 그리스도교 신학으로 이어졌다.

그리스도교도들이 바코스의 상징을 고스란히 답습한 결과, 그리스도교 초창기에 주신(酒神)은 여전히 중요한 자리를 차지했다. 어떤 사람들이 보기에 그리스도는 새롭게 등장한 주신이었고, 초기 이교도와 그리스도교도는 양쪽 모두 이 부분에서 혼란을 빚었다. 키프로스에서 발굴된 5세기 모자이크를 보면 머리 뒤에 후광이 떠 있는 어린아이가 주위를 둘러싼 숭배자들의 무릎 위에 앉아 있다. 언뜻 보면 성모 마리아의 무릎에 앉은 아기 예수를 동방박사가 찬양하는 그림 같지만, 사실 이것은 에로스의 무릎에 앉은 디오니소스를 그린 모자이크화이다.

이후 교회는 포도 재배와 와인 생산의 확고한 후원자가 되었다. 중세 시대에 수도원은 와인 생산의 중심이나 다름없었다. 그리스도교 초창기, 독일의 일부 지방에서는 맥주가 금지되었고 대신 와인을 마시는 것이 개종의 상징으로 받아들여졌다. 여기에도 이교도와 야만족은 맥주를 마시고, 교양인(혹은 독실한 신자)은 와인을 마신다는 그리스·로마의 입장이 반영되어 있다.

하지만 와인에 너무 열광하는 그리스도교도는 도리어 이교도로 낙인이 찍혔다. 성 히에로니무스(Hieronymus)는 술에 취한 그리스도교 여성의 행동을 신자답지 못하다고 묘사했고, 마르세유의 사제 살비앙(Salvien)은 몇몇 그리스도교도들을 이교도처럼 술을 마신다는 이유로 비난했다.

와인은 고대 그리스 · 로마 시대의 종교, 식생활, 의학, 문화, 사회, 경제의 측면에서 중요한 위치를 차지했다. 메소포타미아와 이집트에서 그리스와 로마로 퍼진 이와 같은 와인 문화는, 여러 개의 거대한 발효용 통에 포도즙을 넣고 그 위에 다양한 정치적 · 사회적 구조, 종교적인 믿음, 경제적인 필요성을 가미시킨 것과 같아서, 각국의 문화적 특징이 저마다 다른 와인의 탄생으로 이어졌다. 그리고 고대에 세워진 관습은 후세의 와인에 영향을 미쳤다. 한 마디로 와인은 자연이나 인간의 손길이 낳은 산물일 뿐 아니라 와인이 생산되고 소비되는 사회의 기본 얼개였다. "와인 속에 진실이 있다."는 로마의 격언은 "와인 속에 사회가 있다(in vino societas)."로 바뀌어도 무방할 것이다.

3

와인의 암흑기

이슬람교의 금주법 대
교회의 와인 후원

1세기 유럽의 와인 생산지는 남쪽으로 크레타 섬, 북쪽으로 잉글랜드, 서쪽으로 포르투갈, 동쪽으로 폴란드까지, 유럽 전역으로 퍼져 나갔다. 그리스도교의 교리와 제례의식에서 특별 대우를 받던 와인은, 로마 제국이 그리스도교를 국교로 채택함에 따라 입지를 더욱 든든히 다지게 되었다. 이러한 종교적 배경은 서민들의 와인 소비에 어느 정도 영향을 미쳤지만 와인의 인기가 이런 이유에서 비롯되었다고 단정할 수만은 없었다. 유럽에서 포도밭과 와인 생산의 확산은, 포도주가 예수 그리스도의 피를 상징하고 동시에 와인 자체의 상업성 또한 뛰어났기 때문에 가능하였다.

와인은 종교적 의미를 내포한 덕분에 문화적으로 특별한 지위를 얻게 되었지만 사람들의 사랑을 받게 된 데는, 마시면 기분이 좋아지고 그래서 떠들썩한 자리에 잘 어울린다는 또 다른 이유가 있었다. 와인이 중세 이후까지 꾸준한 인기를 누린 것은 그밖에도 여러 가지 장점이 있었기 때문이다. 오늘날의 와인 애호가들도 이 부분에 대해서 동감할 것이다. 와인은 수많은 지역에서 맥주를 대신하는 일상 음료로 점차 자리를 잡기 시작했다.

게르만족의 침략으로 서로마 제국이 멸망하면서 와인은 그때까지 쌓았던 지위를 잃어버릴 위기에 놓였다. 하지만 게르만족이 와인의 생산과 소비에 미친 영향에 대한 이야기는, 제국을 빼앗긴 로마인들에 의해 많이 왜곡된 것이다. 로마의 지배 계급 사람들은 그리스와 마찬가지로 와인에 관한 한 철저한 속물이었다. 그들은, 마시는 와인의 종류와 와인을 마시는 방법을 달리해 하층민과 거리를 두었을 뿐 아니라 좋아하는 술과 음주 문화가 다르다는 이유로 다른 나라 사람을 멸시했다. 그리스와 로마의 상류층이 보기에 와인을 마시지 않거나, 물로 희석시키지 않고 마시거나, 과도하게 즐기는 사람은 미개한 인종이었다. 이러한 논리에 따라 미개인이라는 딱지가 붙은 민족은 여럿이었다. 그리스인들은 스키티아인, 마케도니아인, 트라키아인을, 로마인들은 제국의 손길이 미치지 않는 지역에 사는 게르만족을 야만족―반대로 게르만 '야만족'은 맥주에 관한 한 철저한 속물이었던 모양인지, 와인을 처음 접했을 때 이를 수상한 물건 취급했다―으로 여겼다. 카이사르(Caesar)에 따르면 게르만족은 와인을 마시면 계집아이처럼 될지도 모른다는 생각에 처음에는 와인 수입을 완강히 거부했다고 한다.

　18세기에 『로마 제국 쇠망사(*The History of the Decline and Fall of the Roman Empire*)』를 집필한 위대한 역사가인 기번(Gibbon)은 로마인들의 선입견을 이 책 속에 그대로 반영하고 있다. 그의 말에 따르면 고대 게르만족은 "맥주라는 독한 술에 지나칠 만큼 중독되어" 있었는데 "소맥이나 보리의 추출물을 와인 비슷하게 '썩힌' 맥주는 취해야 직성이 풀리는 게르만족에게 알맞은 술"이었다. 하지만 미개한 게르만족은 뜻밖에도 고급 와인과 마주치자마자 한눈에 반해 버렸다. "이탈리아와 갈보리에서 생산되는 고급 와인을 맛본 사람들이 아찔한 그 맛에 한숨을 내뱉은" 것이다.

기번의 주장에 따르면 야만족이 서유럽을 침략했던 이유 중 하나가 와인 때문이다. 그들은 원하는 게 있으면 땀 흘려 수확할 생각을 하지 않고 힘으로 빼앗으려 들었다는 것이다. 기번은 "독한 술에 취해야 직성이 풀리는 야만족들은 탐나는 보물이 있는 지방을 손에 넣지 못해 안달이었다."고 했다.

따라서 5세기 이들 야만족의 침략으로 서로마 제국이 멸망하자 와인의 미래에는 암울한 그림자가 드리워지는 듯했다. 이들은 와인만을 탐낼 뿐 인내심을 가지고 와인이 생산되기를 기다릴 만한 성격이 아니었던 것이다. 그렇다면 이때 교양 있는 로마인들이 정성스럽게 가꾼 포도밭이 서부 유럽의 새로운 폭군 때문에 폐허로 변했을까? 혹은 이들이 와인에 대해 정책적으로 간섭을 하지는 않았을까? 아니면 예상과는 달리 와인의 확산을 장려했을까?

게르만족이 와인 생산에 미친 영향을 짐작하기는 쉽지 않다. 이 시기의 와인 제조업에 대한 기록은 거의 남아 있지 않기 때문이다. 하지만 그들이 악영향을 미쳤다 하더라도 고의적으로 무관심하거나 계획적으로 파괴하지는 않았을 것이라고 생각된다. 게르만족이 정말로 무절제한 음주 습관을 가지고 있었다면 그들은 와인 생산을 줄이기는커녕 더 늘이도록 조장했을 것이기 때문이다.

사실 게르만족의 산발적인 공격을 받던 3-5세기 사이, 유럽의 포도 재배는 화려하게 꽃을 피웠을 뿐 아니라 사방으로 널리 확산되기까지 했다. 트라이어 인근의 모젤 강과 센 강, 욘 강, 루아르 강 등의 많은 지역에서 포도 재배가 확실하게 자리를 잡은 것도 이 시기였다. 하지만 와인이 얼마나 생산되었는지, 거래는 얼마나 활발하게 이루어졌는지에 대해서는 알 길이 없다. 1세기에 암포라가 나무통으로 대체된 것이 운송업자들에게는 희소식이었을지 모르겠지만 역사학자들에게는 불운이었다.

　하지만 드문드문 발견되는 증거를 보면 다양한 민족이 유럽 대륙을 놓고 경합을 벌이던 시기에도 포도밭은 건재했고, 일부 지역에서는 오히려 확장되기도 했다는 것을 알 수 있다. 그리고 야만족들 역시 와인 생산은 장려하는 분위기였다. 예를 들어 서고트족의 법전에는 포도밭을 손상시키면 중형에 처한다는 문구가 나와 있다. 850년부터 포르투갈을 다스리던 고트족 출신의 오르도누(Ordono) 대왕은 코임브라 인근의 포도밭을 수도원에 하사했다. 이와 같은 예로 볼 때 로마를 대신해 등장한 정복자들은 포도밭 보호에 만전을 기울였고, 수도원들이 야만족에 대항하여 와인을 지켰다기보다는, 야만족들이 교회의 재산 증식에 기여했음을 알 수 있다.

　색슨족이 지배한 잉글랜드는 와인을 긍정적으로 생각했지만 그곳에 포도밭이 존재했는지는 명확히 알 수 없다. 남아 있는 기록이라면 노르만 정복이 이루어진 11세기 후반에 잉글랜드의 포도밭 수가 급증했다는 정도이다. 8세기 앵글로색슨족 학자 비드(Bede)는 잉글랜드 일부 지방에서 포도를 재배한다고 밝힌 바 있지만, 포도를 재배했을 가능성이 거의 없는 아일랜드에도 포도밭이 있다고 주장한 것을 보면 신뢰도가 떨어진다. 중세 초기에 잉글랜드에서 포도를 재배했다는 가장 확실한 증거로는 9세기 잉글랜드를 통치한 앨프레드(Alfred) 대왕이 펴 낸 법전을 들 수 있다. 이 법전에는, 포도밭을 손상시킨 자는 그 피해액을 모두 주인에게 보상해 주어야 한다는 문구가 있다. 하지만 이 문구는 제정된 칙령의 일부가 아니라 보상의 원칙을 강조하기 위해 성경의 한 문장을 인용한, 서문에 불과했다.

10세기로 넘어 오면 증거는 좀더 확실히 나타난다. 앨프레드 대왕의 증손자인 에드위그(Eadwig) 왕은 956년, 서머싯의 포도밭을 글래스턴베리 수도원에 하사했고, 에드거(Edgar) 왕은 애빙던 수도원에 포도밭과 일꾼들을 하사했다는 기록이 남아 있다. 이것으로 볼 때 당시 잉글랜드가 기후 때문에 포도를 재배하지 못했다는 일부 주장은 설득력이 떨어진다. 뿐만 아니라 로마 시대에 잉글랜드까지 포도밭이 전래되었다는 학자들의 발표가 사실이라면, 그 당시에 존재했던 포도밭이 노르만 정복기에 와서 사라졌을 이유가 없다. 이 당시 유럽 대륙에서 포도 재배가 존속·확장되었다는 확실한 증거는 없지만, 그때는 기후가 지금보다 따뜻하고 건조했기 때문에 북쪽으로 잉글랜드까지 포도를 재배할 수 있었으리라 생각된다.

뿐만 아니라 색슨족은 와인을 귀하게 생각했다. 7세기 앵글로 색슨족의 교과서와 같은 앨프릭(Aelfric)의 『대화집(colloquy)』을 보면 고대 그리스·로마 시대와 비슷한 관점이 담겨 있다.

와인은 어린아이나 어리석은 자를 위한 술이 아니라 어른과 현명한 자를 위한 술이다.

이 당시에는 와인을 재료로 한 요리법이 선을 보였고 색슨족 사이에서는 와인을 넣고 끓인 닭 요리나 와인에 넣고 졸인 사과와 기타 과일이 환자용 음식으로 제공되었다. 뿐만 아니라 와인은 망자를 위해 차리는 식탁에도 올려졌다.

해적으로 악명이 높았던 바이킹도 와인에 대해서는 긍정적이었다. 이들은 프랑크 북부의 강가를 거주지로 삼고 노략질 대신 상술을 키우기 시작했다. 그리고 자급자족하는 생활을 시작하면서 그들은 프랑크 북부 와인 무역에 가담했는데, 잉글랜드 등으로 향하는, 와인 수출항과 연결된 뱃길을 장악했다. 8세기 후반부터 서유럽을 지배한 카롤링거 왕조 때 와인은 상류층이 즐기는 음료였고 유명인사들은 고급 와인을 마시는 것을 자랑으로 삼았다. 게르만 지방의 통치자들은 포도가 잘 자라는 파리 부근과 론 강 주변의 땅을 호시탐탐 노렸다.

이러한 역사적 사실들을 놓고 볼 때, 일부 의견대로 로마 제국이 몰락한 이후 와인 생산이 침체기를 겪었다 하더라도, 이것은 새롭게 등장한 정복자들이 의도적으로 펼친 억제 정책 때문이 아니라, 로마 제국의 해체로 인한 충격이 와인 무역에 영향을 미쳤기 때문일 것이다. 일단 제국의 중심지였던 로마가 급격히 붕괴되면서 와인의 수요가 눈 깜짝할 사이에 줄어들었고, 이는 이탈리아의 수많은 와인 생산지가 가장 큰 시장을 잃었다는 것을 의미했다. 1세기에 로마를 통해 포도 재배를 전수받은 프랑스의 보르도는 서유럽의 와인 생산지가 겪은 진통을 단적으로 보여 주었다. 보르도는 5세기에 고트족, 반달족, 서고트족, 프랑크족의 침략을 차례로 겪었고, 7세기에는 에스파냐의 바스콘 부족이 건너오는가 싶더니―이 때문에 피레네 산맥에서 지롱드 강 입구에 달하는 이 지역의 이름이 바스코니아 또는 가스코뉴라 불리게 되었다―다시 8세기에는 프랑크족 카롤링거 왕조의 차지가 되었다.

로마 제국이 붕괴된 이후 500년 동안 생산과 수요를 잇는 고리가 약해졌다고는 해도, 유럽의 와인 산업이 위기를 겪었던 것은 아니다. 전쟁이 휩쓸고 간 지방의 와인 산업은 침체되거나 쇠퇴했지만 전반적으로는 계속 번영을 누렸다. 포도를 재배하기 위해 숲까지 없앤 부르고뉴와 같은 지방에서는 포도밭의 면적이 계속 늘어났고, 중유럽과 동유럽에서 포도 재배가 처음으로 선을 보인 것도 바로 이 시기였다. 9세기 무렵 카롤링거 왕조에 의해 정치권이 안정을 찾자 장거리 무역이 재개되었고 와인 산업은 다시 부흥기를 맞이했다. 그리고 1000년경 인구가 폭발적으로 증가하면서 와인 산업은 더욱 활기를 띠기 시작했다.

포도밭의 주인이기도 했던 교회는, 전반적으로 불안했던 이 시기의 포도 재배를 유지하고 전파시킨 주역이라 할 수 있다. 그러나 교회 혼자 그 모든 역할을 감당했다고 할 수는 없다. 세심하게 포도를 가꾸고 돌보는 수도사의 이미지와는 반대인, 포도를 쥐어뜯으며 난동을 부리거나, 술에 취해 쓰러지거나, 포도가 썩어 가건 말건 상관 않는 이미지의 야만족 때문에 로마 제국 붕괴 이후의 시기는 '암흑 시대'라고 불리기도 했지만, 사실 이 별명은 논리적인 비약이 낳은 산물이다.

교회가 포도밭의 유지에 특별히 관심을 기울였던 것은 사실이다. 영성체에만 하더라도 포도주가 필요했던 것이다. 교회에서 필요한 와인을 충당하는 데 자급자족이 가장 안전한 방법이기는 했지만 이는 사실 비현실적인 방안이었다. 포도 재배는 노동집약적인 산업이었고, 와인을 대량 생산할 수 있을 만한 크기의 포도밭을 가지고 있는 교회는 거의 없었기 때문이다. 우리가 알고 있는 수도원의 포도밭들은 대부분 규모가 작았다. 이곳에서 생산되는 와인의 양은 수도원의 수요를 충당할 정도는 되었을지 모르겠지만, 시장에 내 놓을 정도는 못 되었다.

일부 교회에서는 날마다 와인을 마시는 것이 정례화되어 있었는데, 베네딕투스 수도회가 그 예이다. 성 베네딕투스(Benedictus)는 "와인은 수도사에게 어울리는 음료가 아니다. 하지만 이를 인정하지 않는 수도사들이 많은 만큼, 취하지 않을 정도만 마시도록 허용하는 편이 낫다."고 말하며 현실을 인정했다. 성 베네딕투스는 "한 사람당 하루에 1헤르미나(약 230시시) 정도면 충분할 것이다. 하지만 금주를 실천하는 수도사는 하나님에게 특별한 선물을 받은 셈이다."라고도 했다. 병에 걸린 수도사는 수도원장의 재량으로 와인의 양을 늘릴 수 있었다. 로마에서, 이것은 일을 할 수 없다는 이유로 병에 걸린 노예의 와인 배급량을 줄인 것과는 반대의 경우였다. 베네딕투스 수도회에는, 사정상 배급량이 줄거나 와인을 전혀 마실 수 없게 되더라도 수도사가 불평을 해서는 안 된다는 규칙도 있었다.

수도원에 딸린 포도밭의 규모는 상당했다. 파리 인근의 생 제르맹 데 프레 수도원은 814년을 기준으로 198제곱킬로미터의 경작지를 소유하고 있었고 이 중에서 3-4제곱킬로미터가 포도밭이었다. 센 강이나 마른 강 근처의 포도밭 중 수도사들이 직접 경작한 땅은 절반도 안 되었고 나머지는 소작농이 관리를 맡으며 소작료와, 와인 생산에 따른 세금을 지불했다. 포도밭의 와인 산출량은 평당 1-2리터였고 수도원에 돌아가는 양은 매년 약 640,000리터에 달했다. 소작농들이 챙기는 몫은 700,000리터 정도였는데 이것을 보면 농부들의 와인 소비량과 와인 시장의 규모가 어느 정도였는지 짐작할 수 있다.

교회는 현재의 독일, 오스트리아, 스위스에 해당되는 여러 지방에서 포도 재배의 확산을 후원했다. 프랑크푸르트 북부 풀다 지역에서 와인을 생산하는 마을은, 7-9세기 사이 40곳에서 400곳으로 불어났고, 라인 강 유역과 알자스의 포도밭 수는 기하급수적으로 늘어났다. 교회가 농부들에게 포도 재배를 권했던 이유는 십일조 때문이었다. 십일조는 1년 수확량의 10분의 1—실제적으로는 이보다 적었다—을 돈이 아닌 농작물로 거두어 가는 것이 원칙이었다. 그런데 다른 농작물보다는 와인으로 십일조를 받는 쪽이 현금으로 바꾸기에 수월했다.

교회가 와인을 손에 넣는 방법은 십일조 이외에도 헌납이 있었다. 6세기 투르의 주교였던 그레고리우스(Gregorius)는, 매일 교회에 와인을 바친 독실한 여신도에 대해 거론한 적이 있었다. 또한 11세기 레스터의 백작 로버트(Robert)는 이브뢰 대성당에 해마다 자신의 포도밭에서 생산한 와인 3모디우스(약 800리터)를 기부했다.

주교에게는 개인 소유의 포도밭도 있었다. 6세기 낭트의 펠릭스(Felix) 주교는 루아르 인근에 포도밭을 가지고 있었고, 다른 주교들도 포도를 기르기에 알맞은 곳을 찾아 밭을 옮긴 것을 보면, 당시 주교들은 포도 재배술이라는 새로운 학문과 와인 생산에 관심이 많았던 모양이다. 훗날 성인으로 추대된 그레고리우스 7세(Gregorius VII)는 부르고뉴의 포도밭과 가까운 디종으로, 통그르의 주교는 리에지로, 생 캉탱의 주교는 포도가 잘 자라기로 유명한 우아즈 강변의 누아용으로 거처를 옮겼다. 마인츠의 지그프리트(Siegfried) 대주교는 뤼데스하임 근처의 황무지를 포도밭으로 경작하기 위해, 곡초를 심게 해 달라는 농부들의 간청을 거절했다. 816년 아헨의 중의회는 모든 대성당에 수도원의 규칙을 따르는 율수 사제를 두어야 한다는 법령을 선포하고 이들의 의무 중 하나로 포도 재배를 꼽았다.

교회나 수도원이 포도밭을 가지려고 했던 종교적인 이유는 분명하다. 그렇다면 포도밭의 규모가 그렇게 컸던 이유는 무엇일까? 이는 포도 재배가 이윤이 남는 장사이기도 했고, 다른 이유로 와인이 필요한 경우도 많았기 때문이다. 여행을 하다 수도원에 잠시 머무는 사람들은 와인을 대접받는 것을 당연하게 생각했고, 수도원장이 연회를 열 때도 와인은 필수품이었다. 여기에 수도사와 수녀들의 몫까지 따로 챙겨야 했다. 실상 종교적인 목적으로 소비하는 와인은 극히 일부분이었다.

먼저 중세 시대 초기의 교회에서는 영성체를 거의 열지 않았다. 최소한으로 정해진, 1년에 세 번조차 지키지 않는 교회가 대부분일 정도였다. 뿐만 아니라 교구의 모든 신도들이 영성체에 참석한다 하더라도 이때 소비되는 포도주의 양은 미미한 수준에 불과했다. 둘째로 이 시기에 교회는 영성체 때 포도주를 마시는 사람을 사제로 한정했고 평신도들에게는 빵만 주었다. 포도주가 부족해서가 아니라 구원을 받으려면 빵과 포도주를 모두 먹어야 한다는 이단의 교리에 대응하기 위해서였다. 게다가 멀리 있는 교회는 와인의 수급에 어려움이 있었기 때문에 이때부터 평신도 는 빵만 먹고 사제가 신도들을 대신해서 성배를 마시는 것이 관 례로 되었다. 11세기 교회의 중의회가 마련한 이 규칙은 1,000 년 가까이 명맥을 유지했고, 가톨릭 교회에서 영성체 때 포도주 를 다시 쓰기 시작한 것은 1960년대부터였다.

어쩌면 평신도에게는 일반 포도주를 주고, 자신만 성배를 마 시는 식으로 중의회의 결정을 살짝 비켜 가는 사제들도 많았을 것이다. 하지만 포도주가 그리스도교의 의식과 교리에서 차지하 는 상징성에 비해 교회에서 종교적인 이유로 소비되는 와인의 양은 보잘 것 없었고 그나마도 대부분 성직자들이 종교적인 의 미와는 아무 상관없이 마시는 것이었다. 주교를 비롯한 고위급 인사들은 매일 와인을 마셨고, 포도밭이 딸린 수도원의 수도사 들도 마찬가지였다. 포도밭의 수가 줄어들고 와인의 가격이 폭 등하자 수도사들은 에일(알코올 도수가 높고, 강한 홉 향기를 특 징으로 하는 발효성 맥아 음료)을 마시고 축일과 같은 특별한 경 우에만 와인을 마셨다.

물론 교회와 아무 상관없는 포도밭도 많았다. 당시에는 귀한 손님이 오면 당연히 내 놓아야 하는 것이 와인이었고 와인이 없 는 연회는 상상할 수조차 없었기 때문에 귀족들 소유의 포도는,

자신들의 소비를 충당하거나 시장에 내 놓을 와인을 만드는 데 쓰였다. 그런데 일반인들이 운영했던 포도밭은 참고할 만한 문헌이 부족하여 그 규모를 짐작하는 데 어려움이 있다. 이와는 달리 수도원에 관한 자료는, 교회가 워낙 긴 역사를 자랑하는 데다 수도사들이 문자의 중요성을 높이 평가한 식자층이었기 때문에 오늘날까지 전해질 수 있었다.

　일반인들이 소유했던 포도밭의 규모를 대충이나마 짐작할 수 있는 것도 누군가가 교회와 수도원에 포도밭을 유산으로 기부했다는 기록이 남아 있어서이다. 예를 들어 6-7세기에 파리의 귀족이었던 에망트뤼(Ementrud)는 포도밭을 포함한 전 재산을 자신의 측근과, 파리의 몇몇 교회에 나누어 주었다. 뿐만 아니라 해방시킨 노예에게도 소규모의 포도밭을 유산으로 남겼다. 성 나자리오 로르슈 수도원은, 764년 하이델베르크 근처에 처음 건설될 당시, 두 명의 지주에게 포도밭을 기부받은 이후로 확장일로를 걸었다. 864년까지 디엔하임 인근에서 기부받은 포도밭의 수는 100개가 넘을 정도였다. 이렇듯 교회 소유의 포도밭은 점점 늘어났지만 일반인들 사이에서 대물림되는 포도밭의 수도 결코 적지는 않았다.

　서유럽에서 로마 제국이 붕괴된 이후, 교회에 속한 포도밭과, 일반인이 소유한 포도밭의 비율이 얼마나 되었는지 정확히는 알수 없지만 소유권이 널리 분산되어 있었던 것만큼은 확실하다. 11세기 후반에 잉글랜드에서 작성된 토지대장인 『둠즈데이 북(Domesday Book)』에 오른 42개의 포도밭 가운데, 수도원 소유의 포도밭은 12개뿐이었다. 잉글랜드에는 『둠즈데이 북』이 만들어지기 이전 200백 동안 노르만 영주들이 경작한 포도밭이 많았기 때문인데, 유럽 대륙에서는 수도원의 소유 비율이 이보다 조금 더 높았을지도 모른다. 그렇다 하더라도 교회와 상관없는 인물들이 가지고 있는 포도밭의 수는 유럽에 상당했을 것으로 짐작된다. 중세 초기에 관한 사료의 부족으로 많은 것이 물음표로 남을 수밖에 없지만, 교회와 수도원의 기록만 남아 있다고 해서 이들이 모든 포도밭을 가지고 있었던 것으로 추측하는 실수를 범해서는 안 될 것이다.

수도원과 교회에는 포도밭 유지 면에서 일반인들과 다른 이점이 있었는데, 이는 바로 후손에게 분할 상속할 필요가 없다는 것이었다. 상속 관련법은 지방마다 달랐지만 전 재산을 한 사람에게 물려주는 것이 금지된 지방이 많았기 때문에 토지는 상속되는 과정에서 여러 조각으로 나뉠 수밖에 없었다. 뿐만 아니라 수도사들은 세상과 담을 쌓고 날마다 기도만 드리는 인물로 그려질 때가 많지만 실상 그들은 세속적인 면에 관심이 많았다. 이들은 농경 기술을 연구했고, 포도 재배에 여러 가지 과학적인 방법을 도입해 실험을 했다. 그리고 레드 와인은 계란 흰자로, 화이트 와인은 부레풀로 정화하는 방법을 터득했다.

수도사들은 와인과 포도를 재배하면서 나오는 부산물을 수많은 용도로 활용하기도 했다. 맛이 변한 와인은 식초로 썼고, 와인으로 만들 수 없는 포도는 그냥 먹거나 햄과 치즈를 절일 때 썼다. 포도씨는 향신료나 비누를 만드는 유지로 활용했다. 마지막으로 이파리는 가을 동안 가축에게 먹이는 사료로, 잘라 낸 나무는 땔감으로 썼다.

이 시기에 교회는 수많은 지방으로 포도 재배를 확산시킨 원동력 역할을 했다. 그리스도교가 전 유럽으로 번지면서 사제들은 해당 지역에서 쓸 와인을 충당하기 위해 포도 재배가 가능한 곳이면 어디든지 포도밭을 만들었다. 이 당시 와인은 상하기가 쉬워 장거리 운송이 불가능했기 때문에 포도 재배와 거리가 먼 지방들로서는 포도밭의 등장이 획기적인 사건이었다. 비니차 교단이 증언하는 바에 따르면 폴란드에서는 중세 초기에 그리스도교가 전파되면서 포도 재배가 시작되었다고 한다. 독일 서부 지방에서는 포도밭 수가 6세기부터 꾸준히 증가하더니 300년 뒤에는 팔츠에서 83개, 바덴에서 23개, 뷔르템베르크에서 18개 마을이 와인을 생산하게 되었다. 마인 강 유역, 프라이징와 같은 지방은 그리스도교 선교사에 의해 포도 재배가 시작된 곳이다. 하지만 그리스도교 포교 이외의 다른 이유로 포도 재배가 시작되거나 확대된 지방도 있었다. 9세기 말엽에 헝가리 북부를 침략한 마자르족은 카프카스와의 접촉을 통해 포도 재배 및 와인 생산 기술을 전수받은 것으로 추측된다.

동로마 제국이라고도 하는 비잔틴 제국은 서로마 제국과 많은 부분에서 달랐다. 서로마 제국은 정치적·경제적 불안이 끊이지 않았지만 비잔틴 제국의 농업—물론 포도 재배도 포함된다—은 번영을 누렸다. 팔레스타인 남부의 포도밭이 일부 사라지기는 했지만 지중해 동부 지방의 포도 재배는 고대 로마 때와 마찬가지로 순조롭게 진행되었다. 그리스와 주변의 섬들은 여전히 독보적인 와인 생산지였고, 4세기부터 그리스와 투르크는 머스캣 포도로 스위트 와인을 만들기 시작했다. 북유럽에서는 이 와인을 로마 제국에서 기원했다고 하여 '로마니아'라고 불렀다. 성지 참배가 거행되고 수도원이 성장하자 현재 이스라엘 남부에 해당되는 네게브 지방에서도 포도밭이 등장하기 시작했다.

서유럽과 마찬가지로 비잔틴 제국에서도 포도밭의 주인은 교회인 경우도 있었고 일반인인 경우도 있었다. 하지만 유산으로 포도밭을 수도원에 기증하는 풍토 덕분에 교회 소유의 포도밭은 꾸준히 증가했다. 수도원에서는 저녁뿐만 아니라 아침에도 와인을 마시는 것이 관례였다. 몇몇 수도원에서는 와인 배급량이 수도사 한 사람당 하루 두 잔에 달하기도 했다. 동부 지방에서는 몇몇 이단이 와인을 전면 금지시킬 것을 시도하기도 했지만 성 바실리우스(Basilius)를 포함한 지도층의 반대에 부딪쳐 좌절되었다. 와인은 빵과 함께 비잔틴 제국의 주식이었는데, 이는 참회 기간에 금주령이 내려지면 맛있는 술이 아니라 주식을 삼가야 한다는 뜻이었다.

고대 그리스 와인 전문가들의 극찬을 받은 에게 해 주변의 와인은 이 시기에도 인기가 많았다. 비잔틴의 문인들이 색(화이트, 옐로우, 레드, 블랙), 농도(짙고 옅음), 맛에 따라 와인을 분류해 놓은 것을 보면 와인의 종류가 각양각색이었던 것 같다. 에게 해 주변의 와인은 요리와 질병 치료에도 쓰였다. 이 시기에는 와인의 새로운 용도가 개발되기도 했는데, 리넨을 와인과 소금물에 담갔다 말리면 갑옷을 대신할 수 있을 만큼 단단하게 굳는다는 사실이 발견된 것이다. 그때부터 병사들은 와인으로 몸의 안과 밖을 무장하고 전장으로 떠났다.

로마 제국의 절반이 무너진 이후로 포도 재배, 와인 생산, 와인 무역은 혼란기로 접어들 수밖에 없었지만 8세기 후반 카롤링거 왕조의 등장으로 다시 부흥기를 맞이했다. 카롤링거 왕조의 2대 국왕인 샤를마뉴(Charlemagne) 대제는 와인 생산을 적극 권장했다. 전하는 바에 따르면 라인 지역에 처음으로 포도를 심고, 부르고뉴의 유명한 코르통 언덕의 일부를 솔리유 수도원에 하사한 사람이 바로 샤를마뉴 대제였다고 한다. 그래서 지금 이 지역에서 생산되는 와인이 코르통 샤를마뉴이다. 그는 로마력을 대신하는 새로운 역법을 만들면서 10월을 빈두메 마노트 즉 '와인을 만드는 달'이라 불렀다.

카롤링거 왕조는 보건 위생을 위해 와인 생산 과정을 철저하게 관리하라는 포고령을 내렸는데 여기에는 포도를 발로 밟아서 즙을 짜면 안 된다는 조항이 포함되어 있었다. 하지만 이 후로도 수백 년 동안 밟아서 포도즙을 짜는 관행은 계속되었다.

카롤링거 왕조 시대에 혜택을 받은 프랑스 와인 생산지는 샹파뉴였다. 7세기 들어 에페르네를 비롯한 유명 수도원들이 이 지역에 등장하면서 이들을 중심으로 포도밭이 우후죽순 격으로 생겼고, 200년 후에는 워낙 광범위하게 퍼져서 지역별로 구분이 생길 정도였다. 샹파뉴 와인의 주가가 한껏 높아진 것은 816년 랭스에서 샤를마뉴 대제의 아들인 경건왕 루트비히(Ludwig)의 대관식이 거행되면서였다. 이 자리에 참석한 귀족들이 랭스의 와인 맛을 보고 감탄을 금치 못했던 것이다. 이 후 랭스가 프랑크 국왕의 대관식이 거행되는 지방으로 자리매김하면서 샹파뉴의 와인은 기품을 상징하게 되었고 훗날 이 지방의 이름을 딴 발포성 와인, 샴페인이 등장하면서 이와 같은 이미지는 더욱 강화되었다.

의도적이었는지 아니었는지 여부는 알 수 없지만, 카롤링거왕조는 포도 재배와 와인 생산을 장려하는 정책을 펼쳤다. 이 부분에서 한 가지 짚고 넘어가자면 샤를마뉴 대제는 반주로 세 잔이상 와인을 마시지 않을 만큼 절도를 지켰고, 주사가 심한 사람에게는 엄한 벌을 내렸다. 하지만 와인 생산과 무역이 다시 부흥기를 맞이할 수 있었던 데에는 샤를마뉴 대제의 정책보다, 수백년 동안 영토 분쟁이 끊이지 않다가 이즈음 안정세로 접어든 유럽의 당시 상황이 더 큰 영향을 미쳤다고 볼 수 있겠다.

로마 제국이 멸망했지만 서유럽에서 포도 재배와 와인 생산이계속되었던 가장 큰 이유는, 아마도 와인 소비층이 이미 많은 곳으로 확산된 데 있을 것이다. 음주—여기에는 맥주도 포함된다—는 게르만족 문화에서 없어서는 안 될 부분이었고 중요한사안—투표, 참전·휴전 결정, 혼인—은 모두 연회나 기타 술을 함께 마시는 자리에서 결정되었다. 음주는 남자들을 하나로묶는 의식이었고 주량을 과시하는 것은 곧 남성다움을 과시하는것이었다. 프랑스 남부 아를의 주교는, 폭음하는 사람들이 절제하는 사람들을 비웃고, 술을 못하면 남자답지 못하다고 손가락질하는 음주 문화를 개탄했다.

이 당시의 사료를 보면 폭음은 흔한 일이었고 전반적인 행태였다. 자료의 수만 놓고 보자면 잉글랜드에 사는 앵글로색슨족의 폭음이 가장 심했는데, 잉글랜드인의 주사에 대한 기록은 유럽인 전체의 기록을 합친 것보다 많이 남아 있다. 그렇다고 해서 대륙에 사는 유럽인들은 술을 적당히 마셨는가 하면 그것도 아니었다. 메로빙거 왕조 당시 갈보리 지방만 하더라도 거리를 비틀거리다 구역질을 하고, 어느 정도 정신을 차리면 싸움을 벌이는 사람들이 많았다는 기록이 남아 있다. 프랑스와 남부 독일에서 발굴된, 에일이나 와인의 흔적이 남은 술잔에서 당시 음주 문화의 일면을 엿볼 수 있는데 술잔 몇 개에는 다음과 같은 내용이 새겨져 있었다. "목이 말라요." "따라 봐, 대장, 쭉 따라 보라고." "기쁘고 기쁘구나."

어느 사학자는 카롤링거 왕조 시대를 '와인에 집착한 시대'라고 부르기도 했다. 이 당시 라틴어·독일어 교재의 첫 페이지는 "술 한 잔 주세요."라는 표현으로 시작되었고 지방이든 도시든 주점이 넘쳐났다. 종교적인 이유에서였는지 세속적인 이유에서였는지 알 수 없지만 가장 와인에 집착했던 부류는 성직자들이었다. 노르만족이 카롤링거 왕조를 침략할 때마다 수도사들은 와인을 들고 피난을 떠났다. 845년에 노르만족의 습격을 받고 피난을 떠났다가 생 제르맹 데 프레 수도원으로 돌아온 수도사들은, 와인 저장실이 무사한 것을 보고 하나님에게 감사의 기도를 드렸다고 한다. 다음 포도 수확기까지 마실 와인이 남아 있다는 것이 목숨을 구한 것만큼이나 다행스러웠던 모양이다.

유럽 전역을 장악한 교회는 포도 재배지를 확산시키는 한편, 와인을 너무 자주 너무 많이 마시는 성직자와 남녀 신도들의 문제를 처리해야만 했다. 교회가 성경에 자주 등장하는 소재이자 제례 의식의 필수 요소인 포도주를 사회악으로 몰아붙일 수는 없는 노릇이었고, 그렇다고 과음과 주사를 보고만 있을 수도 없는 노릇이었다. 수많은 교회 관계자들이 폭음에 대해 성토했지만 술에 취하면 정신적으로나 육체적으로 천상의 기쁨을 느낄 수 있다는 사람들의 생각은 사라질 줄 몰랐다. 여러 교부들은 와인 없이 맛볼 수 있는 정신적인 행복을 "온화한 충만"이라고 표현하여 권하였지만 믿음이 깊지 않은 사람들은 오히려 와인을 그 지름길로 삼았다.

교회 지도자들뿐만 아니라 중의회도 과음과 주사를 사회적 · 도덕적 · 정신적 문제라고 수차례 강조했다. 6세기 아를의 체사리오(Caesarius) 주교는 과음을, 폭력적이고 비도덕적인 행동을 낳게 하고, 헌금으로 쓰여야 할 돈을 낭비하게 하며, 신에 대한 모독 행위라는 세 가지 이유를 들어 비난했다. 당시 기록을 보면 체사리오 주교의 비난이 이해가 될 만큼 폭력적이고 비도덕적이며 불경스러운 사건들이 많았다. 힐데베르트 2세(Childebert II)의 국고 담당이었던 에베룰프(Eberulf)는 "와인을 주지 않았다는 이유로 사제를 의자 위로 내동댕이쳐서 주먹질을 했다."고 한다. 뿐만 아니라 어떤 이는, 자신은 값비싼 와인을 마음껏 마시면서, 구걸하는 빈곤층에게는 "죽어라, 죽어. 죽으면 하나님이 먹여 줄 테니까."라는 폭언을 일삼았고 그에 대한 사람들의 불평이 잇따랐다. 여기서 불경스러운 것이라면 그들을 취하게 만든 와인으로, 천사와 성인들을 위해 축배를 들었다는 점이었다.

이 부분에서는 성직자도 일반 신도들과 다를 바가 없었다. 투르의 카우티누스(Cautinus) 주교는 "와인에 취해서 장정 네 명이 들고 옮겨야 할 때가 많았다."고 하며, 수아송의 주교는 "지나친 음주벽 때문에 거의 4년 동안 이성을 잃은 채 지내서" 왕실의 방문이 있을 때마다 감옥에 가두어야 할 정도였다고 한다. 투르의 그레고리우스 주교는 수도사들이 기도하는 데 들이는 시간보다 주점에서 보내는 시간이 더 많다고 호소했다. 847년 마침내 대주교회는 습관적으로 과음하는 성직자는 40일 동안 참회 기도를 드리고, 이 기간에는 기름진 음식과 맥주와 와인을 삼가라고 선포했다.

그리스도교도들이 죄를 지었을 때 어떤 식으로 회개해야 하는지를 담은 참회 규정서에는, 음주와 과음에 대한 조항이 들어 있는데, 과음을 한 성직자는 일반 신도에 비해, 고위급 성직자는 수도사나 교구사제들에 비해 훨씬 강도 높은 벌을 받아야 했다. 8세기 초 비드가 만든 참회 규정서에 따르면 "이성이 마비되고, 혀가 꼬이고, 눈동자가 돌아가고, 어지럽고, 배에 가스가 찬 듯하며, 아플 정도로" 술을 마신 사람은, 일반 신도일 경우 3일, 일반 성직자일 경우 7일, 수도사일 경우 2주, 부제(副祭)일 경우 3주, 사제일 경우 4주, 주교일 경우 5주 동안 와인과 고기를 먹지 말아야 한다고 했다. 사실 그 정도로 과음을 했다면 며칠 동안은 와인을 보기만 해도 신물이 넘어오지 않았을까?

에스파냐의 실로스 수도원에서 만든 참회 규정서에는 더 자세한 세부 조항이 명시되어 있었다. 술에 취한 성직자는 20일 동안 회개 기도를 드리되 구역질을 했으면 40일, 성체를 삼키지 못하고 토했으면 60일로 그 기간이 늘어났다. 일반 신도의 경우에는 각각 10일, 20일, 40일로, 조금 가벼운 벌을 받은 셈이다.

참회 규정서에 이와 같은 조항이 있기는 하지만 이를 중세 초기 유럽 전역이 취객들로 넘쳐났다는 증거로 받아들이는 것은 곤란하다. 이것은 오히려 유럽의 여러 지방, 그중에서도 특히 와인의 생산지나 시장이 발달된 곳에서 와인이 일상적인 음료로 자리 잡았다는 뜻으로 해석해야 할 것이다. 결국 이는 야만족의 침략이 와인 생산에 심각한 영향을 미치지는 않았다는 것을 보여 준다. 7세기 이후 포도 재배와 와인 생산의 미래는 사실 이보다 더욱 심각한 위기 상황을 맞이하게 되었는데, 이 위기란 바로 이슬람 문화의 등장이다.

마호메트는 알코올을 제조하고 소비하는 것 일체를 전면 금지시켰고 이 결과 이슬람교를 믿는 지방에서 맥주와 와인 생산은 종말을 고하게 되었다. 8세기 초 이슬람 세력은 중동뿐만 아니라 지중해 연안의 북아프리카, 에스파냐, 포르투갈, 프랑스의 남서부 지방까지 세력을 확장했다. 이로 인해 와인이 최초로 번영을 누렸던 지방은 물론, 에스파냐와 포르투갈처럼 포도 재배를 뒤늦게 시작했지만 와인이 경제적·문화적으로 중요한 위치를 차지하고 있던 지방까지 알코올을 금하는 종교의 지배 아래에 놓이게 되었다.

이슬람교에서 금주를 강조한 이유는 술로 인해 빚어지는 반사회적인 폭력 행위 때문이다. 『코란』에서, 와인은 기분을 들뜨게 만들고 건강에 좋은 음료라고 되어 있지만 다음과 같은 부분에서는 부정적으로 소개되기도 했다.

신도들이여, 와인과 도박과 우상과 점은 사탄이 만들어 낸 가증스러운 습관이다. 너희들은 이와 같은 습관을 멀리해야 번영을 누릴 수 있다. 사탄은 와인과 도박을 통해 너희들의 마음속에 원한과 증오를 불어넣고 알라와 기도문을 잊게 만든다.

이는 초기 이슬람 사회에서 빚어졌던 갈등의 해결책으로 나온 문구라 추측된다.

한 번은 마호메트가 친구의 결혼식에 참석했다가 와인의 좋은 측면을 접한 적이 있었다. 와인을 마신 하객들이 서로를 끌어안으며 행복하고 즐거운 분위기를 연출하고 있었던 것이다. 마호메트는 이 모습을 보며 와인에 축복을 내렸다. 하지만 다음날 같은 장소를 찾았더니 술에 취한 하객들이 싸움을 벌인 탓에 사방이 시체와 피투성이였다. 마호메트는 축복을 저주로 바꾸고 신도들에게 금주령을 내렸다. 하지만 문제는 와인 자체가 아니라 과음이었고, 마호메트도 천국을 묘사할 때 "맛있는 와인의 강"이 흐른다고 말한 바 있다.

마호메트는 포도즙을 만들거나 저장하는 용기의 종류를 제한함으로써 와인 생산을 막았다. 그는 호리병, 송진을 칠한 토기, 속을 파 낸 야자나무 그릇을 사용하는 것을 금지했고 가죽으로 만든 주머니만 사용하도록 허락했다. 하지만 고대 그리스에서는 와인을 가죽 주머니에 넣고 발효시킨 적도 있기 때문에 이런 조치로 와인 생산이 완벽하게 차단된 것은 아니었다. 게다가 아래의 기록을 보면 마호메트의 부인들도 남편을 위해 살짝 발효시킨 음료를 준비했던 것 같다.

우리는 그를 위해 나비드를 준비하곤 했다. 대추야자나 말린 포도를 가죽 주머니에 넣고 물을 부으면 나비드를 만들 수 있는데, 그는 아침에 만든 나비드는 저녁에, 저녁에 만든 나비드는 다음날 아침에 마셨다.

이렇게 만든 나비드는 약하게나마 알코올 성분을 포함하고 있었을 텐데, 이것이 와인인지 아닌지의 여부는 정의하기 나름일 것이다.

포도 재배와 와인 생산 금지 조치는 복합적인 결과를 빚었다. 최근 이슬람교가 깊게 뿌리 내린 사회에서 금주령이 선포되었을 때 나타난 반응을 보면 알 수 있듯이, 이슬람교 지도자들은 이때에도 상당한 저항에 부딪쳤다. 그들은 굳은 의지와 새로운 신념 없이는 와인 생산을 중단시키거나 음주 습관에 큰 변화를 불러 일으킬 수 없었을 것이다. 이슬람교가 탄생되고 수십 년이 지난 뒤 아랍의 시인, 아부 질다 알 야스쿠리(Abu Jilda al Yaskuri)는 지난날에 대한 후회를 다음과 같이 표현했다.

야스쿠르의 유명한 귀족이었던 나는
고급 와인을 마시는 게 유일한 낙이었지.
당시의 즐거움은 잊은 지 오래,
지금은 세인의 존경이 기쁨이라네.

하지만 이슬람 제국 내의 모든 지방에서 똑같은 금주령이 내려진 것은 아니었다. 이슬람교의 발상지와 가까운 지방일수록 이 조치는 엄격했지만 이슬람 제국 초기만 하더라도 와인이 전면 금지되지는 않았다. 메카에서 가장 가까운 포도밭은 1,600킬로미터나 떨어진 곳에 있었지만, 그리스도교와 유태교 상인들은 시리아와 기타 다른 지방에서 와인을 가지고 들어 왔다. 수입 와인은 주점과 바그다드의 칼리프 궁으로 흘러 들어갔다.

그리고 이슬람교의 발상지와 먼 지방일수록 고유의 전통을 많은 부분 유지할 수 있었다. 에스파냐, 포르투갈, 시칠리아 섬, 사르데냐 섬, 크레타 섬 등에는 다양한 정책이 공존했는데 공식적으로는 와인 생산이 불법이었지만, 실질적으로는 세금을 걷는 등 와인의 존재를 인정했다. 아랍어로 남은 문헌에 따르면 안달루시아를 비롯한 에스파냐 남부와, 포르투갈의 중부 코임브라 지방은 포도밭이 많기로 유명했다. 고도로 발달된 이슬람 원예학은 포도의 품종을 늘리는 데 기여했고 이슬람 농경서에는 발효용 통을 관리하는 방법이 소개되기도 했다.

에스파냐에서는 금주 조치를 특이하게 해석한 이슬람 율법학자 덕분에 음주가 허용됐다. 즉 『코란』에서 금지한 술은 포도로 빚은 와인이기 때문에 대추야자로 만든 와인은 마셔도 된다는 주장이었다. 이와 같은 해석은 대추야자로 만든 와인이 괜찮다면 포도로 빚은 와인도 이보다 도수가 낮으면 상관없다는 논리로까지 전개되었다. 물론 대부분의 율법학자들은 여기에 동의하지 않았다. 신앙심이 깊지 못한 사람은 와인을 마시고 취하지 않는다 하더라도 알라를 잊게 된다는 문제가 여전히 남아 있었기 때문이다. 와인의 정의를 어떻게 내릴 것인가에 대해서는 이슬람 법관들 사이에서도 논란의 대상이었지만 무엇을 마시건 취하면 안 된다는 의견은 공통적이었다.

술을 다시 마실 수 있다는 가능성이 보이자 에스파냐의 이슬람교도들은 환호성을 질렀겠지만 실제적으로 이들이 소비한 와인의 양은 그리스도교도들에게 못 미치는 수준이었다. 이슬람교도들은 앞서 소개한 그리스의 좌담회 비슷한 자리에서 와인을 마셨다. 그들은 저녁식사를 끝낸 뒤 한자리에 편안하게 앉아서 물로 희석한 와인을 즐겼다. 시중 드는 소년들이 잔을 돌리면 참석한 남자들은 대화를 나누거나 시를 읊거나 악사와 무희를 보며 여흥을 즐겼다. 이들은 밤새도록 술을 마시고 이야기를 나누며 꾸벅꾸벅 졸다가 다시 일어나서 술잔을 기울였다. 이와 같은 풍습은 에스파냐의 유태교도들 사이에서도 성행했고 이로 인해 10-12세기 동안 특정 장르의 시가 인기를 누렸다. 이 장르의 시는 근심을 잊고 기쁨에 젖게 만드는, 와인의 장점을 찬양하거나 와인 자체의 맛과 향을 찬양하는 것이 특징이었다.

일부 지방에서는 와인을 묵인하는 분위기가 확산되었다지만 이슬람 율법을 에스파냐에 엄격하게 적용한 정복자들도 있었다. 예를 들어 칼리프 우스만(Usman)은 발렌시아 지방의 포도밭 3분의 2를 없애라는 명령을 내렸다. 3분의 1을 남겨 놓은 것도 단지 테이블 와인용 포도나 건포도를 만들기 위해서였다. 하지만 이 시기에 어려움을 겪었던 에스파냐의 와인 제조업은 12세기 들어 이베리아 반도가 다시 그리스도교의 영향권 안으로 들어가면서 빠르게 부활했다. 1150-80년 사이 수많은 포도밭의 계약이 성사되었고, 13세기 중엽이 되자 에스파냐는 대규모 와인을 영국에 수출하는 입장이 되었다.

이슬람 제국의 심장부에서도 와인 생산이 꾸준히 이루어졌을 가능성은 높다. 와인용 포도밭은 수난을 당했을지 모르지만 『코란』이 포도까지 금지한 것은 아니었기 때문에 포도밭은 여전히 건재했다. 따라서 이곳에서 난 포도를 가지고 여기저기서 법망을 피해 조잡하게나마 와인을 만들었을 것이다.

이슬람교의 금주령은 문화면에서 몇 가지 문제점을 낳았다. 사랑과 섹스의 상징이었던 와인은 고대 아랍 문학에서 중요한 소재였다. 이슬람교가 등장한 이후로도 와인을 소재로 삼은 시는 많았지만 종교적인 문제 때문에 교묘한 전술을 펼쳐야 했다. 9세기 초반에 활약했던 시인, 아부 누와스(Abu Nuwas)는 이슬람교의 교리를 빈정거리는 듯한 작품을 발표한 바 있다.

자네의 말을 들으니 자네의 조물주라는 신이 무서워지는군. 신이 무서워서 나와 함께 술잔을 기울일 수 없다면 나 혼자 마시는 수밖에.

이 후 오마르 하이얌(Omar khayyam)을 주축으로 하는 12-13세기의 페르시아 시인들은 와인과 사랑을 제일의 주제로 삼았다. 하이얌의 『루바이야트(*Rubáiyát*)』에는 "반짝이는 와인 없이는 살 수 없어./와인이 없으면 육체의 짐을 견딜 수 없어."라고 와인을 찬양한 시가 있다. 뿐만 아니라 불법 음주와 불륜이 사회 전반으로 퍼진 상황을 암시하는 시도 있었다.

연인과 술꾼은 지옥에 떨어진다지만
나로서는 받아들일 수 없는 주장.

연인과 술꾼들이 지옥으로 끌려간다면
내일 당장 천국은 텅텅 빌 테니까.

이 당시의 와인이 위와 같이 시에서만 등장하는 옛 추억으로
사라졌을 가능성은 거의 없다. 이슬람교가 등장하기 이전 시기
에 비하면 미미한 정도에 불과하겠지만 와인을 비롯한 기타 주
류(대추야자나 건포도로 만든 와인)는 은밀하게나마 생산이 계속
되었을 것이다. 이슬람교가 와인에 미친 영향을 정확하게 단정
하기는 어렵지만, 대부분의 포도밭이 테이블 와인용 포도의 재
배지로 바뀌었고, 생산되는 와인의 질과 양이 현격하게 떨어졌
으며, 중동과 북아프리카 지역에서 와인 문화가 사실상 자취를
감추는 데 이슬람교가 큰 영향을 미친 것만큼은 확실하다.

로마 제국이 붕괴한 후 1000년까지, 초기 중세 시대의 와인은
여러 가지 위기를 겪었다. 중동, 북아프리카, 이베리아 반도와
마찬가지로 유럽의 위기 상황도 외부적인 요인—와인을 경시하
는 문화와, 음주를 금한 종교—에 의한 것이었다. 하지만 야만
족들은 와인을 마뜩찮게 생각하면서도 와인을 마시는 것에 대해
관대했고, 이슬람교도 와인 생산을 아예 뿌리 뽑지는 않았다. 이
시기 동안 와인은 생산과 무역에 혼란을 빚었지만 유럽에서만큼
은 예전과 비슷한 지위를 유지하며 후기 중세 시대를 기약했다.

4

와인의 부활

정치, 경제, 종교의
중심에 선 중세 와인

꼭

1000년이 되자 포도는 유럽 전역에서 재배되었다. 기후 조건상 수확량이 들쭉날쭉한 지방도, 고급 와인을 만들 수 없는 지방도 예외는 아니었다. 플랑드르와 영국은 불리한 자연환경을 딛고 1,000년 전부터 포도를 재배해 왔고, 적은 양이기는 하지만 오늘날까지도 와인을 생산하고 있다. 반면에 프랑스 북부의 노르망디 같은 경우에는 과거와 달리 오늘날에 와서는 와인을 제조하지 않고 있다. 유럽은 1000년 이후로 500년 동안 인구 증가와 와인 애호가층의 확산으로 새로운 시장이 등장했고 포도 재배지 분포도는 변화를 겪게 되었다. 보르도, 본, 론 강 유역 등 프랑스의 주요 와인 생산지가 서로 다른 시장의 요구에 부합하며 급부상한 것도 바로 이 시기였다. 후기 중세 시대는 여러 가지 관점에서 근대 유럽 와인 산업의 기초를 다진 시기였다.

새 천 년은 미스터리와 함께 시작되었다. 1000년경 그린란드 서쪽으로 여행을 떠난 에릭슨(Ericsson)은 포도나무가 무성하게 자라는 땅과 마주쳤고 그곳을 빈랜드(Vinland, 와인의 땅)라 이름하였다. 이곳은 지금의 캐나다 뉴펀들랜드 북쪽 해안으로 추정되는데, 현재는 너무 추워서 포도를 재배할 수 없지만 1,000년 전쯤에는 야생 포도나무가 자랐을지도 모르는 일이다. 이 전설에 따르면 레이프가 이끈 탐험대 가운데 "포도와 와인이 풍성한 지방에서 태어난" 게르만족 출신이 이곳에서 자라는 나무가 포도나무임을 확인했다는데, 11세기의 어느 문헌에는 이 땅에 빈랜드라는 이름이 붙은 이유가 "야생 포도로 빚은 와인 맛이 기가막혔기 때문이다."라고 쓰여 있다.

빈랜드가 정확히 어디인지, 실제로 존재했는지의 여부는 수수께끼이다. 아마도 탐험대가 이곳에서 와인을 맛보았을 가능성은 희박하며 빈랜드라는 이름을 붙인 것은 이곳에서 자라는 포도로 와인을 빚었으면 좋겠다는 희망의 표현이었을 것이다. 그런데 이들이 마주친 것이 와인이 아니라 포도나무에 불과했다면, 왜 그들은 빈버랜드(Vinberland, 포도의 땅)가 아니라 빈랜드라는 이름을 붙인 것일까? 가장 최근에 등장한 학설에 따르면 에릭슨의 탐험대가 '포도나무'라고 생각했던 식물은 크랜베리였다고 한다. 만약 이 주장대로 탐험대가 발효시킨 것이 크랜베리였다면 이는 현재 뉴펀들랜드에서 생산되는, 딸기과의 열매를 주 원료로 삼아 빚은 와인의 시초가 되는 셈이다.

1000년경 뉴펀들랜드에서 자란 나무가 포도나무였는지 아니었는지는 알 수 없지만, 어쨌거나 새 천 년의 시작과 함께 유럽 여러 지방에서는 포도 재배와 와인 생산이 꾸준한 성장세를 타고 있었다. 10세기와 11세기에 프랑스의 지주들은 숲을 개간하고 늪을 메워 포도밭을 만들었고 불모지까지 포도밭으로 활용했다. 이슬람 세력이 이베리아 반도를 빠져 나간 것과 동시에 에스파냐의 와인 생산은 폭발적으로 증가했다. 이 현상은 11-12세기 독일의 라인란트, 슈바벤, 프랑코니아, 튀링겐에서도 마찬가지로 일어났다. 1300년대 초반에 이르자 유럽에서는 동쪽으로 헝가리까지 숲을 없애고 포도를 심었다. 이 당시 포도 재배를 시작한 지역으로는 토카이가 있는데 17세기 이후 달콤한 맛으로 인기를 얻은 토카이 와인의 생산지가 바로 이곳이다.

영국에서도 포도 재배지가 확대되었다. 11세기 말 『둠즈데이 북』에 기록된 포도밭은 42개에 불과했지만, 200년이라는 시간이 흘러 영국의 포도 재배업자들이 외국과의 경쟁에 져서 마침내 무릎을 꿇었을 때, 다른 작물을 심도록 용도 변경된 포도밭은 1,300여 개에 달했다. 이탈리아도 예외는 아니었는데 타나글리아(Tanaglia)는 당시의 와인 붐을 다음과 같이 표현했다.

내가 보기에 요즘은
들판마다 끊임없이
지극히 좋은 품종의 포도를 심거나
바코스의 나무를 돌보는 시대.

유럽 곳곳에서 포도밭의 면적이 확대된 이유는 와인의 수요가 갑자기 증가했기 때문이다. 1000년에서 1300년까지 300년 동안 유럽 대륙의 인구는 4천만에서 8천만 명으로 두 배가 늘어났다. 이러한 인구 증가와 함께 이탈리아 북부의 베네치아, 밀라노, 피렌체, 제노바와 플랑드르 지방의 겐트, 브뤼헤, 브뤼셀에서 도시화가 급속히 진행되었고, 런던, 파리 같은 도시의 인구도 급격히 늘어났다.

　도시의 성장과 무역의 확대와 더불어 부유한 중산층과 상인 계급이 등장했고 이들은 기존의 교회, 귀족 계급과 더불어 엄청난 고급 시장을 형성했다. 당시 와인은 부유층을 상징하는 사치품이었다. 문제는 포도 재배에 적합하지 않은 지방이 대부분인 이들 시장에 와인을 공급하는 방법이었다. 이탈리아 북부 도시에 거주하는 사람들의 경우에는, 남부와 토스카나를 중심으로 한 중부의 와인을 마셨다. 세비야와 바르셀로나 등 에스파냐의 신흥 도시에 사는 사람들은 이슬람 세력이 퇴장한 후로 급증한 에스파냐의 와인을 마셨다. 라인, 마인, 모젤 강 유역을 중심으로 생산되는 독일의 와인은 강을 타고 쾰른과 프랑크푸르트로 흘러 들어갔지만 플랑드르, 영국, 프랑스, 발트 해 연안까지 수출되기도 했다.

　북유럽은 포도 수확량이 적고, 그나마 생산되는 와인의 품질도 중산층의 까다로운 입맛을 만족시키기 힘든 수준이었기 때문에 와인의 수요량와 공급량을 맞추기는 여전히 힘들었다. 이런 점에서 볼 때 파리 시민들은 운이 무척 좋았다. 1000년경부터 센 강, 마른 강, 욘 강 유역을 중심으로 와인 산업이 기반을 잡기 시작했고 이곳에서 파리까지의 거리가 짧아서 운송에 드는 비용이 적었기 때문이다.

　영국과 플랑드르, 멀리 발트 해 연안의 와인 시장은 자급자족을 하기에는 규모가 너무 커서 수입으로 많은 부분을 해결하는 수밖에 없었다. 이들이 주로 와인을 수입한 곳은 프랑스 서부 지역이었고, 초기에는 지롱드 강 북부를 중심으로 무역이 이루어졌다. 12세기 이 지역에 건설된 라 로셸 항은 원래 인근 석호에서 바닷물을 증발시켜 나온 소금을 수출하는 곳이었다. 당시 소금은 생선과 육류를 썩지 않게 하는 데 쓰였기 때문에 수요가 많았다. 그러다가 소금 산업과 운송업 등 새로운 일자리를 찾아 라 로셸로 몰려든 사람들이 항구의 내륙 지역에 포도를 심었고, 이것이 바로 샤랑트 와인의 탄생을 알리는 시초가 되었다. 현재 이곳에서 생산되는 포도는 거의 대부분 브랜디로 만들어진다.

보르도가 국제 와인 무역의 중심지로 떠오른 것은 13세기의 일로, 이는 왕조의 흥망에 따른 결과였다. 1152년 아키텐 공국(가스코뉴 즉 보르도와 포아투가 포함된 지역)의 상속녀였던 엘레오노르(Éléonore)는 프랑스의 왕 루이 7세와 이혼하고, 노르망디 공작이자 앙주의 백작인 앙리와 재혼했다. 2년 뒤 앙리가 영국 국왕 헨리 2세(Henry II)로 등극하면서 영국, 노르망디, 아키텐은 한 나라로 묶이게 되었다. 하지만 엘레오노르가 아키텐의 상속권을 포기하지 않으려 했기 때문에 가족들끼리 분쟁이 끊이지 않았다. 결국 그녀의 아들인 사자심왕 리처드(Richard)가 어머니에게 공국을 돌려 주었지만 엘레오노르는 라 로셸만을 편애했고, 보르도의 와인 생산업자들이 과중한 세금 때문에 가스코뉴의 고급 와인이 인정을 받지 못하고 있다고 하소연해도 못 들은 척했다. 엘레오노르의 막내 아들인 존(John, 무지왕 존)이 영국의 왕위에 오른 뒤에야 보르도는 라 로셸의 그늘에서 벗어나 특혜를 받을 수 있었다. 1203년에 존 왕은 프랑스와 전쟁을 벌이면서 보르도가 전함과 기타 군수물자를 조달한 대가로 가스코뉴 와인에 부과되었던 세금을 낮추어 주었다.

1204년 라 로셸과 포아투의 항의가 잇따르자 존은 이들에게도 보르도와 똑같은 혜택을 주었다. 원칙적으로 따지면 프랑스 서부 지방의 와인은 이제 똑같은 조건에서 영국 시장을 놓고 경쟁을 벌이게 된 셈이었지만, 이때 다시 왕실의 특혜가 보르도 와인에게 주어졌다. 존이, 보르도가 카스티야의 공격에 저항한 대가로 보르도 와인을 주문했던 것이다. 이는 보르도의 와인 생산업자들로서는 하늘에서 내린 축복과도 같았다. 그러다 1224년 결국 라 로셸이 프랑스에게 항복하면서 가스코뉴 와인의 독주는 시작되었다.

　　이후로 13세기가 막을 내릴 때까지 가스코뉴 와인은 영국 시장을 거의 독점하다시피 하였다. 1243년 한 해만 하더라도 헨리 3세는 2,310파운드 2실링 8펜스어치에 해당되는 프랑스 와인—가스코뉴 와인이었을 것으로 추측된다—1,445통을 구입하였다. 이 통이 당시 영국에서 통용되던 250여 갤런짜리 '턴'이었다면 헨리 3세가 사들인 와인의 양은 350,000여 갤런 즉 약 1,655,000리터에 해당된다. 이 중에서 1,000통은 고급 와인이었고 나머지는 평범하거나 질이 떨어지는 와인이었다. 이 정도는 영국 전체 수입량에 비하면 미미한 수준이었지만 왕실에서 구입했다는 사실만으로 가치를 인정받는 것이었다.

　　보르도 인근 지방에 포도밭들이 빼곡하게 들어서게 된 것도 영국 시장에서 프랑스 와인이 널리 확산된 다음의 일이었다. 포도밭은 보르도를 기점으로 부챗살 모양으로 퍼져 나갔고 13세기 초반 보르도 인근은 유럽의 주요 와인 생산지로 자리 잡았다. 그리고 남쪽으로 오늘날 그라브에 해당되는 지역과 가론 강, 도르도뉴 강 사이의 앙트르 드 메르('두 바다 사이'라는 뜻) 지역도 와인으로 유명했다. 반면에 오늘날의 보르도 지방에 해당되는 메도크에는 포도밭이 거의 없었다.

하지만 가스코뉴 와인의 주요 산지는 뭐니 뭐니해도 가론 강, 타른 강, 로트 강 유역과, '고지대'라 불리는 지역이었다. 그리고 멀게는 가이야과 카오르—양쪽 모두 지금도 유명 와인을 생산하는 지방이다—에서 생산되는 와인도 보르도로 옮겨져서 가스코뉴 와인이라는 이름을 달고 수출되었다. 이때부터 해안 지방에서 생산되는 밝은 빛깔의 와인은, 고지대와 에스파냐에서 생산되는 짙은 빛깔의 와인과 구별되어 '클라레'라고 불리게 되었다.

보르도를 중심으로 포도 재배가 확산되면서 와인 제조업자들은 자신이 만든 제품을 지키기 위해 엄격한 규칙을 만들었다. 즉 고지대에서 생산된 와인은 일정 기간 이후에만(보통 11월 중순과 크리스마스 사이) 보르도로 반입할 수 있다는 규칙이었다. 이것은 보르도 시장에서 자신들이 만든 제품이 모두 다 팔린 뒤에야 고지대에서 생산된 와인의 진출을 허용한다는 뜻이었다.

시작은 그리 화려하지 않았지만 나중에는 시장에서 어마어마한 위치를 차지하게 된 것이 바로 가스코뉴 와인이다. 13세기 중반에는 잉글랜드 왕실에서 주문하는 와인의 4분의 3이 보르도 제품이었고, 1282년에 에드워드 1세(Edward I)는 웨일스와 전쟁을 치르는 병사들을 위해 가스코뉴 와인 600배럴을 주문했다. 1300년대의 기록을 보면 고지대에서 생산된 와인이 수출 시장에 기여한 부분이 어느 정도인지 알 수 있다. 1305-06년에는 고지대 와인이 보르도에서 수출한 와인의 59퍼센트에서 78퍼센트를 차지했고, 1335-06년에는 63퍼센트에서 82퍼센트를 차지했다. 스코틀랜드도 클라레의 주요 수입국이었다. 1200년대 후반 어느 해에 알렉산더 3세(Alexander III)는 보르도 상인에게 진 빚 2,197파운드 때문에 버윅 항에서 거두어들이는 세입 전부를 저당 잡혀야 했다. 이는 와인으로 따지면 400,000호그즈헤드 즉 115,000리터에 해당되는 금액이었다.

영국 시장이 가스코뉴 와인 앞에 활짝 열리면서 포도밭은 붐을 이루었고 현재 보르도라고 통칭되는 지방 전역에서 포도 재배가 시작되었다. 하지만 14-15세기에 이르러서는 이 지역의 발달도 그리 순탄하지 않았다. 기타 와인 생산지와 마찬가지로 보르도는 정치적·경제적·사회적 불안이 그대로 반영되는 시장의 변화에 민감했다. 1340년대 후반에 등장하여 유럽 인구의 4분의 1 내지는 3분의 1의 목숨을 앗아간 흑사병은, 와인의 생산과 무역에 심각한 영향을 미쳤다. 그런가 하면 프랑스 군대는 1450년대 후반에 이 지역을 침략해 포도밭을 쑥대밭으로 만들어 놓았다. 하지만 이와 같은 격변기에도 보르도의 상인들은 와인을 수출하는 데 전념했다. 정확한 통계 자료는 없지만 보르도 와인 최대의 시장은 영국이었고, 14세기 말엽에는 수출된 와인 중 4분의 3이 영국으로 향했다. 나머지는 에스파냐와 플랑드르, 독일, 프랑스의 기타 지역으로 골고루 분산되었다.

매년 10월이면 수백 척의 선단이 프랑스 와인을 싣고 보르도에서 닻을 올렸다. 그리고 소규모 화물선은 낭트와 라 로셸에서 출발했다. 영국까지 걸리는 시간은 날씨와 정치 상황에 따라 다르지만 최소 1주일이었다. 12월이 지난 뒤에도 보르도의 창고에 남은 와인은 통을 바꾸어서 다음 해 봄에 출하되었다. '레크'라고 불린 이 와인은 급이 떨어지는 것으로 간주되었고 따라서 가격도 저렴했다. 현대인의 입맛에는 오래 숙성된 레크가 더 맞을지 모르지만 중세 영국 사람들은, 빛깔이나 농도 면에서 오늘날의 보졸레 누보와 비슷하지 않았을까 싶을 정도로 신선한 가스코뉴 와인을 좋아했다.

프랑스 수출업자들의 성공은 영국 와인 제조업자들의 몰락으로 이어졌다. 맘즈베리의 역사학자 윌리엄(William)은 글로스터 와인을 극찬했지만, 영국 와인은 물밀 듯이 들어오는 가스코뉴 와인의 경쟁 상대가 못 되었다. 맛도 좋고 값도 싼 프랑스 와인이 등장하자 소비자들은 영국 와인에 등을 돌렸고, 영국의 와인 제조업은 13세기 중반부터 천천히 내리막길을 걷기 시작했다. 그리고 얼마 후 영국에서는 1,300여 개에 달하던 상업용 포도밭 대부분이 용도 변경되었다.

보르도의 와인 수출은 1300년대 초반에 전성기를 구가했다. 1305년에서 1308년까지 3년 동안, 매년 가스코뉴의 항구를 출발하는 와인은 98,000배럴에 달했고, 이를 양으로 따지면 9억 리터 정도였다. 와인 생산은 기후의 영향을 많이 받기 때문에 흉년이 든 1310년에는 수출량이 51,000배럴로 추락했다. 정치 상황의 변화는 오랫동안 와인 산업에 영향을 미치기 때문에 오히려 흉년보다 더 악재였다. 영국과 프랑스가 전쟁을 벌인 1324년과, 백년전쟁이 시작된 1330년대에 와인 수출량은 뚝 떨어졌다.

14세기 초반에 보르도 와인의 수출량은 한 해 10,000-15,000

배럴 정도의 수준을 유지했다. 하지만 1450년대 이후 보르도가 프랑스로 귀속되면서 영국으로 수출되는 와인의 양은 줄어들었다. 프랑스의 국왕들은 와인 무역이 보르도의 경제에 미치는 영향을 알고 있었기 때문에 다른 나라로 수출하는 것을 금지하지 않고 대신 세금을 부과했다. 이 덕분에 소량으로나마 와인 무역은 계속되었고, 프랑스의 국고는 든든해졌으며, 영국에서 판매되는 보르도 와인의 가격은 상승했다. 가격은 공급에 따라 달라지기 마련이지만 15세기 후반 무렵 보르도 와인의 값은 1갤런당 8펜스를 훌쩍 넘겼다. 이는 가스코뉴에서 와인 무역이 한창이던 1300년대 초반에 비하면 두세 배에 해당되는 가격이었다.

영국에서 수입하는 프랑스 와인이 모두 보르도산이었던 것은 아니다. 그 외에도 앙주를 비롯한 기타 지역에서 영국은 와인을 수입했다. 하지만 프랑스 와인은 유통기한이 기껏해야 1년에 불과했기 때문에 다음 해 여름이 되면 와인 수입이 거의 없을 뿐만 아니라 시큼하게 변해 있기 일쑤였다. 이 시기에 와인을 마시려면 질이 떨어지는 제품을 고가에 구입해야 하니 소비자들로서는 억울할 수밖에 없었다. 10월에 새로 빚은 와인이 등장하면 전년도 제품은 파격 할인에 들어가거나 폐기처분되었다. 가장 문제가 되는 시기는, 전년도 와인은 더 이상 마실 수 없는 지경에 이르고, 새로운 와인은 아직 출하되지 않은 늦여름이었다.

이 틈을 파고든 것이 바로 지중해 와인이었다. 지중해 와인은 프랑스 와인보다 달콤하고 알코올 성분이 강하며 무엇보다 오랫동안 맛이 변하지 않았다. 이 와인은 그리스의 와인 대량 수출 지역의 이름을 따서 속칭 맘지 내지는 말바시아라고 불렸고, 생산지는 여러 곳이었다. 칸디아는 머스캣 포도로 만든 유명한 스위트 와인을, 코르푸 섬은 로마니아라는 질 낮은 스위트 와인을, 토스카나는 베르나치아라는 와인―영국에서는 버너지라고 불렸다―을 생산했다. 베르나치아는 포도의 품종에서 따온 이름인데, 이 당시에는 이탈리아 중부와 북부에서 생산되는 와인을 가리키는 말로 널리 쓰였다.

이탈리아에서 지브롤터 해협과 비스케이 만을 건너 영국으로 향하는 여행에는 범선이나 갤리선이 이용되었다. 이 여행은 오랜 시간이 걸렸고―최소 한 달, 최대 다섯 달이 걸렸다―해적선 때문에 위험했다. 하지만 와인이나 비단, 향신료와 같은 사치품을 싣고 가서 영국에서 판매하고, 양모를 싣고 돌아와서 이탈리아의 직물 공장에 판매할 때 남는 이익은 상당하였다.

이들에게 가장 중요한 것은 '시기'였다. 그리스, 지중해의 여러 섬, 이탈리아, 에스파냐에서 만든 와인이 영국과 기타 북유럽의 항구에 도착하는 시기는, 프랑스 와인이 상하기 시작하는 7월과 8월이었다. 하지만 지중해 와인은 프랑스 와인의 단순한 대용품이 아니었다. 이 와인은 빛깔이며 알코올 도수―가스코뉴 와인의 두 배에 해당되는 14-15도였다―그리고 당도 면에서 당시 소비자들의 입맛에 맞아떨어졌다. 반면에 값은 훨씬 비쌌기 때문에 아무나 그 와인을 마실 수는 없었다. 지중해 와인의 도매가는 가스코뉴 와인의 두 배였고, 14세기 런던에서 소매 판매 허가를 받은 주점도 세 군데에 불과했다.

지중해 와인은 유럽의 다른 지방에서 생산되는 와인과 더불어 동유럽과 발트 해의 인근 시장을 파고들었다. 베네치아와 제노바의 상인들이 장악한 이 판매 노선의 중심은 폴란드의 크라쿠프였다. 부유한 상인들의 궁정이자 고향이던 크라쿠프는 자체가 와인 시장이면서 여러 무역로가 만나는 접점이었기 때문에 동유럽과 북유럽으로 향하는 와인의 출하지로 안성맞춤이었다. 헝가리와 몰도바, 그리스와 이탈리아, 그리고 서유럽에서 생산된 와인은 크라쿠프로 모였다가 다시 꼬불꼬불 육로를 통해 이동했다. 수상 교통이 훨씬 싸게 먹히는 시대에 이것은 비경제적인 방법이었다.

1300년대 초기에는 세 개의 장거리 무역로가 더 구축되었는데, 이들은 하나같이 주요 와인 생산지를 거쳐 갔다. 지중해 와인은 대부분 지역 내에서 소화되었지만 바다 너머의 영국이나, 강 너머의 폴란드, 발트 해 연안으로 수출되기도 했다. 독일 와인은 라인 강을 타고 독일 북부, 스칸디나비아, 발트 해 연안으로 수출되었고 소량이나마 영국에도 공급되었다. 마지막으로 프랑스 서부에서 생산된 와인은 영국과 플랑드르가 주요 고객이었고 에스파냐와 동유럽이 그 다음 순위의 고객이었다.

와인은 생산된 지역 내에서도 시장을 형성했지만 대부분 와인 제조업이 성행하지 않는 지방으로의 수출되었다. 바꾸어 말하자면 하나의 와인 생산지에서 또 다른 와인 생산지로 수출되는 물량은 거의 없었다는 뜻이다. 운송료와 세금이 워낙 비쌌기 때문에 인근에서 생산되는 와인이 있음에도 불구하고 굳이 수입 와인을 찾는 사람은 최고 부유층 정도밖에 없었다. 최고급 와인의 거래도 이루어지기는 했지만 특정 지역에서 만들어진 와인을 찾는 일부 전문가로 대상이 한정되었다.

　포도밭의 소유와 재배 양상은 중세 초기에서 후기로 넘어가도 큰 변화가 없었다. 교회와 수도원 소유의 포도밭과, 일반인 소유의 포도밭이 사이좋게 공존했던 것이다. 이 가운데 소작농들이 재배를 담당한 포도밭은 유럽 전역의 와인 생산에서 중요한 역할을 담당했다. 수도원 부설의 포도밭에서는 상업용 와인을 생산하지 않았다. 예를 들어 부르고뉴의 시토 수도원은 유산과 기부를 통해 받은 포도밭이 수십 개에 달할 만큼 영향력이 어마어마했지만 남프랑스에서 시토회의 교리를 따르는 수도원들은 필요한 만큼만 와인을 만들었다. 대부분의 교회가 이처럼 상업용 와인 생산에 관심이 없었으므로, 소작농들이 재배한 포도밭이 없었더라면 와인의 생산과 무역이 중세에 그만한 규모로 발전하지는 못했을 것이다.

　후기 중세 시대에 교회 소유와 일반인 소유의 포도밭 비율이 어땠는지를 따지는 것은 무의미하다. 포도 재배가 이미 급격히 증가한 데다 수도원으로 기증되는 포도밭의 수도 많았기 때문이다. 수도원의 재산이 늘어난 것은 십자군 덕분이었다. 전투에 나서는 기사들은 죽음을 두려워한 나머지 영혼을 위한 기도를 청하며 교회에 재산을 헌납했던 것이다. 시토회의 교리를 따르던 수도원은 12세기 동안 포도밭을 하나 이상씩은 기부받았다. 어느 수도원의 기록에는 1157년에 미망인 레지나(Regina)와 여섯 명의 아들이 남편과 아버지의 영혼을 위해 기도해 달라며 3아르팡(16,523제곱미터)의 포도밭을 기부했다고 적혀 있다.

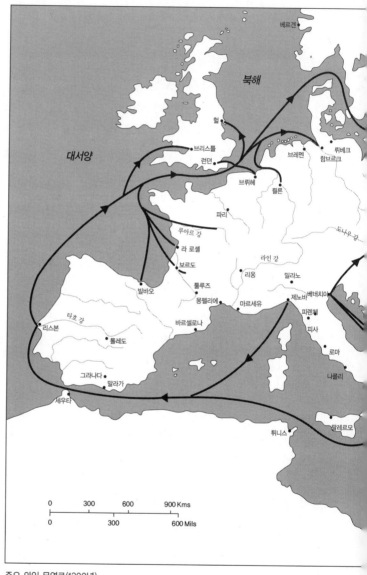

베르겐

북해

헐

브리스틀

런던

브뤼헤

쾰른

대서양

브레멘

뤼베크

함브르크

파리

도나우 강

루아르 강

라 로셸

라인 강

보르도

리옹

밀라노

빌바오

툴루즈

몽펠리에

마르세유

제노바

베네치아

타호 강

바르셀로나

피렌체

리스본

피사

톨레도

로마

그라나다

말라가

나폴리

세우타

팔레르모

튀니스

0	300	600	900 Kms

0		300	600 Mils

주요 와인 무역로(1300년)

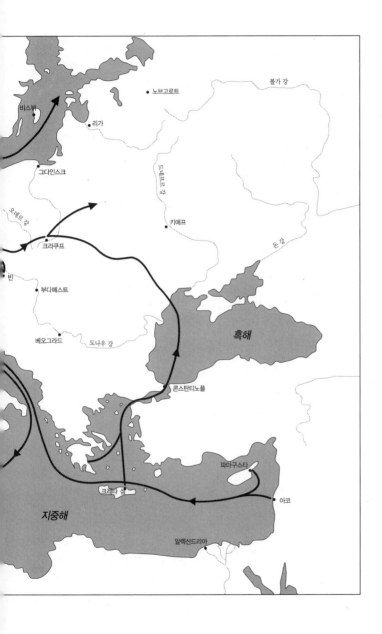

비스뷔

노브고로트

불가 강

리가

그다인스크

오데르 강

드네프르 강

키예프

돈 강

크라쿠프

빈

부다페스트

흑해

베오그라드

도나우 강

콘스탄티노플

파마구스타

크레타 섬

아코

지중해

알렉산드리아

수도원과 포도 재배는 오래 전부터 긴밀한 관계를 맺고 있었지만 그중에서도 시토회 수도사와 와인은 더욱 밀접한 사이였다. 12세기 초 베네딕투스회에서 분파한 시토회는 교리가 엄격하기로 유명했다. 그런 시토회 수도사들이 포도 재배와 와인 생산에 정성을 쏟은 것은, 성 베네딕투스가 정한 규칙만큼 와인을 마시기 위해서가 아닌 다른 이유가 있었다. 그것은 이들이 무슨 일을 하든 완벽을 기했고, 하나님이 만드신 창조물—이 경우에는 포도와 와인이었다—을 돌보는 데 마음을 다해야 한다고 생각했기 때문이다.

부르고뉴에서 포도밭 하나로 시작된 시토 수도원의 재산은, 코트도르를 따라 본, 포마르, 뉘, 코르통 등 뛰어난 품질의 와인 생산지까지 불어났다. 1100년에서 1336년 사이에 시토 수도원이 부조에서 사들이거나 선물로 받은 크고 작은 포도밭은 수십 개에 이르렀다. 그리고 1336년에 이 땅들을 하나로 연결시키자 495,876제곱미터에 달하는, 부르고뉴 지방 최대의 포도밭이 탄생했다. 이 포도밭 주변을 에워싼 돌담, 클로 드 부조는 훗날 부르고뉴의 대표적인 와인을 가리키는 이름이 되었다.

시토 수도원이 처음부터 좋은 포도밭만 가지고 있었던 것은 아니다. 여기에서 고급 와인이 탄생할 수 있었던 것은 수도사들이 기울인 노력 덕분이었다. 이들은 토양과 기후, 포도 재배와 와인과의 관계를 체계적으로 연구했다. 즉 와인 생산 과정뿐 아니라 땅 다지기, 가지 고르기, 가지치기, 접붙이기에 대한 여러 가지 실험을 했다. 이들은 '크뤼〔産〕'라는 개념을 만들어 냈고, 특정 포도밭의 포도로 빚은 와인은 나름대로의 특징이 있는데,

이와 같은 특징은 해가 바뀌어도 이어진다는 사실을 밝혀 냈다. 시토회에서 만든 와인이 어찌나 유명했던지 사람들은 포도밭을 헌납했고, 나라는 이 와인에 특혜를 내렸다. 1171년 교황 알렉산데르 3세(Alexander III)는 포도에 대해서는 십일조를 면해주었고 9년 후에는 면제에 이의를 제기하는 사람은 파문을 각오하라고 으름장을 놓았다. 마찬가지로 프랑스의 루이 7세는 와인의 수송과 판매에 따르는 세금을 면제해 주기도 했다.

이와 같은 진흥책으로 시토 수도회의 세력은 급속히 확장되었고—설립된 지 50년 만에 수도원이 400개에 달했다—수도원이 있는 곳에서는 늘 포도를 재배했다. 이 중에서도 가장 유명한 곳은 라인 교구의 에베르바흐 수도원이었다. 이곳의 포도나무는 부르고뉴 출신의 수도사들이 직접 이곳까지 가지고 온 것이기 때문에 부르고뉴 혹은 와인 제국주의의 상징이라고 할 수도 있었다. 하지만 이들은, 옮겨 심은 포도나무로 빚은 레드 와인이 부르고뉴만큼 맛이 없다는 사실을 곧 깨달았고 부르고뉴 포도나무를 화이트 와인용 포도나무로 바꾸어 심었다. 중세가 끝날 무렵 이 수도원의 포도밭은 슈타인베르크까지 합해 유럽 최대 규모인 2,809,917제곱미터에 달했다. 당연한 노릇이겠지만 에베르바흐 수도원은 상업용 와인 생산의 중심지가 되었다. 당시 이 수도원은 라인 강을 넘어 쾰른 지방을 오가는 선박까지 거느리고 있었다.

시토 수도회의 업적이 더욱 눈부시게 느껴지는 것은, 중세의 포도 재배법이나 와인 생산법에 이렇다 할 발전이 없었는데도 훌륭한 포도를 재배해 냈기 때문이다. 이 당시의 와인 생산법은 기타 식품 가공법과 다를 바가 없었다. 이때의 포도 재배 방법을 묘사한 그림을 보더라도 격자시렁이나 막대나 나무를 동원하는 것은 예전과 똑같았다. 이 시기에도 포도 재배와 와인 생산은 여전히 오랜 경험만을 바탕으로 하는 노동집약적 산업이었다.

　체계적인 포도 재배의 필요성이 대두되는 가운데 11세기 취리히 서남쪽의 무리 수도원은 포도 재배용 지침서를 만들었다. 이들은 이 지침서에서 포도나무 뿌리 근처의 흙을 잘게 부수어 빗물이 깊숙이 스며들도록 하고, 거름을 뿌리고, 가지치기를 하고, 다시 한 번 흙을 잘게 부수고, 포도송이가 햇볕을 잘 받을 수 있도록 잎을 잘라 주는 등의 기본적인 작업을 자세하게 설명했다. 수확한 포도는 먼저 발로 으깬 뒤 압착했는데, 아마 고급 화이트 와인용 포도가 먼저 이 과정을 거쳤을 것이다. 압착기 중에서도 나사식 압착기는 수확한 포도가 많을수록 그 몸집이 커졌다. 소작농이나 소규모 지주는 영주나 부유한 이웃의 압착기를 빌려 쓰고, 사용료는 와인으로 대신 지불했다. 이렇게 해서 만들어진 포도즙은 나무통으로 옮겨져서 발효되었다. 통을 만드는 재료는 보통 참나무였고, 통의 크기는 지역에 따라 달랐다.

　중세의 와인 생산량은 전반적으로 증가했지만 정치적인 불안과 전쟁 때문에 성장 곡선이 순탄하게 이어지지는 않았다. 그리고 흑사병이 극성을 부린 1348년과 1400년 사이 유럽의 인구가 3분의 2로 줄어든 것도 와인 생산에 영향을 미쳤다. 2-3세기에 걸쳐 몸집을 불린 대도시의 인구가 불과 몇 년 만에 수직 추락하고, 농촌 사람들은 대다수가 도망을 치고 남아 있던 사람들은 대부분 목숨을 잃었으니 이것은 당연한 노릇이었다. 결국 유럽의 와인 시장은 삽시간에 위축되었고, 노동집약적인 포도 재배 산업은 인력 부족 현상을 겪었다.

생산이 변동을 겪는 동안에도 와인 소비층과 무역량은 상승곡선을 그렸고 주요 와인 생산지에서는 자신의 입지를 지키기 위해 더욱 많은 노력을 기울였다. 부르고뉴의 경우 14세기 말부터 피노 누아르 와인으로 명성을 쌓았지만 이곳의 포도 재배 역시 다른 지방과 마찬가지로 전염병과 전쟁의 타격을 심하게 받았다. 포도밭에는 잡초가 무성했고, 토양은 그대로 쓸려가는가 하면, 포도를 재배하고 와인을 만들 일손은 부족했다.

부르고뉴의 일부 와인 생산업자들이, 이 지역에서 1360년대부터 재배되기 시작한 가메의 소작지를 늘리기로 결정한 이유도 이런 맥락에서였다. 오늘날 보졸레를 만들 때 사용되는 품종인 가메는, 피노 누아르에 비해 질은 떨어졌지만 몇 가지 장점이 있었다. 이 품종은 예민하기로 악명이 높은 피노 누아르에 비해 재배하기 쉬웠고, 숙성 속도가 빨라서 서리나 기타 자연재해의 영향권에 놓이는 기간이 짧았으며, 수확량도 더 많았다. 실제로 14세기에는 가메의 수확량이 피노 누아르의 2-4배에 달했다.

그런데 이들의 결정은 피노 누아르를 고집하던 경쟁업자들과 부르고뉴 공작이었던 필리프(Philippe) 공의 반발을 낳았다. 그는 심지어 1395년 7월, 가메는 법률과 풍습에 위배되는 "아주 나쁜 품종"이라는 공포까지 내렸다. 부르고뉴의 와인 무역이 흑사병의 여파로 휘청거렸다면 가메로 만든 와인은, 그 맛이 씁쓸하다고 주장하는 필리프 공 때문에 쇠퇴의 길로 접어들었다. 그의 주장에 따르면 상인들이 단맛을 내려고 가메에 뜨거운 물을 섞었더니 이 와인이 "끔찍한" 맛으로 변했다는 것이다. 그는 가메 품종을 한 달 안으로—즉 포도 알이 익기 전에—모두 베어 내고 다음 사순절까지는 뿌리까지 뽑으라는 명령을 내렸다. 이처럼 엄격한 조치를 내린 이유가 무엇이고, 업자들이 그 조치에 얼마나 잘 따랐는지는 알 수 없지만 덕분에 피노 누아르는 부르고뉴를 상징하는 레드 와인으로 남을 수 있었다. 그렇다고 가메 품종이 완전히 사라진 것은 아니었다. 가메는 보졸레용 품종으로 남았을 뿐 아니라, 피노 누와르와 섞여서 파스투그랭 와인이만 들어지기도 하였다.

와인은 중세 내내 포도가 자라는 곳이라면 어디에서든 생산되었지만, 유명한 와인 명산지들은 중세 후기에 들어서야 자리를 잡기 시작했다. 로르 강과 라인 강 유역 그리고 보르도, 부르고뉴, 토스카나, 알자스는 와인 생산이 급격한 성장세를 보인 곳이다. 기후 조건이 불리하거나 시장에 접근하기 어려운 지방에서는, 와인 생산이 제자리걸음을 하거나 하향 곡선을 그렸다.

시장의 확대는 와인의 생산을 늘리는 데 필수 요소였으며, 따라서 수요를 충족시킬 수 있는 지역을 결정하는 요소는 환경과 시장 접근성이었다. 기후와 토양의 성격상 꾸준히 많은 와인을 생산할 수 있는 지방은, 생산량이 불규칙해서 가격이 폭등할 수밖에 없는 지방에 비해 유리했다. 이와 마찬가지로 수로를 통해 대규모 시장으로 와인을 수송할 수 있는 지방은, 소규모 시장을 상대하거나 수로에서 멀리 떨어진 지방에 비해 경쟁력이 있었다. 환경과 시장 접근성이 모두 갖추어진 지역은, 품질과 가격

면에서 만족스러운 와인을 생산할 수 있었다.

이 시기에 번영을 누렸던 프랑스 와인 생산지로는 영국과의 거래에서 이윤을 남겼던 보르도 일대와, 파리를 주요 타깃으로 삼고 당시 부르고뉴 와인이라고 하면 이곳 제품을 떠올리게 만든, 부르고뉴 남쪽의 오세르(오늘날의 샤블리에 해당됨), 그리고 남부의 본 등이 있었다. 반면에 론 강 유역과 랑그 도크 남쪽의 포도밭은, 기후 조건은 좋았지만 주요 시장과 너무 멀리 떨어져 있었고, 동부로 수출을 하려고 해도 부르고뉴의 경쟁자들에게 막혀 활로를 찾을 수 없었기 때문에 급증한 와인 수요의 혜택을 누리지 못했다.

본의 와인이 무명기를 떨치고 프랑스 최고의 와인으로 꼽히기 시작한 것도 이 무렵 즉 13-15세기였다. 본 일대는 포도 재배에 이상적인 조건을 갖추었지만 주변에 수로가 없다는 점에서 지리적인 한계를 가지고 있었다. 하지만 본 와인은 품질로 이 약점을 극복해 낸 이례적인 경우였다. 본 와인이 파리에 도착하려면 우선 욘 강까지 육로로 이동을 한 뒤 배로 옮겨 실은 후 다시 이동해야 했기 때문에 값이 천정부지로 치솟았다. 하지만 본 와인의 가치를 인정한 파리 사람들은, 운송 비용뿐 아니라 다른 프랑스 와인보다 높게 책정된 세금까지 기꺼이 부담했다. 파리 당국이 본 와인에 부과한 세금은 오세르 와인의 2배, 파리 인근에서 생산되는 와인의 4배였다.

15세기까지는 부르고뉴 와인으로 불리지도 않았던 본 와인이지만 이 제품이 최고라는 데 이의를 제기하는 와인 전문가는 없었다. 본 와인은 부유한 권력층 사이에서 인기를 얻으면서 더욱 명성이 높아졌고 1300년대부터는 프랑스 왕의 식탁에도 올랐다. 1564년 디종 시장은 샤를 9세(Charles IX)의 영접을 앞두고 그 지역에서 생산되는 와인을 준비하는 대신, 본으로 특사를 보내 와인을 사 오게 했다. "폐하에게 이 세상에서 가장 완벽한 와인을 선물해야 한다."는 일념에서였다. 본 와인은, 아비뇽에 거처를 마련한 교황청에서도 인기였다.

본과 마찬가지로 토스카나 와인도 12-14세기에 급격히 성장한 와인이었다. 이 와인의 1차 시장은 제노바, 나폴리, 밀라노, 베네치아, 피렌체와 같은 이탈리아의 신흥 도시였다. 하지만 1000년대만 하더라도 6,000명에 불과하던 피렌체의 인구가 1300년대 초반 들어 90,000명에 육박했고, 1인당 와인 소비량은 1주일 평균 1갤런에 달했다. 피렌체에서는 14세기 초반, 매해 7,900,000갤런씩 수입한 와인의 3분의 1 이상을 자체적으로 소비했고 나머지 와인은 각지의 시장으로 뿔뿔이 흩어졌다. 피렌체에서 수입한 것이 모두 토스카나에서 생산된 와인은 아니었지만 피렌체의 소비량만 보더라도 중세 후기에 이탈리아의 와인산업이 어느 정도 수준이었는지를 짐작할 수 있다. 이 밖에도 와인 산업에 참여한 토스카나의 소규모 지방으로 키안티가 있는데 이 지방의 이름을 딴 화이트 와인이 문헌에 처음으로 등장한 때는 1398년이었다.

유럽의 기타 여러 지역들도 지리적인 장점 때문에 와인의 번영기를 구가했다. 14세기 초반 로마 교회는 '대분열'을 겪으면서 두 명의 교황을 탄생시켰다. 이 중 한 명은 로마에 남고 다른 한 명은 프랑스 론 지역 남부의 아비뇽에 거처를 마련했다. 이로 인해 론 강 일대가 새로운 와인 소비지로 각광을 받기 시작했는데 영성체 때문이라기보다는 교황과 함께 온 대규모 사제단이 모두들 와인을 즐겼기 때문이다. 이들의 와인에 대한 집착이 어느 정도였는가 하면, 사제단이 본 와인을 마시지 못할까 걱정한 나머지 로마로 돌아가자고 주장했을 정도라고 한다.

교황청이 좀더 값싼 와인도 필요로 했기 때문에 론 강 일대의 포도밭은 급속도로 증가했고 이 지역은 훗날 샤토 뇌프 뒤 파프(Château neuf du Pape, '교황의 새로운 성')로 유명해졌다. 도시 북쪽의 하절기용 교황청 옆에 포도를 심도록 명령을 내린 사람이, 아비뇽의 1대 교황이었는지 2대 교황이었는지는 불분명하지만 당시에 와인과 교황 간의 관계에 의문을 던지는 사람은 없었고, 그저 여기서 생산된 와인을 아비뇽의 와인이라는 이름으로 부를 따름이었다.

아비뇽은, 시장이 특정 지역의 생산을 자극한 대표적인 경우인데 1000년에서 1500년 사이 급속도로 성장한 유럽의 와인 생산량을 보면 전반적으로 와인 소비가 증가했음을 짐작할 수 있다. 그렇다고 해서 모두들 와인을 추구하며 빠져들었던 것은 아니다. 중세 유럽에서 가장 일반적인 술은 여전히 맥주였다. 그리고 와인을 마시는 사람들도 지역, 계층, 성별에 따라 엄청난 차이를 보였다. 와인은 아무래도 생산지에서 소비되는 양이 가장 많았는데, 이는 운송에 따르는 비용이 없어서 값이 비교적 저렴했기 때문이다. 어떤 계층에서는 매일, 어쩌면 그보다 더 자주 와인을 마셨지만, 어떤 계층에서는 축제와 같은 특별한 경우에나 마실 수 있는 정도였다. 여기서 또 하나 참작해야 할 부분이 와인의 등급이다. 소규모 생산업자들은 와인을 한 방울이라도 더 판매하기 위해, 압착하고 남은 포도 찌꺼기에 물을 섞은 피케트를 마셨고, 이들이 만든 와인은 대부분 값이 저렴하고 질 또한 평범했다. 하지만 급속도로 증가한 도시의 중산층이 원한 것은 고급 와인이었다.

피레네 산맥 기슭의 작은 마을, 몽테유의 예를 보면 포도밭이 없는 지역의 음주 문화가 어떠했는지 알 수 있다. 14세기, 몽테유의 인구는 200명에서 250명 정도였는데, 이는 와인 상인이 타라스콩과 파미에르의 와인을 노새로 싣고 와서 집집마다 돌아다니며 판매하기에 알맞은 수였다. 하지만 와인은 이들이 늘 마시는 음료가 아니었다. 양치기들은 우유와 시큼한 와인을 주식으로 삼았을지 모르지만, 마을 주민들은 결혼식과 같은 특별한 경우에만 밤새 모닥불을 피워 놓고 와인을 마셨다. 이 마을 사람들은 망자들이 밤마다 와인을 한 잔씩 마신다고 믿었다. 즉 망자들이 밤이면 이 집에서 저 집으로 돌아다니면서 벽난로에 불을 지피고, 최고급 와인을 즐기며, 가끔은 부잣집 와인을 슬쩍하기도 한다는 것이었다. 그리고 망자들이 와인을 슬쩍하더라도 남아 있는 양에는 변화가 없다고 생각했다.

와인이 생산되는 지역인 프랑스 동부 로렌에 남은 문헌을 보면 14-15세기 이들의 와인 소비 양상을 알 수 있다. 현재 로렌은 알자스에 밀려 와인을 만들지 않지만 중세만 하더라도 상당량의 와인을 생산했고, 이곳 주민들은 각지에서 수입된 와인까지 섭렵하는 애주가였다. 위로는 로렌 공부터 아래로는 가난한 소작농에 이르기까지 너나할 것 없이 와인을 즐겼다. 로렌 공과 소작농 사이에 있는 귀족, 교회 관계자, 중산층, 장인들도 모두 마찬가지였다.

로렌 공은 한 달에 약 7,000리터(하루에 234리터)의 와인을 사들인 것으로 기록되어 있다. 몇 명이 나누어 마셨는지는 알 수 없지만 로렌 공과 그의 부인만 마시지는 않았을 것이다. 그리고 한 달 평균 7,000리터라는 수치는 축일과 연회 때를 제외한 양이었다. 로렌 공은 여행을 할 때마다 일행 한 사람당 1~3리터씩 와인을 준비해서 떠났다. 로렌 공의 주방에는 상당한 양의 와인이 생선과 고기용 소스로 준비되어 있었다. 기록에 따르면 1481년에는 한 해 동안 "영주의 생선 요리를 준비하느라" 468리터의 와인을 썼다고 한다.

잉글랜드의 통치자들도 와인을 소비하는 데에 한몫 거들었다. 1243년에 헨리 3세는 350,000갤런에 해당되는 1,445통의 와인을 사느라 2,300파운드를 썼다. 이 중에 질이 떨어지는 와인도 있었지만 3분의 2 이상은 1배럴에 2파운드 가까이 하는 최고급이었다. 헨리의 딸 마거릿(Margaret)이 1251년에 스코틀랜드의 알렉산더 3세와 결혼식을 올렸을 때 하객들이 마신 와인은 25,500갤런에 달했다. 사슴 1,300마리, 암탉 7,000마리, 돼지 170마리, 청어 60,000마리, 빵 68,500덩어리와 함께 와인을 마셨으니 그 정도는 필요했을 것이다. 1307년 에드워드 2세의 대관식 때 동원된 와인은 1,000배럴 즉 250,000갤런이었다.

계층이 낮아질수록 와인 소비량은 낮았다. 자료에 따르면 서퍼크 액턴 홀의 알리스 드 브리엔(Alice de Bryene) 준(準)남작

부인의 집에서 1419년 한 해 동안 마신 와인의 양은, 레드 와인 262갤런, 화이트 와인 105갤런이었다. 이로부터 100년 뒤, 노섬벌랜드 백작의 식솔들이 마신 와인은, 한 해 1,600갤런이었다. 많기는 하지만 백작의 가족과 참모진들이 마신 27,500갤런에 비하면 아무것도 아니었다. 이 당시에도 특별한 일이 있으면, 마시는 와인의 양도 늘어났다. 1464년 요크의 대주교 취임식 때 동원된 와인은 100통 즉 25,000갤런이었다.

남녀를 막론하고 사람들은 간혹 임금의 일부를 와인으로 대신 받기도 했다. 기록에 따르면 1499년 낭시의 간호 수녀들은 와인 1,874리터를 받았고, 1502년 프란체스코 수사들은 "생활에 도움이 될 수 있도록" 레드 와인 2,342리터를 선물받았다. 영국의 수도원에서 고위 성직자들은 일상적으로 와인을 마셨을지 모르지만 일반 수도사들은 에일로 대리만족하는 경우가 많았다. 하지만 이들도 특별한 경우에는 와인을 마실 수 있었다. 1284년 램지 수도원의 수도사들은 축일 때마다 와인을 0.5갤런씩 받았다.

로렌 공은 하인, 나팔수, 매 조련사, 산파로 일한 남녀 하인들에게 임금을 줄 때 와인도 함께 선물했다. 1406년 샤토 드 퀴스탱의 파수꾼 여섯 명은 하루에 2리터씩 와인을 받았다. 성을 감시하는 역할을 한 것을 치고는 많이 받은 셈이었다. 영국 병사들의 배급량은 이들의 절반 정도였다. 영주의 성에서 일을 하는 석수와 목수들은, 임금의 일부로 와인과 식량을 받았다. 봉류 앙포레의 교회 종탑을 세울 때 동원된 일꾼들은 계란, 고기, 호밀빵, 수프용 콩, 그리고 "충분한 양의 와인"을 받았다.

중세 로렌에서는 다양한 계층의 사람들이 와인을 즐겼지만 맥주의 아성을 무너뜨릴 정도는 아니었다. 로렌과 같은 와인 생산지에서마저 맥주가 대중적인 술이었다면 수입에만 의존해야 하는 지역에서는 더욱 그러했을 것이다. 14세기 영국 에일의 가격은 도시에서는 2갤런당 1페니, 농촌에서는 그 값의 절반 정도였던 반면에 가스코뉴나 에스파냐 와인의 가격은 1갤런당 6펜스로 에일의 12배에서 24배에 달했다.

그럼에도 불구하고 군수품에 속에는 항상 와인이 들어갔고 군은 전시에 와인이 떨어지지 않도록 세심한 주의를 기울였다. 1066년 노르만족의 잉글랜드 정복을 묘사한 "바이외 태피스트"리에는 와인과 무기를 가득 싣고 영국 해협을 건너는 수레가 등장한다. 1470년 로렌 공이 샤텔 쉬르 모젤을 포위 공격했을 당시에는 와인 91배럴(약 43,000리터)이 이곳으로 운송되어 왔다.

이때 지급된 와인은 병사들의 사기를 진작시키고 위험을 잊게 만드는 것이 아니었을까 싶기도 하지만 당시 군대에서 와인은 빵처럼 주식이었고 병사들의 건강을 지키는 약이기도 했다. 전장의 식수는 오염되기 십상이었고 포위 공격이 벌어지는 곳일수록 더 심각했다. 이럴 때 와인은 유해 박테리아를 죽이고, 병사들 사이에 퍼진 병균을 없애는 수단이었다. 알려진 바와 같이 장티푸스균은 와인에 약하다. 일상적으로 와인을 마셨던 프랑스의 군대에만 와인이 지급되었던 것은 아니다. 보통 맥주를 마시는 잉글랜드 병사들도 전쟁 시에는 와인을 배급받았다. 예를 들어 1316년에 잉글랜드의 에드워드 2세는 스코틀랜드에서 전투중인 병사들을 위해 4,000배럴의 와인을 주문했다. 잉글랜드 병사들이 이때 이 와인을 마시고 힘을 냈다면, 스코틀랜드는 200년 뒤에 그에 대해 복수했다. 즉 1543년에 스코틀랜드 군이, 헨리 8세의 1년 치 와인을 싣고 가던 선박 16척을 나포했다.

후기 중세 시대로 접어들자 와인 애호가들은 입맛이 점점 까다로워졌고, 생산지에 따라 와인을 골라 마셨다. 영국의 소비자들은 대량 수입되는 가스코뉴 와인의 혀끝에서 느껴지는 감촉과 밝은 빛깔에 높은 점수를 주었고 같은 가스코뉴 와인이라 하더라도 지명도에 따라서 가격을 달리했다. 지중해에서 생산되는 좀 더 달콤한 맛의 와인도 인기가 있었지만 가격이 훨씬 비쌌다. 12-13세기 동안 이탈리아에서도 이와 비슷하게 와인을 감정하는 분위기가 조성되었고, 새로운 품종의 포도가 대거 등장한 것도 이 시기였다. 피렌체에서는 외곽으로 멀리 떨어진 곳은 물론 성벽 안쪽에까지 포도를 심었는데, '산토 자코포 트라 레 비녜(포도 나무 사이의 성 요한)'라는 교회가 등장할 정도였다. 재래 품종으로 빚은 와인(라틴 와인)은 대중들이 즐기기에 적당했지만 세련된 입맛을 자랑하는 사람들은 그리스와 크레타 섬 등지에서 수입되는 신품종을 찾았다. 13세기 말에 활약했던 시인 체코 안졸리에리(Cecco Angiolieri)는 자신의 와인에 대한 기호를 이렇게 표현했다.

나는 그리스와 베르나치아 와인이 좋아.
라틴 와인은 잔소리나 퍼붓는
우리 마누라만큼이나 고약하거든.

중세 와인과 종교, 권력, 부의 관계는 13세기와 14세기에 가상의 '와인 전쟁' ―중세판 세계 와인 대회라 할 수 있다―을 소재로 한 두 시에도 잘 드러나 있다. 이 시에서 프랑스의 필리프 2세는 영국 사제를 와인 감별사로 임명한다. 이는 단순히 와인의 맛을 가리는 자리가 아니었다. 사제가 제복을 차려입고 자격 미달인 와인을 '파문하는' 자리였다.

　이 시를 보면 13세기 초반에 높은 평가를 받은 와인이 무엇이었는지 알 수 있다. 두 편 가운데 먼저 발표된 시에 등장하는 와인은, 대부분 프랑스, 그중에서도 북부 지방의 와인이었다. 이름이 거론된 70가지 와인 중에서 보르도산은 2개, 앙주 · 푸아투산은 6개, 부르고뉴산은 2개, 랑그 도크산은 4개였다. 프랑스 외의 지방에서 생산된 것으로는 알자스산, 모젤산, 키프로스산, 에스파냐산이 있었다. 그런데 희한하게도 이 시에 등장한 와인은 대부분 화이트 와인이었다.

　이 중에서 최고로 꼽힌 키프로스 와인은 이에 걸맞는 찬사를 받았다.

　폐하는 훌륭한 평가를 받은 와인들마다
　작위를 내리셨고
　밤하늘의 별처럼 빛나는 키프로스 와인을
　교황이라 칭하셨네.

　2위로 뽑힌 와인은 추기경이라 불렸고 그 아래로는 세속적인 지위가 내려졌다. 왕이 셋, 백작도 셋이었다. 70가지 중에서 20

가지가 이런 식의 작위를 받았지만 8가지 와인(모두 프랑스 북부산)은 파문을 당했다. 이 시가 예견한 일인지는 모르겠지만 프랑스 북부 지방의 포도밭은 점점 경쟁력을 잃더니—특히 19세기가 심했다—결국 사장되고 말았다.

와인 생산 방식이 중시되고 소비가 확산되면서 와인에 따르는 규제도 많아졌다. 규제 중에는 생산량을 조절하기 위한 것도 있었고 도매상이나 소매상이 불순물을 섞지 못하도록 막기 위한 것도 있었다. 길드는 와인 무역에 제재를 가했다. 이들 모두 진정한 와인 산업의 등장을 알리는 신호탄이었다.

프랑스를 비롯한 유럽 대륙에서 농업은 마을 공동의 관리를 받았고 포도밭도 예외는 아니었다. 프랑스 부르고뉴 지역의 디종만 하더라도 포도밭 관리는 시의회와 대표적인 포도 재배업자들의 몫이었다. 이들은 가지치기를 시작해도 되는 시기, 포도 덩굴을 묶는 시기, 추수를 시작해도 좋은 시기를 정했다. 뿐만 아니라 짐승과 병충해의 피해가 없도록 마을 사람들을 동원하여 기도를 드렸다. 전쟁 중에 수확기를 맞으면 포도밭과 일꾼을 보호하기 위해 민병대를 조직했다.

와인 매매업자들이 조직한 길드, 빈트너스 컴퍼니가 런던에서 막강한 세력으로 등장한 것도 이 무렵이었다. 이들은 1437년까지 왕실의 정식 허가를 받지 못했지만 13세기 초반부터 이미 런던의 도매상과 소매상을 효율적으로 관리하고 있었다. 시의회 의원의 3분의 1 이상이 와인 매매업자였고, 1215년 대헌장이 개정될 당시 런던을 대표한 시장도 와인 매매업자였기 때문에 이들의 영향력은 상당한 수준이었다.

영국의 와인 가격은 공급량에 따라 매해 왕실에서 정했다. 와인 매매업자들은 가격 결정을 하는 데서는 조언자에 불과했지만 다른 부분에서는 더 직접적인 힘을 발휘했다. 런던에 도착한 수입 와인은 운송 전문가가 입회한 가운데 템스 강의 지정된 장소에서만 하역이 가능했다. 이 와인을 지정된 창고로 옮기는 것은 운송 전문가와 조수 12명의 몫이었고, 각 통에 담긴 와인의 양이 정확하게 측정되기 전에는 출하되지 않았다. 술집 주인이나 상인들은 와인을 선주에게 직접 구입할 수 있었지만 소매는 길드의 독점이었다.

만성 적자에 시달리던 유럽의 왕실은 늘어 가는 와인 무역을 통해 국고를 채웠고 영국 역시 와인에 세금을 부과한 여러 나라 가운데 한 곳이었다. 일찍이 1000년에는 색슨족 출신이었던 에설레드 2세(Ethelred II)가 "와인을 가지고 오는 루앙 시민"에게 통행세를 부과했는데 와인 무역이 급속도로 확장된 200년 뒤에는 좀더 정확한 과세 기준이 만들어졌다. 영국 무역선의 경우 싣고 온 와인이 21통 이상이면 2통을, 21통 이하면 1통을, '왕실 주류 관리관'을 통해 왕에게 바쳐야 했다. 1340년대에는 매년 수입세를 바치는 선박이 1,000여 척에 달했고, 이에 따른 왕실의 수입은 와인 200통(180,000리터) 이상이었다.

외국 선박에는 1302년부터 한 통당 2실링씩 통관세가 부과되었다. 처음에는 통관세와 수입세가 비슷한 수준이었지만 와인의 가격이 급등하면서 통관세는 점점 미미한 수준이 되었다. 오랜 항의 끝에 영국 선주들은 16세기 말부터 와인 대신 화폐로 세금을 낼 수 있게 되었다. 가끔 왕실에 극심한 재정난이 찾아오면 모든 선박에 '통 세(稅)'라는 것이 부과되는데, 이는 의회에서 와인 한 통당 얼마씩의 세금을 걷어서 왕실에 전달하는 것이었다.

와인의 수입과 판매에 세금을 매기는 것은 영국뿐만 아니라 유럽 전역에서 취한 방법이었다. 프랑스의 경우에는 주 경계선을 넘으면 세금을 부과했고, 크고 작은 자치단체들도 시장으로 반입되는 와인에 마찬가지의 조치를 취했다. 파리의 경우에는 성문을 넘나드는 와인에서 세금을 공제했고, 당시 신성로마 제국에 속해 있던 도피네의 경우 일상품 전체의 무역에서 나오는 세금보다 와인 하나로 거두어들이는 세금이 더 많을 정도였다. 폴란드에서는 크라쿠프 정부가, 상인들의 와인 거래에서 세금을 거두어들였다. 비잔틴 제국의 술집 주인들은 '카펠리아티콘'을 내야 했다. 과세의 주체는 황제였지만 가끔은 술집 주변의 땅을 소유한 영주에게 과세권이 위임되기도 했다. 반대로 면세 혜택이 주어질 때도 있었다. 1408년 아토스 산에는 20여개의 수도원이 있었는데 수도사들이 서로 불협화음을 빚지 않는 한 카펠리아티콘을 내지 않아도 되었다. 플랑드르의 브뤼헤는 대부분 프랑스에서 수입되는 와인에서 거두어들인 세금으로 의회를 꾸려나갔다. 1335년에는 전체 세입의 65퍼센트를 차지했던 와인 수입세가 1420년대에는 45퍼센트로 떨어졌지만 35,000명의 와인 애호가들이 브뤼헤의 시 정부를 먹여 살린 것은 분명하다.

유럽의 왕실들이 와인에 세금을 부과한 것은 오로지 재정 충당의 목적에서였지만 길드 차원에서 생산과 운송에 제재를 가한 것은 와인의 품질 관리를 위해서였다. 그리고 여기에 판매 관리책이 적극적으로 가세한 것은 소비자의 건강과 권익을 위해서였다. 영국 당국은 기타 식료품과 마찬가지로 와인의 신선도 유지에 비상한 관심을 기울였다. 와인의 품질이 종류별로 다르기는 하지만 성질 자체가 불안정하고 나무통에 저장되기 때문에 1년만 지나도 변질되는 경우가 많았다. 이럴 때 비양심적인 상인들은 상한 와인을 멀쩡한 와인과 섞어서 파는 경우가 종종 있었다. 초서(Chaucer)는 1300년대 말에 집필한 『캔터베리 이야기(*The Canterbury Tales*)』에서 면죄부 판매인의 입을 빌려 다음과 같이 경고했다.

> 화이트이건 레드이건 와인은 깨끗해야 하오.
> 피시 가와 치프사이드에서 판매되는
> 에스파냐 와인은 더더욱 그렇고.
> 이 에스파냐 와인은 이상하게도(자발적이라고 해야 할지)
> 인근 지역 와인과 섞이곤 한다오.

영국에서는 이와 같은 관행을 막기 위해 여러 가지 수단이 동원되었다. 술집 주인들은 레드 와인과 화이트 와인 가운데 하나만 골라서 판매할 수 있었고, 1353년부터는 이 목록에 스위트 와인이 추가되었다. 그리고 손님들이 통에서 와인을 따르는 모습을 직접 확인할 수 있도록 저장실의 문을 항상 활짝 열어 놓아야 했다. 하지만 누구든지 마음만 먹으면 교묘하게 피할 수 있는 규정들이라 일부 주점에서는 저장실 문 앞에 커튼을 달아 놓기도 했다. 와인에 불순물을 섞었다가 적발된 펜로즈(Penrose)라는 술집 주인은 자신이 만든 술의 일부는 마시고 나머지는 폐기처분하며 5년 동안 영업을 금지 당하는 벌을 받았다. 1456년 롬바르디아의 스위트 와인에 불순물이 섞인 채 발견되자 런던 시장은 와인 150배럴 모두를 버리라는 명령을 내렸다. 그러자 "도시를 따라 빗물처럼 와인이 흘러내렸는데 냄새가 아주 고약했다."고 한다. 상한 와인에 송진, 밀랍, 월계수 가루 등을 섞는 상인들도 있었다. 자주색 염색약으로 쓰이는 해바라기를 넣기도 했다는 기록이 있는 것을 보면 이 당시 와인 소비자들은 빛깔로 품질을 짐작했던 모양이다. 즉 붉은색이 짙을수록 고급 와인으로 간주했던 것이다.

하지만 상인들이 여러 가지 방법으로 상한 와인의 질감과 빛깔을 어느 정도 감출 수 있었을지는 몰라도 냄새까지 어떻게 하지는 못했다. 1419년 런던에서는 에스파냐나 프랑스 와인에 첨가물을 넣어 롬니를 '위조' 하지 말라는 법규가 만들어졌다. 롬니는 디저트 와인인 맘지와 비슷하지만 급이 한 단계 낮은 그리스 와인이었다. 법규가 만들어지자마자 해럴드(Harold)라는 통제조업자가 "오래돼서 식초로 변하기 직전인 에스파냐 와인"에 수지와 월계수 가루를 넣은 죄로 붙잡혔다.

중세의 와인 저장 방식으로는 변질을 항상 걱정할 수밖에 없었다. 그런데 상한 와인이라고 해서 모두 폐기 처분되었던 것은 아니다. 일부는 빈민들에게 전해졌고—그들이 이 선물에 어떤 반응을 보였는지는 알 수 없다—영국에서는 왕이 마시다 남은 와인을 할인 판매하는 경우도 있었다. 왕실의 저장실에 있었던 와인이라고 하면 맛이 고약하더라도 남다른 면이 있다고 생각했던 모양이다. 절약 정신이 투철한 노섬벌랜드 백작은 '상한' 와인을 죄다 식초로 만들었고, 다른 귀족들은 이것을 마실 만한 와인으로 바꿀 방법을 찾았다.

『파리의 가정주부(Le Ménagier de Paris)』에는 상한 와인을 원상태로 되돌리는 방법이 실려 있다. 14세기에 베리 공을 보좌하던 기사의 작품으로 보이는 『파리의 가정주부』는, 공작의 어린 아내를 위해 쓴 책으로, 남편 시중 드는 방법, 하인 다루는 방법, 애완견 길들이는 방법, 매의 이를 잡는 방법, 음식과 술을 준비하는 방법 등 다양하고도 실용적인 생활의 지혜를 가르쳐 주는 지침서였다. 이 책에 따르면 집사를 통해 매주 와인의 상태를 점검하고, 이상한 조짐이 보이면 즉각적인 조치를 취하는 것이 아내의 의무였다. 이 중에서 겨울에만 쓸 수 있는 방법으로는 와인을 정원으로 내 놓아 서리를 맞히는 것이 있었다. 그리고 검은 포도 한 광주리를 와인에 쏟아 붓는 방법도 있었다. 냄새가 수상하다 싶으면 오랫동안 쌓아 놓은 장작과, 카더몬 가루를 통 안에 넣었다. 끈적끈적하게 변한 와인은 삶은 후, 튀긴 계란 흰자와 껍질을 넣은 자루에 넣고 매달아 두거나, 새 항아리를 불에 달구어 잘게 깨뜨려 섞음으로써 문제점을 해결했다. 붉게 변한 화이트 와인은 감탕나무 잎으로, 씁쓸한 맛은 삶은 옥수수로 보완했는데, 이 방법으로 해결이 안 되면 와인에 센 강의 물로 잘 씻은 모래를 한 바구니 넣었다.

이 중에서 계란 흰자와 같은 경우는 와인을 정화하는 작용을 했을지도 모른다. 하지만 나머지 방법들은 과연 효과가 있었을지 의심스럽다. 이 지침서에서 말한 대로 계란, 옥수수, 나뭇잎,

여러 가지 허브, 항아리 조각을 총동원하더라도 와인의 상태는 그대로였을 것이다. 그러나 서리를 맞히면 와인이 꽁꽁 얼어서 고약한 맛이 조금은 덜 느껴졌을지도 모르겠다.

와인의 변질 문제는 17세기에 등장한 와인 병 덕분에 많이 사라졌지만 병의 사용이 일반화된 것은 1900년대부터였다. 그때까지는 런던의 빈트너스 컴퍼니와 같은 규제 단체가 주점을 정기적으로 순찰하며 와인의 보관과 판매 상황을 점검했다. 영국에서는 와인의 보관과 판매뿐만 아니라 술집에서 쓰이는 용기도 단속의 대상이었다. 손님이 와인을 주문하면 잔에다 직접 따라서 내 놓는 게 아니라 집행관에게 용량 인증을 받은 그릇을 써야 했던 것이다. 심지어 에드워드 6세 때에는, 수입이나 재산이 일정 수준 이하인 평민들은 집에 10갤런 이상 와인을 보관할 수 있는 저장실을 만들지도 못했다.

또한 공개적인 장소에서 주정을 부리는 것은 유럽 전역에서 범죄로 간주되었다. 이 때문에 범죄자로 몰린 취객이 얼마나 자주 등장했는지 정확하게는 알 수 없지만 와인과 맥주가 일상화된 문화를 감안할 때 이는 상당히 흔한 현상이었을 것이다. 사실이 당시는 전문 광고꾼이 등장할 정도로 음주 문화가 성행했다. 시 당국이 고용하고 술집 주인들이 비용을 부담했던 광고꾼은 매일 아침마다 술집을 돌며 어떤 와인이 있는지 확인한 뒤 시음용 와인 그릇을 막대기로 치며 거리를 누볐다

초서는 『캔터베리 이야기』에서 면죄부 판매인을 등장시켜 과음의 폐단을 장황하게 경고했다. 면죄부 판매인의 말에 따르면 와인은 모든 악행과 연관이 있다.

성경을 보시오. 육욕이 와인과 취기의 산물임을

가장 극명하게 보여 주지 않소.

술에 취한 롯은 제 딸과 살을 섞고도

모르지 않소.

너무 취해 정신이 없었던 거요.……

하지만 여러분은 정신 차리고 기도하시오!

감히 단언하건대 가장 숭고한 행위는

구약에 등장하는 모든 승리는

전지전능하신 천주님의 덕분이고,

금욕 덕분이고, 기도 덕분이오.

성경을 보면 알 수 있을 것이오.

이런 이야기는 성직자들이 들어야 하는 설교가 아니었을까? 당시 교회에서는 금주와 같은 극단적인 조치를 취하지는 않았지만 사제들에게 술을 자제할 것을 강조했다. 하지만 수많은 문헌을 보면 알 수 있듯이 교회의 기대에 못 미치는 경우가 부지기수였다. 13세기 중반 프랑스 북부 지방을 순찰했던 관리들이 남긴 기록에 따르면 그곳의 성직자들은 술에 관한 규정을 제대로 지키지 않았다. 생 레미의 사제는 주사가 심하기로 악명이 높았는데, 인근 술집에서 주먹다짐을 벌인 적도 있었다. 질메르빌의 사제는 술집에 갔다가 옷을 잃어버리는 경우가 허다했는데, 이는 아마도 도박 때문이었을 것이다. 피에르퐁의 사제는 술고래였고, 그랑쿠르의 사제는 두주불사하기로 유명했다. 팡리유의 사제는 술을 마시는 것만으로도 모자라서 교구 신자들에게 술을 팔았다.

와인을 비롯해 여러 가지 술을 판매한 도시의 주점과 선술집은, 취객들로 인한 사고가 잦아서 요주의 대상이었다. 19세기에 금주 운동을 벌인 사람들이 주장한 바에 따르면, 이곳은 지나친 음주와 도박과 문란한 성교의 온상지였다. 중세 술집에서 주먹다짐이 자주 오간 것은 사실이지만 멀쩡한 상인과 손님이 흥정을 벌이다 시비가 붙는 저잣거리도 이런 점에서는 마찬가지였다. 지방 자치단체는 술집의 영업 시간을 단축시키려고도 했지만 번번이 실패했다. 1350년의 경우 파리의 선술집에서는 노트르담 성당의 종이 통행금지를 알린 이후로 손님을 받으면 안 된다는 칙명이 제대로 지켜지지 않았다.

가끔은 선술집에서 벌어진 사건이 크게 확대되기도 했다. 1229년 파리의 생 마르소 교회 근처에서 있었던 일이 그런 경우이다. 당시 이곳에서 신학을 공부하던 학생들이 사제가 되기 위한 훈련의 일환으로 거나하게 술을 들이킨 뒤 술값을 놓고 주인과 승강이가 붙었다. 이윽고 싸움이 벌어졌지만 인근 지역 동업자들의 후원을 입은 주인은 학생들을 물리치는 데 성공했다. 그런데 다음날 학생들이 친구들을 데리고 나타나더니 술집을 엉망으로 만들어 버렸다. 당국이 중재에 나서 학생들에게 처분을 내렸지만 이 사건으로 신학교와 도시 주민들 간의 갈등은 한동안 계속되었다.

지나친 음주가 개인과 사회에 미치는 악영향이 누누이 거론되는 와중에도 의학자들은 와인이 건강에 좋다는 것을 계속 강조했다. 그리스, 로마, 아랍에서는 와인을 다양한 질병의 치료제로 사용했다는 것이 논리의 근거였다. 이들은 히포크라테스와 갈레노스(Galenos)의 처방에 따라 상처를 소독하고, 열을 없애고, 위장 질환을 치료하는 데 와인을 이용했다. 와인은 알코올 성분 때문에 다른 약재와 잘 섞였고 그래서 수많은 약물 치료의 기본 성분으로 안성맞춤이었다. 와인과 섞은 약초는 백내장과 맥립종을 비롯한 여러 가지 눈병의 치료제로 쓰였다. 빛깔 좋은 열매를 넣은 와인은 유방의 통증에 좋은 약이 되었다.

와인에 치료 효과가 있음을 홍보하는 데 가장 앞장선 사람은 14세기 프랑스에서 외과의사로 활약했던 앙리 드 몽드빌(Henri de Mondeville)이었다. 그는 여타의 의학자들과 마찬가지로 와인이 피를 맑게 한다고 주장하면서, 날이 갈수록 입맛이 고급화되는 당시의 분위기를 반영하듯 고급 와인이라야 이와 같은 효과가 있다고 강조했다. 레드 와인이건 화이트 와인이건 라이트 와인이건 향과 맛이 좋은 것이어야 효과가 있으며, 오세르나 몽펠리에에서 빚은 싸구려 프랑스 와인은 효과가 없다고 했다. 그의 주장에 따르면 고급 와인은 혈관으로 직접 흡수되어 피로 변하기 때문에 혈액 생성에 가장 좋은 음식이었다(레드 와인과 혈액의 색상이 비슷하다는 데서 착안한 발상임). 그는 일반적인 상식을 무시하고 외상을 입은 환자에게도 와인을 처방했다. 즉 그는 환자에게 와인을 처방하느냐 마느냐가 아니라 얼마만큼을 처방하느냐가 관건이라고 했다. 몽드빌이 보기에 와인이 인체에 미치는 효과는 긍정적인 것이 확실했다.

그가 와인과 함께 추천한 음식은 우유였다. 와인은 혈액을 닮았고, 우유는 점액질이나 모유 같은 체액과 비슷하다는 점에서

둘에는 공통점이 있었다. 그리고 와인을 마신 사람은 피부가 불그스름하게 변하고 우유를 마신 사람은 하얗게 변하니 피부 상태를 통해 신체의 변화를 알 수 있다는 점에서도 비슷했다. 와인과 우유를 골고루 섭취하면—두 가지를 한꺼번에 마시는 것은 금물이었다—하얀 얼굴에 발그스레한 볼을 유지할 수 있다고 그는 생각했던 것이다.

가끔은 약이 너무 쓰거나 고약하다 싶은 경우에 와인을 섞기도 했지만 중세 의사들은 약의 맛에 거의 신경을 쓰지 않았다. 오히려 악령이 몸 속으로 들어오면 병에 걸리는데, 고약한 음식을 먹으면 악령이 도망친다는 고대의 발상을 믿는 쪽이었다. 당시 환자들은 소화 불량에 걸려 새 똥, 개 골, 염소 오줌을 먹느니 차라리 죽는 게 낫겠다고 생각하지 않았을까?

와인은 건강에 좋은 점도 있는 반면에 질병의 원인이기도 했다. 프란체스코 수도회의 바르톨로메우스(Bartholomaeus)는 13세기 중반에 저술한 『사물의 성질에 관하여(De proprietatibus rerum)』에서 지나친 음주는 두통의 원인이 된다고 밝혔다.

중세 사람들은 와인에 대한 경고를 귀담아 듣지 않았다. 1500년 무렵 와인은 유럽인의 식단에서 없어서는 안 될 음식으로 입지를 단단히 굳혔다. 이와 같은 상황은 종교계에서도 마찬가지였고, 중세 시대의 가장 중요한 기관이라 할 수 있는 교회는 와인과 신의 관계를 거듭 강조했다. '압착기 위의 그리스도'를 주제로 한 여러 성화에서는 십자가를 압착기 기둥으로 묘사했고 그리스도의 손과 발에서 흘러나오는 피는 포도즙과 섞이게 했다. 와인과 교리의 관계는 이와 같이 워낙 돈독해서 떼래야 뗄 수가 없었다. 중세 시대의 와인은 일상적이거나 혹은 특별한 음료로서, 종교적인 상징으로서, 급성장하는 산업의 주체로서 그 어느 때보다 당당한 위용을 자랑하며 다음 시대를 맞이했다.

5

와인의 혁명

종교개혁, 전염병, 전쟁을
딛고 이룬 화려한 변신

유럽의 와인 생산은 1500년부터 1700년까지 증가했다. 16세기에 유럽은 흑사병이라는 재앙을 극복했고, 이에 따라 인구가 늘어남은 물론 와인을 포함한 모든 생활용품 시장이 확대되었다. 17세기에는 증가의 폭이 조금 둔화되었지만 1700년대 유럽의 인구는 200년 전과 비교했을 때 상당히 불어나 있었다. 16세기 초 유럽은 따뜻한 기후 덕분에 와인 생산이 거의 불가능했던 지역에까지 포도 재배가 확산되어 늘어난 와인 수요를 감당할 수 있었다. 유럽 전역에서 포도밭의 수가 늘어나는 등, 16세기는 전반적인 와인의 호황기였다. 하지만 17세기는 달랐다. 기온이 뚝 떨어졌을 뿐만 아니라 전쟁으로 중유럽의 수많은 포도밭이 황무지로 변했으며, 정치적 변화를 겪으면서 보르도와 같은 주요 생산지의 와인 무역이 일대 혼란을 겪었다.

16세기의 성공 사례로는 엄청난 발전을 이룬 에스파냐의 와인 산업을 들 수 있다. 에스파냐는 1519년 왕실간의 결혼으로 합스부르크 제국의 일원이 되었다. 이로 인해 네덜란드와 손을 잡게 된 에스파냐는, 네덜란드로 와인을 수출했고 그곳으로 공수된 와인은 내수를 충당하거나 재수출되었다. 1500년대 중반 무렵 안트베르펜은 와인 수출의 중심지로 자리 잡았고, 여기에서 이베리아 반도의 와인을 북유럽의 여러 지방으로 실어 날랐다.

에스파냐의 포도 재배를 자극한 또 다른 요인은 국내 수요의 증가였다. 왕실과 귀족 계급의 확대는 작은 와인 붐을 불러일으켰고, 도시의 전반적인 수요 증가가 미친 영향도 무시할 수 없었다. 이와 같은 와인 수요의 증가는 카스티야, 특히 1606년까지 수도 역할을 했던 바야돌리드 남서쪽 지방에서 포도 재배가 확산되면서 해결되었다. 이 지역에서 생산된 와인의 중요성은 1597년 바야돌리드 출신의 에스파냐 왕 펠리페 2세(Felipe II)가 와인의 품질과 판매를 관리하기 위해 발표한 일련의 칙령을 보면 알 수 있다. 이 칙령에서 그는 레드 와인과 화이트 와인의 혼합 그리고 유해한 첨가물의 사용을 금지시켰다. 그리고 변두리 지방에서 바야돌리드로 와인을 수출할 수 있는 시기를 제한하였고—와인이 생산된 다음해의 2월 말일까지였다—바야돌리드의 와인 제조업자들은 인가를 받고 와인을 주조해야 했다. 펠리페 2세가 이와 같은 칙령을 발표한 이유로는 두 가지를 들 수 있다. 첫째는 왕실에 공급되는 와인의 질을 유지하기 위해서였고, 둘째는 싸구려 와인으로 국민들 사이에 음주 문화가 지나치게 확산되는 것을 막기 위해서였다.

에스파냐의 와인 생산이 성장한 세 번째 이유로는 영국 시장에서의 인기 상승을 들 수 있다. 에스파냐의 와인 제조업자들은, 영국이 1453년에 가스코뉴를 프랑스에게 빼앗긴 이후 프랑스 와인의 수출량이 감소하면서 생긴 기회를 잽싸게 이용했다. 영국의 와인 소비층은 드라이한 프랑스 와인 대신 지중해로 대표되는 중유럽의 스위트 와인을 즐기기 시작했고 그중에서도 에스파냐의 색(sack 또는 seck)을 가장 많이 찾았다. '색'은 '드라이'에 해당되는 에스파냐어 세코(seco)에서 비롯된 용어라고 하지만 사실 셰리주의 선조격인 이 와인의 맛은 달콤했기 때문에 어울리는 이름이라고는 할 수 없다. '색'이 '밖으로 내다'라는 의미의 에스파냐어 '사카르(sacar)'에서 비롯되었고 이는 수출용 와인을 뜻한다는 설도 있지만 역시 설득력은 부족하다.

이름의 유래와는 상관없이 색은 16세기 말부터 영국에서 가장 많이 팔리는 에스파냐 와인이 되었고, 셰익스피어(Shakespeare)의 작품에 등장하는 폴스타프(『헨리 4세[Henri IV]』와 『윈저의 유쾌한 아낙네들[*The merry Wives of Windsor*]』에 등장하는 뚱뚱하고 쾌활한 기사)의 대사 덕분에 불후의 명성을 얻게 되었다. 젊은 시절 헨리 4세의 술 친구였던 폴스타프는 '셰리스 색' —셰리주의 본고장이라고 할 수 있는 헤레스에서 만든 색을 말한다—에 대해 열광적인 찬사를 늘어놓으며, 왕자(헨리 4세)의 장점으로 와인을 많이 마시는 습관을 꼽았다. 폴스타프의 주장에 따르면 셰리주는 무지와 흐리멍덩함을 없애고 이해력과 명민함을 높인다. 그리고 피를 따뜻하게 데우고 겁쟁이를 용사로 둔갑시켰다. 곧 헨리가 만약 총명하고 용감하다면 그것은 조상에게 물려받은 핏줄과, 셰리주를 좋아하는 건전한 취향 덕분인 것이다.

해리 왕자가 용감한 이유도 술 때문이다. 본성은 원래 아버지를 닮아서 냉혈한이었지. 메마르고 황폐하고 휑뎅그렁했던 땅에 기

름진 셰리주를 붓고 또 부으며 거름을 주고 경작한 덕분에 지금처
럼 용감한 열혈한이 된 게야. 나에게 아들 1,000명이 있다고 한다
면 싱거운 술을 멀리하고 독주에 절어 지내라는 것을 첫번째 가훈
으로 삼을 테다.

— 셰익스피어, 『헨리 4세』

내수 시장과 수출 시장의 확대와, 아메리카 식민지에서 유입
된 은화로 인한 인플레이션 때문에 에스파냐 와인의 가격은 천
정부지로 뛰었다. 안달루시아에서는 1511년에서 1559년 사이에
가격이 무려 8배 가까이 폭등했는데, 이는 곡물이나 올리브 등
기타 주요 농산물의 가격 상승률에 비해 현저하게 높은 비율이
었다. 그 결과 농부들은 이 기회에 와인 붐을 타고 한몫 단단히
잡을 속셈으로 너도나도 포도 재배에 뛰어들었다. 당시 포도밭
으로 바뀌는 땅들이 어찌나 많았던지 1579년 에스파냐 의회가
더 이상 포도밭이 생기는 것을 규제해 달라고 황제에게 탄원서
를 올릴 정도였다.

에스파냐는 이 시기를 강타한 대격변의 소용돌이를 비껴간 나
라였다. 이 시기에는 루터(Luther), 칼뱅(Calvin)을 위시한 프로
테스탄트 개혁자들이 로마 교회의 권위에 도전해 유럽의 많은
지역에서 새로운 교회가 탄생했다. 하지만 프로테스탄트 교회가
들어선 곳은 서늘한 기후의 지방이었다. 즉 포도 재배가 불가능
한 것이나 다름없는 북유럽(스코틀랜드, 스칸디나비아, 네덜란드,
독일 북부, 스위스, 잉글랜드)이 중심지였던 것이다. 예외가 있다

면 독일 북부의 와인 생산지와 보르도, 랑그 도크 일부를 비롯한 프랑스 남서부 정도였다.

가톨릭 교회의 종교 질서가 프로테스탄트를 표방한 통치자에 의해 와해되면서—영국과 스위스의 경우가 그러했다—수도원에 딸린 대지는 전면 몰수되었다. 하지만 포도밭의 소유권에는 별다른 변화가 없었다. 그러나 유럽을 하나로 아우르던 종교 질서가 국가별로 차별화된 것은, 이 후 와인의 역사에 영향을 미쳤다.

프로테스탄트는 기본적으로 와인의 소비를 장려했다. 성찬식의 의미에 대해서 가톨릭 교회와 뜻을 달리한 이들은, 그리스도교도라면 가톨릭 교회처럼 1년에 한 번이 아니라 가능한 한 자주 성찬식을 열어야 한다고 강조했다. 뿐만 아니라 가톨릭 교회와 달리 평신도들도 빵과 포도주를 모두 먹어야 한다고 주장했다. 스위스, 네덜란드, 스코틀랜드에 지대한 영향을 미쳤고 이후 영국과 아메리카 대륙의 청교도 사이에서도 막강한 영향력을 발휘했던 칼뱅은, 평신도들에게 포도주를 주지 않는 것은 "신도들의 일부를 훔치거나 빼앗고, 일부 사제단에게 특권을 부여하는 행위"라고 역설했다. 신도들은 새로운 교리를 즐거이 따랐다. 스코틀랜드에서 열린 초기 장로교 성찬식의 경우 동원된 포도주의 양이 1배럴에 달했다. 이 시기 성찬식에 쓰인 포도주의 양을 보면 "입만 대는 정도가 아니라……한 입 가득 머금고 맛을 음미하는" 정도였다.

칼뱅주의자와 기타 프로테스탄트들은 섹스와 음주, 연극 관람, 춤, 도박 등 기타 여가 활동에 대해 금욕적인 태도를 보인 것으로 유명하다. 하지만 그들은 술에 관한 한 금주가 아니라 적절한 자제를 권했다. 이는 음주 자체가 아니라 과음과 주사를 죄와 사회악으로 여긴 가톨릭 교회의 입장과 크게 다르지 않았다. 게다가 프로테스탄트가 인기를 얻은 곳이 대부분 와인 생산지의 변방에 해당되는 지방이었기 때문에 종교개혁이 와인에 지대한 영향을 미쳤다고는 볼 수 없다.

하지만 종교개혁 이후로 여러 교회들은 와인이나 기타 알코올을 대하는 태도에서 상당한 차이를 보였다. 뒤에서 좀더 자세히 살펴보겠지만 19세기 금주 운동의 경우 가톨릭 교회에서는 별다른 호응을 얻지 못했지만 복음주의 프로테스탄트 내에서는 열광적인 지지를 얻었다. 금주 운동이 프랑스와 기타 와인 생산지에서 별다른 호응을 얻지 못한 것은 당연한 일이었다. 와인 소비층이 인구의 상당 부분을 차지하는 이 지역에서 와인은 생활의 일부나 다름없었다. 하지만 미국이나 캐나다처럼 와인 생산이 미미한 지방에서도 가톨릭 교회는 19세기의 금주 운동에 관심을 보이지 않았다. 가톨릭과 와인이 프로테스탄트와는 달리 특별한 관련이 있었던 것일까? 16세기 종교개혁이 와인 생산지에서는 성공을 거두지 못한 이유도 와인 때문이었을까? 와인의 인기가 프로테스탄트의 확산에 걸림돌이었다고 단정할 수는 없지만 와인은 이 시기의 종교 분쟁과 분명 연관이 있었다.

가장 단적인 예가 부르고뉴 지방 최대의 와인 생산지였던 디종이다. 16세기 들어 포도밭이 성벽 근처까지 확산된 디종의 와인 생산업자들은, 거처를 포도밭 주변이 아니라 시내에 마련한 경우가 많았다. 이들은 1500년대 디종 시내 인구의 5분의 1에서 4분의 1을 차지할 만큼 그 수가 많았을 뿐 아니라, 부유했고, 정치적으로 활발한 활동을 벌였으며, 신흥 프로테스탄트 대신 가톨릭을 지지했다. 1561년에 있었던 디종 시장 선거에서 와인 생산업자들의 93퍼센트가 독실한 가톨릭교도를 지지했고 당선시켰다. 당선자의 득표 수 중 58퍼센트가 와인 생산업자들이 던진 표였던 것이다.

이와 같은 사례는 도처에서 볼 수 있었다. 와인 생산업자들이, 잠식해 들어오는 프로테스탄트를 뿌리치고 전통적인 교회를 지지한 것은 프랑스 전역의 일반적인 분위기였다. 북쪽으로는 루앙, 아미앵, 트루아, 남쪽과 서쪽으로는 베지에, 몽펠리에, 툴루즈, 보르도 등 각지의 와인 생산업자들은 신기할 정도로 프로테스탄트 운동에 참여하지 않았다. 디종은 동쪽의 사례에 해당되었다. 물론 와인 생산업자들이 프로테스탄트에 전혀 관심을 보이지 않았다고는 할 수 없다. 종교 박해를 피해 망명한 위그노(프랑스의 프로테스탄트)는 북아메리카와 남아프리카에 포도 재배를 정착시키는 데 많은 공헌을 했다. 하지만 이와 같은 경우는 소수에 불과했다.

프로테스탄트가 가톨릭만큼이나 와인에 대해 우호적이며, 그들의 경제적 번영에 위협이 되지 않음을 알면서도 와인 생산업자 대부분이 신흥 종교를 거부한 이유는 무엇일까? 아마도 그것은 신도들 개개인과 하나님과의 관계에 초점을 맞춘 프로테스탄트와는 달리 가톨릭이 공동의 믿음을 강조했기 때문일 것이다. 와인 생산업자들은 공동체 의식이 강했다. 가톨릭 교회가 영성체 때 포도주를 마시는 사람을 사제로 제한하는 조치도 이들이 보기에는 신도들을 대신해 포도주를 마신다는 공동체 의식의 일환이었다.

뿐만 아니라 와인 생산업자들은 성경에 자주 등장하는 포도 및 포도주와 연관 있는 일을 한다는 점에서 특별한 사명감을 가지고 있었다. 디종의 와인 생산업자들은 "나는 참 포도나무요 내 아버지는 농부라……나는 포도나무요 너희는 가지이니, 저가 내 안에, 내가 저 안에 있으면 그는 많은 열매를 맺나니, 나를 떠나서는 너희가 아무것도 할 수 없음이라."라고 한 그리스도의 말을 중요하게 여겼다. 이와 같은 이미지 때문에 와인 생산업자들은 신도들 중에서도 특별한 지위를 누렸고 다른 사람들에 비해 교리를 엄격하게 지켰다.

이들은 어떤 행동을 하느냐에 따라 하나님이 은혜를 내리거나 혹은 벌을 준다고 믿었다. 16세기 후반 부르고뉴에 전해지는 작자 미상의 작품, 『훌륭한 와인 제조업자의 독백』에서는 "포도나무가 겨울에 얼거나, 여름에 폭우를 맞거나 혹은 기타 여러 가지 이유로 수확량이 저조하면 하나님께서 과거의 잘못을 처벌하신다는 뜻"이며, "숭고한 와인 제조업자는 하나님의 가호를 받는다."고 했다. 디종의 와인 생산업자들은 가뭄과 병충해의 피해를 덜어 주는 하나님에게 보답하는 뜻에서 프로테스탄트를 뿌리 뽑아야 한다고 생각했다. 이들은 프로테스탄트를 거룩한 교회를 공격하는 해충으로 간주했다.

디종의 와인 생산업자들은 스위스 국경과 가까운 부르고뉴에서 활약하는 칼뱅주의자들의 위협을 받기도 했을 것이다. 16세기 초반 주네브에서 처음으로 개종 운동을 시작한 칼뱅은 주점에 프랑스어로 된 성경을 비치했다. 이는 호텔에 성경 비치 운동을 벌이는 기드온 협회(호텔 등에 성경을 기증하기 위해 1899년에 그리스도교를 믿는 실업가들이 조직한 단체)의 시조 격이었던 셈이다. 칼뱅은 음주를 허용했는데, 사제는 "나약한 형제들, 와인 없이는 육체적인 건강을 유지할 수 없는 사람들"에게 와인을 줘도 된다는 것이다. 이 후 칼뱅교는 술에 취하는 것은 물론 다른 사람에게 술을 권하는 것까지 금했다. 이것은 다른 술뿐만 아니라 와인이 친목과 공동체 생활에 미치는 긍정적인 효과마저 정면으로 부인하는 조치였다. 즉 칼뱅주의에서는 와인을 쾌락적인 용도에서가 아니라 반주 내지는 약으로 조금씩만 마셔야 한다고 강조했다.

하지만 프로테스탄트 관련 문헌만을 액면 그대로 받아들인다면, 와인에 대한 이들의 입장은 가톨릭과 크게 다를 바가 없었다. 이들은 선을 넘지 않는 한도 내에서 음주를 허용했고 와인의 의학적 효과를 인정했다. 이와 동시에 와인을 불신의 눈길로 바라보기도 했다. 와인은 정신을 몽롱하게 하고 긴장을 풀어 주기 때문에 와인에 취하면 음란한 생각과 행동을 하게 된다고 생각했던 것이다. 이와 같은 믿음은 종교적 노선에도 영향을 미쳤다. 프로테스탄트들은 과음과 주사를 적극적으로 반대했고, 로마 교회가 이 문제에 너무 느슨한 조치를 취한다고 주장했다. 이들은 특히 가톨릭 성직자들을, 세으르고 와인에 절어서 해롱거리는 간통범으로 몰아붙였다.

프로테스탄트의 성직자에게는 지나친 음주가 금지 사항이었고, 신도들도 술에 취한 모습을 보여서는 안 되었다. 1547년 칼뱅은 농촌 지역의 교회를 감독하기 위한 지침서를 마련하며 "누구든 술을 권하는 자는 3수(프랑스의 옛 화폐 단위)의 벌금을 물어야 한다."고 못 박았다. 그리고 술에 취한 모습을 처음으로 보인 자는 3수, 두 번째로 보인 자는 5수의 벌금을 내고, 세 번째로 보인 자는 10수의 벌금과 함께 감금시키도록 했다. 칼뱅의 지침서는 단순한 협박용이 아니었다. 16세기 후반, 네덜란드 엠덴에서는 술에 취한 죄로 재판을 받은 사람이 전체의 4분의 1을 넘었다. 남녀의 성비는 5대 1이었다.

프로테스탄트의 비난과 달리 가톨릭 내부에도 폭식과 폭음이 육체와 정신, 사회를 멍들게 한다고 주장하는 작가들이 많았다. 즉 그들은 와인이 머리를 흐리게 만들고 영혼을 짓밟는다고 주장했다. 일부 성직자들은 롯의 경우를 들먹였고, 또 어떤 성직자들은 와인이 관능적인 쾌락과 분노를 비롯한 여러 가지 격정을 불러일으킨다고 했다. 17세기 초에 프란체스코 베네딕투스 수도회는 빚을 갚지 못하거나 가족을 부양할 수 없을 정도로 술을 탐하는 것을 큰 죄로 간주했다.

하지만 습관적인 폭음—이때는 알코올 중독이라는 개념이 정립되기 전이었다—의 치료법은 금주가 아니라 절제였다. 이 당시의 속담을 보면 적당한 양의 음주를 강조하는 사회 전반의 분위기를 알 수 있다. 어떤 사람은 "빵은 있는 대로 먹되 와인은 적당히 마셔야 한다."고 충고했다. 그리고 "와인에 지나치게 빠진 사람에게 남아 있는 지혜는 없다."는 속담은 지나친 음주가 자연 법칙을 파괴하고 사회 갈등을 유발한다고 경고하는 내용이다. "술에 취한 여자는 더 이상 육체의 주인이 될 수 없다."는 속담은 술을 마시는 여자에 대한 우려를 표현한 것이고, "도박, 여자,

술에 빠진 남자는 폐인이 되어 가는 줄도 모르고 웃게 된다."는 속담도 있었다.

술에 취한 남녀가 재판을 받았다는 법정 기록을 제외하면 과음의 사례들은 대부분 일화로만 전해진다. 16-17세기 독일의 시골 축제 광경을 담은 조각을 보면, 테이블에서 고개를 돌리고 속을 게워 내는 손님이 적어도 한 명 이상은 등장한다. 게르만족의 음주 습관을 비난한 로마인들의 주장을 뒷받침하기라도 하듯 1556년 몽펠리에를 찾은 어느 관광객은 이 마을의 '술꾼'이 모두 독일인이고, 하나같이 술통 밑에서 코를 골며 자고 있다고 말했다.

과음에 대해 말할 때 해당되는 술은 와인뿐만이 아니었다. 오히려 이 분야에서 가장 오랜 역사를 자랑하고 대중적인 인기를 누린 쪽은 에일이었다. 에일은 그 재료가 당시의 주식이라고 할 수 있는 곡물이었고, 재배 조건이 까다롭지 않았기 때문에 유럽 전역에서 생산되었다고 해도 과언이 아니다. 사과가 잘 자라는 지역에서는 사과술도 만들었는데, 가난한 사람들은 이 술을 마셨다. 1500년대에는 프랑스의 노르망디와 브르타뉴, 영국의 남서부(특히 데번)를 비롯해 오늘날 사과술 생산의 중심지로 꼽히는 전 지역에서 사과술을 만들었다.

와인은 중세 말기 맥주 소비에 지대한 영향을 미쳤다. 1500년대에 북유럽 등 포도가 자라지 않는 많은 지역에서 와인은 부유층만 접할 수 있는 술이었다. 하지만 와인은 그것이 생산되는 지방과, 와인을 싸게 수입할 수 있는 도시에서는 각계각층이 즐기는 음료였다. 센 강, 마른 강, 욘 강 유역의 포도밭과 가까운 파리가 그런 경우였다.

하지만 17세기 들어 일부 지방에서 맥주가 다시 등장하기 시작했다. 17세기 전반에는 30년 전쟁을, 후반에는 루이 14세와의 전쟁을 치르느라 독일의 포도밭은 많은 수난을 겪었다. 여기에 흉작까지 겹치면서 수많은 독일인들이 맥주로 관심을 돌렸다. 17세기에 혁신적인 양조 방식이 등장한 것도 맥주의 인기를 높이는 데 큰 역할을 했다. 홉이 맥주의 원료로 널리 쓰이기 시작했고 좀더 향긋한 맥주들이 속속 등장했다. 1662년 보르도의 자치단체는 시의 번영을 좌우하는 와인 판매에 악영향을 미친다는 이유로 지역 내의 맥주 생산을 전면 금지시켰다.

하지만 와인의 가장 큰 경쟁 상대는 맥주가 아니라 브랜디로 대표되는 증류주였다. 당시 증류주를 만드는 방법은 널리 알려져 있었지만 '아쿠아 비타이(aqua vitae)' 즉 '생명의 물'이라고 불린 증류주를 약으로 쓰는 약사와 의사 외에는 양조가 금지되어 있었다. 하지만 16세기 초반 프랑스에서는 식초 제조업자들이 와인의 증류 허가를 받았고 1537년에는 증류 특권이 술집 주인들에게까지 확대되었다.

증류 산업은, 값이 비싼 증류기 때문에 처음에는 지지부진하게 시작되었지만 오래지 않아 알코올 생산의 주류로 급부상했다. 이와 같은 현상에는 내수용과, 북유럽으로의 재수출용으로 브랜디를 대거 수입한 네덜란드의 영향이 컸다. 당시 세계 최대 규모의 선단을 거느리던 네덜란드 상인들은 선원들에게 지급하기 위한 브랜디를 대량으로 구입했다. 더운 지방을 여행할 때 식수통에 브랜디를 섞으면 물이 상하는 속도를 늦출 수 있었고 추운 지방을 여행할 때는 브랜디가 선원들의 몸을 데우는 역할을 했던 것이다. 네덜란드가 브랜디의 발전에 미친 영향이 어찌나 막대했던지 브랜디라는 명칭 자체도 '태운 와인'을 뜻하는 네덜란드어 '브란데베인'에서 비롯된 것이다.

브랜디는 와인에 비해 이윤을 남기는 데에도 여러 가지 장점이 있었다. 먼저 와인을 증류하면 알코올 도수가 높아졌다. 브랜디 한 잔을 만들려면 와인 4-6잔이 필요하지만 알코올 함유량은 와인의 8배였다. 뿐만 아니라 같은 양을 놓고 보았을 때 브랜디는 운송료가 와인에 비해 훨씬 쌌다. 소비자의 입장에서 보면 브랜디는 와인이나 맥주와 달리 마시면 금세 몸이 따뜻해진다는 장점이 있다. 브랜디를 비롯한 기타 증류주가 추운 북부 지방에서 인기를 끈 것도 아마 이 때문일 것이다.

하지만 운송료 절감 효과도 브랜디를 제조한 다음에야 누릴 수 있는 법, 네덜란드 사업가들은 와인 무역의 중심지였던 프랑스의 보르도와 루아르 강변 등지에 증류장을 건설했다. 하지만 보르도가 더욱 품질 좋은 레드 와인과 더욱 달콤한 화이트 와인을 만들어 내기 시작하자 네덜란드 상인들은 보르도 북쪽의 샤랑트로 눈길을 돌렸다. 샤랑트는 생산되는 와인의 품질이 별 볼일 없는 데다가 산림 지대라서 증류장에서 쓸 땔감이 넉넉했다. 네덜란드인들은 샤랑트 사람들에게 기존의 와인용 포도보나는 증류용 포도를 재배할 것을 권했다.

1624년 샤랑트에 최초의 증류장이 건설되었다. 이듬해 생산된 브랜디는 라 로셸을 통해 출하되었고 라 로셸은 순식간에 브랜디 수출의 중심지로 부상했다. 1640년부터 브랜디에 세금이 부가되기 시작된 것은 높아져 가는 브랜디의 인지도를 알 수 있게 하는 대목이다. 1660년대에 샤랑트는 대규모 증류 사업의 중심지가 되었다. 브랜디의 대명사가 된 코냑의 산지인 코냐크도 샤랑트 지역에 속해 있었다. 네덜란드 상선들은 브랜디를 양모, 소금과 함께 영국과 그다인스크, 리가, 칼리닌그라드 등 북해와 발트 해 연안의 항구로 부지런히 실어 날랐다.

활발하게 움직인 네덜란드인들 덕분에, 브랜디는 북유럽 전반에 걸쳐 폭넓은 인기를 누렸다. 브랜디는 와인보다 부피가 작고 보존 기간이 길기 때문에 상선과 해군함에서 환영받는 술이었다. 브랜디가 육지에서까지 유명세를 누리게 된 데에는 항구에 상륙한 선원들의 역할이 컸다. 품질과 가격이 다양한 브랜디는 네덜란드와 영국을 비롯한 기타 여러 지방의 각계각층에서 인기를 얻었다.

브랜디의 수요가 어찌나 폭발적으로 증가했던지 프랑스와 유럽 다른 지방의 와인 생산업자들도 질이 떨어지는 와인을 증류하기 시작했다. 랑그 도크에서는, 예전 같으면 포도 수확이 끝난 지 6개월 이내에 식초로 판매되었을 만큼 수준 낮은 와인을 증류했다. 브랜디는 1660년대부터 랑그 도크의 가장 대중적인 술로 자리 잡았고 1670년에 건설된 세트 항은 증류주의 주요 수출항이 되었다. 1699년에 세트 항을 통해 수출된 술은 100만 리터에 달했다.

브랜디는 여러 가지 재료를 섞은 새로운 술의 베이스 역할도 했다. 16세기 노르망디 페캉의 베네딕투스 수도회의 수도사는 브랜디에 꿀과 허브를 섞어 칵테일을 만들고 베네딕틴이라는 이름을 붙였다. 17세기 초반 파리의 카르투지오 수도회의 수도사들은 브랜드에 백여 가지 허브를 섞고 샤르트뢰즈라는 이름을 붙였다. 베네딕틴과 샤르트뢰즈 외에도 증류 와인에 허브, 향신료, 기타 재료를 넣어 만든 혼합주는 수천 가지에 달했다.

이것만으로도 부족한지 증류 방법이 널리 알려지기 시작하면서 새로운 형태의 술이 등장하기도 했다. 이제 증류 대상은 와인뿐만이 아니었다. 17세기에는 곡물을 발효시킨 뒤 증류해서 만든 위스키, 보드카, 진 등이 탄생했다. 포도가 자라지 않던 유럽 북부와 동부에서도 이제는 맥주보다 독한 술을 직접 생산할 수 있게 된 것이다. 흉년이 찾아온 해에는 수확량 전부를 식량으로 돌려도 모자랐겠지만 곡물로 빚은 술의 가격은 여전히 저렴했다. 이로 인해 북유럽과 러시아 주류의 역사는 일대 전기를 맞이하게 되었다.

다음 장에서도 언급하겠지만 증류주는 유럽의 식민지에서 특히 중요한 역할을 했다. 남아메리카의 에스파냐 식민지, 그중에서도 특히 페루에서는 17세기와 18세기에 걸쳐 브랜디 산업이 대규모로 발전했다. 카리브 해 연안의 영국 식민지에서는 사탕수수를 발효, 증류하여 럼을 만들었다. 럼은 19세기까지 줄곧 와인 생산에 실패한 북아메리카의 영국 식민지뿐만 아니라 영국과 네덜란드에서도 인기가 높았고 특히 영국 해군에게는 없어서는 안 될 물품이었다.

브랜디를 비롯한 저렴한 증류주의 등장은 유럽 전역의 술 소비량을 증가시켰다. 1675년 영국으로 수출된 프랑스 브랜디는 4천 턴(약 450만 리터에 해당됨)이었지만 1689년에는 그 양이 두

배로 늘어났다. 시간이 흐르면서 기타 증류주도 브랜디와 마찬가지로 인기를 누렸다. 18세기 영국에서는 진이 사회 질서를 어지럽히는 원흉이었고 이 후 여러 나라에서 럼, 위스키, 보드카가 그 역할을 대신했다.

17세기 초반 들어 유럽의 최강 상권으로 부상한 네덜란드 상인들이 주류 무역에 미치는 영향은 날로 커져만 갔다. 네덜란드는 북아메리카, 서인도 제도, 남아프리카, 실론, 동인도 제도에 식민지를 건설했고, 1650년에는 만 척에 달하는 선단을 거느렸다. 바다 위의 고속도로를 점령하다시피 한 네덜란드인들에게 '바다의 짐 마차꾼'이라는 별명은 잘 어울렸다. 유럽에서 가장 수지맞는 와인 무역의 대부분은 네덜란드 상인들의 차지였다. 이들은 프랑스와 에스파냐에서 대거 수입한 와인을 로테르담으로 옮겼고 여기서 북해와 발트 해를 따라 북유럽의 여러 항구로 재수출했다. 로테르담은 네덜란드가 독립을 선언한 이후 안트베르펜을 대신하는 와인 수출입항으로 떠오른 곳이었다.

하지만 네덜란드 상인들의 역할이 단순한 운반책에 머문 것은 아니었다. 이들은 프랑스의 증류주 산업에 적극적으로 가담했던 것처럼, 보르도를 비롯한 수많은 지역의 포도 재배와 와인 생산에도 뛰어들었다. 프랑스 와인 산업이 일대 변화를 겪은 17세기는 네덜란드의 시대였다. 이들은 유럽 대부분의 와인 시장과 운송업을 장악했고 이를 통해 와인의 제조와 품질, 심지어는 생산되는 와인의 종류에까지 영향력을 행사했다. 네덜란드인들이 유럽에 소개한 여러 가지 기술 중에는 그들이 북해를 개간하며 갈고 닦은 매립 기술이 있었다. 보르도에서 네덜란드 기술자들은 주요 강둑을 따라 매립지를 건설했고, '팔뤼(늪지대)'를 포도밭으로 둔갑시키는 견인차 역할을 했다. 개간을 통해 탄생한 충적토는 포도 재배에 안성맞춤이었다.

네덜란드와 북유럽의 입맛은, 보르도 와인의 전통적인 소비층이라 할 수 있는 영국과는 달랐다. 영국의 소비자들이 색깔이 밝은 클라레를 좋아했던 반면 네덜란드 소비자들은 달콤한 화이트 와인과 색깔이 짙고 질감이 풍부한 레드 와인을 좋아했다. 17세기 중반 무렵 보르도의 포도 재배업자들은 주요 고객으로 부상한 네덜란드인의 입맛에 맞는 포도나무를 심었다. 스위트 와인을 원하는 네덜란드의 주문을 맞추기 위해 생산 품목을 레드 와인에서 화이트 와인으로 바꾸고 포도나무도 머스캣으로 교체했던 것이다. 이와 같은 체제 변화를 거친 지역 가운데 소테른은 늦가을까지 포도의 수확을 늦춰 당도를 최대한 높이는 것으로 유명했다. 소테른이 달콤한 화이트 와인으로 유명해진 것도 네덜란드가 패권을 쥐고 있던 1660년대부터였다. 독한 레드 와인은 개간한 충적토에서 만들어졌고 이러한 변화에 발맞추어 보르도의 그라브와 메도크가 주요 와인 생산지로 자리를 잡았다.

네덜란드 소비자의 입맛은 와인의 가격에도 뚜렷하게 반영되었다. 1647년을 예로 들면 네덜란드 상인들은 팔뤼에서 생산된 레드 와인 900리터들이 1배럴에 95에서 105리브르를, 소테른 등지에서 생산된 달콤한 화이트 와인 1배럴에 84에서 100리브르를 지불했다. 나머지 화이트 와인의 가격은 이보다 낮았고—예를 들어 앙트르 드 메르의 경우에는 1배럴의 가격이 60에서 75

리브르였다―18세기 들어 프리미엄급 와인으로 손꼽히게 되는 레드 와인은 마진이 비교적 적었다. 그라브와 메도크의 와인은 가격이 78에서 100리브르 사이였고 생테밀리옹은 60에서 78리브르 사이였다.

네덜란드는 보르도에서 생산되는 와인의 주요 시장을 형성하고, 포도 재배지를 확장시켰을 뿐 아니라, 와인의 보존 기간을 연장시키는 데도 이바지했다. 와인의 보존 기간이 늘어난 것은 와인에 에탄올을 첨가하는 방식이 도입된 덕분이기도 하지만 빈 와인 통에 황을 넣고 태우는 라인 지방의 비법을 소개한 네덜란드인의 역할이 컸다. 와인을 넣기 전에 황을 태우면 와인의 산화를 막고―특히 달콤한 화이트 와인의 경우 매우 효과적이었다―운반하는 동안 발효를 늦추는 효과가 있었다. 반면에 황 냄새를 없애기 위해 와인을 오랫동안 통 속에서 묵힌 뒤 출하를 해야 하는 단점이 있었다.

네덜란드 상인과 기술자들이 보르도의 와인 산업에 미친 긍정적인 효과가 분명함에도 불구하고 영국과 프랑스 정부가 네덜란드의 상업적인 성공을 바라보는 시선은 곱지 않았다. 네덜란드는 보르도의 와인 경제에 어찌나 깊숙이 개입했던지 수백 명의 네덜란드인이 시민권을 획득하고, 시민에게 주어지는 무역상의 특혜를 누렸다. 프랑스의 학자들은 와인 생산이 외국인의 주문에 좌우되고 있다며 불만을 토로했고 브랜디 양조장을 위한 벌목이 장작 수급에 미치는 영향을 놓고 우려를 표했다.

이윽고 네덜란드 상인과 기업들은 활동에 제약을 받게 되는데 이는 프랑스의 와인 생산이 이윤의 노예로 전락하는 것을 걱정한 관계 당국이 내린 조치가 아니라, 네덜란드의 상권에 위협을 느낀 프랑스와 영국이 자국의 상선을 보호하기 위해 내린 조치였다. 영국은 외국 선박의 출입을 제한하는 항해 조례를 잇달아 발표했다. 프랑스는 네덜란드와 어깨를 나란히 할 만한 규모의 선단 건조에 착수했다. 1660년대에 루이 14세의 재상이었던 콜베르(Colbert)가 외국 상선에 가혹한 세금을 부과하자 와인 수출에 막대한 차질을 빚게 된 보르도는, 왕실과 심각한 마찰을 빚었다.

네덜란드 상인들은 이러한 압박에 굴하지 않고 다른 와인 공급지를 찾아 먼 곳으로 눈길을 돌려 마침내 에스파냐를 발견했다. 셰리주의 고향인 헤레스와 말라가, 알리칸테가 네덜란드와 영국에 대량으로 와인을 수출하게 된 것이 이 때부터였다. 1675년에는 에스파냐 와인 17,000배럴(약 240만 리터)이 영국 땅을 밟았는데, 같은 해 영국에 수입된 프랑스 와인이 34,000배럴이었던 것과 비교하면 이는 상당한 수준이었다.

17세기 말에는 각국의 국내외 정치 상황이 와인 무역에 지대한 영향을 미쳤다. 1679년 영국 의회는 프랑스 와인의 수입을 전면 금지시켰다. 그것은 프랑스 와인의 수입 관세를 찰스 2세(Charles II)가 거두어들이지 못하도록 만들기 위해서였다. 이에 따라 영국의 와인 공급책은 포르투갈로 바뀌었다. 1678년에는 15,000턴 이상 수입된 프랑스 와인에 비해 포르투갈 와인의 수입량은 고작 427턴에 불과했지만 1679년에는 그 수입량이 1,000여 턴으로 늘었고, 1682년, 1683년, 1685년의 평균 수입량은 무려 14,000턴(1600만 리터)이었다. 하지만 포르투갈 와인의 대부분이 실제로는 포르투갈을 경유하여 수입되거나 포르투갈산으로 위장된 프랑스 와인이었다는 점에서 이와 같은 수치는 신뢰도가 떨어진다.

영국은 1685년에 프랑스 와인 수입 금지 조치를 해제했고, 1687년에는 15,500턴의 프랑스 와인을 수입했다. 이야말로 20세기 이후에나 갱신될 만큼 어마어마한 기록이었다. 잠깐 주의를 환기시키자면 19세기 말 영국의 인구는 3천6백만 명에 육박한 반면 17세기 후반에는 4백5십만 명에 불과했다. 하지만 물밀듯이 밀려들어 오는 클라레를 보며 영국의 와인 애호가들이 환호성을 지른 것도 잠시, 1688년 명예혁명으로 프랑스와 사이가 나빴던 오렌지공 윌리엄(William)이 왕위에 오르고, 영국과 네덜란드가 새로운 동맹을 맺으면서 프랑스 와인은 다시 수입이 금지되었다. 영국과 프랑스가 1697년 마침내 협약을 맺으면서 프랑스 와인의 수입이 재개되었지만, 여기에는 에스파냐와 포르투갈 와인의 2배에 해당되는 관세가 부가되었다.

17세기 유럽의 정치적인 혼돈은 프랑스 서부의 와인 생산에 타격을 주었지만 그것은 유럽의 다른 지역이 입은 피해에 비하면 약과였다. 유럽 중부는 30년 전쟁으로 폐허가 되었다. 침략군이 농성군을 위협하기 위해 성벽 주변의 포도밭을 무참히 짓밟았기 때문이다. 포도밭과 압착기, 통, 거룻배까지 파괴되었고 수많은 고급 기술 인력들이 뿔뿔이 흩어지거나 목숨을 잃었다.

군대의 유린을 피한 포도밭은 수십 년 동안 계속된 정치적 갈등으로 제대로 관리되지 못한 채 방치되었다. 알자스의 암메르슈비르에서는 전쟁이 끝나자 13제곱킬로미터에 달했던 포도밭이 2제곱킬로미터로 줄어들어 있었다. 포도밭의 가치도 추락해서 오늘날 리슬링 와인으로 유명한 리크비르의 포도밭 29,752제곱미터가 말 한 마리 값이었다. 알자스의 와인 산업이 전쟁의 흔적을 극복하는 속도가 더디었던 이유는 시장이 사라진 데 있었다. 로렌, 독일, 스위스는 1648년에 와인 무역을 재개했지만 소비자의 수가 예전만 못했다. 네덜란드는 1672년 네덜란드 전쟁이 시작되면서 문호를 닫았고, 영국과 스칸디나비아도 시장 역할을 제대로 못 하기는 마찬가지였다. 하지만 긍정적으로 보면 알자스 포도밭의 장기적인 불황은 산출량이 많은 리슬링 품종을 유럽 각지로 확산시키는 결과를 낳았다.

유럽 각지의 와인 생산업자들에게 17세기 말은 다사다난한 시기였다. 정치적·군사적 충돌로 시끄러웠던 것은 둘째 치고 1690년대 들어 몇 년 동안 엄청난 흉년이 찾아왔던 것이다. 보르도는 1692년에서 1695년까지 4년 연속 흉년이 들어 랑그 도크에서 와인을 수입해야 하는 지경에 이르렀다.

독일의 포도밭은 폐허로 변했고 프랑스 와인은 수입이 금지된 상황에서, 영국의 와인 시장은 에스파냐와 포르투갈 와인의 차지가 될 수밖에 없었다. 이 중에서 가장 각광을 받은 제품은 카나리아 제도의 와인이었다. 풍부한 맛의 카나리아 와인은 17세기 말을 대표하는 최고의 상등품이었다. 1690년대에 1갤런당 셰리주의 가격은 6실링 8펜스, 토스카나 와인은 6실링, 포트 와인은 고작 4실링 8펜스였던 반면, 카나리아 와인은 8실링에 판매되었다. 하지만 카나리아 와인의 문제점은 무역 수지의 불균형이었다. 영국으로 수입되는 카나리아 와인의 양에 비해 카나리아 제도로 수출되는 영국 제품의 양은 턱없이 적었던 것이다. 영국 상인들이 화폐 대신으로 사용했던 양모는 기후가 따뜻한 아프리카 해안의 카나리아 제도에서는 별 쓸모가 없는 것이었다.

유럽의 와인 생산이 1500년대부터 꾸준히 성장할 수 있었던 이유는, 날로 확대되는 와인 시장 덕분이었다. 그리고 와인 시장의 확대는 유럽의 전반적인 시장 확산을 의미했다. 에스파냐는 아메리카 중부와 남부의 식민지로 와인을 수출할 수도 있었지만 실제로 수출이 이루어지지는 않았다. 에스파냐 와인 생산업자들의 지속적인 제재 움직임에도 불구하고 라틴 아메리카에서는 페루와 칠레를 중심으로 와인 산업이 발달해 와인을 자급자족할 수 있게 되었기 때문이다. 북아메리카의 영국 식민지에서는 프랑스를 비롯한 기타 유럽의 와인을 수입했다. 하지만 식민지 개척자들은 대부분 에일을 마셨고 이후에도 럼과 위스키를 마셨기 때문에 와인 시장의 규모는 작았다.

따라서 우리가 주목할 부분은 수요가 폭발적으로 증가한 유럽의 와인 시장이다. 와인은 근세 초기부터 유럽의 일상 식품으로 자리 잡았지만 일인당 소비량이 많았던 것은 아니다. 16세기 중반 포도밭으로 둘러싸인 에스파냐의 바야돌리드 시민들은 한 해 동안 100리터 정도의 와인을 마셨다. 이는 곧 1주일에 두 병 정도를 마셨던 셈이다. 하지만 어린이나 여성의 소비량을 감안했을 때 성인 남성들이 하루에 거의 한 병을 소비했다고 보는 것이 맞겠다. 와인 시장의 성장은, 유럽 인구의 증가와, 와인을 일상적으로 소비하는 계층의 증가에서 비롯되었다. 와인은 유럽 대부분의 지방에서 주식이었다. 와인은 농촌보다 도시에서 소비량이 많았는데, 아이러니컬하게도 소규모 와인 생산업자들은 직접 생산한 와인을 마시는 경우가 거의 없었다. 이는 필수품을 마련하기 위해 와인을 모두 내다 팔아야 했기 때문이다.

와인의 소비층이 사회 전역으로 확산되면서 와인은 속담에도 등장하기 시작했다. 프랑스에는 16세기 이후 오늘날까지 전해지는 와인 관련 속담이 몇 있다. "이 세상 모든 와인 중에서 그리스 와인이 으뜸이다."는 그리스 와인의 한결같은 명성을 표현한 속담이고, "와인을 마실 때는 왕처럼, 물을 마실 때는 황소처럼."은 와인을 기품과 연결시키며 음료의 등급을 매긴 속담이다. 다음 속담에서 와인은 행복을 가져다 주는 전령이었다. "물은 인간을 울게 만들지만, 와인은 인간을 노래하게 만든다." 그리고 와인은 여럿이 함께 마셔야 하는 술이었다. "혼자서 마시는 와인은 아무런 흔적을 남기지 않은 인생과 같다."

앞에서도 이야기했다시피 와인은 이제 일상 식품으로 자리 잡았고 이 때문에 간혹 임금 대신 지급되기도 했다. 집안에 딸려 있는 하인들은, 식량과 함께 '하인용 와인'을 받았다. 자유 신분의 노동자들은 대량 구입에 따르는 부담 때문에 와인을 접할 수 있는 기회가 적었다. 프랑스의 법률상 68리터 이하의 와인은 도매가로 살 수가 없었기 때문이다. 일부 노동자들은 열악한 작업 환경을 극복하기 위한 수단으로 와인을 지급받았다. 브르타뉴와 노르망디의 어부들은 캐나다 연안으로 대구잡이를 나설 때 한 사람당 와인이나 사과술을 1.5바리크(약 240리터)씩 받았다. 이

들은 화이트 와인에 물을 섞어 '브뢰바주'를 만들어 마시기도
했다.

와인을 배급받지도 못하고, 대량으로 구입할 여유도 없는 노
동자들은 여러 가지 방법으로 와인을 구했다. 프랑스의 경우 도
시에 거주하는 포도 재배업자는 1759년까지 손님을 집 안으로
들이지 않는 조건으로 문 앞에서 와인을 판매할 수 있었다. 술집
을 여는 것도 한 가지 방법이기는 했지만, 법률상 술집 주인은
같은 한 마을 주민에게 와인을 판매할 수 없었다. 즉 술집은 여
행객만을 상대하는 곳이었다. 중세에 만들어진 이러한 규제 조
치는 1579년 파리 의회에 의해 개정되었지만 잘 지켜지지 않았
다. 결국 술집은 와인의 소비를 확산시키는 데 일익을 담당했다.

노동자들에게 지급되는 와인의 양이 얼마나 많았는지는 베네
치아의 무기 공장의 경우를 보면 알 수 있다. 16-17세기에 2,500
여 명의 노동자를 고용하여 유럽 최대 규모를 자랑하던 한 무기
공장의 가장 큰 지출 내역은 선박 건조용 목재 구입비였고 그 다
음이 와인 구입비였다. 즉 송진이나 밧줄, 쇠, 캔버스 구입비보
다 훨씬 많은 금액을 와인을 사는 데 썼던 것이다.

무기 공장에서 근무하는 노동자들은 물 탄 와인을 하루 평균 2
리터씩 지급받았다. 누군가가 242,809제곱미터에 달하는 무기
공장 여기저기에서 근무하는 사람들에게 하루 6,000리터의 와인
을 양동이로 들고 다니며 나누어 주려면 엄청난 수고가 뒤따랐을
것이다. 그런데 와인은 배급량을 자유자재로 조절할 수 있는 품
목이 아니었다. 무기 공장의 노동자들은 와인이 없으면 일을 하
지 않았기 때문에 감독관들은 와인 수급에 지장이 없도록 온갖

노력을 기울여야 했다. 이와 같은 사실을 보면 술과 일을 분리시키고, 직장에서의 음주를 규제하는 것이 비교적 최근에 등장한 조치임을 알 수 있다.

물로 희석시켰다고는 하지만 하루에 와인 세 병은 상당한 양이었다. 게다가 무기 공장 안에서 마신 것만 세 병이라는 점을 놓고 보면 더더욱 그렇다. 이는 베네치아 정부의 입장에서도 꽤나 부담스러운 양이었다. 1년 예산의 2퍼센트 이상이 무기 공장 노동자들에게 지급하는 와인 구입비로 지출되었다. 게다가 이들의 와인 소비량은 점차적으로 증가했다. 1550년대에는 노동자 한 사람이 하루에 마시는 와인이 2.5리터였지만 1615년에는 이 수치가 3.2리터로, 1630년대에는 5리터로 증가했다. 1696년에는 와인 구입비가 무기 공장에 들어가는 인건비의 10퍼센트 이상을 차지했다.

노동자들에게 지급되는 와인은 물과 와인의 비율이 2 대 1이었다. 이 정도로 물을 섞어도 괜찮으려면 이탈리아 남부나 에스파냐 혹은 지중해 연안의 섬에서 만든 진한 와인이라야 했다. 이 지역의 와인은 도수가 12도 이상이었지만 물을 섞으면 4도 정도로 낮아져서 요즘 시판되는 맥주보다 약한 수준이었다.

백장에서부터 선원, 노잡이에 이르기까지 공화국을 위해 일하는 사람들은 모두 공짜 와인을 지급받았지만 가장 많은 특혜를 누린 층은 무기 공장의 노동자들이었다. 날마다 와인을 마시는 것은 물론이고 선박이 한 척 진수될 때마다 건조 팀원들은 물로 희석시키지 않은 와인 2리터를 받았다. 감독관들은 임금의 3분의 1에 해당되는 와인을 보너스로 받았는데, 이들에게 지급된 양은 연간 450~1,800리터 사이였다.

1640년대 들어 무기 공장의 일인당 와인 소비량이 급증하면서 여러 가지 부정이 잇따랐다. 공급업자들은 묽은 북부산 와인을 넘기면서 진한 남부산 와인에나 어울림직한 가격을 매기거나, 상한 와인을 속여서 파는가 하면, "붉은 색이 도는 물"이나 다름없을 만큼 물을 잔뜩 섞기도 했다. 하지만 와인의 가격이 치솟고 소비량이 급증한 이유는 따로 있었다. 무기 공장을 공식 방문한 인사들이 과도하게 와인을 마신 데다가, 사람들이 무기 공장 직원의 친구나 친척, 하인인 척 찾아가 공짜 술을 마셨기 때문이다.

하지만 무기 공장 관리진은 와인 소비를 제한하기는커녕 1630년대 들어서 아예 대형 와인 통을 제작했다. 덕분에 이제는 누구든지 통 앞으로 가기만 하면 구리 관을 통해 흘러나오는 와인을 마실 수 있었다. 프랑스에서 찾아온 방문객은 이 와인이 "고급스럽다고 할 수는 없다."고 말했지만 영국에서 찾아온 어느 방문객은 입맛이 덜 까다로웠던 모양인지 "상당히 맛이 좋기는 하지만 물이 섞여 있는 것 같다."고 했다. 무기 공장과 대형 와인 통이 이 시기 와인의 소비 양상을 대변한다고 볼 수는 없지만, 와인이 유럽에서 이제는 생활의 일부가 되었을 뿐 아니라 노동에 지친 사람들에게 힘이 되어 주었음을 알 수 있다.

일꾼들에게 술을 지급한 조선소는 베네치아 공화국의 무기 공장뿐만이 아니었다. 18세기에 영국 해군은 군인과 조선소 노동자들에게 럼—펀치의 형태로—을 주었다. 이와 같은 관행을 알아차린 어느 프랑스 첩자는 영국 조선소 안으로 접근하기가 식은 죽 먹기라며 다음과 같은 글을 남겼다.

설비 관련 용어를 숙지하고 지나친 호기심을 보이지 않으며 펀치
가 나오는 시간을 기다리기만 하면 된다.

대형 통에서 흘러나오는 와인은 일단 공기와 접촉한 상태이기
때문에 원래의 맛을 금세 잃어버리기 십상이었다. 게다가 이 시
대 사람들은 와인의 보관 방식에 관심이 없었다. 와인의 운송과
보관에 쓰이는 용기는 여전히 나무통이었고, 술집에서도 와인을
나무통에 담은 채로 잔이나 주전자에 따라서 팔았다. 유리로 만
든 와인 병은 로마 시대 때부터 만들어졌지만 일시적으로만 쓰
였고, 부유층의 과시용으로 인기를 얻기 시작한 것은 16세기 초
반부터였다.

초창기의 유리병은 두께가 얇고, 가벼우며, 부연 유리를 썼고,
바닥은 일반적으로 정사각형이었다. 하지만 1630년대 들어 영국
에서 용광로의 땔감을 나무에서 석탄으로 교체하면서부터 새로
운 유리병이 탄생했다. 와인 병의 조상이라 할 수 있는 이 병은
무겁고 단단하며 두꺼웠다. 유리의 색깔은 짙었고—짙은 녹색,
갈색, 심지어는 검은색도 있었다—몸통은 길고 둥근 모양이었
으며, 끝으로 갈수록 가늘어지는 목에는 마개를 고정시키기 위
한 줄이 달려 있었다. 이 병은 개별 생산되었기 때문에 크기가
제각각이었지만 부피는 비슷했다. 간혹 부피가 일반 병의 30배
에 달하는 대형 병도 만들어지기는 했다. 주문 생산한 병에는 유
리로 둥그런 표장을 만들어 주문자의 이름—귀족의 경우에는
문장—을 새겼다.

새로운 유리병은 옛것보다 튼튼하고 가격도 저렴했다. 구형

은 한 개당 6-8펜스였지만 신형은 17세기 말을 기준으로, 주문자의 이름을 새긴 표장이 있을 경우에는 1다스에 5실링, 없을 경우에는 3실링 6펜스 정도로 쌌다. 즉 구형의 절반밖에 안 되는 가격이었던 것이다. '영국 병'이라고 불린 새로운 타입의 병은 영국의 상류층에서 높은 지위를 상징하며 엄청난 인기를 모았다. 1684년에는 뉴캐슬, 한 지방의 공장에서 생산된 병만 무려 36,000개에 달했다.

17세기 후반을 지나 1720년대로 접어들면서 영국 와인 병은 점점 납작해지더니 공 모양의 몸통에 뭉툭한 목이 달린, 양파와 같은 모양으로 바뀌었다. 이후로는 전체적인 모양새가 원형에서 사각형으로 바뀌었는데, 와인 병은 눕혀서 보관하는 것이 제일 좋다는 사실이 알려지면서 이와 같은 유행은 계속 이어졌다. 둥근 병은 눕혀서 보관하기가 어려웠고 특히 일렬로 늘어놓으면 불안하기 짝이 없었다. 18세기 중반 무렵에는 원통 모양의 병이 등장했다.

하지만 유리병은 와인을 보관하는 수단에 불과했다. 와인을 병에 담아 판매하는 상인들도 일부 있었지만 병의 크기가 저마다 달랐기 때문에—규격을 통일하는 공정은 1821년에야 인가를 받았다—양을 속여서 판매할 가능성이 무궁무진했던 것이다. 1686년 영국 정부는 와인을 병에 담아 판매하는 행위가 불법이라는 법규를 개정했다. 이 조항이 다시 수정된 것은 1860년에 이르러서였고, 그때까지 소비자들은 정해진 용량대로 와인을 사서 병에 다시 따르는 번거로움을 감수해야만 했다. 영국의 저술가 피프스(Pepys)는 『일기(*Diary*)』에서 '미트라' 술집을 찾아가 문장을 새겨 넣은 병에 와인을 따라 가지고 오는 즐거움을 기록한 바 있다.

새로운 병의 탄생에 이은 두 번째 혁명은 코르크 마개의 발견이었다. 고대 그리스에서는 코르크에 송진을 발라 암포라를 봉인했는데, 이 방식이 새롭게 부활한 것은 17세기 들어서였다. 이전까지는 가죽, 나무, 헝겊이 마개로 쓰였지만 나무로 막은 뒤 헝겊으로 빈틈을 메우는 방식이 그나마 효과가 있었을 뿐, 어느 것도 완벽하게 공기를 차단하지는 못했다. 유리병이 개발되면서 가끔 유리 마개가 쓰이기도 했지만, 병의 모양과 크기가 제각각이기 때문에 마개도 그에 맞게 개별적으로 제작해야 하는 어려움이 있었다.

코르크 마개의 등장은 와인 보관의 역사에 새로운 장을 여는 사건이었다. 코르크는 유연성이 뛰어나고 젖으면 팽창하기 때문에 공기를 완벽하게 차단할 수 있었다. 처음에는 코르크 마개가 진가를 제대로 발휘할 수 없었다. 병 입구를 너무 단단히 틀어막아 도리어 빼낼 수가 없었기 때문이다. 하지만 코르크 스크류의 발명으로 이 문제는 말끔히 해결할 수 있었다.

코르크의 유일한 단점은 공급상의 어려움이었다. 코르크를 만들 수 있는 나무가 자라는 곳은, 기후 조건상 에스파냐와 포르투갈로 한정되어 있었다. 이 말은 곧, 와인을 병에 담고 싶은 나라는 에스파냐나 포르투갈과 무역을 해야 한다는 뜻이었다. 1703년에 체결된 메수엔 조약으로 포르투갈과 영국 간의 교역이 정례화되자 영국 국민들은 포트 와인을 마음껏 즐길 수 있게 되었고 상인들은 코르크를 쉽게 얻을 수 있게 되었다.

유리병과 코르크의 등장은 17세기, 전혀 다른 두 와인—발포성 와인과 포트 와인—의 발전으로 이어졌다. 특수 공정을 거쳐야 하는 이 두 가지 와인 외에도 생산지와 포도의 품종에 따라 성격이 다른 여러 가지 와인들이 선을 보이기 시작했는데, 증류 기술의 보급과 다양한 와인의 등장으로 인해 술의 역사는 근대 초기에 일대 전환기를 맞이하게 되었다.

샴페인이 대표 주자라 할 수 있는 발포성 와인은, 발효 단계에서 생기는 탄산가스를 통 밖으로 배출시키지 않은 것이다. 이렇게 와인 속에 용해된 탄산가스는 용기를 여는 순간 작은 기포를 만들며 빠져나갔다. 발포성 와인을 탄생시킨 주인공은 17세기, 샹파뉴 에페르네 인근 오빌레르 수도원의 수도사로 있던 동 피에르 페리뇽(Dom Pierre Pérignon)이었다. 전하는 이야기에 따르면 우연히 발포성 와인을 개발한 동 페리뇽은 "별을 마시는 기분이다!"라고 감탄했다고 한다. 동 페리뇽이 샴페인을 발견한 과정은 낭만적으로 묘사될 때가 많지만 사실 그는 와인에서 생기는 기포를 없애기 위해 많은 노력을 기울였던 인물이다.

포도 재배와 와인 생산의 모든 업적이 그렇듯이, 발포성 와인도 오랜 단계를 거쳐 발전이 이루어졌다. 샴페인의 고향, 샹파뉴는 원래부터 피노 누아르 포도로 약간 분홍색을 띠는 와인을 만드는 지방으로 유명했다. 이곳에서 생산된 와인은 어찌나 인기가 높았던지 루이 14세의 식탁에 오를 정도였다. 와인에 기포가 생기는 이유는 추운 겨울 동안 발효 과정이 일시적으로 중단되기 때문이다. 즉 겨울 동안 잠자고 있던 이스트가 봄이 되면 활동을 재개하면서 발효 과정이 다시 시작되는 것이었다. 이런 과정을 거친 와인은 압력이 높아서 병에 담으면 깨지기 일쑤였다. 이와 같은 문제가 해결된 것은 오랜 시기를 거쳐 단단한 병이 탄생한 이후였다.

무발포성 와인에 길들여져 있던 사람들은 기포를, 재미있는 현상이라기보다는 없어져야 할 문제점으로 생각했다. 하지만 샴페인의 역사를 보면 알 수 있듯이 이는 금세 놀라운 발견으로 떠받들어졌다. 발포성 와인의 진가를 처음으로 알아차린 고객은 프랑스인이 아니라 영국인이었는데, 프랑스에서 추방당하면서 런던으로 거처를 옮긴 생테브르몽(Saint-Evremond) 후작이 그 발견자였다. 2차 발효 과정에서 생기는 압력을 견디는 유리병은 거의 없었기 때문에 그가 런던까지 무사히 와인을 들고 갈 수 있었던 것은 그야말로 행운이었다.

발포성 와인은 희소성 덕분에 높은 가격에 판매되었고, 영국과 프랑스 양쪽에서 부유함의 상징으로 자리 잡았다. 피프스는 1679년 3월 『일기』에서 마차를 타고 하이드 공원을 가로지르면서 "올해 들어 처음으로 샴페인 두 병을 들고 간다."고 적었다. 기포가 부글대는 유리병을 들고 덜컹거리는 마차를 타다니 바람직한 발상은 못 되지만 『일기』에 따르면 별다른 사고는 없었던 모양이다.

샴페인과는 성격이 전혀 판이한, 또 다른 와인이 데뷔한 것도 이와 비슷한 무렵이다. 포트 와인도 샴페인과 마찬가지로 와인 제조상의 특이점과 시장의 호응 덕분에 성공을 거두었지만 정치 상황의 영향을 받았다는 면에서는 샴페인과 달랐다. 포트 와인이 인기를 얻은 것은 주기적으로 프랑스 와인의 수입을 금지하는 정부 때문에, 영국 상인들이 오랜 교역 관계에 있던 포르투갈 쪽으로 눈길을 돌리면서부터였기 때문이다. 1660년대 무렵 영국은 포르투갈 북부, 미뉴 지방의 레드 와인을 수입하고 있었다. 미뉴 지방의 레드 와인은 클라레보다 못하지만 클라레의 공급 물량이 부족할 때면 대안으로 수입되곤 했다.

영국에서 수입하는 포르투갈 와인의 양은 17세기 말 들어 증가하기 시작했다. 1679-83년과 1689-93년, 두 시기 동안 영국 정부는 프랑스 와인의 수입을 금지시켰고 1673년에는 어마어마한 관세를 부과했다. 포르투갈 와인의 추가 공급지가 될 만한 곳을 물색하던 영국 상인들은 도루 강 상류 지방에 주목했다. 도루 강 상류 지방에서 생산되는 레드 와인은 오포르투와 가까운 하류 지방에서 생산되는 와인보다 색깔이 짙고 맛이 묵직했다. 이것이 바로 '포르투' 즉 포트 와인의 시초인데 런던에서는 특유의 맛과 형태 때문에 한동안 '블랙 스트랩'이라는 별명으로 불리기도 했다.

포트 와인의 특징은 브랜디를 첨가한다는 점이다. 17세기에는 와인의 산화를 막기 위하여 출하 직전에 브랜디를 섞는 경우가 종종 있었다. 덕분에 알코올 도수가 높아져 소비자들 사이에서 인기가 있었는데, 포트 와인은 브랜디를 넣고 숙성시킨다는 점에서 이 경우와는 달랐다. 숙성 과정에서 브랜디를 첨가하면 당분의 발효가 중단되기 때문에 와인의 맛이 더 달콤해졌다. 그리고 발효가 덜 되어 부족하게 되는 알코올은 브랜디가 충당했다. 이와 같은 제조 방법을 고안한 사람은 도루 강 인근 산간 마을인 라메고의 수도원장이라고 한다. 영국 상인들이 포트 와인의 시조격인 이 와인을 최초로 접한 것은 1678년이었다.

특이한 제조 공정을 거친 샴페인과 포트 와인이 일반적인 테이블 와인과는 색다른 맛으로 인기를 얻으면서 다른 종류의 와인들도 잇따라 등장하기 시작했다. 그중 하나가 헝가리 북동부 토카이헤다리아 지방에서 생산되는 토카이 와인이다. 이 지방의 와인 생산업자들은 16세기 말부터, 수확을 늦춰 당도를 높인 포도의 즙을 와인에 섞기 시작했다. 그러다 17세기에는 보트리티스 곰팡이의 습격을 받은 다음에야 포도를 수확하는 방식으로 당도를 높였다. 보트리티스 곰팡이—헝가리어로는 '아수'이다—의 효과를 발견하게 된 것은 17세기 오스만 제국의 진격을 두려워한 나머지 포도의 수확을 늦춘 어느 농부 덕분이었다. 보트리티스 곰팡이에 감염된 포도를 따로 으깬 뒤 감염되지 않은 포도의 즙과 섞어 만드는 토카이 와인은 프랑스, 프러시아, 러시아의 왕궁에서 인기가 높았고, 상류층의 상징으로 자리 잡으면서 상업적인 성공을 거두었다.

보트리티스 곰팡이에 감염된 포도즙을 섞어 만드는 토카이 와인은, 샴페인이나 포트 와인처럼 전혀 새로운 차원의 와인이라 볼 수는 없었다. 당시 상인들 사이에서는 소비자의 기호에 맞는 맛과 빛깔을 유지하기 위해 서로 다른 와인을 혼합하는 것이 일반적인 관행이었다. 즉 맛이 가벼운 클라레에 진한 에스파냐 와인을 섞어 점성을 높이거나, 밝은 색 레드 와인에 딱총나무 열매의 즙을 섞어 색상을 짙게 만드는 식이었다.

이와 비슷한 시기에 일부 지방에서는 리슬링과 같은 포도의 품종에 관심을 기울이기 시작했다. 모젤 강과 라인 강 일대에서 자라는 리슬링 품종이 16세기 들어 주목을 받게 된 이유는, 30년 전쟁 동안 수많은 포도밭이 폐허로 변했기 때문이다. 30년 전쟁 이 끝나고 1650년대로 접어들자 알자스—전쟁의 결과로 프랑스에 합병되었다—와 라인 강 지역의 농부들은 다시 포도를 재배하기 시작했다. 리슬링은 빠른 시일 내에 대규모 수확을 거둘 수 있는 품종을 찾던 이들이 선택한 포도였다. 리슬링은 추위를 잘 견디고, 산출량이 풍부하며, 늦게 여물지만 당도가 높다는 장점이 있었다. 당시에는 토카이 와인과 소테른을 비롯한 보르도의 달콤한 화이트 와인이 인기가 많았는데 리슬링은 그 늘어 가는 수요를 감당하기에 알맞은 품종이었다.

레드 와인을 생산하던 수많은 포도밭은 리슬링 재배용으로 바뀌었다. 1695년 트리어의 성 막시미누스 수도원에서는 100,000그루의 포도나무를 심었는데 대부분이 리슬링이었고, 18세기 라인 강 요하니스베르크의 베네딕투스 수도원에서도 1,000,000그루의 리슬링을 심었다는 기록이 남아 있다.

그래도 레드 와인의 인기는 여전했는데, 소비자들은 프랑스 와인 수출의 대부분을 차지하던 클라레 타입의 가벼운 와인보다는 맛이 진한 와인의 인기가 높아졌다. 보르도 와인이 오늘날과 비슷한 맛으로 정착된 것도 이와 같은 세태를 반영하면서부터였다. 특히 그라브와 메도크에서는 시대의 변화에 부응하여 스타일과 품질 면에서 새로운 척도를 제시했다. 샴페인이나 포트 와인과 같은 새로운 타입의 와인이 등장했고 그 외에도 자체적인 발전이 있었기 때문에 증류주의 거센 도전에도 불구하고 와인은 영국과 유럽의 부유층 사이에서 여전히 사랑받았다.

17세기에 나타난 또 다른 현상은 더욱 체계적인 와인 감별법의 등장이다. 와인 애호가들의 입맛이 정교해진 이유는 유리병의 등장으로 맛이 변질되는 것을 막을 수 있었기 때문이기도 했고, 같은 지역에서 생산된 와인이라도 맛의 차이가 있다는 것을 알게 되었기 때문이기도 했다. 17세기까지만 하더라도 와인 애호가들은 와인을 이야기할 때 특정 생산지보다는 일대의 넓은 지역을 거론했다. 즉 클라레 지역에서 생산된 와인은 클라레 와인이었고, 라인 강 와인은 라인 강 유역에서 생산된 와인이었으며, 부르고뉴 지역에서 생산된 와인은 부르고뉴 와인이었다. 프랑스 본 와인의 경우는 예외였는데, 당시 본이 부르고뉴와 다른 지역으로 간주되었기 때문이다. 이 당시에는 특정 생산지를 거론하는 것 자체가 무의미했을 뿐만 아니라 같은 지방이라도 생산자에 따라 와인이 맛이 달라지기도 한다는 사실 또한 알려지지 않았다.

따라서 와인의 세분화는 먼 미래의 이야기였고, 포도의 품종이나 생산지를 전혀 감안하지 않은 채 와인을 마구 섞는 관행이 이후로도 오랫동안 계속되었다. 영국 시장에서 판매되는 와인은 도매와 소매에 관계 없이 한 양조장에서 만들어진 제품이 아니라 상인들이 탄생시킨 혼합주가 대부분이었다. 이들은 맛이 가벼운 와인과 진한 와인을 섞기도 했고, 알코올 도수와 보존 기간을 높이기 위해 브랜디를 넣기도 했으며, 나름대로의 비법에 따라서 여러 가지 첨가물을 추가하기도 했다. 특정 지방의 포도밭이나 양조장을 대표한다고 자신 있게 단정 지을 수 있는 와인은 없다고 보는 편이 맞을 정도였다.

농부들은 18세기부터 포도의 품종에 관심을 기울이기 시작했지만 특정 지방의 와인이 인지도를 높이기 시작한 것은 17세기부터였다. 포도 품종과 생산지를 분명히 밝히기 시작한 이는 보르도 유력 가문의 수장인 아르노 드 퐁타크(Arnaud de Pontac)이었다. 퐁타크 가는 오랜 세월에 거쳐 신분이 높아진 가문이었고, 1660년에 아르도 드 퐁타크는 보르도 최고 법원을 이끄는 귀족이었다. 퐁타크 가는, 아르노 드 퐁타크의 할아버지가 16세기에 오브리옹이라는 성을 지어 놓은 그라브 지방에 포도밭을 가지고 있었다. 그리고 17세기 중반 무렵 오브리옹의 이 포도밭은 면적이 무려 380,000제곱미터에 달했다.

아르노 드 퐁타크는 재산이 넉넉했던 만큼 좋은 포도만 골라서 와인을 빚거나, 한 번 사용한 통을 재활용하지 않는 방식으로 와인의 질을 높일 수 있었는데, 정작 그가 관심을 기울인 부분은 마케팅이었다. 그는 그라브의 포도밭에서 생산된 와인에는 '오브리옹'이라는 이름을, 그 외 지방의 포도밭에서 생산된 와인에는 가문의 이름인 '퐁타크'를 붙여 고급 제품에 민감한 런던의 와인 시장을 공략했다. 오브리옹의 맛을 극찬한 와인 전문가는 피프스뿐만이 아니었다. 퐁타크의 공급량은 한정적이었고 오브리옹은 이보다 더 적었기 때문에 다른 와인에 비해 상당히 비쌌다. 오브리옹 한 병 값으로 다른 고급 레드 와인 세 병을 살 수 있을 정도였다.

아르노 드 퐁타크의 아이디어는 타이밍이 완벽한 작전이었다. 1660년 영국에서는 청교도적인 공화제가 물러나고 군주제가 부활하면서 사회 분위기가 좀더 자유로워졌고 이에 따라 술의 소비가 증가하고 있었다. 뿐만 아니라 맛이 진한 오브리옹과 퐁타크가 선을 보인 시기는 영국인들이 맛이 가벼운 클라레에 싫증을 내기 시작한 시기와 정확히 일치했다. 런던의 사교계는 오브리옹과 퐁타크에 열광적인 반응을 보였고 1666년 아르노 드 퐁타크는 런던에 '퐁타크스 헤드'라는 고급 레스토랑을 열어 음식과 함께 오브리옹과 퐁타크를 판매했다.

1600년대는 영국을 비롯한 유럽 각지에서 와인에 대한 관심이 증가한 시기였다. 당시에 유럽을 순례한 영국의 여행객들은 이탈리아 음식과 와인에 대한 칭찬을 늘어놓았다. 여기서 말하는 여행객이란 유럽의 역사와 문화를 감상한다는 명목으로 유럽 대륙 순회 여행을 떠난 부유층을 가리키는데, 이들 가운데 일부는 역사와 문화보다는 여러 가지 여흥에 많은 관심을 보였고, 대다수의 여행기에는 와인 이야기가 빠지지 않았다. 레이먼드(Raymond)는 알바노를 가리켜 "고대 유물 때문이 아니라 맛있는 와인 때문에라도 반드시 들러야 할 곳. 이탈리아에서 가장 마음에 드는 도시."라고 표현했다. 라셀(Lassel)은 카파롤라의 정원, 개울, 샘물을 소개하며 "정원들을 따라 걸으며 수많은 개울과 샘물을 감상하고 집 앞 대규모 테라스 밑 저장실에서 내온 와인을 조금 마시면, 이곳의 와인 맛은 풍경만큼이나 아름답구나 하는 생각이 든다."고 적었다. 생각의 지평을 넓히는 것이 여행이라는데 영국 여행객들은 와인 맛이 근사하다고 해서 이탈리아 사람들마저 좋게 보지는 않았다. 플레크노(Fleckno)는 1654년에 로마에 대한 기록에서 땅만 칭찬하고 와인 생산업자들의 노고는 외면했다.

고기가 훌륭하고 와인이 맛있고 과일이 뛰어나다.…… 하지만 이 모든 것은 자연의 선물이지 그들의 노력이 낳은 결과는 아니다.

17세기 후반으로 접어들면서 영국의 부유층은 와인에 점점 더 많은 평가를 곁들이기 시작했다. 이블린(Evelyn)은 프랑스와 이탈리아를 여행하며 마주친 와인과 포도밭에 대해 적어 두었다가 영국으로 돌아가서 기록으로 남겼다.

와인에 대해서 가장 많은 기록을 남긴 주인공은 영국 해군에서 고위 장교를 지냈고 1660년대에 자신의 사생활을 일기로 남긴 피프스이다. 피프스는 와인 전문가는 아니었을지 몰라도 와인을 누구보다 사랑했다. 가끔 폭음을 걱정하며 금주를 선언하기도 했지만 그 맹세를 지킨 적은 없었다. 피프스는 여러 종류의 다양한 와인을 마셨는데 어느것 하나 싫다고 하는 법이 없었다. 가장 즐겨 마신 와인은 당시 영국에서 가장 인기가 많았던 클라레였지만, 그는 에스파냐의 레드 와인, 에스파냐와 독일의 화이트 와인에 대해서도 감탄사를 늘어놓았다. 피프스의 『일기』에는 향료를 섞은 와인이나 '태운 와인(브랜디가 아니라 따뜻하게 데워 설탕과 향신료를 넣은 와인)' 등 와인을 베이스로 한 여러 가지 술이 등장한다.

피프스는 아르노 드 퐁타크가 1660년대 런던 시장에 소개한 오브리옹 와인을 최초로 언급한 사람 중 하나이기도 한데, 그의 평가는 다음과 같았다.

로열 오크 태번에서 '오브리옹'이라는 프랑스 와인을 마셨는데 지금껏 마셔 본 와인 중 가장 독특한 맛이었다.

하지만 그는 영국 와인을 폄하하는 속물은 아니었다. 한 번은 배튼(Batten) 부인과 "저녁식사를 함께 하며 부인이 영국에서 직접 만들었다는 근사한 레드 와인을 마셨다."고 기록했다. 피프스는 배튼 경의 초대를 받고 월섬스토에서 전년도에 빚은 와인을 함께 마시는 자리에 참석한 적도 있었는데 "사람들 모두 지금까지 마신 어느 외국 와인보다 낫다고 입을 모았다."고 했다. 다른 사람들은 윌리엄 경의 체면을 생각해서 아부를 늘어놓았을지 모르지만 『일기』에서 항상 솔직한 태도를 보이던 피프스의 성격을 생각해 볼 때 영국 와인에 대한 그의 평가는 진심이었다. 그는 월섬스토뿐만 아니라 해트필드(하트퍼드셔)와 그리니치의 포도밭에 대해서도 언급했다.

피프스는 주로 자신의 집 아니면 다른 사람의 집에서 와인을 즐겼지만 또한 여러 술집의 단골이기도 했다. 『일기』에는 라인강 일대에서 와인을 전문적으로 판매하는 "라인 강 와인하우스"가 종종 등장한다. 피프스는 "라인 강 와인 0.5~1리터와 안초비한 접시" 등 와인에 어울리는 음식을 추천하기도 했다.

피프스의 『일기』를 보면 정부 고위 관료였던 포비(Povy)의 와인 저장실에 대한 이야기도 등장한다. 그는 이 저장실이 무척이나 인상적이었던 모양인지 "몇 단의 선반 위에 온갖 종류의 와인이 라벨과 함께 차곡차곡 쌓여 있는데 어느 서점을 가도 그렇게 많은 책이, 그렇게 질서정연하게 쌓여 있지는 못할 것이다."라고 표현했다. 6개월 뒤에 저장실을 다시 방문한 피프스는 병을 차갑게 식히는 데 사용하는 우물을 발견했다. 그는 『일기』에서 자신의 저장실에 있는 와인의 목록을 소개한 적도 있다. "내 저장실에는 클라레 2티어스(159리터), 카나리아 와인 2통, 색 1그릇, 텐트(에스파냐산 레드 와인) 1그릇, 말라가 1그릇, 화이트 와인 1그릇이 있다."

피프스는 와인 저장실을 따로 만들 수 있을 만한 경지에 이른 스스로에게 감탄하기도 했다. "지금 살아 있는 친구들 중에는 내 것 만한 저장실을 가지고 있는 친구가 없다." 이 문장으로 저장실의 크기를 정확하게 짐작하기는 어렵지만 150갤런, 그러니까 750병을 보관할 만한 규모는 되었을 것이다. 포비는 당시만 해도 혁신적이었던 유리병에 와인을 보관했던 반면에 피프스는 전통 방식대로 대형 나무통에 보관했다.

피프스의 와인이 한결같이 직접 구입된 것인지 다른 경로를 통해 얻은 것인지의 여부는 불투명하다. 1679년에 익명의 제보자는 피프스와 그의 부관이 뇌물로 재산을 축적했다는 전단을 뿌린 적이 있다. 그는 전단을 통해 두 사람에게 다음과 같은 사항을 요구했다.

함장, 영사, 대위, 갑판 장교, 포병, 목수와 사무장, 이들의 부인이나 아들이나 딸에게 받은, 그리스 와인과 시라쿠사 와인……말라

가와 셰리주······피렌체 와인······클라레와 화이트 와인과 샴페
인과 사과술을 돌려 주기 바란다.

피프스는 와인에 대한 집착 때문에 괴로웠던 모양인지 종종
『일기』에서 금주를 선언했다. 1661년에는 "앞으로 도박과 와인
을 끊을 것을 새롭게 엄숙히 맹세한다."고 했고 다음 해에는 "다
음 번 성신 강림절까지 끼니마다 와인을 한 잔씩만 마시겠다."고
다짐하기도 했다. 끊기로 맹세한 술에서 에일과 증류주와 '태운
와인'은 제외되었는데, 어쨌든 그는 약속을 잘 지킨다고 자신을
칭찬하며 금주 덕분에 얻은 마음의 평화와 금전적인 여유를 찬
양했다. 반복되는 맹세와 좌절은 1667년으로 끝이 나고 이후로
『일기』가 끝나기까지 2년 반 동안은 금주에 대한 이야기가 전혀
등장하지 않는다. 그는 아마도 금주를 포기했던 모양이다. 어쨌
거나 피프스의 『일기』는 영국 상류층에서 와인이 어떤 위치를
차지하고 있었는지를 보여 주는 진귀한 자료이다.

와인을 마시는 문화에 미적 요소가 가미되면서 변화를 겪은
것이 와인 잔이다. 17세기까지만 하더라도 와인은 컵이나, 은,
토기, 나무, 가죽으로 만든 그릇에 담아 마시는 것이 일반적이었
다. 1500년대 후반 영국의 상품 목록을 보면 유리잔이라는 단어
가 거의 안 보이다가 1600년대 초반부터 등장하는 회수가 조금
씩 많아졌는데, 이로 보아 영성체 때 유리잔을 쓰지 말라는 교황
의 지시가 일상생활에도 그대로 적용되었던 모양이다. 그런데
유리잔이 갑작스럽게 인기를 얻기 시작한 것은 공교롭게도 교황

의 지위가 땅으로 떨어진 종교개혁 때였다.

하지만 유리잔이 널리 보급된 이유는 단지 종교 때문만은 아니고, 기술의 발전 덕분이었다. 베네치아는 예전부터 유리 제작의 중심지였고 베네치아에서 만든 유리잔은 유럽의 상류층에서 귀한 대접을 받았다. 유리로 만든 일상 용품은 유럽의 다른 지방에서도 생산되었는데, 영국은 17세기 들어 유리 제작 기술의 혁신을 이루면서 유리 제품 생산의 중심지로 발전했다. 초기의 와인 잔은 값이 비싸서 일반인은 엄두도 낼 수 없었지만 와인을 즐기는 계층에서는 여러 개를 사다 놓고 사용했다.

기술이 발달하면서 와인 잔의 가격은 낮아졌다. 1621년에는 영국에서 만든 와인 잔 1다스가 4실링이었지만 1635년에는 2실링 6펜스로, 그 값이 3분의 1 정도로 떨어졌다. 영국에서 생산된 크리스탈 잔도 17세기 초반 들어 가격이 꾸준히 내려갔는데 1621년에는 1다스에 16실링이던 것이 20년 뒤에는 5-6실링에 판매되었다. 그 정도 가격이면 1다스에 7-8실링이던 베네치아산 크리스탈 잔보다 조금 더 저렴한 수준이었다. 유리잔의 스타일은 어마어마한 변화를 겪었지만 와인 잔의 특징인 손잡이는 1600년대 초반에야 등장했다. 하지만 향이 잘 날아가지 않도록 둥그런 사발 모양으로 만든 잔은 거의 없었다.

이 시기의 와인 애호가들은 와인의 온도와 맛 사이의 상관 관계를 알아차렸다. 16세기 프랑스에서는 와인을 데워 마셨다. 프랑수아 1세(Fransois I)의 주치의였던 샹피에르(Champier)가 남긴 기록에 따르면, 프랑스에서는 사회적 지위와 계절에 관계없이 항상 와인을 데워 마셨다고 한다.

어떤 사람은 잔이나 병을 벽난로 가까이 두었고 또 어떤 사람은 와인에 따뜻한 물을 섞었다. 잔에 구운 빵을 넣는 사람도 있었고 달군 쇠 칼을 이용하는 사람도 있었다. 우아한 부유층 사람들은 금으로 만든 칼을 잔에 담가 두었고 가난한 사람들은 벽난로의 장작을 담가 두었다.

샹피에르는 와인을 데워서 마시는 편이 좋다고 생각하지는 않았지만 차가운 저장실에서 꺼내자마자 마시는 데에는 반대했다. 즉 차가운 와인을 마시면 목과 가슴, 폐, 위, 장에 안 좋고 간을 손상시키며 심한 경우 불치병 내지는 죽음을 유발할 수도 있다는 것이었다. 그는 저장실에 보관했던 와인은 몇 시간 전에 미리 꺼내 놓은 뒤 마셔야 한다고 강조했는데 레드 와인과 화이트 와인의 구분을 두지는 않았다. 상온의 개념 자체가 지방과 계절에 따라 다르기는 하지만 샹피에르는 와인의 상온 보관을 일찌감치 주장한 선구자였던 셈이다.

하지만 몇 십 년 뒤에 조베르(Jaubert)는 정반대의 주장을 펼쳤다. 혈기가 뜨거운 젊은 사람일수록 차가운 음료를 마셔야 하며, 시원한 저장실이 없으면 와인을 샘물이나 개울물에 담갔다 마셔야 한다고 주장한 것이다. 이는 체질 유지에서 체질 교정을 강조하는 쪽으로 바뀐 의학계의 변화를 반영한 것이었다. 프랑스에서는 여름에 시원한 와인을 마시는 풍습이 16세기에 널리 유행했고 결국에는 에스파냐와 이탈리아에서처럼 눈과 얼음으로 와인을 차게 식혀 마셨다.

와인의 온도와 인체의 관계는 많은 작가들의 관심사였다. 16세기 이탈리아에서 의학 저술가로 활동했던 피사넬리(Pisanelli)는 노년층에게 와인을 권하면서 "노년기에 들어서면 자연적으로 체온이 낮아져서 체온을 높이는 보조제가 필요하기 때문이다."라고 이유를 밝혔다. 하지만 체질이 따뜻한 사람이 와인을 마시면 감정이 끓어 올라 해롭다고 했다. 또한 이는 "가느다란 불쏘시개에 기름을 들이붓는 격이며, 정신을 어지럽힐 수 있기 때문에" 어린아이에게 와인을 주어서는 안 된다고 했다. 같은 맥락에서 그는 "체온이 따뜻하고 혈기가 뜨거운" 젊은 사람이 와인을 마시면 "몸과 마음이 지나치게 흥분할 위험이 있다."고도 했다.

이후로도 와인이 가지고 있는 따뜻한 성질에 대한 우려는 계속되었다. 1753년에 미국의 전도사 에드워즈(Edwards)는 몸이 아픈 딸에게 편지로 몇 가지 치료법을 전했는데 그중에 방울뱀—한 마리밖에 구하지 못해서 미안하다고 했다—과 인삼이 있었다. 그는 인삼 이야기를 하며 "고급 마데이라 와인이나 클라레에 담가서 먹거라. 그래도 못 먹겠거든 고급 화이트 와인에 담그고……그리고 향신료 몇 가지를 네 입맛에 맞는 와인에 넣어서 마시면 기운이 날 것이다."라고 했다. 그리고 그는 추신으로 "워낙 뜨거운 음식이라 열이 오를 수도 있으니" 와인에 물을 섞어 "열기를 없애는 것이 좋다."고 덧붙였다. 와인을 마시기에 좋은 온도를 놓고 여러 가지 의견들이 많았지만 의학계에서는 온도에 상관없이 와인은 기본적으로 '몸을 덥히는' 음료라는 생각이 지배적이었던 것 같다.

근대 초기의 의학자들은 와인을 영양소의 공급원이자 기초적인 의약품으로 간주했다. 이들 가운데 일부는 와인의 종류에 따라 차별을 두기 시작했는데 스위트 와인과 드라이 와인, 레드 와인과 화이트 와인뿐만 아니라 어떤 와인을 어느 계층이 마시면 가장 좋은지까지 구분할 정도였다. 인간은 계층이나 직업에 따라 생물학적인 구조가 다르다는 것이 이들의 생각이었다. 올리비에르 드 세르(Olivier de Serres)는 1605년에 남긴 글에서 "고급스럽고 진한 레드 와인과 블랙 와인은 노동 계급에 적합하고…… 화이트 와인과 클라레는 유한 계급에 적합하다."고 주장했다. 여기서 블랙 와인이란 색깔이 아주 짙은 레드 와인을 가리킨다.

몇 년 뒤에 프랑스의 의학자 리보(Liebault)도 계층별로 적합한 와인을 나눌 때 가장 중요한 기준은 맛이 아니라고 말했다.

레드 와인은 화이트 와인이나 클라레보다 영양분이 풍부하기 때문에 일을 열심히 하는 사람들에게 적합하다. 왜냐하면 격렬한 몸놀림이 레드 와인의 단점을 상쇄하기 때문이다. 블랙 와인은 농부들에게 가장 알맞다. 활발한 위장 활동과 육체 노동으로 블랙 와인을 소화시키면 든든하고 풍부한 자양분이 되어 에너지를 공급하기 때문이다.

리보는 사회 계층에 따라 어울리는 와인의 종류를 좀더 자세하게 구분했다. 진한 흙빛 와인 — 고대인들은 블랙 와인을 '땅이 흘린 피'라고 불렀다 — 은 마시는 사람의 피를 진하고 묵직하며 천천히 흐르도록 만드는 역할을 하기 때문에 흙내 나고 거칠며 굼뜨기로 소문난 농부들에게는 안성맞춤이었다. 반면에 머리를 활발하게 움직여야 하는 귀족이나 사업가, 성직자들이 마시면 상극으로 작용해서 간과 비장이 막히고 입맛을 잃게 되며 위통을 앓게 된다고 했다. 또한 가벼운 레드 와인이나 화이트 와인은 위에서 간으로 쉽게 넘어가고, 맑은 피를 생성하며, 심장과 뇌에 활기를 주기 때문에 부유층에 알맞다는 것이 의학 관계자들의 공통적인 의견이었다.

와인과 건강의 관계는 사회전반으로 그 인식이 널리 확산되면서 속담에도 등장했다. 어떤 속담에서는 다음과 같이 와인의 장점이 1년 내내 유효하다고 했다. "무더운 여름과 추운 겨울날 와인을 마시면 힘이 솟는다." 또 어떤 속담은 와인이 소화에 많은 도움이 된다고 했다. "야채를 날로 먹고 와인을 마시지 않으면 병에 걸린다." 그리고 오늘날과 마찬가지로 이 당시에도 배를 소화가 잘 안 되는 과일로 꼽았는지 "배를 먹은 뒤에는 와인 한 모금."이라는 속담도 있었고, 브르타뉴 속담에는 "배를 먹고 와인을 마시지 않으면 사신(死神)의 방문을 받게 된다."는 무시무시한 경고도 있었다. 이 속담의 의미는 배는 소화가 잘 안 되는 과일이었을 뿐 아니라 여성의 상징이기도 했는데, 때문에 남성의 상징인 와인으로 균형을 맞추어야 한다는 것이었다.

경제적으로 어려운 시기가 닥쳤을 때 사람들은 와인의 대안으로 삼을 만한 술까지 제시했다. 와인이 이 당시 프랑스의 식생활에서 얼마나 중요한 위치를 차지하고 있었는지 어느 정도 짐작할 수 있다. 어느 의학자는 "와인을 마실 여유가 없는 가난한 사람들은 맥주, 사과술, 페리주(배의 과즙을 발효시켜 만든 술)를 마셔라."라고 했고, 또 다른 의학자는 굶주림에 시달리는 사람들에게 독한 맥주 대신 물을 많이 섞은 와인을 마시게 하라고 했다. 어떤 의학자들은 견과, 허브, 시금치를 섞어 죽을 만들 때, 물 대신 피케트를 추천하기도 했다.

와인은 환자를 치료하는 데 없어서는 안 될 의약품이었기 때문에 1670년, 루이 14세는 그 유명한 부상병 수용소 '앵발리드'를 건설하면서 매년 200뮈(약 55,000리터)의 와인에 세금을 면제해 주었다. 부상병들에게 지급되는 와인의 양은 꾸준히 증가하여 1705년에는 세금 면제 혜택을 받은 와인의 양이 3,000뮈 즉 800,000리터에 달했다. 장교들에게 지급되는 와인은 하루에 1.25리터였는데 0.25리터는 매일 아침마다 방으로 배달이 되었고 점심과 저녁식사 시간 때 0.5리터씩 지급되었다. 직책이 없는 장교와 일반 사병들에게 지급되는 와인은 이 양의 절반 정도였다. 참회 화요일(사순절에 앞서 3일 또는 일주일 동안 즐기는 사육제 마지막 날)과 같은 특정 축일에는 저녁식사 때 지급되는 와인이 두 배로 늘었다. 와인은 수용소에 근무하는 사람들에게도 지급되었고, 요리에 쓰이기도 했다. 수용된 환자가 평균 2,500명이던 1710년 2월 한 달 동안 앵발리드에서 소비된 와인은 460,000리터였다. 반면에 일반 병원에서는 환자들에게 와인을 지급하지 않았다. 따라서 앵발리드에 머물다 두 달 동안 온천 치료를 받으러 가는 부상병들은 와인을 챙겨 떠났다.

앵발리드의 일부 환자들은 술집에서 와인을 마시다 주먹을 휘두르거나 말다툼을 벌이기도 했다. 술에 취해 난동을 부리다 체포된 장교들은 8일 동안 와인 지급이 중단되었다. 병사들은 똑같은 잘못을 여덟 번 저지르면 1년 동안 감옥 신세를 졌다. 벽에 외설스러운 낙서를 하거나, 쓰레기나 소변을 수용소 창문 밖으로 버리거나, 청결 관련 수칙을 어기거나, 소등 시간에 불을 켠 경우에도 와인 지급을 중단하는 벌이 내려졌다.

와인의 장점을 찬양하는 분위기에서 와인의 유해성을 강조하는 의학자들도 있었다. 16세기 후반 와인을 그다지 좋아하지 않은 초기 문필가들 중 폴미에(Paulmier)는, 중세 문헌이 와인에 부여한 특전에 신물이 난 나머지 다른 발효주를 두둔하고 나섰다. 여러 의학 관련 서적의 작가이기도 한 폴미에는 노르망디의 성실한 시민이었다. 노르망디에는 포도나무가 잘 자라지 않았으며, 사과주가 유명했고, 나중에는 사과로 빚은 브랜디인 칼바도스로 명성을 얻었다. 어느날 노르망디 전역에 퍼진 나병의 원인이 사과주라는 소문이 나면서 노르망디의 사과주 산업에는 어두운 그림자가 드리워졌다.

그리해 폴미에는 사과주가 와인에 비해 모든 면에서 나은 이유를 증명하는 작업에 착수했다. 그는 와인에 뛰어난 장점이 있기는 하지만 전문가의 판단에 따라 신중하게 쓰지 않으면 독약이 될 수도 있다고 강조했다. 즉 환자들은 어떤 와인을 마셔야 하는지, 물을 어느 정도 섞어야 하는지, 기후, 계절, 용도에 따라 와인의 선택이 어떻게 달라져야 하는지 모르기 때문에 수많은 질병에 걸릴 수 있다는 것이었다.

폴미에가 책을 발간한 목적은 단순히 와인의 문제점을 강조하는 것이 아니라 사과주의 우수성을 널리 알리는 데 있었다. 그의 주장에 따르면 사과주는 와인의 장점만을 취한 술이었다. 사과주는 소화와 혈액 순환에 좋았고 몸을 따뜻할 뿐 지나치게 열이 나게 만들지는 않았다. 열기를 3단계로 나누었을 때 와인은 3단계에 해당되는 반면 사과주는 제일 독한 경우라도 1단계였다. 하지만 "사과주를 마시는 사람이 와인을 마시는 사람보다 오래 산다."는 폴미에의 결론은 도가 지나친 면이 없지 않았다.

실상 그의 목소리는, 열악한 환경 때문에 포도 재배를 포기한 노르망디 안에서만 맴도는 공허한 울림에 불과했고, 나머지 지방에서는 와인이 건강에도 좋고 맛도 좋은 술이라는 의견이 지배적이었다. 근대 초기 들어 아르노 드 퐁타크의 오브리옹과 같은 고급 와인이 등장하고 포도의 품종, 생산지, 생산자에 따라 와인의 맛이 달라진다는 인식이 널리 확산되면서 와인을 일상적으로 즐기는 일반 대중과, 심미적인 측면을 강조하는 전문가 집단은 뚜렷한 대조를 보이기 시작했다. 이후로 전문가 집단은 와인의 역사에서 점점 더 중요한 역할을 맡게 되었다.

6

와인의
신대륙 상륙

와인의 부흥을 꿈꾼 식민지 개척자들

1500년대 들어 유럽인의 탐험 정신과 팽창주의는 멀리까지 뻗어 나가기 시작했다. 예전에는 러시아, 중국, 인도 등 동쪽을 여행했던 탐험가들이 이제는 아시아로 향하는 최단 경로를 찾기 위해 서쪽으로 눈을 돌렸다. 이와 함께 세계 역사는 새로운 시대를, 와인의 역사는 새로운 장을 맞이하게 되었다. 유럽인들이 발을 들여 놓은 땅 가운데 야생 포도가 자라는 지역은 있었지만 이 포도로 와인을 만들어 마시는 사람은 없었다. 하지만 유럽인들은 새로운 대륙에 와인과 함께 포도밭을 전파했다. 신대륙의 와인은 다사다난한 역사를 거친 뒤에야 구대륙의 와인과 어깨를 나란히 할 수 있다는 평가를 받을 수 있었다.

에스파냐와 포르투갈이 아프리카 해안에서 수백 마일 멀리 떨어져 있는 대서양의 여러 섬을 발견하고 식민지로 삼는 데에는 오랜 시간이 걸렸다. 카나리아 제도를 점령한 에스파냐는 재빨리 포도나무를 심었는데 카나리아 와인은 16세기 말 들어 해외로 엄청나게 많이 수출되었고 주요 산지였던 테네리페 섬은 와인 수출로 살림을 꾸려 나갔다고 해도 과언이 아니었다. 그 당시 카나리아 와인의 주요 수출 시장은 아메리카 대륙에 건설한 에스파냐와 포르투갈의 식민지였지만 17세기에는 최대 고객이 영국으로 바뀌었다. 영국에서 특히 인기가 좋았던 와인은 말바시아 포도로 빚은 달콤한 화이트 와인이었다. 영국의 작가인 하우얼(Howell)은 카나리아 와인을 "맛이 가장 풍부하고 진하며 보존 기간이 길어서 오랫동안 묵혔다 마실 수 있다."고 평했다.

영국으로 수출되는 카나리아 와인의 양은 17세기 내내 꾸준하게 증가했다. 1620년대에는 매년 2,483파이프(약 125만 리터)에 불과하던 것이 1660년대에는 5,522파이프로(약 280만 리터), 1680년대에는 6,700파이프(약 350만 리터)로 늘어났던 것이다. 6,700파이프는 300만 병 이상에 해당되는 어마어마한 양이었다. 예전에는 부유층만 조금씩 마실 수 있었던 카나리아 와인을 "이제는 남녀노소가 우유처럼 마신다."는 제임스 하우얼의 표현은 다소 과장된 것이지만 17세기 후반으로 갈수록 시중에 유통되는 양이 많아진 것은 분명한 사실이다.

하지만 카나리아 와인이 일으킨 열풍은 18세기가 시작되자마자 사그라졌다. 영국의 주요 수출품인 직물이 카나리아 제도에서는 별 소용이 없었기 때문에 양국의 무역 수지는 언제나 한쪽으로 기울 수밖에 없었다. 카나리아 와인은 값이 비쌌고, 상인들은 만성적인 자금 부족에 시달렸기 때문에 1690년대부터 카나리아 와인은 포르투갈과 에스파냐에서 대량 수입되는 스위트 와인으로 서서히 교체되기 시작했다. 카나리아 와인은 18세기까지 영국에 수출되기는 했지만 소량에 불과했고 카나리아 제도의 포도 재배 산업은 사양길로 접어들었다.

대서양에서 포도 재배를 시작한 또 다른 섬 지역은 1420년에 포르투갈이 발견한 마데이라 제도였다. 발견 당시 마데이라는 숲이 울창한 무인도였는데, 마데이라라는 이름은 포르투갈어로 '나무'라는 뜻이다. 포르투갈인들은 이 섬에 사탕수수와 크레타 섬에서 가지고 온 맘지 품종의 포도나무를 심었는데, 구하기가 점점 어려워진 크레타를 본뜬 와인을 생산할 생각이었던 것이다. 사탕수수는 잘 자랐다. 얼마 후 라틴 아메리카의 플랜테이션에 밀리기는 했지만 1500년대에만 해도 마데이라는 세계 최대의 설탕 생산지였다. 포도나무도 잘 자라기는 마찬가지여서 16세기에는 와인이 설탕보다 훨씬 이윤을 많이 남기는 지역 산업으로 발전했다.

마데이라의 와인 산업이 번창한 이유는 영국에서 북아메리카와 카리브 해 연안의 영국 식민지로 향하는 선박의 기항지로 안성맞춤이었기 때문이다. 와인에 주정이 강화된 요즘과는 달리 당시 마데이라 와인은 상당히 평범한—맛이 가볍고 금세 변하는—테이블 와인이었다. 맘지 품종을 따로 발효시켜 만든 것이 오늘날 마데이라 와인의 시초인데 이런 방식으로 빚은 와인은 오랫동안 보존할 수 있었고, 열대 기후에 노출된 것이 오히려 장점으로 작용했다. 왜냐하면 산화 작용이 와인을 식초로 만들기는커녕 오히려 와인의 색을 진한 갈색으로 바꾸고 와인에 더욱 깊고 부드러운 맛을 더했기 때문이다. 17세기 말에 마데이라의 와인 산업은 호황을 누렸다. 기록을 보면 1697년 12월 17일 하루 동안 11척의 선박이 도합 10만 갤런의 마데이라 와인을 싣고 보스턴과, 카리브 해의 각지를 향해 떠났다고 한다.

카나리아 제도와 마데이라는 전략적인 요충이자 와인 산업의 전진 기지였지만 에스파냐와 포르투갈의 가장 큰 식민지는 라틴 아메리카였다. 1520년대에 멕시코의 아스텍 군을 물리친 에스파냐는 20년 만에 이곳을 점령했고, 현재 볼리비아, 콜롬비아, 페루, 칠레에 해당되는 남아메리카의 서부 지역을 식민지로 만들었다. 에스파냐 문화에서 빼놓을 수 없는 요소인 와인은 식민지에서도 없어서는 안 될 필수품이었다. 와인은 주요 군수품인 동시에 에스파냐와 아메리카 식민지 간의 무역에서 중요한 위치를 차지했다. 하지만 이보다 더 주목해야 할 것은 식민지 내에서 발전한 포도 재배 기술이다. 라틴 아메리카에도 야생 포도나무는 있었지만 이곳 주민들은 과일이나 곡물로 술을 빚었을 뿐 포도로 와인을 만들지는 않았다. 유럽에서 건너온 개척자 가운데 일부는 인디언들이 만든 용설란 술을 마셨지만 일부는 와인에 대한 미련을 버리지 않았다. 하지만 이곳에서 자라는 야생 포도는 와인으로 만들기에 적합하지 않아서 유럽에서 품종을 수입해야 했다. 에스파냐인이 발을 들여 놓은 지 몇 년 뒤부터 시작된 와인 생산은 에스파냐의 점령지가 남쪽으로 확장되는 경로를 따라 늘어났다.

　포도 재배의 확산 속도는 놀랄 만한 수준이었다. 1520년대 초반 무렵 멕시코에서 첫 선을 보인 포도밭이 페루로 전파된 것은 1530년대 초반이었고 볼리비아와 콜롬비아로 확산된 것은 1530년대 후반이었다. 칠레에는 1540년대 초반부터, 안데스 산맥 건너편에 자리 잡은 아르헨티나에서는 1557년부터 포도 재배를 시작했다. 포도밭이 라틴 아메리카 전역으로 확산되는 데 걸린 시간은 40년에 불과했다. 뿐만 아니라 당시 와인 생산을 처음으로 시작했던 지방들의 명성이 오늘날까지 유지되고 있는 것을 보면 포도 재배 기술이 상당히 뛰어났음을 알 수 있다. 현재 아르헨티나 와인 산업의 심장부라 할 수 있는 멘도사는 1560년대 후반부터 이미 포도 재배를 시작했던 곳이다.

에스파냐 개척자들은 포도 재배에 적극적으로 참여할 수밖에 없었다. 1524년, 뉴에스파냐(멕시코의 당시 명칭임)의 사령관 코르테스(Cortes)는 오늘날의 멕시코시티에 해당되는 지역의 개척자들에게 포도나무를 심으라는 포고령을 내렸다. 즉 개척자들에게 땅을 주고 인디언을 노동력으로 쓸 수 있게 하는 조건으로 인디언 100명당 최상급 포도나무 1,000그루를 재배하도록 법으로 정한 것이다. 에스파냐가 점령한 다른 지역에서도 이와 비슷한 권고 조항이 있었다. 1567년에 페루 남부 지방을 순례한 에스파냐 관리는 티티카카 호 인근 포도밭에 포도나무 1,000~1,500그루를 추가로 심을 것을 명했다.

코르테스가 내린 포고령은 별 효과가 없었고 멕시코의 대부분의 지역에서 포도 재배는 성공을 거두지 못했다. 포도 재배에 실패한 것은 기후 때문이다. 멕시코의 기온이 에스파냐보다 따뜻하기는 했지만 서리가 내리는 시기가 빨라서 어린 싹들이 견디지 못했던 것이다. 뿐만 아니라 페루를 비롯한 라틴아메리카의 여러 나라에서 반입되는 와인의 양이 워낙 많아서 굳이 와인 생산에 집착할 이유가 없기도 했다.

하지만 멕시코에서도 소규모이긴 하지만 와인이 생산되었다. 텍사스에 인접한 국경 지역인 파라스 데 라 푸엔테에서는 1597

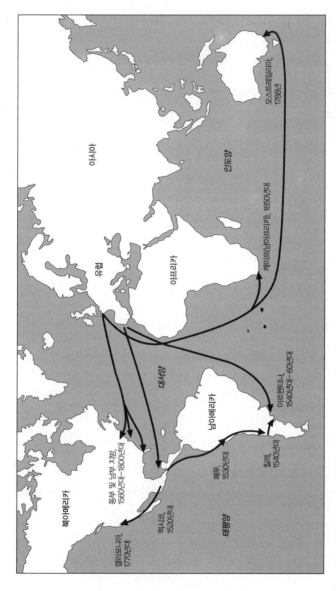

신세계의 포도 재배 확산 양상(1500~1800년)

년에 펠리페 2세(Felipe II)가 돈 로렌소 가르시아(Don Lorenzo Garcia)에게 양조장 건설 명목으로 토지를 하사한 이래로 꾸준히 와인이 생산되었다. 파라스 데 라 푸엔테는 '샘물의 포도나무'라는 뜻인데, 16세기에 에스파냐인들이 도착했을 당시 관개용수 역할을 하는 시에라마드레 산맥의 지하수 덕분에 포도 덩굴이 무성한 것을 보고 붙인 이름이었다. 신대륙 최초의 공식 양조장이 건설되었던 이곳에서는 지금도 재래 품종으로 와인을 생산하고 있다.

그런데 에스파냐 개척자들이 아메리카 대륙에서 이처럼 포도 재배를 서두른 이유는 무엇일까? 그것은 가톨릭 선교원에서 영성체에 쓸 포도주가 필요했기 때문이라는 의견이 지배적이다. 라틴 아메리카의 포도밭은 가톨릭 선교원을 중심으로 형성되었다. 가톨릭 교회와 와인의 관계가 어찌나 밀접했던지 포도 품종에 '미션(misson)'이라는 이름을 붙일 정도였다(이 품종은 에스파냐에서 들여온 모니카 품종이었을 가능성이 큼). 하지만 영성체를 위해 필요한 포도주는 에스파냐에서 수입하는 와인으로 충당할 수도 있었다. 게다가 일반 신도들은 영성체에서 포도주를 마시지 않았던 점으로 미루어 볼 때 라틴 아메리카 일대에서 해마다 생산되는 수백만 리터의 와인이 모두 영성체에 쓰이지는 않았을 것이다.

사실 이 시기에 라틴 아메리카에서 포도 재배가 널리 확산된 데에는 종교적인 이유보다 세속적인 이유가 더 강하게 작용했다. 에스파냐에서 와인은 일상생활의 일부였고 개척자들은 뉴에스파냐에서도 과거의 문화와 식습관을 그대로 유지하고 싶었기 때문에 유럽의 곡물과 채소, 과일, 포도나무를 재빨리 옮겨 심었다.

물론 에스파냐에서 와인을 수입할 수도 있었다. 하지만 운송에 따르는 비용 부담이 컸고—일단 신대륙에 도착한 뒤 육로로 이동하는 것 역시 만만치 않은 일이었다—날로 늘어나는 개척 인구를 감당할 수 있을 만한 양이 못 되었다. 뿐만 아니라 16세기의 와인은 산화가 빨라서 운송 도중에 상하기 십상이었다. 안달루시아와 말라가에서 만든 에스파냐 와인이 멕시코로 수출되기는 했지만 멀리 남아메리카 서안의 식민지까지 전달되는 경우는 거의 없었다.

사실 남아메리카 서안은 기후와 토양 조건이 포도 재배에 안성맞춤이었다. 그중에서도 페루의 일부 강변 지역은 포도 재배를 시작한 뒤로 불과 20년이 지난 1560년대 무렵 포도밭의 면적이 400제곱킬로미터에 달했다. 페루의 주요 와인 생산지 가운데 식민지 남단에 자리한 모케구아 강변이 있다. 이곳에서 와인 산업이 발달한 이유는 기후와 토양 조건이 포도 재배에 적합했을 뿐만 아니라 은광 지역과 가까웠기 때문이다. 페루의 초기 와인 생산 방식은 고대 로마와 비슷했다. 페루의 와인 생산업자들은 용량이 12,000~14,000리터에 달하는 대형 통에 포도를 넣고 으깬 다음 350~400리터 용량의 토기 단지에 즙을 넣었고 온도 조절과 균열 방지를 위해 단지의 아랫부분을 땅에 묻었다. 포도밭은 대부분 소규모로 운영되었고 초기에는 아프리카와 안데스 산맥 출신의 노예들이 일꾼으로 동원되었다. 페루산 와인의 빛깔은 "에스파냐의 '비노 틴토'처럼 붉지 않고 레드 와인과 클라레의 중간 정도였다." 그런데 품질은 미심쩍었다. 이 시기에 페루를 방문했던 어느 인사는 이곳의 와인 산업에 대해 그리 낙관적인 전망을 하지 않았다.

이곳의 포도밭은 상당히 인상적이며 수확량도 매우 많다. 이 포도로 제조된 와인이 아직 없기 때문에 와인의 질에 대해서는 무어라 말할 수 없다. 하지만 관개지에서 수확한 포도로 만들었으니 만큼 묽지 않을까 싶다.

이곳에서 생산되는 와인은 유럽의 와인만큼이나 보존 기간이 짧았고 와인 무역을 담당했던 어느 에스파냐 관리의 형제는 인디언들에게 "식초나 다름없는" 와인을 팔아 넘겼다고 한다.

하지만 페루를 비롯한 라틴 아메리카의 와인 산업은 급속도로 성장했고 몇몇 지역에서는 은과 더불어 경제를 지탱하는 기둥 역할을 했다. 이 소식에 발끈한 에스파냐의 와인 생산업자들은 로비를 벌였고 1595년 펠리페 2세는 에스파냐 식민지에서 포도 재배를 새로 시작하는 것을 금지하는 칙령을 발표했다(수도원은 예외였음). 이 칙령은 본국의 와인 산업을 보호하기 위해 발표된 여러 조치들의 시발점에 불과했다. 에스파냐의 와인 생산업자들이 발끈한 이유는 위기 의식을 느껴서가 아니었다. 아메리카에서 생산된 와인은 본국으로 반입되지 않았다. 이들이 거세게 반발한 것은 날로 확장되어 가는 식민지 시장에 와인을 수출하려는 계획이 물거품이 되었기 때문이다. 하지만 라틴 아메리카의 와인 산업을 무너뜨리려는 이들의 시도는 성공하지 못했다. 아무리 무거운 세금을 부과해도 마찬가지였다. 포도 재배가 불가능한 멕시코에서는 국왕의 칙령이 어느 정도 효과를 발휘했지만 포도 재배와 브랜디 양조장이 번창한 남쪽 식민지에서는 칙령이 제대로 지켜지지 않았다.

17세기와 18세기의 3대 주요 와인 생산지 가운데 칠레와 아르헨티나는 오늘날까지 명성을 유지하고 있지만 페루의 와인 산업은 19세기 말 포도뿌리혹벌레가 휩쓸고 지나간 뒤로 급격한 사양길에 접어들었다. 하지만 18세기에는 페루의 몇몇 지역도 와인을 대량으로 만들어 내는 주요 생산지가 되었다. 라틴 아메리카에서는 17세기 후반부터 브랜디의 수요가 급증했다. 브랜디가 와인에 비해 운반 과정에서 덜 변질되었기 때문이다. 와인과 브랜디는 해변을 따라 해로로 운송되었지만 라마와 노새가 운송 수단으로 쓰이는 경우도 많았다.

페루의 와인 생산업자들은 시장의 수요에 적극적으로 대응했다. 1780년대 당시 모케구아 한 지역의 한 해 와인 수출량이 600-700만 리터였던 점으로 미루어볼 때(대부분이 브랜디였음) 페루 와인 산업의 규모가 어느 정도였는지 대충 짐작할 수 있다. 실제 생산량은 이보다 훨씬 많았을 것이다(1990년대의 생산량이 이 수치를 능가하는 나라는 10개국에 불과함). 18세기 초기에 에스파냐 광부들 사이에서는 와인보다 브랜디의 인기가 높았고 "심지어는 '주량이 평균 수준에 불과한 사람들'마저도 위장을 보호하고 식욕을 돋구기 위해 매일 아침 11시마다 브랜디를 한 잔씩 마셨다."는 이야기가 있을 정도였다.

칠레의 와인 생산은 북부에서 시작되었지만 곧 산티아고를 중심으로 하는 중부 지방이 와인 생산의 거점이 되었다. 이곳에서는 테이블 와인뿐만 아니라 달콤한 디저트용 뮈스카데까지 페루로 수출했다. 아르헨티나는 페루나 칠레에 비해 에스파냐 정부의 규제 조치를 철저히 따르는 편이었기 때문에 와인 산업의 발전 속도가 느렸다. 북아메리카의 에스파냐 식민지에서 포도 재배가 시작된 것은 18세기 이후부터였다. 라틴 아메리카와 마찬가지로 북아메리카에서도 포도 재배는 예수회 선교사들과 밀접한 관계를 맺고 있었다. 멕시코 북서부의 주인 바하 칼리포르니아의 러레이도 선교원에서 와인이 생산되기 시작한 연도는 1701년이지만 오늘날의 캘리포니아에 해당되는 지역까지 와인 생산이 확산된 것은 훨씬 나중의 일이다. 1760년 캘리포니아 남부에는 15개의 선교원이 있었고 이 가운데 절반 이상의 선교원에서 와인을 만들었다.

예수회 선교원의 와인 생산 노력은 끊임없는 시련에 시달렸다. 기후 조건은 포도 재배에 알맞았을지 몰라도 와인 생산 자체에는 우여곡절이 많았던 것이다. 산타 헤르투르디스 선교원에서는 바위를 뚫고 1.6킬로미터짜리 관개용 수로를 만들어야 했다. 뿐만 아니라 와인을 발효시키는데 쓸 용기가 부족해서 드나드는 선박을 통해 구입하거나 물물교환을 해서 마련해야 했다.

포도나무는 선교원과 함께 캘리포니아 북쪽으로 퍼져 나갔는데, 1769년에 작성된 어느 기록에는 샌디에이고의 포도밭 이야기가 나온다. 하지만 와인 생산량은 여전히 미미했고 1780년대에 샌디에이고의 선교원에서는 에스파냐와 멕시코에서 비정기적으로 수입되는 와인에 의존하는 데 불만을 표했다. 샌프란시스코 북쪽 지역과 오늘날 현재 캘리포니아 와인 산업의 중심지인 내퍼 밸리, 소노마로 포도 재배가 전파된 시기는 1820년대 이후였다. 18세기 캘리포니아에서 가장 유명했던 포도밭은 오늘날의 로스앤젤레스 인근에 있는 산 가브리엘 선교원의 포도밭이었다. 1790년대에 이곳에서 매년 생산된 와인은 160,000리터였고 브랜디의 생산량도 상당했다. 하지만 이것이 와인 산업의 발전으로 이어지지는 않았고, 1830년에 이 땅이 멕시코 정부에 의해 사유지로 바뀌고 개인 소유의 포도밭이 속속들이 등장하면서부터 대규모 포도 재배는 캘리포니아 농경 산업의 특징이 되었다.

북아메리카의 다른 지역의 와인 산업은 캘리포니아와 사뭇 다른 길을 걸었다. 북쪽으로 캐나다에서 남쪽으로 멕시코 만에 이르기까지, 그리고 대서양 연안에서 미국 중서부에 이르기까지 넓은 지역에서 야생 포도나무가 자랐다. 초기 개척자들은 어마어마한 수의 포도나무로 고급 와인을 제조할 수 있을 것이라고 확신했다. 1524년에 이탈리아의 항해가였던 조반니 다 베라차노(Giovanni da Verrazzano)는 오늘날의 노스캐롤라이나의 해안 지역에 해당되는 키티호크의 포도나무를 보고 "농부가 가지런하게 정리해 놓은 것처럼 수많은 포도 덩굴이 나무를 휘감으며 자라는 모습이 롬바르디아 지역의 포도나무와 비슷하다. 이곳은 훌륭한 와인 생산지가 될 것이 분명하다."라고 감탄을 늘어놓았다. 60년 뒤에는 영국의 모험가이자 작가이 식민지 초기 개척자였던 롤리(Raleigh)가 똑같은 지역을 "질 좋은 적포도의 보고(寶庫)."라고 표현했다. 프랑스의 항해가인 카르티에(Cartier)는 이보다 훨씬 북쪽인 세인트 로렌스 강가의 어느 섬에서 야생 포도나무가 자라는 것을 보고 바코스 섬이라는 이름을 붙였다. 문제의 야생 포도나무는 품종이 다양했지만 대부분이 머스카딘이었을 것으로 추정된다. 그러나 아메리카 원주민들이 야생 포도를 발효시켰다는 증거는 남아 있지 않으며, 남아메리카 동부 지역의 원주민들은 술 자체를 주조하지 않았다. 하지만 초기 개척자들은 야생 포도나무로 와인을 만들 수 있다고 생각했고 이들은 곧 와인을 만드는 데 착수했다.

진위를 확인할 길이 없는 어떤 기록에 따르면 오늘날의 미국에 해당되는 지역에서 와인이 처음으로 만들어진 곳은 플로리다였고, 생산자는 16세기에 프랑스에서 종교 박해를 피해 이주한 위그노들이었다. 위그노들은 주로 남서부 지방, 그러니까 님에서 몽펠리에와 몽토방을 거쳐 보르도에 이르는 주요 와인 생산지에서 거주했기 때문에 아메리카 대륙으로 이주한 위그노 가운데 와인 생산업에 종사했던 사람들도 있었다. 이들은 1560년대에 플로리다 북부 세인트 존 강 입구에 보금자리를 건설하고 첫해에 야생 포도나무로 와인 20호그즈헤드를 생산했다. 이들이 와인을 만든 것을 기록으로 남긴 사람은 영국 출신의 호킨스 (Hawkins)였다. 그는 비참한 지경에 빠진 이들을 보고 도움을 주었다. 하지만 호킨스는, 식량 문제를 해결할 생각은 하지 않고 와인을 만드는 데 여념이 없는 위그노들의 모습을 보고 감명을 받았다기보다는 그들을 한심하게 여겼다.

위그노들이 남긴 기록을 보면 이들이 가지고 있던 와인은 모두 유럽산이었다고 한다. 따라서 위그노들이 플로리다에서 와인을 만들었는지 여부는 확실하지 않지만 이들은 얼마 후 에스파냐 개척자들에게 땅을 내주고 쫓기는 신세로 전락했다. 오늘날의 사우스캐롤라이나에 해당되는 지역에 정착한 에스파냐 개척자들은 1568년에 포도밭을 만들었는데, 그때 재배한 포도가 토종인지 수입한 비니페라 품종이었는지는 알 수 없다. 만일 위그노들이 플로리다에서 와인을 만들었다는 기록이 거짓이라면 북아메리카 대륙에서 최초로 와인을 만든 사람은 에스파냐 개척자들이 된다.

그 뒤를 이어 영국 개척자들도 와인 생산에 나섰다. 버지니아의 제임스타운에 최초의 영국 식민지가 건설된 때는 1607년이었다. 이로부터 2년 뒤 포도 재배를 시작한 이들은 이후로 수십 년 동안 와인을 생산해야 한다는 압박에 시달렸다. 예를 들어 1619년에는 매년 10그루의 포도나무를 심어서 관리하고 가지치는 방법을 배우라는 지침이 집집마다 전달되었다. 이를 위해 여덟 명의 프랑스 와인 생산업자가 초빙되었고, 프랑스뿐만 아니라 독일에서까지 고급 인력을 영입하려는 시도가 이어졌다.

1622년에 제임스타운의 모든 가구는 국왕의 명령으로 포도 재배와 와인 생산법을 담은 지침서를 받았다. 이 지침서의 저자 보노에유(Bonoeil)는 아메리카 대륙을 방문한 적이 한 번도 없으면서 미래 포도 재배 산업의 중심지에 대해 잘 아는 것처럼 행동하는 프랑스인이었다. 보노에유는 지침서에서 아메리카 대륙의 토종 포도는 물에 끓인 뒤 발효를 시켜야 당도가 높아진다는 미심쩍은 충고를 했다.

나는 이런 방법으로 만든 와인을 자주 보았는데 가정에서 마시기에 나무랄 데가 없었다. 이런 방식으로 와인을 만들면 버지니아의 모든 남성들이 와인을 충분히 즐길 수 있을 것이다.

버지니아에서 포도 재배를 의무로 규정하는 법령은 1623년과 1624년에 잇따라 통과되었고 이곳 주민들은 가구별로 20세 이상 남성 한 명당 20그루의 포도나무를 재배해야 했다.

영국 정부가 버지니아의 와인 생산에 적극 가담했던 이유는 개척자들 모두에게 와인이 넉넉하게 돌아가기를 바라는 인도주의적인 발상에서 비롯된 것이 아니었다. 그보다는 에스파냐가 중앙아메리카와 남아메리카에서 거두었던 성공을 답습하려는 생각에서였다. 17세기에 영국은 와인 공급을 전적으로 유럽 대륙에 의지하는 형편이었고 올리브유와 비단의 경우도 마찬가지였다. 식민지에서 이 세 가지 생활 용품을 조달할 수 있다면 경제적·정치적 경쟁자인 프랑스, 에스파냐, 이탈리아의 영향에서 완전히 벗어날 수 있었다.

하지만 영국의 야심은 실현되지 못했다. 북아메리카 동부의 환경—기후, 토양, 해충—은 수입 품종 재배에 적합하지 않았고, 재래 품종은 와인으로 만들었을 때 질이 떨어졌다. 일부 와인 생산업자들이 잠시 성공을 거둔 적은 있었지만 결국에는 실패로 돌아갔다. 1622년에 버지니아산 와인이 런던행 배에 실렸는데 원래 산화가 빨랐거나 통에 문제가 있었는지 항해중에 모두 식초로 변했다. 식민지 대표들은 와인이 식민지의 입지를 높이는 데 기여하기는커녕 오히려 깎아내리는 역할을 한다고 아우성이었다. 결국 버지니아의 와인 생산업은 문을 닫게 되는데 그것은 포도 재배가 어려웠던 탓도 있지만 담배가 워낙 잘 자란 탓이기도 했다. 농부들은 미래가 불투명하고 재배하기 어려운 포도나무보다 수입이 짭짤한 담배 쪽으로 즉각 관심을 돌렸다.

버지니아에서 와인 산업이 실패한 것은 열악한 기후 조건이나 병충해 때문이 아니라 프랑스 와인 생산업자들 탓이었다. 이들은 포도 재배 기술을 가르치기는커녕 담배 농사에 더욱 관심이 많았던 것이다. 하지만 와인 산업을 발달시키려는 계획이 무너졌다고 해서 와인의 인기마저 시들해진 것은 아니었다. 1623년에 버지니아 총독은 에스파냐 와인에 가격 규제 조치를 취하면서 에스파냐 상인들이 "상한 와인으로 우리의 몸을 병들게 하고 주머니를 털어 가고 있다."고 불만을 터트렸다. 버지니아를 대규모 와인 산업의 중심지로 만들겠다는 꿈은 차츰 희미해져 갔지만 북아메리카 대륙 동부에서 포도를 재배하고 와인을 생산하려는 시도는 완전히 사라지지 않았다. 1621년에 플리머스 만에 도착한 청교도들은, 에릭슨과 비슷하게 "사방이 포도나무"라고 기록을 남겼다. 이들은 첫번째 추수감사절을 지내기 위하여 이곳에서 자라는 포도로 와인을 빚었다고 하는데 이에 대한 확실한 증거는 없다. 최초의 청교도들이 플리머스 만에 도착할 당시 타고 온 메이플라워호에는 맥주와 증류주를 중심으로 상당량의 술이 실려 있었다.

금주라는 단어가 청교도와 밀접한 상관 관계를 맺기 시작한 것은 19세기 들어서였다. 17세기에 음주는 청교도들에게도 다른 사람들과 마찬가지로 생활의 일부였다. 술은 영양소의 공급원이기도 했고 오염된 물보다 훨씬 안전했다. 청교도 가정에서는 집에서 마시기 위해서 혹은 시장에 내다 팔 요량으로 옥수수부터 호박에 이르기까지 다양한 재료로 맥주를 만들었다. 와인을 만들기 위해서 포도나무를 심으려는 시도도 있었지만 물거품으로 돌아가고 말았다. 영국에서 와인은 상류층 문화의 일부였고 청교도의 입장에서는 종교 의식에 쓰이는 도구였다. 유명한 전도사 매더(Mather)는 와인을 "신이 만든 훌륭한 피조물"이라고 표현하며 "적정량에서 한 잔이라도 넘겨서는 안 된다."고 경고했다.

1630년에 청교도들을 태우고 보스턴에 도착한 아벨라호에 실려 온 맥주는 물보다 3배나 많았고 와인의 양은 45,000리터에 달했다. 보스턴에 정착한 개척자들은 첫 해 여름에 재래 품종으로 와인을 빚었지만 질이 너무도 형편없었던 나머지 영국 당국을 통해 프랑스 포도 재배업자의 지원을 요청했다. 총독 윈스럽(Winthrop)은 포도밭을 만든다는 조건으로 보스턴 항 인근의 섬 하나를 차지하는 대신 임대료를 와인으로 지불하기로 계약을 맺었다. 하지만 8년 뒤에는 임대료가 사과로 대치되었다. 정착 초기에 이와 같은 실패를 겪은 북아메리카 동부의 와인 산업은 이후로도 수십 년 동안 고전을 면치 못했다.

북아메리카 동부의 초기 개척자들이 계속되는 실패에도 불구하고 와인 산업의 성공 가능성에 대해 낙관적인 전망을 버리지 않은 이유는 자명하다. 청교도들은 동부 해안을 따라 무성하게 펼쳐진 야생 포도나무를 보고 모세의 명령에 따라 약속의 땅을 살피러 떠난 사람들이 커다란 포도송이를 들고 돌아왔다는 성경 구절을 떠올렸던 것이다. 이들은 재래 품종으로 와인을 만드는 데에는 실패했지만 유럽에서 수입한 품종으로 와인을 제조할 수 있을 것이라고 기대하고 있었다.

유럽에서 수입한 품종은 토종과 달리 혹독한 겨울 날씨와 병충해, 각양각색의 곰팡이를 견딜 수 없었다. 그래도 이들은 희망을 버리지 않았고 식민지가 와인 산업의 중심지가 되기 위한 모든 조건을 갖추었다고 주장했다. 그곳이 유럽의 유명 와인 생산지와 위도가 같으니 그들은 포도 재배 비법을 전수받고 불운의 사슬만 끊으면 된다고 생각했다. 북아메리카 동부의 초기 개척자들은 꿈을 접기까지 희망과 절망 사이를 오가야만 했다.

신대륙의 와인 산업에 적극적으로 뛰어든 것은 영국 개척자들뿐만이 아니었다. 네덜란드인들은 1640년대부터 뉴네덜란드(1624년 네덜란드 서인도회사가 북아메리카 허드슨 강 하구에 건설한 식민지)에 포도밭을 일구기 시작했지만 이 지역이 영국의 손으로 넘어간 1669년까지 와인을 생산한 흔적은 보이지 않았다. 델라웨어 강변에 정착한 스웨덴 개척자들도 스웨덴 정부의 지원하에 포도 재배에 노력을 기울였다. 펜실베이니아 저먼타운의 경건주의자들은 나중에 도착한 라인 지방 출신 사람들의 도움을 받아 와인 생산에 박차를 가했지만 모두 실패로 돌아갔다.

펜실베이니아에서 영국의 신대륙 개척자인 펜(Penn)이 그린 새로운 세상의 모습에는 포도나무가 빠지지 않았고 새로운 사회의 모습에는 와인이 빠지지 않았다. 그가 남긴 기록에는 도착한 지 1년 만에 어느 위그노가 주조한 와인을 마셨는데 맛이 고급 클라레와 비슷했다고 적혀 있다. 원래 이 지역에서 자생하던 포도나무는 이 지역에서 가장 잘 자랄 거라고 생각한 그는, "위도가 비슷한 유럽만큼이나 좋은 와인이 생산되길 바라며" 토종 포도나무로 와인을 만들 실험에 착수할 계획을 세웠다. 만약 그의 소망이 실현되었다면 부르고뉴 와인과 어깨를 나란히 할 만한 와인이 탄생했겠지만 실제로 토종으로 실험을 했다는 증거는 없다. 그는 펜실베이니아 동쪽에 있는 0.8제곱킬로미터의 땅에 프랑스와 에스파냐 품종의 포도나무를 심었지만 '카나리아, 클라레, 색, 마데이라'에 익숙한 입맛은 수입품으로 달랬다.

야생 포도나무가 특히 무성했던 캐롤라이나는 관심의 초점이었다. 캐롤라이나 북부의 남향 산기슭은 포도밭을 위한 땅으로 지정되었고 포도 재배가 성공을 거둘 것으로 기대를 모았지만 성공을 거둔 사례는 없었다. 1670년에 오늘날의 찰스턴에 해당되는 지역에서 포도를 풍성하게 수확하기는 했지만 와인에 적합한지 여부는 의심스러웠다.

(포도가) 싱싱하고 큼지막하지만 껍질이 두꺼워서 즙을 내면 깔깔하지 않을까 걱정이 된다. 만약 우려했던 사태가 빚어진다면 와인으로 만드는 것이 불가능하거나 매우 힘들 것이다.

이 지역의 의회는 새로운 품종과 고급 인력을 보내 달라고 유럽에 요청했다.

개척자들 가운데 포도 재배의 우등생은 프랑스의 위그노였고 이들은 몇몇 지방에서 와인을 생산했던 것으로 기록되어 있다. 1680년에 종교 박해의 광풍이 다시 한 번 프랑스를 휩쓸고 지나가자 최초의 대규모 위그노 개척자들이 올리브유, 비단, 와인 생산을 목적으로 사우스캐롤라이나에 발을 디뎠다. 이들은 토종과 유럽 품종으로 와인을 만들었고 견본 삼아 영국으로 보낸 와인은 '최고 전문가'들에게 '호평'을 받았다. 하지만 위그노 개척자들이 초기에 거둔 성공은 날씨가 따뜻했거나 아니면 병충해가 잠시 주춤한 덕분이었고 10년 뒤에는 이곳에서마저 와인 생산이 자취를 감추었다.

아메리카 대륙의 개척자들은 포도 재배를 위해 시간과 노력을 쏟는 한편 다른 술에도 관심을 기울였다. 이때 인기를 얻은 술이 물보다 안전하고 쉽게 생산할 수 있는 에일이었다. 증류주는 17세기 후반부터 서서히 모습을 드러내기 시작했고 서인도 제도의 사탕수수로 만든 럼의 인기가 특히 높았다. 가장 골칫거리는 와인이었다. 왜냐하면 현지 생산이 거의 되지 않았던 탓에 전량을 수입해야 했기 때문이다. 하지만 아직까지 보존의 문제가 해결되지 않았기 때문에 대서양을 건너온 와인은 대부분 식초로 변하기 일쑤였다. 이 이유에서도 식민지 개척자들은 포도 재배에 대한 미련을 버릴 수 없었다.

개척자들이 포도 재배에 상당한 관심을 보인 것과는 별개로 지도층 인사들은 식민지의 음주 문화에 대해 우려의 뜻을 나타냈다. 앞에서도 거론했다시피 이 시기의 청교도들은 적당량의 와인을 마시는 것을 긍정적으로 생각했는데 문제는 어디까지가 '적당량'인지 정하기가 어렵다는 점이다. 매사추세츠에서는 와인을 사과주나 맥주보다 말썽의 소지가 많지만 위스키나 럼과 같은 증류주보다는 나은 술로 간주하고, 음주량을 적절한 수준으로 규제하기 위하여 여러 가지 방법을 동원했다. 이러한 규제의 목적은 폭음으로 인한 사회적·종교적 문제점을 예방하기 위한 것이었다.

매사추세츠에서는 사과주와 에일을 널리 퍼트리기 위하여 엄격한 와인 판매 인가 제도를 도입했다. 1677년을 예로 들면 주류 판매 허가를 받은 27명의 남녀 가운데 와인 판매 허가를 받은 사람은 고작 7명에 불과했다. 나머지는 맥주와 사과주만 판매할 수 있을 따름이었다. 그리고 임금의 일부를 술로 지급하거나 임금보다 많은 양의 술을 배급으로 나누어 주는 행위도 법으로 금지되었다. 1645년에는 1인당 0.23리터가 한 번에 마시기 적당한 와인의 양으로 정해졌다.

하지만 이와 같은 규정은 청교도 지도층이 원하는 결과로 이어지지 않았고, 와인의 소비량은 상당한 수준을 유지했다. 와인 소비의 주범은 노동자 계급—이들이 주로 찾는 술은 럼과 에일이었다—이 아니라 결혼식이나 장례식과 같은 특별한 일이 있을 때마다 와인을 찾는 부유층이었다. 1678년 보스턴에서 열린 노턴(Norton) 부인의 장례식 때 조문객들이 마신 말라가 와인은 234리터였다. 이후로 7년 뒤 코벳(Cobbet) 목사의 장례식에 참석한 조문객들은 와인 1배럴과 향신료, 생강을 곁들인 사과주 2배럴을 마셨다.

17세기 후반 들어 매사추세츠 당국은 와인과 럼의 가격을 일반인들은 도저히 마실 수 없는 수준으로 높였다. 1698년, 와인에 부과된 세금은 1갤런(4.5리터)당 6-12펜스였던 반면 사과주, 맥주, 에일에 부과된 세금은 '1배럴' 당 18펜스였다. 하지만 1712년부터 술집에서 판매가 전면 금지된 럼과 기타 증류주에 비하면 와인은 사정이 나은 편이었다.

17세기 미국 사회가 와인을 바라보는 시각은 유럽에서와 마찬가지로 양면적이었다. 와인의 생산과 소비에는 지대한 관심을 보이면서도 와인이 건강과 사회 질서에 미치는 영향에 대해서는 의혹의 눈길을 거두지 않았던 것이다. 이와 같은 시각은 18세기까지 이어졌고 와인 생산에 쏟는 노력도 계속되었다. 17세기 미국 와인이 거친 굴곡 많은 역사에도 불구하고 와인 산업에 대한 희망은 사라지지 않았고 오히려 더 커져 갔다.

이 중에서 가장 희망에 넘쳤던 사람들은 1730년대 조지아에 정착한 개척자들이었다. 이들은 100년 전 버지니아 주민들이 그랬던 것처럼 지중해풍의 비단과 와인의 이미지를 떠올렸다.

(누에의 먹이가 되는) 뽕나무가 줄줄이 늘어선 농장, 뽕나무를 휘감은 포도 덩굴, 가지마다 주렁주렁 열린 포도알.

조지아는 마데이라와 부르고뉴에서 포도나무를 수입했고 1730년대 후반 무렵에는 서배너 인근의 땅 0.002제곱킬로미터가 포도밭이었다. 조지아에서 선교 활동을 했던 신학자, 존 웨슬리(John Wesley)의 형제인 새뮤얼 웨슬리(Samuel Wesley)는 조지아 와인을 상상하며 다음과 같은 서사시를 남겼다.

고귀한 산물로 가득하고
따사로운 햇빛에 빛나는 조지아를 보라.
야생 포도 덩굴은 수확의 결실을 맺고

보랏빛 포도송이는 들판 가득 열렸네.
이제는 상인들에게
이베리아나 토스카나 와인을 주문하지 마라.
헝가리 포도밭의 선심도 이제는 필요없다.
프랑스는 최고급 샴페인을 혼자 즐겨도 좋다.
보라! 수많은 사람이 마셔도 충분할 만큼
넥타르가 넉넉하게 흐르는 이 땅을,
떠들썩한 웃음과 사랑을 부를 만큼
맛있는 넥타르가 흐르는 이 땅을.

그러나 현실은 상상과 거리가 멀었다. 하지만 조지아의 개척자들이 야생 포도나무로 와인을 빚었다는 점에서 웨슬리의 상상은 어느 정도 들어맞은 구석이 있다. 야생 포도로 빚은 와인 가운데 일부는 맛과 향이 달콤했다고 하지만 쉽게 변질되는 점은 마찬가지였다. "갓 만들었을 때는 맛과 색상이 뛰어나지만 금세 시큼해지는" 한계가 있었던 것이다. 조지아에서 포도를 재배하고 와인을 생산하려는 시도는 18세기 내내 계속되었고 소규모의 성공 사례—이것은 어느 포도밭에서의 풍작에 대해 기록되기도 하고, 어느곳에서 맛있는 와인 몇 병이 만들어졌다는 식이었다—도 있었지만 조지아를 와인의 천국으로 만들겠다는 장밋빛 청사진은 서서히 빛을 잃어 갔다.

다른 지방에서도 18세기 내내 와인을 생산하려는 움직임이 그치지 않았다. 사우스캐롤라이나의 뉴보르도라는 지역에서는 위그노 개척자들이 1760년대 후반부터 포도밭을 경영했다. 이들의 리더격이었던 루이 드 생 피에르(Louis de Saint Pierre)는 포도 재배에 관한 지침서를 만들었고 정부의 공식적인 지원을 적극적으로 요청했다. 루이 드 생 피에르는 양도받은 땅 2제곱킬로미터의 대부분에 포도나무를 심었다. 다른 위그노와 독일인들도 포도 재배 사업에 뛰어들었다. 셔브(Sherb)라는 한 독일인은 1769년에 생산한 와인 363리터를 인근 시장에 유통시켰다. 1767년에 플로리다에서는 상선 8척을 동원하여 남유럽—그리스, 이탈리아, 메노르카 섬, 코르시카 섬—의 와인 1,500통과 포도나무 묘목 수천 그루를 수입하려는 움직임이 있었다. 하지만 미국의 독립전쟁이 발발한 시점에는 와인을 생산한다는 소식이 어느 포도밭에서도 들리지 않았다.

어느 지방보다도 끈질기게 와인 생산에 집착한 곳은 버지니아였다. 베벌리(Beverly)가 1710년대 무렵 이곳의 땅 0.012제곱킬로미터에 토종 포도나무를 심고 레드 와인과 화이트 와인을 생산했을 때는 희망의 빛이 보였다. 1715년에 그가 생산한 와인은 400갤런이었고 1722년에는 750갤런이었다. 이 중에서 최고급품의 경우 맛은 클라레와 비슷하고 독하기는 포트 와인과 비슷하다는 평가를 받았다. 드물게나마 이와 같은 성공 사례가 있었기 때문에 사람들은 희망을 버리지 않았고, 총독들은 수천 파운드의 투자를 아끼지 않았다. 식민지의 포도 재배 사업은 정부의 지원을 받을 만큼 중요한 사안이었다.

1770년대에는 최소한 세 군데의 양조장이 버지니아 주의 보조금을 받고 있었다. 1769년에 버지니아 의회는 에스타브(Estave)라는 인물에게 땅과 집과 노예를 주고 토종 품종과 수입 품종을 섞어 포도밭을 일구게 했다. 하지만 의회의 지원은 물거품이 되어 버렸다. 노예들 대부분이 달아났고, 1774년에는 서리가, 이듬해에는 우박이 포도밭을 습격했다. 1777년에 이 포도밭은 다른 사람의 손에 넘어갔다. 이 밖에도 1773년에는 수입 품종으로 와인을 만들겠다는 볼링(Bolling)에게 5년 동안 매해 50파운드를 지원하기도 했다.

정부 보조금의 세 번째 수혜자는 토스카나 출신의 마체이(Mazzei)였다. 그는 프랑스, 이탈리아, 에스파냐, 포르투갈에서 수입한 포도나무 만 그루를 심고 유럽의 농부 50명을 부릴 계획이었지만 결국에는 10명을 선발하는 데 그쳤다. 1775년에 마체이는 제퍼슨(Jefferson)의 몬티첼로 영지 근처에 포도나무 1,500 그루를 심었는데, 그중 절반이 열매를 맺었다. 하지만 1775년과 1776년에 빚은 와인의 재료는 유럽 품종이 아니라 재래 품종이었다. 마체이의 양조장에서 생산한 와인은 이것이 마지막이었고 평범한 이탈리아산이나 파리 주변의 와인보다 낫다는 그의 찬사는 궁색한 변명에 불과했다.

포도 재배 산업은 다른 지역에서도 투자가들을 유혹했다. 루이지애나의 경우에는 1775년에 클라레 혹은 부르고뉴풍 와인을 생산하여 조지 3세(George III)에게 진상했다. 비니페라 품종과 재래 품종이 교배된 알렉산더라는 변종을 최초로 선보인 곳도 루이지애나였다. 이름 모를 재래 품종과, 펜이 수업한 유럽 품종이 자연발생적으로 교배된 알렉산더로 빚은 와인은, 이듬해 2월과 3월에 마시면 맛이 좋았지만 금세 변하는 단점이 있었다.

펜실베이니아에서 프랭클린(Franklin)은 포도 재배의 든든한 후원자였다. 1740년대에 프랭클린은 와인 제조법을 책으로 남겼고 식민지를 대변하는 자격으로 런던에 머무는 동안에도 포도 재배법 연구를 계속했다. 펜실베이니아의 양조업자이자 퀘이커 교도였던 리브지(Livezey)는 이에 대한 보답으로 1767년에 재래 품종으로 생산한 와인 12병을 선물하기도 했다. 프랭클린은 이 와인이 런던의 "까다로운 심사위원들에게 호평을 받았고" 어디에서 얼마에 살 수 있느냐고 묻는 와인 매매업자도 있었노라고 기록했다.

사실 영국은 미국의 포도 재배에 지속적인 관심을 나타냈다. 1758년에 런던 예술·제조·무역 진흥 협회(이후 왕립 예술 협회로 명칭을 바꾸었음)는 마실 만한 레드 와인이나 화이트 와인 5턴(약 1,250갤런)을 최초로 생산하는 식민지 개척자에게 100파운드의 상금을 걸었지만 1765년 철회될 때까지 수혜자가 나타나지 않았다. 이 협회는 1762년에 1767년까지 델라웨어 강의 남쪽과 북쪽에 최소 500그루 이상의 대규모 포도밭을 건설하는 사람에게 200파운드의 상금을 걸기도 했다. 북쪽에 걸린 상금을 받은 사람은 1765년, 뉴저지 뉴브런즈윅 인근에 800그루짜리 포도밭을 만든 앤틸(Antill)이었다. 그는 양질의 와인을 만들 수 있기를 기대하며 유럽 품종을 심었지만 상금을 받자마자 포도 재배 사업을 접었다.

북아메리카 동부 지역의 포도 재배 사업이 18세기 동안 거둔 성과는 초라하기 짝이 없었다. 어느곳에서는 포도 재배를 시작하지도 못했고, 어느곳에서는 포도를 심었지만 수확에는 실패했고, 또 어느곳에서는 수확까지 거두었지만 와인으로 만드는 데 실패했다. 북아메리카의 와인은 이 지역에서 생산되는 증류주와 비교할 바가 못 되었다. 어떤 포도원이 와인 생산에 성공했다는 소식은 띄엄띄엄 들리는 반면에 맥주를 만드는 양조장과 증류장은 우후죽순으로 솟아났다. 미국에서 1792년까지 명맥을 유지한 포도원은 수십 군데에 불과했지만 증류장의 수는 무려 2,579곳에 달했다. 1790년대의 어느 통계 자료에 따르면 당시 15세 이상의 미국인이 한 해 소비한 술은 약 6갤런인데, 이는 1990년대 소비량의 2배이다. 그 절반이 맥주였고, 3분의 1이 증류주였고, 와인이 차지하는 비율은 60분의 1에도 못 미쳤다.

포도 재배가 불가능한 유럽의 여러 지역과 마찬가지로 미국에서도 와인은 부유층의 전유물이었다. 신생국인 미합중국의 사회 분위기는 최고 권력층이 주도했는데 워싱턴(Washigton), 프랭클린, 제퍼슨은 모두 포도 재배 산업에 관심이 많았다. 1792년에 필라델피아에서 제헌 회의가 열렸을 때 워싱턴은 인근 포도원에서 와인 생산에 성공할 가능성이 보이는지 특사를 파견하기까지 했다.

프랭클린은 와인을 입에 담을 때마다 신이 내린 축복이라고 표현했다. 그는 와인 속에 진실이 있다는 격언이 사실이라면 노아 이전의 인류는 "물만 마셨기 때문에 진실을 몰랐다. 이들이 길을 잃은 채 헤매고, 악에 물들고, 결국에는 그렇게 좋아하던 물에 휩쓸려 멸망한 것도 그 때문이다."라고 적었다. 하지만 노아는 물의 해악을 알아차렸고 "그의 갈증을 해결해 주기 위하여

신은 포도나무를 만들고 열매를 와인으로 바꾸는 방법을 가르쳐 주셨다."는 것이다. 프랭클린은 훗날 이것을 주제로 다음과 같은 음주가를 만들었다.

역사가 남긴 흔적을 보건대
물은 몸과 마음 모두에 해로운 물건.
몸과 마음에 좋고 안전한 와인이 등장한 뒤에도
물을 마시는 사람은 익사당해 마땅하리.

프랭클린은 1779년에 프랑스 계몽주의 운동에 참여했던 모렐레(Molrellet) 신부에게 편지를 쓸 때도 이와 비슷한 의견을 내비쳤다. 미국이 독립전쟁을 벌인 진정한 이유는 영국의 압제에서 해방되기 위해서가 아니라 영국의 맥주를 버리고 프랑스의 와인을 받아들이기 위해서가 아니었느냐는 신부의 말에 프랭클린은, 신이 인간에게 와인을 마시라 명한 증거는 팔꿈치의 위치에 있다고 대답했다. 팔꿈치가 조금 더 위나 아래에 달려 있다면 와인 잔을 입술로 갖다 댈 수 없었을 거라면서 말이다.

제퍼슨도 프랭클린만큼이나 와인을 즐겼지만 좀더 진지한 방식으로 자신의 생각을 밝혔다. 제퍼슨은 프랑스 대사로 파견되었던 1787년에서 1788년에 걸쳐 독일, 이탈리아, 프랑스를 여행하며 와인 생산지를 유심히 관찰했다. 그는 라인 강 일대, 샹파뉴, 부르고뉴, 보졸레, 론 강 일대, 피에몬테, 보르도, 루아르를 돌아다니며 와인의 맛을 음미하고 느낌을 자세한 기록으로 남겼다. 제퍼슨은 미국으로 돌아온 뒤에도 와인에 대한 관심을 잃지 않았고 샤토 디켐 등 유럽에서 유명한 포도원의 품종을 수입·재배하기도 했지만 1809년에 미국에서 수입 품종으로 와인을 생산할 수 없다는 결론을 내렸다. 그는 유럽에서 들여온 와인들로 저장실을 채웠고, 백악관에서 만찬을 열 때마다 최고급 프랑스 와인을 내놓았다. 몬티첼로에 있는 제퍼슨의 사저에는 덤웨이터(요리 등을 운반하는 소형 엘리베이터를 말함)가 와인 저장실에서 식당으로 곧장 연결되어 있는데 이것을 보면 그가 와인을 얼마나 사랑했는지 알 수 있다.

미국의 독립전쟁은 와인에 직접적인 영향을 미쳤다. 영국을 비롯한 유럽 각지에서 관행처럼 굳어진 향응이 미국에도 번지기 시작한 것이다. 미국의 정치인들은 부유한 유권자들에게만 와인을 대접했고 가난한 계층에게는 미국에서 만든 사과주나 증류주를 대접하며 애국심을 표현했다.

18세기 후반으로 접어들면서 미국에서는 특정 술에 반대하는 목소리가 등장했다. 이 중에서 가장 두드러진 인물이 미국 독립 선언서에 서명한 러시(Rush) 박사였다. 러시가 반대한 술은 증류주였다. 그는 알코올 중독이 인체에 악영향을 미치며, 음주는 범죄, 재정 파탄, 부도덕, 가정 파괴로 이어진다고 주장했다. 하지만 술이 개인과 사회에 미치는 영향에 대하여 우려를 표명하던 숱한 사람들과 마찬가지로 러시도 와인은 다르게 생각했다. 와인은 "반주로 소량 곁들이면 활기와 에너지와 영양소를 공급해 준다."는 것이었다. 러시는 1802년에 펜실베이니아 와인 매매업 회사의 주식을 구입하기도 했다.

와인에 대한 특별 대우는 정부의 정책에서도 드러났다. 1791

년에는 미국에서 생산된 와인에 부과되는 주류세를 면제하는 법안이 통과되었다. 제퍼슨은 이 법안을 열광적으로 지지하며 와인이 증류주보다 대중적인 술이 되어야 한다고 주장했다.

와인을 싸게 구할 수 있는 나라의 국민들은 술에 취하는 법이 없고 독한 증류주가 값비싼 와인을 대신하게 된 나라의 국민들은 깨어 있는 법이 없다. 위스키의 해독제는 와인뿐이다.

증류주 대신 와인을 마시면 술 관련 문제를 해결할 수 있다는 것은 19세기 사회 개혁가들의 공통적인 의견이었다.

18세기 말 북아메리카 동부 지역의 포도 재배 산업은 17세기 초와 다를 바가 없었다. 정부의 대규모 지원에도 불구하고 포도 재배업자들은 200년째 똑같은 문제—재래 품종과 유럽 품종 가운데 어느쪽을 선택해야 하는지, 유럽 품종이 사시사철 계속 되는 서리, 우박, 병충해를 견디려면 어떻게 해야 하는지—와 씨름하고 있었다. 한편 에스파냐의 선교원이 자리잡은 서부 해안 지역에서는 오늘날 미국 와인 산업의 심장부라 할 수 있는 캘리포니아 북부 지역까지 포도 재배가 확산되었다.

와인 생산이 어려운 북아메리카는 포도 재배가 번창할 지역으로 꼽힌 반면 포도 재배에 적합한 남아프리카가 와인 생산지 후보에도 오르지 못했다는 사실은 참으로 아이러니컬하다. 17세기 희망봉에 닻을 내린 네덜란드 탐험가들도 예전의 포르투갈인들처럼 향신료를 찾기에 급급했을 뿐 아프리카 남부 지역의 가능성을 전혀 알아차리지 못했다. 네덜란드인들의 관심사는 향신료 뿐이었고 네덜란드 동인도회사가 동인도(오늘날의 인도네시아)를 상대로 향신료 무역을 시작하면서 희망봉에 식민지를 건설한 이유는 유럽에서 동남아시아까지 장거리 항해를 하는 선박들이 식량을 보급받기 위해서였다. 이 지역에 와인이 처음으로 등장한 것은, 1595년에 식량 보급을 위해 모셀 만에 정박한 프랑스 선박이 가축과 에스파냐 와인을 교환했을 때이다.

17세기 중반 무렵 아프리카 남부에 포도 재배가 확산된 것은 라틴 아메리카에서처럼 정부나 교회의 지원이 있어서가 아니라 반 리베크(Van Riebeeck) 한 사람의 굳은 의지 덕분이었다. 의사였던 그는 1648년에 난파당한 선원들을 구출하기 위해 희망봉을 밟았고 4년 뒤 다시 돌아와 거주지를 건설했다. 이때 건설된 거주지가 바로 오늘날의 케이프타운이다.

아프리카 남부에서는 포도나무가 자라지 않았지만 반 리베크는 이 지역의 기후가 유럽의 와인 생산지와 비슷한 것을 보고 희망봉 근처에 심을 묘목을 유럽에 주문했다. 그는 묘목이 에스파냐나 프랑스에서만큼 잘 자랄 것이라고 확신했기 때문이다. 1655년에 도착한 1차 묘목은 어느 지방의 포도나무인지 알려지지 않았고 이로부터 1년 뒤에 도착한 2차 묘목은 프랑스 포도나무였다. 네덜란드 정부는 이곳을 아시아의 식민지에 공급할 와인 조달지로 만들 생각에서 더 많은 포도나무를 심었다. 유럽에서 네덜란드령 동인도까지는 꼬박 12개월이 걸리는 장거리 항해인데 케이프 식민지에서 와인과 기타 생필품을 실으면 처음부터 싣고 떠나는 것에 비해 상당한 이점이 있었다.

반 리베크는 묘목장에서 포도나무를 키우다 1658년에 1,200그루의 포도나무로 포도밭을 만들었다. 이 포도밭은 원주민의 습격으로 폐허가 되었지만 반 리베크는 이듬해에 10,000-12,000그루를 다시 한 번 옮겨 심었다. 같은 해에 아프리카 최초의 와인이 탄생하자 반 리베크는 일기장에 기쁨을 토로했다.

오늘 신의 가호로 케이프 주의 신선한 포도즙으로 만든 최초의 와인이 탄생했다.

케이프 식민지의 와인 산업은 이것을 시작으로 험난한 여로에 올랐다. 하지만 남아프리카의 주민들은 북아메리카 동부 해안의 개척자들보다 여러 면에서 운이 좋았다. 일단 이들은 대규모 야생 포도나무라는 뜨거운 감자 때문에 고민할 필요가 없었다. 남아프리카에서 와인을 만들려면 무조건 품종을 수입해야만 했다. 게다가 야생 포도나무가 자라지 않았기 때문에 백분병이나 곰팡이에 시달릴 염려가 당분간은 없었고, 아프리카 남부의 기후는 북아메리카 동부 해안보다 온화했다. 하지만 사나운 바람과 우박, 강풍이 농작물을 덮치는 경우가 있었고, 포도나무의 어린 가지를 특히 좋아하는 야생 동물과, 가끔씩 포도알을 하나도 남김없이 먹어치우는 조류의 습격도 골칫거리였다.

반 리베크에게는 또 다른 난관이 기다리고 있었다. 17세기 말엽에도 남아프리카 식민지의 인구는 수백 명에 불과했고 거의 대부분이 와인과 관계가 먼 사람들이었다. 케이프의 포도는 품질이 뛰어났지만 이것으로 빚은 와인은 기껏해야 평범한 수준이었다. 이처럼 가능성과 현실 간의 격차가 크게 벌어진 것은 개척자들이 와인 제조에 관심이 없었기 때문이다.

초창기의 실망스러운 결과—심지어는 케이프 와인을 마시면 "배가 아프다."는 사람도 있었다—에도 불구하고 포도밭은 인근 지역으로 널리 퍼져 나갔고, 대부분 머스캣 품종을 재배했다. 와인은 네덜란드령 동인도로 운반되기 시작했고, 포도 재배가 시작된 지 30년 뒤인 1686년에 네덜란드 동인도회사가 최초의 품질 규제 방안을 마련했다. 식민지 사령관이 알맞게 익었다는 판단을 내리기 전까지는 포도를 압착할 수 없었다. 그것은 사람들이 덜 익은 포도로 묽고 시큼한 와인을 만드는 것을 방지하기 위한 조치였다.

이러한 조치를 지지한 사람은 초기 사령관이었던 반 데르 스텔(van der Stel)인데 와인 생산지로 유명한 스텔렌보스는 그의 이름에서 유래한 것이다. 그는 케이프 식민지의 포도 재배 산업과 와인 제조 산업을 혁신했다. 그는 포도 수확 시기의 중요성과, 와인 제조 과정에서 위생을 강조했고, 1686년 케이프 식민지에 그 유명한 콘스탄티아 농원을 건설한 뒤 다양한 품종으로 여러 가지 실험을 했다.

콘스탄티아 농원은 몇 년 만에 10만 그루에 달하는 포도나무를 재배하면서 남아프리카 최대의 포도원으로 떠올랐고 반 데르 스텔은 여기에 최첨단 장비를 동원했다. 그가 식민지 사령관을 맡기 이전에도 와인을 제조한 경험이 있는지는 알 수 없다. 그런데 프랑스에서, 프로테스탄트의 권리를 보장한 낭트 칙령을 루이 14세가 철폐했다. 때문에 종교적인 박해를 피해 150여 명의 위그노가 남아프리카로 건너오게 되었고 그들이 도착한 1688년부터는 전문가의 도움을 받을 수 있었다. 대부분이 와인 제조업에 몸담고 있던 이들은 원래는 네덜란드로 몸을 피할 생각이었지만 네덜란드 정부의 적극적인 권유 때문에 남아프리카로 행선지를 바꾸게 되었다.

스텔렌보스, 파를, 프르나스후크의 땅을 하사받은 위그노들은 이미 재배되고 있던 머스캣, 카베르네 소비뇽, 시라, 피노 누아르 등에 슈냉 블랑 품종을 더했다. 이들은 그 수가 케이프 식민지에 거주하는 유럽계 인구의 3분의 1을 차지할 정도의 규모였고, 고급인력의 유입과 알맞은 기후 조건, 동인도라는 든든한 시장 덕분에 케이프 식민지의 와인 산업은 꽃을 피웠다.

케이프 식민지의 와인 산업이 번창할 수 있었던 중요한 요소 가운데 하나는 노예의 활용이었다. 바너드(Barnard) 부인은 18세기 말 콘스탄티아 농장의 포도 압착 광경을 다음과 같이 상당히 낭만적으로 묘사했다.

구릿빛 피부의 세 장정이 웃통을 벗은 채 발로 북을 치듯 포도를 밟으며 춤을 추는데, 그 변화무쌍하고 우아하며 고풍스러운 광경은 매우 인상적이었다. 네 개의 압착통마다 노예 세 명이 붙어 있었다.

노예의 수가 어찌나 많았던지 포도밭 군데군데 세워 놓고 해충 잡는 일을 맡겨도 될 정도였다고 한다.

하지만 케이프 와인은 여전히 고전을 면치 못했고 1687년에 동인도에 형편없는 제품을 출하한 이후로 수출 금지 조치가 내려졌다. 그래도 수출은 계속됐고 이 조치는 결국 1717년에 폐지되었다. 당시 와인의 품질과 함께 문제가 된 것은 운송에 쓰이는 용기였다. 케이프 식민지에서 자라는 나무는 통으로 만들기에 적합하지 않았고 동인도의 티크나무 통에 담았더니 통의 적갈색이 와인에 배어 들었다. 1725년에는 유리병 1,000개가 동원되었지만 사정은 달라지지 않았다. 하지만 품질과 운송상의 문제에도 불구하고 케이프의 와인 산업은 날로 발전했다. 1752년에는 390만 그루의 포도나무가 재배되고 있었고, 642리거(약 440,000리터)의 와인이 네덜란드령 동인도로 수출되었다.

케이프는 값싸고 질이 떨어지는 와인의 수출지로 낙인이 찍혔지만 신대륙을 통틀어 가장 유명한 와인의 생산지이기도 했다. 18세기 말, 콘스탄티아 농장의 포도나무가 머스캣 품종으로 바뀌면서 콘스탄티아라는 디저트 와인의 생산으로 이어진 것이다. 종류는 레드 와인과 화이트 와인 두 가지였지만 유럽, 특히 영국에서 선풍적인 인기를 끈 것은 레드 와인이었다. 콘스탄티아는 수확을 최대한 늦춘 포도로 만들어 당도가 높았다. 수확을 최대한 늦출 수 있었던 이유는 날씨가 따뜻하고 병충해 피해가 없어서 서리나 백분병을 걱정할 필요가 없었기 때문이다.

1795년에 주인이 네덜란드에서 영국으로 바뀌고 1814년에 대영 제국으로 합병되면서 케이프의 와인 수출은 더욱 증가했다. 유럽이 전쟁의 화염으로 뒤덮이면서 영국으로 수출되던 프랑스 와인의 공급이 끊기자 케이프의 와인 생산업자들은 관세상의 특혜를 등에 업고 더욱 분주하게 움직였다. 영국이 20년 전 아메리카 식민지를 잃어버린 상황이었기 때문에 대영 제국에서 가장 오랜 포도 재배의 역사를 자랑하는 곳은 이제 케이프였다. 케이프 식민지를 손에 넣은 덕분에 프랑스와 에스파냐의 굴레에서 벗어난 영국은 케이프 와인의 품질을 높이기 위한 조치에 착수했다. 유명한 영국의 해군 제독 넬슨(Nelson)은 케이프 획득에 따른 이점 가운데 하나로 와인을 꼽았다. 전략적 가치는 의심스럽지만 케이프가 '거대한 술집'과 같다는 점만큼은 인정한 것이다. 케이프는 이와 같은 기대에 부응하며 19세기까지 영국인들의 식탁에 와인을 공급하는 역할을 맡았다.

콘스탄티아가 영국 시장에 상륙한 18세기 말에 유럽과 멀찌감치 떨어진 곳에서 새로운 와인 생산지가 모습을 드러냈다. 1788년에 영국령 뉴사우스웨일스(오늘날의 오스트레일리아)의 초대 총독을 지낸 필립(Phillip) 대령은 런던의 상관에게 다음과 같은 편지를 보냈다. "이곳은 포도 재배에 완벽한 기후 조건을 갖추고 있습니다. 다른 데 눈 돌리지 않고 포도 재배에 전념한다면 뉴사우스웨일스 와인은 유럽 상류층의 식탁을 장식하는 명품으로 자리잡게 될 것입니다."

필립 대령의 확신은 200년 뒤 현실화되었지만 당시에는 와인 생산이 생각처럼 쉽지 않았다. 1788년에 1차 선단에 포함되어 이곳에 도착한 개척자들은 오늘날 시드니의 번화가에 해당되는 지역에 포도나무를 심었고 얼마 후 서쪽에 두 번째 포도밭을 일구었다. 하지만 이곳의 기후는 너무 따뜻하고 습기가 많았다. 1790년에 필립 대령은 포도나무 2,000그루를 심었지만 수확은 그다지 많지 않다고 보고했다. "이 나라에서 최초로 기록될 포도 2송이가 작년에 열렸지만 관리 소홀로 가지째 썩었다." 텐치 (Tench) 대령은 이 포도를 가리켜 "크기는 중간 정도에 불과하지만 단단하며 향기와 맛이 뛰어나다."고 했다.

1791년의 수확량은 이보다 많았지만(이보다 적을 수는 없었을 것임) 와인 생산이 시작되지는 않았고 1792년에 수확한 포도 150킬로그램은 심지어 압착 과정을 거치지도 않았다. 섀퍼 (Schaffer)가 1795년에 생산한 와인이 아마도 오스트레일리아 최초의 와인이었을 것이다. 섀퍼가 0.01제곱킬로미터도 안 되는 땅에서 생산한 와인 400리터는 그럭저럭 마실 만하며 케이프와인보다 낫다는 평가를 받았다. 하지만 이러한 평가는 아무런 소용이 없었다. 오스트레일리아 남동부의 기후가 포도 재배에 적합했을지는 몰라도 필수 요소라 할 수 있는 시장이 없는 한 와인 산업은 발전할 수 없었다. 오스트레일리아의 초기 개척자들은 영국에서 와인과 거리가 먼 계층 출신이었고 이들이 주로 마시는 술은 에일과 증류주였다. 와인을 마시는 인구는 극소수에 불과했고 그나마도 케이프에서 수입되는 와인으로 충당하면 그만이었다. 19세기 초반 오스트레일리아 개척자들이 애호한 술은 럼(다양한 증류주의 통칭이었음)이었다. 이곳에서 럼은 화폐 대신으로 쓰일 만큼 대중적인 술이었다. 물건을 사고 팔 때도 럼이 오갔고, 죄수 신분의 노동자들은 노동의 대가로 럼을 받았다. 시장을 찾지 못한 오스트레일리아의 포도 재배 산업은 빛을 잃었고 19세기에 이르러서야 다시 고개를 내밀었다.

7

와인의 근대화

이성으로 주조한 와인

18세기가 시작되면서 프랑스의 보르도 지방에는 잠깐 희망의 빛이 비추었다. 왜냐하면 포도 재배 산업이 급성장한 데다 수십 년 동안의 무역 갈등이 끝나고 1679년에 드디어 영국 시장으로 와인을 수출할 길이 열렸기 때문이다. 하지만 불안한 정치 상황은 끝나지 않았고 1703년, 프랑스와 영국 사이에 전쟁이 터지면서 영국 시장은 다시 7년 동안 문을 닫았다. 하지만 프랑스의 와인 생산업자들은 교묘하게 난국을 극복했다. 선박에 와인을 싣고 영국 근처까지 가서 영국의 사나포선(私拿捕船)에 '일부러' 나포되는 방법을 동원한 것이다. 사나포선 선장들은 와인을 런던으로 가지고 가서 경매에 붙였다. 여기서 생긴 수익금의 대부분은 사나포선의 몫이었고 나머지의 일부는 왕실에, 일부는 경매가 행해진 선술집 주인에게 돌아갔다. 이와 같은 일들이 계획적이었다는 증거는 없지만 이런 식으로 경매에 붙여진 최고급 프랑스 와인의 양을 보면 사나포선 선장과 보르도 상인들 간에 모종의 거래가 있지 않았을까 의심하게 된다.

이례적인 계약 관계이기는 하지만—보르도의 와인 생산업자와 상인들에게 돌아간 몫은 경매가의 4분의 1정도였을 것이다—이와 같은 특약이 있지 않고서는 최고급 프랑스 와인을 잔뜩 실은 선박이 붙잡힐 줄 뻔히 알면서 영국 해안으로 접근한 이유가 없었다. 1705년 5월의 예로 들자면 200배럴에 달하는 오브리옹, 퐁타크 와인이 경매에 넘어갔다. 6월에는 230배럴의 오브리옹과 마르고가 판매되었고 이후 사나포선을 통해 유출된 오브리옹, 퐁타크, 마르고의 양은 288배럴에 육박했다. 이와 같은 최고급 와인은 1배럴당 60파운드에 팔렸는데 평범한 클라레의 2배에 해당되는 가격이었다. 1705년 한 해 동안 오브리옹, 퐁타크, 마르고를 팔아서 올린 수입은 4만 파운드였다. 사나포선과 보르도 상인들이 절반씩 나누어 가졌다 하더라도 2만 파운드면 적지 않은 금액이었다. 이는 보르도 인근 시장에 헐값으로 넘기는 쪽에 비하면 훨씬 이윤이 많이 남는 장사였다.

경매로 넘어간 프랑스산 최고급 와인은 영국 전역에서 판매되었는데, 주요 고객 가운데 브리스틀의 허비(Hervey) 백작이 있었다. 프랑스와의 와인 무역이 중단되었던 1703년에서 1710년 동안 그가 남긴 장부에는 다음과 같은 내용이 적혀 있다.

1703년 12월 "마구스(마르고) 클라레 1호그즈헤드 구입" 27파운드 10실링. 1704년 6월 "아비뇽 와인—아마 샤토뇌프 뒤 파프였을 것이다—3상자 구입" 16파운드 10실링. 1705년 7월 "와인 3호그즈헤드, 오브리옹 2호그즈헤드, 화이트 랭군(랑공) 1호그즈헤드 구입" 80파운드. 1707년 5월 "오브라이언 와인 2호그즈헤드 구입" 56파운드.

수입 금지 조치가 내려져도 일부 소비자들은 좋아하는 와인을 마시는 데 별다른 문제가 없었던 모양이다.

1709년 프랑스와 영국이 화해할 조짐을 보이자 보르도 당국은 17세기 무역을 독점했던 프랑스 상인들에게 수출 허가증을 발급해 주는 것을 보류하기로 결정했다. 1708년산 와인은 질이 떨어졌지만 보르도 와인 무역 앞에는 새로운 번영의 시대가 놓여 있는 것처럼 보였다. 하지만 1709년 1월 폭설과 함께 사상 유래 없는 혹한이 찾아왔다. 몽펠리에는 영하 16도, 마르세유는 영하 18도까지 수은주가 떨어졌고 파리는 10일 동안 영하 20도 이상으로 기온이 올라간 적이 없었다. 프랑스 전역의 강물이 얼어붙었다. 그러다 기온이 갑자기 오르면서 녹아 내린 눈 때문에 강물이 범람하더니 다시 수은주가 뚝 떨어졌다. 파리는 영하 23도를 기록했을 정도이다.

살을 엘 듯한 추위와 극심한 기온의 변화로 1709년 포도 농사는 어느 지방에서나 흉작이었다. 이것만으로는 부족한지 창고에 보관되어 있던 1708년산 와인들마저 통째로 얼어 버렸다. 얼어붙은 와인은 통을 비집고 나와 틈 사이로 붉은색 혹은 누런색 몸뚱이를 내밀었다.

추위로 인한 피해는 단기적으로 볼 때 엄청난 손실이었지만 장기적으로는 긍정적인 결과를 낳았다. 1708년에서 1710년 사이 와인 생산은 어느 지방을 막론하고 극심한 침체를 겪었다. 파리 인근에 있는 생 드니 수도원의 경우 1706년과 1707년에는 35,000리터의 와인을 생산했지만 1708년에는 7,500리터, 1709년에는 3,750리터, 1710년에는 8,300리터를 생산하는 데 그쳤다. 이로 인해 와인과 혹한의 피해를 입은 기타 곡물의 가격이 폭등했다. 대다수의 영세 와인 생산업자들은 문을 닫았다. 이들은 와인을 통해 얻는 수입이 사라지면서 식량이나 생필품을 장만할 돈도 없는 형편이었다.

혹한이 지나간 후로 79년 베수비오 화산이 폭발했을 당시 폼페이 인근의 포도밭이 폐허로 변한 것과 비슷한 현상이 일어났다. 그러자 이탈리아 농부들이 포도 농사에 뛰어들었고 1710년 이후로는 투자가들이 보르도 인근의 땅을 사들여 포도 재배를 시작했다. 1720년 무렵에는 포도 재배가 정상 궤도에 오른 것은 물론이고, 예전에는 다른 농작물을 키우던 땅에도 포도나무를 재배하는 실정이었다. 보르도의 주지사 부세(Boucher)는 1724년에 다음과 같이 우려의 뜻을 표현했다.

보르도 사방 10리그(약 48킬로미터)가 온통 포도밭이다. 포도 재배 열풍이 휩쓸고 지나간 것은 다른 지방도 마찬가지이다.

이탈리아 로마에서 이런 현상이 일어났을 때 도미티아누스(Domitianus) 황제는 더 이상 포도를 심지 못하도록 금지했고 속령에서 자라는 포도의 절반을 없애라는 명령을 내렸다. 보르도를 비롯한 여러 지방에 포도 재배 '열풍'이 불었을 때도 이와 비슷한 조치가 취해졌다. 1722년에 메스 의회—모젤도 메스의 관할 구역이었다—는 1700년 이전에 다른 작물을 키우던 땅에 심은 포도나무를 모두 없애라는 명령을 내렸다. 부르고뉴의 디종 의회도 똑같은 조치를 내리려다 1725년, 국왕의 칙령을 기다리기로 했고, 1731년에 인근 브장송 의회는 최근에 심은 포도나무를 뿌리째 뽑으라는 명령을 내렸다. 보르도에서는 1724년부터 포도나무를 새로 심는 일이 금지되었고 원래 포도밭이었던 곳과, 메도크에서 가장 입지 조건이 좋은 땅을 제외하고는 1709년 이후에 심은 포도나무를 모두 없애야 했다.

1731년 들어 본격적인 제재에 나선 프랑스 정부는 국왕의 허락 없이는 새로운 포도밭을 만들 수 없다는 법령을 발표했다. 너무 많은 땅이 포도밭으로 바뀌면 곡물의 공급이 부족해질 우려가 있고, 공급 과잉으로 인해 와인의 가격이 폭락하면 더 많은 농가의 파산으로 이어진다는 것이 법령 발표의 이유였다. 당시 겉보기에는 프랑스 정부가 걱정할 만한 상황이었다. 1724년 파리 인근의 포도밭에서 생산한 와인의 양은 85만 리터로, 이는 과거 10년 동안 평균의 2배에 해당되는 양이었다.

하지만 이것이 곡물 부족을 예방하기 위한 조치인지 기존의 와인 생산업자에게 특혜를 주기 위한 조치인지는 확실하지가 않다. 프랑스 정부는 예전부터 곡물의 공급 부족에 많은 주의를 기울였다. 이는 서민들의 살림을 걱정해서라기보다는 식량이 부족하면 폭동으로 이어지기 때문이다. 당시 사회 질서를 유지하기에 가장 좋은 방법은 빵의 공급과 가격 안정을 도모하는 정책이었다.

왕의 칙령으로 인해 기존의 와인 생산업자들은 후발 주자들과의 경쟁에서 확실히 우위를 점할 수 있었다(보르도 주지사는 입지 조건이 좋은 땅에 새로 심은 포도에 한해 세금을 면제하는 예외를 두었음). 이는 와인의 품질을 관리한다는 측면에서는 바람직한 조치였지만 와인 붐을 통해 한몫 잡으려던 투자가들로서는 분한 노릇이었다. 유명한 사상가 몽테스키외(Montesquieu)도 이런 투자가들 가운데 한 사람이었다. 그는 그라브와 앙트르 되메르에 포도밭을 소유하고 있었고 1725년에 그 유명한 오브리옹 인근의 포도밭을 손에 넣었다. 그러다가 난데없이 철퇴를 맞게 된 몽테스키외는 왕실의 칙령을 불합리하고 모욕적인 조치라고 매도했다. 즉 거대한 프랑스 와인 시장을 이용할 수 있는 기회를 막는다는 점에서 불합리하고, 개인의 재산 활용에 제재를 가한다는 점에서 모욕적이라는 것이었다.

로마에서 그랬던 것처럼 프랑스에서도 왕실의 칙령에 따르는 사람은 거의 없었고 반대의 목소리도 잦아들었다. 속도가 느려지기는 했지만 포도밭은 꾸준히 증가했다. 허가가 필요할 때는 관리를 매수하면 그만이었다. 1756년에 실시된 조사에 따르면 포도 재배 산업의 지속적인 성장에도 불구하고 곡물 부족 현상은 나타나지 않았다. 이로부터 3년 뒤 정부는 1731년에 발표했던 칙령을 철회했다.

사실 포도밭의 확산은 막을 방법이 없었다. 고급 와인으로 높은 수익을 올리는 부유층 투자가의 입장에서 보나, 값싼 와인으로 대중적인 시장을 겨냥하는 소규모 농부들의 입장에서 보나 와인은 이윤이 많이 남는 장사였다. 위험 부담이 따르고 기후와 병충해와 시장의 영향을 많이 받기는 하지만 이를 상쇄하는 유혹이 너무 컸다. 곡물 농사로 한 집안을 부양하려면 땅이 20-30에이커(0.08-0.12제곱킬로미터)는 있어야 하지만 포도 농사는 1에이커만 있어도 충분했다. 라 로셸 인근에는 겨우 0.5에이커의 밭에 포도를 재배하는 농부들도 많았다.

장기적인 관점에서 보면 1709년에 불어닥친 혹한은 프랑스 포도 재배와 와인 제조 산업에 일대 전환점이 되었다. 포도밭이 폐허로 변한 덕분에 포도 재배업자들은 예전과 다른 품종을 심으며 품종별로 재배하기에 알맞은 지역에 대하여 많은 생각을 할 수 있었다. 오늘날 프랑스의 주요 와인 생산지는 재배하는 품종의 지역 경계선이 뚜렷하지만(엄격한 원산지 표기 규제법 덕분이기도 함) 1709년 이전에는 여러 가지 품종이 뒤죽박죽 섞여 있었다. 그리고 1709년 이후로 포도나무 자체에도 더욱 세심한 주의를 기울이게 되었다.

　보르도에서 포도를 재배하는 땅의 면적은 귀족 출신의 지주들 덕분에 18세기 내내 꾸준한 증가세를 보였다. 이들은 게으르고 향수에 젖어 지내는 부류라는 일반적인 이미지와는 다르게 땅을 포도밭으로 일구는 데 열심이었고, 영국과 네덜란드 소비자의 입맛에 가장 알맞은 와인을 생산하기 위해 여러 가지 기술을 도입했다.

　보르도의 부유한 귀족들(17세기에 작위를 받은 가문이 대부분이었음) 가운데 일부는 메도크 지역에서 입지 조건이 제일 좋은 땅을 재빨리 사들였다. 이로써 오브리옹 와인으로 성공을 거둔 퐁타크가 못지 않게 유명 포도원을 소유한 가문들이 속속 등장하기에 이르렀다. 귀족 소유의 포도밭은 18세기를 거치면서 점차 늘어났다. 1744년에 보르도의 부지사가 남긴 기록에 따르면 보르도 땅의 절반 이상이 포도밭이었고 소유주의 90퍼센트가 귀족과 부유한 부르주아지였다. 울며 겨자 먹기로 땅을 넘기는 농부들이 많아지면서 이 비율은 더욱 높아졌다. 세금을 내지 않고 와인을 반입할 수 있는 사람은 보르도에 거주하는 귀족으로 한정되었기 때문에 농부들은 자작농이건 소작농이건 언제나 불리했다. 그들은 귀족들과 똑같은 와인을 판매하더라도 세금 때문에 가격을 높게 책정할 수밖에 없었던 것이다.

보르도 귀족들은 포도밭 임대료를 주로 와인으로 받았다. 1755년에는 68명의 귀족 행정관들이 임대료의 73퍼센트를 와인으로 챙겼다. 와인의 품질만 보장이 되면 소규모 땅에서도 많은 수입을 올릴 수가 있었다. 평의원 카스텔노(Castelnau)는 소유하고 있는 포도밭이 0.08제곱킬로미터, 임대료로 받은 와인은 25배럴에 불과했다. 하지만 이 와인의 가격이 1배럴당 900리브르였기 때문에 22,500리브르라는 짭짤한 수입을 올릴 수 있었다. 당시에는 22,500리브르의 절반만 있어도 여름용 별장과 겨울용 별장, 4-6명의 하인, 마차를 소유하고, 좋은 옷, 고급 와인과 음식, 연회, 여행을 즐기며 편안한 생활을 누릴 수 있었다. 다른 귀족들의 상황은 이보다 더 좋았다. 라피트와 라투르에 포도밭을 가지고 있던 세귀르(Ségur) 백작은 세무서에 신고한 내역과는 달리 1년 수입이 최소 10만 리브르에서 최대 18만 리브르에 달했다.

물론 포도밭 관리에는 비용이 들었다. 귀족 지주들은 대부분 소작인을 두고 일당을 주거나 관리하는 포도밭 1에이커당 얼마씩 계산하여 연봉을 지급했다. 하지만 이들이 받는 임금은 열악한 수준이었고 1750년에서 1772년 사이 물가가 꾸준히 올랐음에도 불구하고 이들의 임금은 달라지지 않았다.

보르도의 동북쪽에서는 알자스가 30년 전쟁의 폐해를 딛고 서서히 부활하기 시작했다. 이곳의 주민들은 포도 재배에 더욱 심혈을 기울였고 와인을 보관하고 압착하는 데 쓰이는 참나무 숲을 철저하게 관리했다. 인구의 증가와 더불어 와인 시장의 규모가 커지자 포도 재배도 확산되었다. 암메르슈비르 일대에서는 1721년 3.21제곱킬로미터였던 포도밭의 면적이 1762년에는 4.65제곱킬로미터로 늘어났고 알자스에서는 18세기 동안 포도밭의 면적이 2배 혹은 3배로 늘어났다. 새로 포도나무를 심는 것을 금지하는 왕실의 칙령이 이곳만큼 지켜지지 않은 곳도 없어서 온갖 품종이 난립했다. 1750년 카푸치노 수도회(프란체스코 수도회의 3대 독립 분파 가운데 하나임) 소유의 키엔츠하임에 있는 바인바흐 포도원에서 재배한 17,000그루의 포도나무 가운데 7,700그루가 뢴슐링, 3,000그루가 로트라마이너, 3,000그루가 머스캣, 2,000그루가 피노 누아르, 700그루가 리슬링, 500그루가 토카이와 샤슬라였다. 일부 시의원들은 17세기 말부터 고급 품종 확산 운동을 벌였지만 포도 재배업자들의 반발에 부딪혔다. 여러 가지 품종을 함께 재배한 포도밭은 한두 군데가 아니었다. 브장송 인근의 어느 포도밭에서는 머스캣, 플루사르, 브르갱, 가메를 섞어서 재배했다.

포도나무를 새로 심는 작업은 18세기 내내 곳곳에서 계속되었다. 카오르 인근에 살았던 부르주아 계층의 사람이 남긴 일기를 보면 18세기 후반의 포도 재배, 수확, 와인의 가격을 알 수 있는데, 1787년 3월의 일기에서 그는 이렇게 적었다.

유난히 추웠던 1765년과 1767년에 폐허가 된 이후로 20년 동안 방치해 두었던 아르니삭 근처의 땅에 포도나무를 새로 심는 작업을 절반 가량 끝냈다.

부유한 지주들은 와인의 품질 개선을 위해 부단한 노력했지만 포도의 크기와 수확량은 여전히 날씨에 좌우되었다. 1710년에서 1766년까지는 전반적으로 수확량이 풍부했지만 예외인 때도 있었다. 1754년에는 라 로셀 인근의 포도밭은 혹한, 병충해, 가뭄의 합동 공격을 받고 큰 타격을 입었다. 라 로셀은 1765년에도 병충해와 악천후 때문에 수확량이 절반으로 떨어졌다.

1767년에서 1778년에 이르는 12년 동안에는 살을 에는 듯한 추위, 우박, 장마가 계속되었다. 12년 중에서 3년이 흉년, 8년이 대흉년을 기록했고 파리의 수확량이 1750년대의 절반에 못 미친 해도 네 번이나 있었다. 1771년에 어느 포도밭 주인은 이런 기록을 남겼다.

한때는 기대를 모았던 포도밭이건만 끔찍한 겨울에 이어 사나운 비바람이 찾아오고 7월의 가뭄이 뒤를 이으면서 포도 수확은 전무한 실정이다.

어떤 와인 생산업자들이 전하는 바에 따르면 겨울 동안 꽁꽁 얼었던 포도는 푸른빛이 가시지 않을 만큼 덜 익어서 으깨지지도 않았다. 또 어떤 생산업자는 품질이 떨어지는 해에 생산된 와인을 다음 해에 압착을 하고 남은 포도 찌꺼기와 섞어서 1주일 동안 묵히는 방법을 실험하기도 했다.

와인의 가격은 수요와 공급에 민감했다. 아르장퇴유에서는 1767-68년에는 66리브르였던 와인이 1778년에는 93리브르에 판매되었다. 프랑스 혁명의 시작으로 마감된 1780년대에는 상황이 좋아져서 1785년에는 기록적인 수확량을 보였다. 하지만 미흡한 품질과 공급 과잉으로 아르장퇴유에서 거래되는 와인의 가격은 15리브르로 폭락했다. 15리브르면 통 값에도 못 미치는 가격이었다. 영세 생산업자들로서는 변덕스러운 시장이 어마어마한 골칫거리였다. 포도 농사가 흉년이라 가격이 뛰면 시장에 내다 팔 와인이 없었다. 거꾸로 생산한 와인이 많으면 시장이 없었다. 와인이 생계 유지 수단이었던 농부들이 1789년 프랑스 혁명을 지지한 이유는 상황이 변하기를 기대했기 때문이다.

18세기에는 통상이 증가하고 전문 직업에 종사하는 사람들이 늘어나면서 부유한 부르주아지의 수가 점차 늘어났다. 이들은, 보유한 재산의 규모는 개인별로 조금씩 달랐지만 비교적 여유로운 삶을 누렸다. 또한 이들이 식생활에 투자하는 비용이 늘어나면서 부르주아지와 서민 간의 생활 수준에는 점점 격차가 벌어졌다. 18세기 동안 유럽에서 한 해 소비되는 커피의 양은 9십만 킬로그램에서 5천5백만 킬로그램으로 늘어났고, 코코아는 9십만 킬로그램에서 5백9십만 킬로그램으로, 홍차는 4십만5천 킬로그램에서 1천8백만 킬로그램으로 증가했다. 고급 수입품의 소비 증가율은 인구 증가율을 앞질렀지만 코코아 5백9십만 킬로그램은 유럽 전체 인구로 나누면 1인당 113그램밖에 안 되는 양이었다. 따라서 커피, 홍차, 코코아의 소비자는 일부 부유층으로 국한되어 있었다고 보는 편이 정확하다.

커피, 홍차, 코코아는 유럽 부유층의 식생활과 입맛을 바꾸는 역할을 했다. 그리고 서인도 제도에서 수입된 설탕도 마찬가지였다. 홍차, 커피, 코코아는 그 원산지에서는 그대로 마셨던 반면에 유럽인들은 여기에 설탕을 넣어 마셨다. 이에 따른 변화는 17세기 초반의 문헌에도 그대로 나타난다.

영국 신사들은 설탕을 넣은 와인을 즐겨 마신다. 나는 와인에 설탕을 넣어 마시는 사람을 본 적이 없다. 영국인의 입맛이 이렇게 단맛을 즐기는 쪽으로 변하면서 술집에서는 와인을 따라 주며 설탕을 넣는 것이 관례로 굳어졌다.

— 모리슨, 『여행기(*Itinerary*)』

증류주와 같은 독한 술과, 홉으로 맛을 낸 스타우트나 포터처럼 달콤한 술이 1600년대 후반과 1700년대 초반에 발전한 것을 보면 이 당시 유럽인들은 이전보다 독하고 달콤한 음료를 즐겼던 것 같다. 따라서 와인의 맛에도 시대의 변화가 반영될 수밖에 없었다. 브랜디, 포터, 코코아, 설탕을 넣은 홍차를 마시고 나면 중세 이후로 영국인들의 사랑을 독차지했던 클라레가 묽고 심심하고 맛이 없게 느껴지기 마련이다. 18세기의 유명인들 가운데 홍차를 와인보다 높게 평가하는 사람도 있었다.

맛있는 이 넥타르는 와인의 장점만을 가지고 있다. 이것은 체온을 높여 주지만 혈기를 들끓게 하지는 않고 기분을 북돋우지만 취하게 만들지는 않는다.

이때부터 와인의 맛이 진하고 달콤하게 변하기 시작한 것도 무리는 아니었다.

홍차나 코코아와 같은 고급 수입 음료를 즐기는 일부 부유층은 값비싼 와인과 증류주의 소비자이기도 했다. 이들의 요구에 발맞추어 1700년대에 등장한 것이 프리미엄급 술이다. 프리미엄급 술을 생산할 수 없었던 양조업자들은 서민층을 겨냥하는 데 주력했고, 따라서 빈부의 격차는 더욱 벌어지게 되었다.

프랑스 와인은 18세기 내내 생산량이 꾸준히 증가했지만 영국 시장에서 예전과 같은 명성을 누리지는 못했다. 런던을 비롯한 몇몇 도시에서는 진하고 맛이 풍부한 프랑스산 레드 와인을 찾는 사람들이 꾸준히 있었지만 가장 인기가 있는 제품은 포르투갈 와인이었다. 포르투갈 와인이 영국 시장에 발을 들여 놓은 것은 1600년대 후반, 앞에서도 이야기했다시피 영국이 프랑스 와인 수입 금지 조치를 내리면서부터였다. 그런데 1703년에 새로운 무역 협정이 체결되면서 영국의 문호는 포르투갈 와인을 향해 활짝 열렸다.

메수엔 조약이라고 불리는 이 협정의 주요 골자는 포르투갈 와인에 부과하는 관세를 프랑스 와인의 3분의 2수준으로 낮추는 것이었다. 이에 대한 대가로 영국의 직물은 포르투갈 시장에서 특혜를 누렸다. 3분의 2라는 숫자는 시대에 따라 바뀌었지만 프랑스의 입장에서 보자면 눈엣가시였다. 1713년의 경우 포르투갈 와인에 부과된 관세는 1배럴당 7파운드에 불과했지만 프랑스 와

인에 부과된 관세는 무려 20파운드였다. 1770년대에는 3분의 2
가 2분의 1로 바뀌었지만(포르투갈 와인에 부과된 관세는 1턴당
30-50파운드, 프랑스 와인의 경우에는 60-90파운드였음) 가격 경
쟁에서 밀린 프랑스 와인의 상당수가 영국 시장에서 자취를 감
추게 되었다.

메수엔 조약으로 포르투갈의 와인 산업은 급속하게 발전했고
영국으로 수출되는 포르투갈 와인이 줄을 이었다. 1717년에서
1777년 사이 영국으로 수출된 포르투갈 와인은 한 해 1만 통에
서 1만2천 통이었고 60년의 평균을 내면 11,600배럴이었다. 즉
영국에서 수입한 와인의 3분의 2가 포르투갈산이었던 것이다. 2
위 에스파냐 와인은 전체 수입량의 4분의 1을 차지한 반면 한 해
평균 634배럴이 반입된 프랑스 와인은 전체 수입량의 4퍼센트에
불과했다. 이 4퍼센트도 그나마 고급 와인의 몫이었기 때문에
저렴한 와인을 생산하는 프랑스의 양조업자들은 다른 시장을 개
척해야 했다. 프랑스에서 생산된 와인은 상당 부분 내수용으로
쓰였다. 18세기를 거치면서 프랑스의 인구는 3분이 1이 증가했
고 와인 시장도 그만큼 확대되었다.

오늘날에는 포트 와인이라고 하면 달콤한 맛이 특징으로 꼽히
지만 18세기에 영국으로 수출됐던 포트 와인은 드라이 와인부터
스위트 와인까지 그 종류가 다양했고 시간이 흐를수록 알코올 도
수가 높아졌다. 1700년대 초반의 포르투갈의 와인 생산업자들은
와인 450리터당 브랜디를 10-12리터(3퍼센트에 해당됨) 섞었지
만 1700년대 후반으로 접어들면서 브랜디 함유량은 17퍼센트로
늘어났다. 그리고 1820년부터는 22퍼센트로 고정되었다.

영국에서 포트 와인의 인기는 폭발적이었는데, 1730년대에는 수요를 감당할 수가 없게 된 도루 강의 상인들이 저급 와인을 섞어서 가짜를 만드는 데 이르렀다. 이들은 색깔이 짙은 와인과 옅은 와인을, 독한 와인과 약한 와인을 섞고 설탕과 알코올을 넣어 당도를 높이고, 딱총나무 열매로 색깔을 내고, 후추, 생강, 계피와 같은 향신료로 맛을 더했다.

이렇게 해서 탄생한 혼합주는 얼마 후 영국에서 건강에 해롭다는 판정을 받았고 영국으로 수출되는 포트 와인의 양은 곤두박질쳤다. 1728년 영국의 포트 와인 수입량은 8천7백만 리터였지만 1756년에는 5천5백만 리터에 불과했다. 뿐만 아니라 가격도 폭락했다. 1730년대 후반에는 16파운드에 팔렸던 와인 1파이프가 1756년에는 6분의 1 수준인 2파운드 10실링에 판매되었다.

포르투갈 정부는 경제적 위기를 감지하고 도루 강의 와인 산업을 감독, 관리하는 기구를 재빨리 만들었다. 이렇게 해서 탄생한 알투 도루 포도원 조합은 도루 와인을 생산할 수 있는 지역을 제한했다. 도루는 세계 최초로 와인에 대해 엄격한 품질 관리와 규제를 가한 지역이었다. 포르투갈 정부는 포도의 재배부터 와인의 선적, 판매에 이르기까지 와인 산업의 모든 단계를 관리하는 기구를 조직했다. 그리고 이 지역에서 자라던 딱총나무를 모두 없애 위조의 가능성을 뿌리 뽑았다.

수상한 행각을 완전히 근절할 수는 없었지만—말린 딱총나무 열매쯤은 마음만 먹으면 언제든지 구할 수 있었다—포도원 조합의 단호한 조치 덕분에 포트 와인은 금세 인기를 되찾았다. 1770년대에는 영국으로 수출되는 양이 한 해 1천6백만~1천8백만 리터 선을 회복했고 1799년에는 4천4백만 리터나 되는 포트 와인이 영국 땅을 밟았다. 1799년 당시 영국의 인구가 9백만 명 정도였음을 감안하면 이는 1인당 5리터가 조금 못 되는 양이다. 물론 어린아이까지 포함된 인구로 나누는 데에는 무리가 있고 게다가 포트 와인을 즐기는 계층은 소수에 불과했다. 앉은자리에서 포트 와인 세 병을 비운다는 뜻의 '세 병족(族)'이 등장한 18세기의 분위기로 볼 때 이들이 마시는 포트 와인은 1년에 5리터가 아니라 1주일에 5리터도 넘었을 것이다.

사실 18세기의 포트 와인은 요즘보다 순했고 한 병이라고 해야 0.75리터에 불과했으며 여기에 마실 수 없는 침전물이 차지하는 분량이 어느 정도 있었다. 그렇다 하더라도 세 병은 상당한 주량이었고 극작가인 셰리든(Sheridan)이나 피트(Pitt) 수상 같은 이는 '여섯 병족'으로 유명했다. 하지만 하루에 13병씩 마시던 고전문학자 포터(Porter) 박사에 비하면 아무것도 아니었다. 18세기 후반 영국의 부유층 남자들 사이에서는 폭음이 일종의 문화였다. '두주불사'라는 말이 과장이 아니라 사실이었다. 1770년 『젠틀맨스 매거진(*Gentleman's Magazine*)』에서는 취한 사람들의 99가지 습관을 소개했는데 고상하게는 "복수초로 만든 증류주를 홀짝이는 것"부터 천박하게는 "옷을 벗는 것"에 이르기까지 다양했다.

신사라고 해서 모두들 포트 와인을 즐기거나, 취할 때까지 마시는 것은 아니었다. 하지만 옥스퍼드의 크리스트 교회의 주임사제였던 잭슨(Jackson)처럼 순진한 신사도 드물었다. 1799년 잭슨은 와인 값 73파운드 6실링 6펜스를 지불하며 상인에게 다음과 같은 편지를 보냈다.

프랑스산 브랜디가 안전하게 도착했소. 고맙긴 하지만 당신은 통이 너무 큰 것 같구려. 친구들에게 그렇게 인심을 쓴 만큼 보답이 있을는지. 솔직하게 고백하자면 나는 이렇게 맛있는 술은 처음이라 아플 때나 조금씩 마실 생각이오.

영국 와인 시장에서 포트 와인이 선두 주자로 입지를 굳히고 최고급 브랜디가 자리를 잡는 동안 일부 프랑스 와인도 나름대로의 명성을 쌓았다. 보르도와 부르고뉴의 일부 지방은 널리 이름을 알렸고 계몽주의 덕분에 부유층 소유의 포도원을 대상으로 수많은 연구가 이루어졌다. 여러 분야의 과학자—농학자, 식물학자, 화학자—들은 포도 재배와 와인 제조의 전통적인 방식과 관행을 개선하기 위하여 모든 지식을 다 동원했다. 보르도 학술원은 포도 재배와 와인 제조에 대해 다룬 서적의 간행을 적극 후원했고 1756년에는 "와인을 생산하고 정화하고 보관하기에 가장 알맞은 방법은 무엇일까? 와인 정화에 계란보다 더 좋은 것이 있을까?"를 주제로 연구를 진행했다. 디종 학술원은 부르고뉴 와인의 품질을 논의의 대상으로 삼았다. 디종 학술원이 수신인으로 되어 있는 1777년의 편지에는 고급 와인의 판매 촉진 방법 연구에 자금을 지원하는 것이 어떻겠느냐고 쓰여 있다.

와인의 품질 개선에 관심을 쏟을 만한 여력이 있는 사람들은 포도나무 심기에서부터 최초 생산품 보관에 이르기까지 포도 재배와 와인 제조의 모든 단계에 주의를 기울였다. 이들은 포도의 품종을 좀더 신중하게 선택하고 수령이 오래된 포도나무를 써서 훨씬 풍부한 맛을 냈다. 수확기에는 잘 익은 포도만 골라서 땄고 발효와 숙성에도 특별히 주의를 기울였다. 덜 익은 포도를 골라 내는 것은 부유층 지주들만 누리는 특권이었지만 18세기 초반의 와인 생산업자들은 너나 할 것 없이 보르도 와인의 품질을 높이는 데 많은 관심을 기울였다. 18세기 중반 무렵부터 일찌감치 명성을 쌓은 보르도의 고급 와인으로는 오브리옹, 라피트, 라투르, 마르고 등이 있다. 보르도에서 생산된 고급 와인의 대부분은 영국으로 수출되었지만 대중을 겨냥한 프랑스 와인은 메수엔 조약으로 인해 가격 경쟁에서 밀려났다. 반면에 고급 와인은 포르투갈이나 에스파냐와인보다 품질이 뛰어났기 때문에 높은 관세에도 불구하고 꾸준하게 판매되었다.

부르고뉴에서도 고급 와인의 입지를 다지려는 움직임이 보였고 로마네와 몽라셰에서 생산된 와인은 비싼 가격에 판매되었는데, 이는 그만큼 인정을 받고 있다는 증거였다. 하지만 부르고뉴 와인은 보르도 와인만큼 명성을 누리지 못했다. 최고급 보르도 와인은 영국으로 수출됐던 반면에 최고급 부르고뉴 와인(샹파뉴, 앙주의 고급 와인도 포함됨)의 주요 시장은 파리였기 때문이다. 프랑스의 대도시에서 부르고뉴와 기타 지역에서 생산된 와인의 소비 시장이 형성된 것은 18세기 들어 부르주아지가 성장한 이후부터였다.

고급 부르고뉴 와인이 파리에서 판매된 가격과, 고급 보르도 와인이 런던에서 판매된 가격을 비교하면 두 시장 사이의 차이점을 분명하게 알 수 있다. 파리에서, 부르고뉴의 여러 지역인

클로 드 부조, 샹베르탱, 본, 뉘 등에서 생산된 와인은 일반 와인보다 50퍼센트 비싼 가격에 판매되었고 로마네와 몽라셰 와인의 가격은 여기에 3분의 1이 더해졌다. 하지만 영국 시장에서 보르도 와인에 부과된 프리미엄에 비하면 이 정도 가격은 아무것도 아니었다.

보르도와 부르고뉴가 고급 와인 제조에 나선 1700년대의 또다른 특징으로는 최고급 브랜디의 등장을 들 수 있다. 이 시기에 브랜디 생산지로 입지를 굳힌 샤랑트 지방이 자기 지방에서 생산되는 화이트 와인을 모조리 증류주로 만들기 시작한 것이다. 18세기 초반 샤랑트 지역에서 수출한 브랜디는 7,000바리크에 불과했지만 1728년에는 27,000바리크, 1780년에는 50,000바리크, 1791년에는 87,000바리크로 늘어났다. 처음에는 남는 와인이나 질이 떨어지는 와인을 증류하여 선원과 군인, 빈민층에게 판매되었던 브랜디이지만 차츰 상류층의 인기를 얻으면서 내부적으로 계급이 나뉘었다. 1720년대에 푸아투샤랑트 주 코냐크 지역의 브랜디는 1바리크당 9.5리브르에 판매되었다. 이는 낭트와 보르도 인근에서 생산되는 브랜디보다 2리브르가 높은 가격이었다. 코냐크 지방에서 생산된 화이트 와인은 향이 독특한 고급 브랜디로 다시 태어났고 5-10년 동안 숙성시킨 뒤 갓 생산한 브랜디와 섞는 방법을 통해 품질의 향상을 꾀했다.

하지만 프리미엄급 와인을 생산할 수 있는 제조업자는 소수에 불과했고 대부분은 품질보다 가격이 더 큰 비중으로 작용하는 대중용 와인을 생산했다. 피프스와 그의 술친구들이라면 오브리옹을 놓고 온갖 찬사를 늘어놓았겠지만 프랑스의 노동자들이 싸구려 레드 와인을 놓고 향이 어떻다는 둥, 맛이 어떻다는 둥 이야기를 했을 리는 만무하다. 기껏해야 색깔을 보고 도수가 어느 정도인지 가늠했을 것이다.

고급 와인을 생산하는 쪽이나, 대중용 와인을 생산하는 쪽이나 재배하는 품종에 관심을 기울이기는 마찬가지였지만 관심을 기울이는 이유는 달랐다. 고급 와인을 생산하는 쪽은 맛이 풍부하고 진한 와인에 적합한 품종을 선택하는 것이 목적이었고, 대중용 와인을 생산하는 쪽은 수확량이 많은 품종을 선택하는 것이 목적이었다. 1720년대와 1730년대 사이에 유럽 인구가 폭발적으로 증가하고 주점과 와인 전문 주점이 늘어나면서 대중용 와인 시장도 꾸준한 성장 곡선을 그렸다.

수확량이 많은 품종이 인기를 얻으면서 파리 인근의 포도밭에서는 주로 가메 품종을 심었다. 가메는 다른 품종에 비해 산출량이 많은 것은 물론 수확할 수 있는 시기가 빨랐다. 가메로 빚은 와인에 대한 평가는 자랑할 만한 수준은 못 되었지만("맛이 거칠며 묽고 향이 없다."는 평가가 대부분이었음) 척박한 땅에서도 잘 자랐고 와인 제조업자의 입장에서는 값싼 와인을 대량으로 생산하는 쪽이 값비싼 와인을 소량으로 생산하는 쪽보다 훨씬 이윤이 많이 남았다.

학술원이 연구를 후원하고, 농학자, 화학자 등이 저서를 발표하고, 일부에서는 품질 개선에 심혈을 기울였지만 대부분의 와인 생산업자들은 전통적인 방식을 고수했다. 영세한 규모의 포도밭을 겨우 운영하는 차에 새로운 방식을 도입할 만한 여력이 없었던 것이다. 포도나무 심기에서부터 가지치기, 양조 과정에 이르기까지 혁신적인 방식을 동원한 유명 포도원과는 달리 툴루즈 인근 지역의 와인 제조 방식은 여전히 전근대적이었다. 이 지역의 농부들은 가지치기를 제대로 하지 않았고 쟁기질도 2년에 한 번씩 하는 것이 고작이었다. 게다가 익지도 않은 포도를 따서 발로 밟아 즙을 낸 뒤 몇 달 동안 내버려 두었다가 제대로 말리지도 않은 통에 넣었다. 이런 과정을 통해 생산된 와인은 인근 가이약이나 몽펠리에, 보르도 와인에 비해 맛이 형편없는 수준이었고 따라서 다른 지역으로의 수출은 꿈도 꾸지 못했다. 덕분에 생산자의 이름이 명기되는 프리미엄급 와인과 일반 와인, 가격이 저렴하면서도 품질이 우수한 와인과 서민들이 마시는 값싼 와인 간의 격차는 커져만 갔다.

방식 자체가 변하기까지 많은 시간이 걸렸지만 포도 재배와 와인 생산 및 보관 방식에 대한 연구는 18세기 들어 대단한 발전을 이루었다. 장거리 와인 무역이 성공을 거두기 위해서는 몇 세기 동안 해묵은 문제를 해결해야만 했다. 와인은 자체적인 특징과 용기상의 문제점 때문에 보관이 쉽지 않았다. 알코올 함유량이 낮고 불결한 용기를 사용하여 산화가 빨랐기 때문이다. 어느 전문가의 글을 보면 당시 와인의 보존 기간이 어느 정도였는지 짐작할 수 있다.

와인은 숙성 기간에 따라 묵은 와인과 햇 와인, 그리고 중간 정도의 와인으로 나뉜다. 햇 와인은 숙성 기간이 2-3개월, 묵은 와인은 1년, 중간 정도의 와인은 4개월에서 1년 사이이다.

—『백과전서』, '와인' 항목

이 사실을 놓고 보면 18세기의 와인은 2000년 전인 고대 그리스 · 로마 시대에 비해 달라진 점이 거의 없는 셈이다.

나무통은 와인의 변질을 더욱 촉진시키는 역할을 했다. 통에는 구멍이 많아서 와인의 증발과, 공기의 침투를 막으려면 와인을 가득 채워 넣는 수밖에 없었다. 와인의 양이 줄어들면 공기가 차지하는 공간이 많아지기 때문에 그만큼 산화가 빨라졌다.

공기의 유입을 차단할 수 있는 해결책이 유리병이었다. 프랑스에서 생산된 가장 값비싼 와인들은 1700년대 초반부터 코르크 마개를 씌운 유리병에 담아졌다. 덕분에 프랑스산 최고급 와인의 가격은 천정부지로 솟았고 1728년 의회가 나무통 이외의 용기를 사용한 와인의 수입을 금지한 이후로 영국 소비자들은 병에 든 와인을 구입할 수 없었다. 영국 국경을 넘은 이후 와인을 병에 넣는 방법도 있었지만 몇 달이라는 운송 기간을 거친 뒤 옮겨 담으면 변질될 가능성이 더욱 높아졌다.

와인의 수명을 늘리기 위해 이 밖에도 여러 가지 수단이 동원됐지만 하나같이 임시방편에 불과했다. 독일과 네덜란드 상인들은 나무통의 안쪽에 황을 바르고 와인으로 최대한 가득 채우는 방법을 썼다. 와인의 찌꺼기를 거르고 통에 계란 흰자나 부레풀을 바르기도 했다. 네덜란드 상인들의 경우에는 와인에 브랜디를 섞어 알코올 도수를 높이는 데 앞장섰다.

새로운 보관 방식이 검증되고 채택되면서 와인에 납을 넣는 전통적인 방식은 불명예스러운 퇴장을 당했다. 고대 그리스 · 로마 시대부터 사용되었던 납은 17세기까지 와인의 단맛을 높이고 박테리아의 성장을 억제하는 데 널리 쓰였다. 항생제가 개발되기 이전에는 외상을 치료할 때 납으로 만든 연고를 바르기도 했다.

하지만 17세기 들어 납이 다양한 위장통을 일컫는 산통(疝痛)의 원흉일지 모른다는 주장이 제기되었다. 이 중에서도 가장 유명한 것으로는 '데번셔 산통'과 '푸아투 산통'을 들 수 있는데 데번의 사과주 제조업자들은 납으로 단맛을 높였고 푸아투의 와인 제조업자들은 루아르 강변 지역의 업자들과의 경쟁에서 이기기 위하여 납 산화물을 와인에 넣었다. 산통의 증상은 납 중독의 정도에 따라서 극심한 복통, 변비, 황달, 수족 마비, 시력 상실, 언어 장애, 중풍 등 다양했고, 생명이 위독할 만큼 치명적이었다. 복통과 변비 등 납 중독의 초기 단계에 있던 환자들은 소화기 계통 질병에 좋다는 와인을 많이 마셨을 가능성이 큰데 이는 선무당이 사람 잡는다는 속담이 그대로 들어맞은 경우였다.

17세기 말에 독일의 의사 코켈(Cockel)은 담당 환자들이 겪고 있는 수많은 질병의 원인을 와인에 함유된 납으로 규정지었고 그 결과 뷔르템베르크에서는 1696년부터 납의 사용을 금지했다. 하지만 납의 유해성이 널리 알려진 것은 18세기부터였고 이후로도 납을 넣어 와인의 단맛을 높이는 관행은 계속되었다. 18세기 말 영국에서 발간된 요리책에는 와인을 만드는 방법을 "납을 녹여 맑은 물에 넣는다."고 소개했다. 1750년에 파리 당국은 식초로 용도 변경을 하기 위해 반입된 와인이 3만 뮈(약 8백만 리터)에 달한다는 소식을 접하고 의심을 품었다. 이런 목적으로 사용되는 변질된 와인은 한 해 평균 1,200뮈에 불과했던 것이다. 경찰이 조사를 한 결과 납 산화물을 넣어 단맛을 낸 뒤 와인으로 판매하려던 일당이 검거되었다.

와인의 보관 방법을 연구한 끝에 등장한 것이 설탕이다. 유럽인들이 해외 식민지를 통해 누린 혜택 가운데 하나가 설탕의 지속적인 공급이었고 설탕의 소비량을 보면 유럽인들의 입맛이 변해 가는 과정을 알 수 있다. 설탕은 와인의 단맛을 높이는 데 쓰이는 첨가물이었고 발효가 시작되기 전에 넣으면 알코올 도수를 높여 와인의 보존 기간이 길어지는 효과가 있었다.

와인의 당도를 높이고 보존 기간을 늘리기 위해 설탕을 사용하기 시작한 것은 1801년인데, 이는 이를 주제로 저서를 발표한 화학자 샤프탈(Chaptal, 나폴레옹[Napoleon] 정부에서 내무장관을 역임했음)의 덕분이었다. 하지만 설탕이 이러한 용도로 사용된 것은 샤프탈이 저서를 발표하기 훨씬 이전부터였다. 18세기 지식의 총집합체라 할 수 있는『백과전서』에서는 납의 유해성을 강조하며 감미료로 설탕을 추천했다. 발효의 시작을 최대한 앞당길 수 있도록 설탕이나 꿀, 설탕 시럽을 권한 프랑스의 과학자, 농학자들은 이후로도 많았다.

하지만 감미료를 사용해야 하는 핵심적인 이유를 지적한 화학자는 마케르(Macquer)였다. 덜 익어서 과당이 부족한 포도 때문에 과즙의 신맛이 너무 강하다면 발효를 촉진시킬 것이 아니라 당분의 비율을 높여야 한다고 그는 주장했다. 마케르는 자신의 이론을 증명하기 위해 덜 익은 포도를 압착하여 눈살이 절로 찌푸려질 만큼 시큼한 즙으로 만든 다음 설탕을 넣고 발효를 시켰다. 이렇게 해서 1777년 10월까지 1년 동안 숙성시킨 와인은 포도 농사가 풍년이던 시기에 유명한 포도원에서 빚은 와인만큼 맛이 좋았다. 뿐만 아니라 인공 감미 과정을 거친 듯한 흔적도 없었다. 사실 마케르는 와인에 설탕을 넣는 방법을 인공적이라고 생각하지 않았다. 그저 자연의 부족한 부분을 메우는 것에 불과하다고 생각했다.

샤프탈의 저서는 선배 학자들의 연구에 힘입은 바 크지만 프랑스 혁명 정부가 나폴레옹 정부로 바뀌는 시기에 출간되었다는 점도 영향을 미쳤다. 혁명기 동안 내리막길을 걸은 프랑스의 경제와 무역을 회복시키려는 노력에는 와인 산업 부흥 정책도 포함되어 있었던 것이다. 1803년 나폴레옹 정부는 와인 생산업자들에게 『샤프탈의 방식으로 와인을 제조하는 방법』을 배포했다. 이 책자는 샤프탈이 유명 와인 생산업자들을 상대로 설문 조사를 벌여 얻은 실전 경험과 과학 이론이 한데 어우러진 결정체였다. 18세기 말 와인 생산업자들에게는 샤프탈의 저서가 최고의 참고자료였다. 샤프탈은 토질에 관한 일반적인 지식을 요약·정리하는 데 그치지 않고, 가볍고 구멍이 많고 잘 부스러지는, 보르도와 부르고뉴 토양의 이점을 소개했고 넉넉한 햇빛이 포도밭에 이로운 이유와 잦은 비가 해로운 이유를 설명했다.

샤프탈의 저서는 와인의 발효 기술과 보관 기술을 소개하는 부분에서 가장 빛난다. 그는 우유나 물과는 달리 와인은 자연의 산물이 아니라고 강조했다. 그것은 와인이 자연발생적인 과정을 거쳐 탄생하기는 하지만 인간의 개입 정도에 따라 결과물이 달라진다는 뜻에서였다. 이런 맥락에서 고급 와인을 만들려는 사람은 전통적인 관행을 버리고 새로운 방식을 배워야 했고, 전통보다 이성을 앞세우는 계몽주의의 소산인 샤프탈의 저서야말로 교과서로 안성맞춤이었다. 특히 프랑스에서는 혁명 이후로 포도 재배 경험이 거의 없는 사람들에게 수많은 포도밭이 넘어갔기 때문에 그의 저서는 매우 유용했다. 하지만 와인 생산에 대하여 포괄적이고 일반적인 조언을 담은 그의 저서는 프랑스 이외의 지역에도 지대한 영향을 미쳤다.

와인의 품질과 생산 방식에 대한 관심은 와인을 보는 관점의 변화를 이끌어 냈다. 와인의 정의가 새롭게 내려지고 와인을 만드는 데 '자연'과 '인간'의 역할이 균형을 이루어야 한다는 시각이 등장한 것이다.

앞에서도 이야기했다시피 예로부터 와인은 수많은 술을 통칭하는 대명사로 쓰였다. 어쩌면 '수많은 폐단'의 대명사라고 주장하고 싶은 사람도 있을 것이다. 사람들은 와인을 끓이고 졸이고 식혔고, 서로 다른 와인을 섞었고, 소금물과 꿀, 향신료와 허브 등 수많은 첨가물을 넣었고, 알코올 도수를 높였고, 나무 열매와 염료로 색을 입혔다. 그러고는 이 모든 술은 와인이라고 불렸다. 이러한 관행은 18세기에도 계속되었고 와인의 정의가 내려진 것은 1907년, 프랑스가 포도 혹은 포도즙으로 만든 술만을 와인이라 부른다고 법으로 정하면서부터였다.

18세기에는 이렇듯 와인의 정의 자체가 애매했기 때문에 와인의 성분에 관심을 기울이는 경우가 거의 없었다. 하지만 앞에서도 이야기했다시피 관계 당국은 세 가지 측면에서 와인의 성분을 관리했다. 첫째 인체에 해로운 첨가물을 넣으면 안 되었다. 둘째 와인의 생산지를 속이면 안 되었다(아무리 맛과 색상이 비슷하다 하더라도, 또한 소비자가 차이점을 모를 만큼 무지하다 하더라도 값싼 프랑스 와인을 고급 에스파냐 와인으로 속여서 파는 행위는 금물이었음). 셋째 와인의 제조 과정에서 생산자가 허용된 것 이상으로 개입해서는 안 되었다. 껍질을 담가 놓는 시간을 최대한 늘려 레드 와인의 색상을 진하게 만들거나, 색깔이 옅은 와인을 짙은 와인과 섞는 방식은 허용되었지만 나무 열매나 기타 첨가물을 넣는 행위는 금지되었다. 설탕이나 포도당 이외의 첨가물로 와인의 당도나 맛을 높이는 행위 역시 마찬가지였다. 이러한 조치는 와인이 어디까지 '자연'의 산물이고 어디까지 인공적인 산물인가에 대한 논란으로 이어질 수밖에 없다. 와인의 제조 과정에 인간의 개입이 어느 선까지 허용되어야 하는지에 대해서는 지금도 다양한 의견이 존재한다. 예를 들어 부르고뉴에서는 와인에 설탕을 첨가하는 것이 합법이지만 캘리포니아에서는 불법으로 간주된다.

위와 같은 논란은 고급 와인이 등장한 이후로 제기된 것이었다. 비싼 대가를 지불하고 고급 와인을 구입한 소비자들은 겉모습과 맛을 비슷하게 흉내낸 것이 아니라 정품이 분명한지 확인하고 싶기 마련이다. 요즘과는 달리 포도밭과 양조장, 와인의 운송과 판매에 대한 관리와 규제가 허술하던 예전에는 와인을 위조할 수 있는 기회가 언제나 있었다. 뿐만 아니라 규제가 존재하는 지방에서도 와인 위조가 공공연하게 벌어지곤 했다. 예를 들어 18세기 프랑스에서는 와인의 생산지, 품질, 가격, 목적지를 자세하게 밝히는 문서의 첨부가 법으로 규정되어 있었지만 상인들은 법을 무시한 채 와인의 진상(眞相)을 비밀로 부치는 데 급급했다.

18세기 들어 품질에 대한 관심이 날로 증폭되어 가는 가운데 최초의 대형 와인 위조 사건이 유럽 와인 시장을 강타했다. 그것은 앞에서도 언급했듯이 영국 시장의 수요를 감당하기 위해 도루 지역의 양조업자와 상인들이 1730년대와 1740년대에 와인을 위조한 사건이었다. 대규모 와인 위조 사건에 대한 시장의 반발은 거세었고 포르투갈 정부가 와인의 맛과 색상, 알코올 도수를 변경하는 과정과 첨가물을 강력하게 규제한 이후에야 포트 와인의 명예는 간신히 회복되었다.

그 후로 또 다른 사건이 뒤를 이었다. 18세기 말엽에 이르러 고급 브랜디가 인기를 얻기 시작하자 샤랑트의 증류업자들이 랑그 도크와 카탈루냐에서 생산된 값싼 브랜디를 와인에 섞기 시작한 것이다. 결국 샤랑트의 브랜디 제조업자들은 1791년에 협회를 만들고 자체적으로 제재에 나섰다. 부르고뉴 와인도 위조의 대상이었다. 1764년에 디종의 변호사는, 2등급 와인을 최상급 와인과 바꿔치기하고 남부 지방의 와인을 부르고뉴 와인과 섞은 상인들을 법원에 고발했다.

그러나 정부는 와인의 양이나 생산지를 속여서 판매하는 사기 행각보다 소비자의 건강에 해로운 물질을 첨가하는 행위에 더 관심을 기울였다. 1794년에 정부는 68명의 와인 매매업자에게 거두어들인 샘플을 분석한 결과 와인이라고 할 수 있는 제품이 8개에 불과하다는 결론을 내렸다. 대부분의 와인에 물, 사과주, 브랜디, 그리고 비트 뿌리나 나무와 같은 천연 색소와 인공 색소가 섞여 있었던 것이다. 와인 생산업자나 상인, 술집 주인 모두의 암흑기로 치부되는 프랑스 혁명기에 행해진 조사이기는 하지만 18세기에는 이처럼 불순물을 섞는 관행이 일반적이었다는 결론을 조심스럽게 내릴 수 있다.

　정부는 이러한 조사 결과를 놓고 우려의 뜻을 표하고 소비자의 권익을 보호하는 데 앞장섰을 뿐 특정 와인이나 포도원의 명성을 지키는 데에는 별다른 관심을 보이지 않았다. 반면에 도루와 코냑 지방의 와인이나 부르고뉴 와인에 내려진 조치는 특정 지역에서 생산되는 와인의 품질에 대한 관심이 점차 높아지고 있다는 증거였다.

　이 시기에 와인 산업이 많은 발전을 거둔 이유는 각계각층에서 와인의 수요가 증가했기 때문이다. 영국의 '세 병족'은 폭음에서 비롯된 별명이었지만 사실 폭음은 사회 전반적인 분위기였다. "리치필드의 웬만한 사람들은 매일 밤마다 술에 취한다."고 한 영국의 시인 존슨(Johson)의 표현에는 과장이 섞여 있겠지만 이처럼 과음을 하는 것이 보기 드문 현상은 아니었다. 에섹스의 상인 터너(Turner)는 질펀한 술자리에 대해 묘사하면서 "저속한 표현이지만 우리는 목이 마른 개처럼 술을 마셨고 취할 때까지 노래를 부르다 춤을 추며 가발과 모자를 벗어 던졌다. 우리는 그리스도교도보다 광인(狂人)이라는 표현이 어울릴 만큼 미친 듯이 굴었다."고 말했다.

　하지만 영국의 런던에서 대중을 사로잡은 술은 와인이 아니라 진이었다. 진을 만들어 낸 곳은 네덜란드인데 네덜란드는 수백 년 동안 칼뱅주의자 특유의 엄숙한 이미지를 유지하면서 술 무역을 독점했고 프랑스, 에스파냐, 포르투갈의 증류주 및 와인 산업의 원동력 역할을 했던 나라이다. 네덜란드산 술이라 할 수 있는 진은 노간주나무 열매로 맛을 낸 증류주였다. 프랑스에서 '오드 주니에브르(노간주나무 즙이라는 뜻)'로 알려진 탓에 '주네브(덕분에 칼뱅주의의 중심인 주네브와 연관이 있는 것으로 오해하는 이도 있었음)'라고 불리던 술 이름을 '진'으로 다시 압축한 주인공은 영국 군인들이었다.

영국에서 진의 인기가 치솟은 시기는 프랑스와의 무역이 중단되면서 프랑스 와인과 브랜디를 구할 수 없게 된 17세기 말과 18세기 초였다. 해외에서 수입되거나 자체적으로 생산한 진이 프랑스와의 무역 중단으로 빚어진 공백을 메운 것이다. 1727년에는 진의 소비량이 500만 갤런에 달했고 6년 뒤에는 런던에서 한 해 동안 소비된 양이 1,100만 갤런이었다. 열풍이라고 표현할 수 있을 만한 현상이 휩쓸고 지나가면서 1730년대 초반에는 증류주 전문 주점이 7,000개나 등장했다. 남녀가 의식을 잃은 채 길거리에 누워 있는 호가스(Hogarth)의 동판화 "진 거리"를 보면 일상이 되어 버린 음주 문화와 사회 질서의 붕괴를 바라보는 공포 어린 시선이 느껴진다.

정부는 1720년대에서 1750년대 사이에 진을 비롯한 기타 증류주의 소비를 줄이기 위한 조치를 여러 차례 실시했다. 증류주에 부과하는 세금이나 증류주 전문 주점이 부담해야 하는 허가세를 높여 소비를 줄이려는 것이 정부의 목적이었다. 그런데 이상하게도 증류주를 대하는 날카로운 시선이 와인에 영향을 미치지는 않았고 맥주는 아무런 위험이 없는 술로 간주되었다. 호가스가 그린 "맥주 거리"에는 진의 노예가 되기 이전에 행복하고 풍요로운 삶을 사는 사람들이 등장한다. 뒤에서 자세히 기술하겠지만 19세기 금주 운동가들도 증류주와 기타 술을 차별하기는 마찬가지였다.

영국 시장의 경우 진이 일시적으로 성공을 거두기는 했지만 와인의 인기는 18세기 내내 상승했다. 1700년대에 와인 산업이 급성장할 수 있었던 것은 한층 더 넓어진 시장 덕분이었다. 프랑스 와인은 대규모로 해외로 수출되었지만 국내 수요도 무시할 수 없는 수준이었다. 와인은 판매용으로 아껴 두고 맛없는 피케트를 홀짝이는 소규모 양조업자이든, 값싼 와인을 마시는 노동자 계급이든, 1등급으로 소문난 와인을 즐기는 부유층이든 모든 사람이 와인을 즐겼다.

와인은 사교계의 만찬에 없어서는 안 될 필수품이었고 상류층이 연회나 기타 여러 가지 모임에서 한데 모여 와인을 마시는 모습은 여러 문헌에 기록되어 있다. 볼테르(Voltaire)는 페르네의 저택에서 호화로운 만찬을 자주 열었다. 와인은 병째 나오는 것이 다반사였고 볼테르가 주문한 병과 코르크 마개는 수천 개를 헤아렸다. 그가 주로 대접한 와인은 보졸레(그가 가장 좋아하는 와인이었음), 부르고뉴산 와인(보졸레 통이 비면 채울 때 쓰는 와인이었음), 에스파냐산 말라가였다. 카사노바(Casanova)는 베네치아 주재 프랑스 대사로 활약한 베르니스(Bernis) 대수도원장과 정부(情婦)가 주최한 만찬에 대해 이렇게 기록했다.

와인은 부르고뉴산만 마셨고 기분 전환을 위해 '외유 드 페르드리' 샴페인과 또 다른 발포성 와인을 한 병씩 마셨다.

귀족들의 와인 저장실을 보면 이 당시의 와인 소비량이 어느 정도 수준이었는지를 알 수 있다. 타반(Tavanes) 공작은 본과 메도크에서 생산된 와인 240병과 스미르나, 키프로스, 토카이 지방에서 생산된 와인을 수백 병 보유하고 있었다. 와인은 분명 사치품이었지만 터무니없을 정도로 비싸지는 않았다. 타반 공작이 1784년에 주문한 식료품 목록을 보면 와인이 가장 저렴한 품목이었다. 머스캣, 말라가, 라인, 보르도에서 생산된 와인을 합한 가격은 14리브르였지만 공작이 송로버섯을 곁들인 칠면조 요리에 쓴 금액은 21리브르, 로크포르 치즈에 쓴 금액은 32리브르였다. 1784년 당시 공작의 저장실에 보관된 와인의 총액은 1,000리브르에 불과했고 그가 1년 동안 식료품 구입에 쓴 비용은 이 금액의 다섯 배였다.

디종 의회의 초대 의장이었던 피오트 드 라 마르셰(Fyot de La marche)는 1761년 2월에서 6월 사이 760병의 와인을 구입했는데 571병이 일반 와인, 189병이 고급 와인이었다(맥주 113병, 리큐어 19병도 포함됨). 고급 와인의 대부분은 샹베르탱, 보그오, 몽라셰 등 부르고뉴산이었지만 인근 스위스산 와인이 몇 병, 그리스와 에스파냐산 와인이 각각 한 병씩 섞여 있었다. 피오트 드 라 마르셰의 식구들이 이 기간 동안 마신 와인은 하루 평균 5-6병에 해당되는 양이었다.

하지만 18세기에는 사치품을 곱지 않은 시선으로 바라보는 사람도 있었다. 툴루즈의 왕실 대리인은 와인의 "대량 생산"을 개탄하며 "사치품이 모든 가정으로 스며들고 있다."고 비난을 퍼부었다. 툴루즈의 서민들은 묽고 신맛이 강한 와인을 마셨다는 점으로 미루어볼 때 이는 와인과 같은 사치품은 상류층만 즐겨야 한다는 선입견이 고스란히 반영된 비난이었다. 철학가 루소(Rousseau)도 사치스러운 생활을 비난했다.

나는 우유, 계란, 샐러드, 치즈, 흑빵, 평범한 수준의 와인만 있으면 행복하게 살 수 있다.

루소에게는 이 정도가 검소한 생활이었을지 모르지만 18세기 프랑스 사람들이 보기에는 사치스러운 생활이었다. 뿐만 아니라 루소가 "평범한 수준"이라고 표현한 와인은 농부나 노동자들이 마시던 것에 비하면 훨씬 품질이 뛰어났다.

와인 전문가들은 서민들이 와인을 마신다 치더라도 맛을 알고 마실 거라고는 생각하지 않았다. 볼테르는 하인들을 위한 포도밭을 따로 두고 "밭에서 생산되는 저급 와인은—그렇다고 해서 못 마실 수준은 결코 아니다—하인들에게 준다."고 했다. 하지만 볼테르의 하인들 가운데 몇몇은 주인님의 감식안을 흠모했던 모양인지 볼테르는 주문한 말라가 와인 50병을 마부들이 마셔 버렸다고 투덜거린 적이 있다.

유럽의 부유층 인사들은 와인에 대해 깊은 관심이 있었다. 18세기 후반에 출간된 러시아와 동유럽의 여행 안내서에는 포도나무가 남부 지방에서만 자라지만 상트페테르부르크 주민들은—즉 부유층은—최고급 영국 맥주와 부르고뉴, 보르도, 샹파뉴 지방의 와인을 마신다고 소개되어 있다. 헝가리 와인은 "도수가 높아서 매우 독하고 피를 따뜻하게 데워 준다."며 칭찬을 아끼지 않았고 가장 유명한 와인은 다음과 같이 특별히 언급까지 했다.

"'토카이,' 그중에서도 '토르잘' 와인과 '토카이의 진수'라고 불리는 와인이 특히 뛰어나다."

과거의 음주 문화가 어떠했는지 우리로서는 알 길이 없다. 상류층의 경우에는 집에서 마시는 경우가 대부분이었기 때문이다. 하지만 서민들은 경찰과 관계 당국이 의심스러운 눈초리로 지켜보는 가운데 주점에서 술을 마셨다. 경찰청과 법원 등에 남아 있는 기록을 관찰하면 프랑스 최대의 와인 시장이었던 파리의 서민들의 음주 문화를 엿볼 수 있다.

파리로 유입되는 와인은 성문에서 부과되는 세금을 통해 철저하게 관리되었지만 해마다 와인이 얼마나 유입되었는지 정확하게 알 수는 없다. 파리는 인근에서 생산되는 와인 4,000리터를 모두 독차지했고 프랑스의 다른 지방에서 생산되어 파리로 흘러들어가는 와인의 양은 두세 배에 달했다. 공식적인 집계는 매해 6,000-8,000리터였지만 여기에는 밀수입된 양이 제외되어 있었다. 세무관은 파리로 유입되는 와인의 6분의 1이 당국의 눈을 피해 반입된다고 고백했지만 밀수입되는 양은 훨씬 많았다.

공식 집계를 따르면 파리의 50만 인구는 1주일에 3리터 가량의 와인을 마셨던 셈인데 불법 반입된 양을 계산하고 숫자를 2배로 늘리면 6리터가 된다. 와인을 마시는 부류가 주로 남자였고 18세기 인구에서 어린아이가 차지하는 비율이 지금보다 훨씬 많았다는 점을 감안하면 1인당 와인 소비량은 상당한 수준이었다. 성인 남성의 수가 인구의 4분의 1을 차지했고, 밀수입된 와인이 정식 수입된 와인의 절반 정도였다고 가정하면 성인 남성은 매주 18리터의 와인을 마신 셈이다. 외상 거래를 한 주점의 장부에는 하루에 2리터 이상을 마신 손님의 기록도 남아 있다. 그것은 일용직 노동자로서는 감당할 수 없는 양이다. 18세기 초반 노동자는 4시간 동안 일해야 맥주 2리터 값을, 8시간 반 동안 일을 해야 평범한 수준의 와인 2리터 값을 벌 수 있었다.

하루 2리터면 3병에 해당될 만큼 많은 양인데, 이는 일상적인 음료로 자리 잡은 와인의 위상을 보여 주는 것이기도 하다. 게다가 이 당시 와인은 '영양소의 공급원이었다. 유명한 정치경제학자였던 모호(Moheau)는 와인이 영양 식품인 동시에 살균 효과가 있기 때문에 빈민층에 좋은 음료라고 했다. 이후에는 빈민층이 빈민층으로 계속 머무는 이유가 얼마 안 되는 재산을 와인을 마시는 데 탕진하기 때문이라는 주장이 제기되곤 했지만 18세기에 와인은 영양 식품이었고 마땅히 마셔야 하는 일상 음료였다.

파리의 서민들—기능공, 일용직 노동자, 하인, 상인, 군인—은 성벽 안팎의 주점(카바레)에서 술을 마셨다. 외곽의 주점에서 파는 와인에는 세금이 붙지 않기 때문에 가격이 훨씬 저렴했다. 이런 상황은 다른 도시도 마찬가지였다. 예를 들어 릴의 경우에는 1760년대 당시 인구 58,000명에 주점은 296개였다. 성인과 어린아이를 포함해서 200명당 주점이 한 개꼴이었던 셈이다.

주점에서 술을 마시는 부류는 주로 성인 남성이었다. 이들은 한데 모여 식사와 함께 술잔을 기울이며 게임을 즐겼고 가끔은 악단의 노래에 맞춰 춤을 추었다. 온 가족이 방 한두 개에 옹기종기 모여 사는 환경에서 주점은 탈출구 역할을 했다. 주점은 사생활을 즐기기보다는 친구들과 어울리는 자리였다. 가족이나 이웃 못지 않게 중요한 인간 관계를 다지는 장소였고 이때 동원되는 수단이 와인이었다. 성인 남성들은 함께 술을 마시며 친목을 쌓았고 술자리 초대를 거절하는 것은 일종의 모욕으로 간주되었다.

남자들이 많이 모이는 곳에 술이 있으면 항상 시끌벅적했고 게임 때문에 싸움이 벌어지거나 시비가 붙는 경우도 종종 있었다. 1791년에는 릴의 라 모리엔이라는 주점에서 한 남자가 속을 게우러 밖으로 나갔다가 소동이 벌어졌다. 남자가 자리를 비운 사이 한 병사가 그의 부인의 치마를 들추려고 했던 것이다. 남편은 병사와 싸우다 군도(軍刀)에 찔려 목숨을 잃었다.

18세기 파리의 주점에서는 남자 서너 명이 와인 한 주전자를 앞에 놓고 테이블에 앉아 있는 광경을 흔히 볼 수 있었다. 이들은 계층이 같고 직업이나 직급이 같은 경우가 대부분이었다. 석수는 석수끼리, 재단사는 재단사끼리, 마부는 마부끼리 술을 마시는 것이 관례였다. 카바레는 외견상 혼란스럽게 보였을지 모르지만 친목 도모의 규칙이 엄격하게 지켜지는 장소였다.

여성들도 카바레에서 술을 마실 수는 있었지만 극소수에 불과했다. 몇몇 남성들은 부인을 데리고 오기도 했지만 드문 경우였고 카바레에 출입하는 여성에 대한 선입견이 분명히 있었다. 남편에게 할 말이 있어 카바레로 찾아온 부인은 문을 사이에 두고 남편을 만났다.

남성 취객이나 경찰은 카바레를 드나드는 여성을 창녀로 단정지었다. 어느 카바레는 평범한 여자 손님들에게 와인을 판매했다는 이유로 영업 금지 조치를 당하기도 했다. 경찰은 카바레에 출입하는 사람들은 남성이든 여성이든 모두 의심스러운 인물로 간주했다. 여성들은 창녀로 오해를 받는 경우가 대부분이었는데, 이는 여성이 와인을 마시면 도덕적으로 문란해진다는 발상의 단적인 증거라 하겠다.

시 외곽에서 면세 혜택을 누리는 '갱게트'도 상황은 마찬가지였지만 1789년에 시의원이었던 와인 생산업자 슈발리에(Chevalier)는 이곳을 낭만적으로 묘사했다.

와인은 파리 빈민층의 생활 수단이다. 빵이나 고기, 기타 식료품의 가격이 폭등하면 빈민층은 와인으로 영양을 보충하고 위안을 얻는다. 겨울철 '갱게트'에서 식사를 하는 가난한 가족들이 얼마나 많은가! 이들은 이곳에서 파리보다 훨씬 싼값에 와인과 음식을 즐길 수 있다. 털옷과 석탄과 양초를 구입하는 데 드는 비용을 아끼며 이곳에서 따스한 온기를 느낄 수 있다. '갱게트' 덕분에 극심한 추위와 가난을 좀더 차분하게 견딜 수 있다.

여기에서 와인은 한 가정을 경제적인 파탄으로 몰고 가는 아편이 아니라 생존과 위안의 수단으로 그려진다. 슈발리에가 와인 생산업자였으니 만큼 와인의 가장 긍정적인 측면을 부각시킨 것도 당연하다.

성인 남성들이 얼마나 자주 주점을 찾았는지 정확하게 알 수는 없지만 브랜디 한두 잔으로 하루의 시작과 끝을 장식하고 그 사이에는 와인이나 맥주를 마시는 것이 이들의 일과였다. 요즘보다 시간의 구애를 덜 받았던 이들은 일을 하다 잠시 일손을 놓고 가까운 주점으로 달려가서 친구, 동료들과 함께 술잔을 기울였다. 영세 상인들은 와인 주전자를 앞에 놓고 공급업자와 사업이야기를 나누었다. 주점이 가장 바쁘게 돌아가는 시간은 사람들이 하루 근무를 마친 오후 8시에서 10시 사이였다. 주말, 그중에서도 급료가 지불되는 일요일도 바쁘기는 마찬가지였다.

이런 남성들과 소수 여성들은 어떤 와인을 마셨을까? '카바레' 손님들의 사회적 신분으로 미루어 짐작하건대 값싸고 질이 떨어지는 와인이었을 것이다. 식초로 변하기 직전인 와인을 마시는 경우도 많았을 텐데 파리의 술집 주인들은 와인의 맛을 유지하기 위해 수단과 방법을 가리지 않았다. 그런데 어떤 자료를 보아도 테이블에 둘러앉은 노동자들이 와인의 색상이나 향, 맛에 대해 이야기를 했다는 기록은 없다. 이 당시 노동자 계층이 마시던 와인은 빵과 다를 바 없는 식료품이었던 것이다.

앞에서도 이야기했다시피 18세기 사람들이 와인을 바라보는 시각은 긍정적이었지만 지나친 음주를 경고하는 부류도 있었다. 열린 사고 방식을 표방하며 이성의 중요성을 강조했던 『백과전서』는 "폭음은 늘 경계 대상으로 삼아야 할 허점이다. 이성의 보존을 명하는 자연 법칙을 위반하는 행위이다."라고 했다. 정부는 폭음을 묵인하는 편이었고 심각한 범법 행위를 저지르지 않는 한 주점이나 길거리에서 취객을 끌고 가는 법이 없었다. 한편으로 사제들은 책자를 통해 신자가 알코올 중독으로 인한 고충을 털어놓았을 때 문제를 해결하는 방법을 터득했다. 주량을 조절할 수 없는 사람에게는 금주가 최선의 방법이었다. 친구의 초대를 받아들이는 등의 어떠한 예외도 허용되지 않았다. 하지만 술을 끊기가 불가능한 사람은 습관을 고치기로 굳게 맹세를 하면 적당한 선에서 음주가 허용되었다.

18세기에는 과음으로 인한 개인적·사회적 문제가 도처에서 불거져 나왔다. 남편의 폭음으로 경제적 파탄에 직면한 경우 부인들은 합법적으로 재산을 분할받을 수 있었는데, 이는 남편이 '와인의 노예'가 되었다거나 '와인과 여자에 빠져 본업을 소홀히 한' 경우에 해당되는 사항이었다. 18세기 프랑스에서는 술 때문에 갈라서는 부부가 꾸준히 등장했다. '와인에 절어서' 집으로 돌아온 남자들은 부인과 아이들에게 폭력을 휘둘렀다. 1785년에 보네르(Bonnaire)라는 여성은 남편을 릴 법원에 고소했다. 법원의 기록은 다음과 같다.

　5년 전 주점에 들렀다 집으로 돌아온 남편을 보고 부인이 불평을 늘어놓자 남편은 화를 내며 부젓가락으로 부인의 머리를 때렸다. 15개월 전에는 와인에 잔뜩 취해서 부인에게 주먹을 휘두르고 프라이팬 손잡이를 잡아뜯었다…… 3개월 보름 전에는 지나가던 깡패를 데리고 프레데릭 보네르(Frédéric Bonnaire) 술집으로 가서 와인 다섯 병을 마셨다. 곤드레만드레 취한 채 집으로 돌아온 그는 부인을 창녀라고 불렀다.

　어떤 남자들은 부인을 폭행한 이유를 와인의 탓으로 돌리며 아무 기억도 나지 않는다고 주장했다. 그렇다 하더라도 법원은 남편의 주장을 경감 사유로 받아들이지 않았다. 또 어떤 남자들은 부인이 술을 마시고 바람을 피웠다는 이유를 대며 폭력을 정당화했다. 와인은 병이 되기도 하고 약이 되기도 했다. 한 마을에서는 술 취한 남편에게 얻어맞고 의식을 잃은 여자에게 이웃

집 아낙네들이 와인을 먹였다고 하는 기록도 전해진다. 이와 같은 사건들은 '카바레' 하면 떠오르는 밝고 활기찬 이미지 뒤편에 가려진 어두운 그림자였다.

와인은 사회 각계각층에서 일상생활의 일부분이었고 다양한 인간 관계를 맺거나 유지하는 데 동원되는 수단이었다. 와인은 친목을 다지는 윤활유가 되는 한편 이를 좀먹는 역할도 했다. 와인 생산지로 유명한 지방에서는 이것이 사회적 도구인 동시에 경제적 도구였다. 브장송에서 포도밭을 소유하고 있던 어느 공증인은 와인으로 빚을 갚았다. 학교 선생님에게는 "오랫동안 묵힌 고급 와인" 몇 스티예(setier, 옛 도량형으로 150~200리터에 해당됨)를, 집 주인과 구둣방 주인에게는 한 통씩을 건넨 것이다.

1789년에 시작된 프랑스 혁명은 프랑스의 사회와 문화에 미친 영향보다 피비린내 나는 정치적 혼란으로 일반인들의 기억 속에 자리 잡았다. 1789년에 프랑스 전역에서 선출된 평민 대표와 성직자, 귀족들은 왕에게 진정서를 전달했다. 그것은 프랑스의 지방별 · 지역별 · 계급별 문제점과 해결책을 담은 진정서로, 재정적 · 법률적 · 구조적 쟁점이 대부분이었지만 와인의 생산과 소비에 관한 내용도 상당 부분에 달했다. 조세 문제가 혁명의 도화선 역할을 했기 때문에 와인에 부과되는 세금에 대한 불평이 많았지만 와인의 품질과 지나친 음주가 사회와 경제에 미치는 영향에 대한 우려도 담겨 있었다.

오를레앙 인근의 작은 마을, 멘투 쉬르 셰르의 경우에는 와인세가 "모든 국민들에게 가장 해롭고 국왕이 거두는 이익은 가장

적은 정책"이라고 주장했다. 포도 재배업자들로서는 토지세만
해도 버거운데 시장에 와인을 한 통 내다 팔 때마다 세금을 내야
하니 설상가상이라는 것이었다. 그리고 이전 해에 만든 와인과
새로운 와인의 혼합을 금지하는 조치와, "가엾은 사람들에게 기
부하는 와인"마저 악랄한 세무관의 눈에 걸리면 세금을 내야 하
는 조치의 부당함을 피력했다. 멘투 쉬르 셰르의 주민들은 "프랑
스 각 지역과 마을의 수많은 포도밭"을 대신해서 토지세를 줄이
고 품질에 따라 와인세에 차등을 둘 것을 제안했다.

　다른 마을 주민들은 와인세의 전면 철폐를 주장했다. 그리고
혹한이나 홍수로 인한 피해의 보상책을 요구했다. 부종과 오를
레앙 인근 라모트 쉬르 뵈브롱에서는 와인세를 농촌에서 벌어지
는 온갖 범죄와 악행의 원인으로 규정지었다.

　시골에 비밀 주점이 얼마나 많은지 아십니까! 이곳은 지나친 음주
　로 이성이 마비된 나머지 본능의 노예가 되어 버린, 짐승만도 못
　한 인간들의 은신처입니다. 이곳을 드나드는 인간들은 폭력과 폭
　행을 일삼고 나중에는 건강이 쇠약해지며 성격이 변합니다. 그들
　은 취객을 상대로 이익을 챙기는 상인들을 혐오하는 성실한 사람
　을 경멸하게 됩니다.

　이처럼 다양한 불만 속에서 와인의 가격이 지나치게 높다는
얼토당토않은 의견까지 등장했다. 사실 혁명이 일어나기 이전
10년 동안 와인의 가격은 낮은 편이었다. 18세기 후반에는 1파
인트당 3수였던 데 비해 혁명이 벌어지기 이전에는 1파인트당 2

수에 불과했다. 와인 생산업자들로서는 곡물의 가격 상승률이 훨씬 높아서 기본적인 식료품을 구입하는 데 드는 비용을 충당하지 못하는 실정이었다. 1788년과 1789년에 포도 농사가 흉년이 드는 바람에 와인의 가격이 조금 상승하기는 했지만 혹한 때문에 수많은 포도나무를 잃은 생산업자의 입장에서는 환영할 만한 일이 아니었다.

와인 생산업자이든 판매업자이든 소비자이든 혁명이 시작되기 직전의 프랑스 국민이라면 누구나 불만이 많았다. 혁명에 적극 동참했던 파리의 서민들—기능공, 노동자, 소규모 상인—이야말로 불만이 가장 많은 부류였다. 18세기 들어 프랑스 전역에서 와인 소비 문화가 조성된 것은 와인이 기본적인 식료품으로 자리를 잡았다는 뜻인데, 그런데도 다른 생활 필수품에 비해 세금이 지나치게 높았다.

와인에는 판매세뿐만 아니라 반입세까지 부과되었다. 50만이라는 인구로 프랑스 최대 규모의 시장을 형성한 파리로 와인을 반입하려면 성문과 센 강 입구에서 관세를 내야만 했다. 관세가 처음으로 실시된 수백 년 전에는 금액이 비교적 적었지만 차츰 시간이 흐르면서 물가 상승률을 앞지르더니 1789년에는 세금 때문에 와인의 가격이 3배로 치솟을 정도였다. 세금은 와인의 품질이나 종류에 상관없이 통을 기준으로 책정되었기 때문에 소매가로 따지면 값싼 저급 와인에 부과되는 세금이 값비싼 고급 와인보다 높았던 셈이다. 한 마디로 말해서 가난한 소비자들이 오히려 부유한 소비자를 지원하는 형상이었다.

파리와 기타 여러 마을의 주민들은 세금을 내지 않기 위해 다양한 방법을 동원했다. 와인을 실은 수레를 다른 농산물로 덮은 뒤 세관을 지나갔고 브랜디는 주전자에 넣어서 여성의 치맛자락 속에 숨겼다. 터널이나 수로를 뚫고—안쪽은 나무, 쇠, 납, 가죽으로 막았다—성벽 밑으로 밀수 와인을 흘려 보내기도 했다. 정부가 그것을 막으면 금세 새로운 터널이 뚫렸다.

좀더 노골적인 탈세 방법은 갱게트의 활용이었다. 외곽의 갱게트까지 몇 킬로미터 걷기만 하면 파리 시민 누구이던지 시내의 4분의 1 혹은 5분의 1의 가격에 와인을 마실 수 있었다. 이런 까닭에 갱게트는 일요일은 물론이고 주중에까지 늘 북적거렸다. 갱게트는 시내 술집보다 장소의 구애를 덜 받았기 때문에 대부분 넓었고 창고 같은 건물 앞에 정원이 있어서 여름이면 근사한 노천 주점 역할을 했다. 이 중에서 가장 유명했던 르 탕부르 루아얄에서 1년 동안 판매한 와인의 양은 무려 130여 만 리터에 달했다.

하지만 1784년에 성벽의 반경을 넓히는 계획이 발표되면서 면세 와인의 인기는 위기에 봉착했다. 성벽이 넓어지면 수많은 갱게트들이 시내로 편입되면서 와인의 가격이 급등할 수밖에 없었던 것이다. 새로운 성벽 밖에 갱게트를 세우면 그만이지만 인구 밀집 지역과 너무 멀어진다는 점이 문제였다.

성벽 신축 작업은 1784년에 시작되었다(정식으로 시작된 것은 3년 뒤였음). 와인 매매업자와 소비자들은 새로운 성벽을 보고 기가 꺾이기는커녕 적극적으로 밀수 방법을 찾아 나섰다. 새로운 성벽 밑으로 터널이 뚫렸고 상인들은 이곳으로 공수받은 와인을 싼값에 판매했다. 1788년까지 시 정부가 폐쇄 조치한 터널은 도합 80개였다. 성벽 바깥쪽으로 바짝 붙여서 지은 건물에는 커다란 창문을 달았고 밤이면 5리터의 와인을 담은 풍선이 성벽 안쪽으로 넘어갔다. 밀수꾼들은 와인이 세관을 넘나드는 동안 파수꾼들의 시선을 어지럽히기 위해 일부러 소동을 일으켰다.

하지만 1789년 7월, 경찰의 조치가 강화되고 서민들의 생활 형편이 극에 달하자(빵 값이 사상 최대 수준으로 치솟았음) 파리 시민들은 세관을 피하던 기존의 방식을 버리고 공격적인 쪽으로 태도를 바꾸었다. 파리에서 벌어진 최초의 혁명적 사건은 7월 14일의 바스티유 감옥 습격이 아니라 이전 며칠 동안 벌어졌던 파리 세관 파괴 및 방화 사건이었다. 이는 무분별한 폭동이 아니라 도시 서민들의 생활과 와인 생산·판매업자들의 생계를 위협하는 조직을 상대로 감행된 계획적인 공격이었다.

이와 같은 폭동에서 비롯된 혁명의 초창기에 혁명 정부가 취한 조치는 와인 소비자들의 입장에서 보자면 실망스러웠다. 새롭게 들어선 시 정부는 수입이 필요했기 때문에 파리로 반입되는 와인과 기타 물품에 대한 세금을 계속 유지했던 것이다. 1784년에 신축 작업이 시작되었던 성벽은 1790년에 완성되었고 이듬해인 1791년에 혁명 정부는 간접세를 프랑스 전역에서 모두 폐지했다. 새로운 법안의 발효일인 1791년 5월 1일 자정, 200만 리터의 와인을 실은 수백 대의 수레가 환희로 들뜬 파리 시내에 입성했고 1파인트당 3수의 가격에 와인이 판매되었다. 브랜디도 이와 비슷하게 대규모로 판매가 이루어졌고 프랑스 전역에서 이와 비슷한 광경이 연출되었다. 지긋지긋하던 간접세의 폐지를 축하하는 데 술보다 더 잘 어울리는 파트너가 어디 있을까!

와인의 가격은 흉년에 따른 공급 부족으로 1790년대 내내 오름세를 보였지만 그래도 혁명 이전 시대에는 한참 못 미치는 수준이었다. 간접세는 1798년에 다시 등장했지만 예전보다 훨씬 낮은 3-4퍼센트 정도였다.

프랑스 혁명은 와인의 소비에만 영향을 미친 것이 아니었다. 혁명 기간 동안 농업은 전반적으로 침체를 겪었지만 포도 농사만큼은 예외였고 수많은 지방에서 포도 재배에 쓰이는 농경지가 늘어났다. 어느 자료에 따르면 1788년에서 1808년 사이 포도밭의 증가율은 6퍼센트에 불과했지만 이것은 실제보다 지나치게 낮게 잡은 수치였다. 전국적으로 생산된 와인의 양은 혁명 직전 한 해 평균 27억2천만 리터에서 1805-12년 사이에는 36억8천만 리터로, 10여 년 만에 3분의 1이 증가하는 추세를 보였다. 포도밭의 면적에 비해 와인 생산량이 큰 폭으로 늘어난 것을 보면 수확량이 상당한 수준으로 증가했음을 알 수 있다.

이 당시 포도 농사가 널리 시행된 지역들 가운데 랑그 도크의 코르비에르 지방이 있었다. 혁명이 거의 끝나 가던 1802년에 그곳의 삼림 감찰감은 다음과 같은 보고서를 작성했다.

이 지방에서 번성한 산업은 와인 산업뿐이다. 이 지방의 와인 생산은 지난 10년 동안 꾸준히 증가했고 현재는 이 지방에서 생산되는 와인이 수입 와인을 대체한 상태이다.

로마의 지배를 받던 당시에 갈리아 최초로 포도 재배를 시작한 인근 나르본의 관리는 1792년에 혁명 이전에는 아무도 돌보지 않던 황무지가 지금은 거의 대부분 포도밭으로 변했다는 보고서를 올렸다. 혁명 이후에 조사된 것에 따르면 1788년 101제곱킬로미터에 불과했던 나르본의 포도밭은 1812년 158제곱킬로미터로 50퍼센트가 넘게 증가했다. 기타 지방의 실적은 이에 못 미치는 수준이었다. 1786-88년 사이 177제곱킬로미터였던 부르고뉴의 포도밭은 1826-28년 사이 205제곱킬로미터로 늘어났는데, 30년 동안 보인 성장률이 16퍼센트에 불과했다.

프랑스 혁명 이후로 포도밭이 늘어난 이유는 여러 가지가 있다. 우선 농경지의 활용에 따르는 여러 가지 제재가 사라졌다. 앞에서도 거론했다시피 혁명 이전에 프랑스 정부는 주요 곡물의 공급 부족을 염려한 나머지 포도밭의 확장을 억제했다. 여기에 영주와 교회마저 소작료와 십일조를 곡물로 받았기 때문에 농부들은 울며 겨자 먹기로 곡물 농사를 짓는 수밖에 없었다.

포도를 재배하는 농부들은 여러 가지 세금 때문에 수입에 심각한 타격을 받았다. 일단 교회에서 걷어 가는 십일조가 지방에 따라서 최소 3퍼센트, 최대 10퍼센트였다. 그리고 거의 대부분의 지방에서 농부의 압착기 소유를 금지했기 때문에 영주의 압착기를 빌려 쓰며 두둑한 사용료를 지불해야 했다. 사용료 역시 지방에 따라 달랐지만 적게는 수확량의 5퍼센트, 많게는 30퍼센트였다. 영주의 압착기를 빌려 쓰면 사용료가 부담스러웠을 뿐만 아니라 불편했고 최악의 상황이 닥칠 가능성도 농후했다. 즉 포도의 숙성도가 최고조에 달하는 시기에는 영주가 압착기를 독차지하기 때문에 포도가 덜 익거나 썩기 직전인 시점에야 농부들의 차례가 돌아왔다. 뿐만 아니라 농부들은 영주의 와인이 최고가에 팔린 이후에나 와인을 시장에 내 놓을 수 있었다.

봉건제의 잔재였던 이와 같은 제도들이 혁명 덕분에 사라지자 농부들은 원하는 작물을 선택할 수 있게 되었다. 소규모 경작지에는 포도 농사가 제격이었다. 조건만 잘 맞아떨어지면 가장 많은 이윤을 올릴 수 있기 때문이다. 포도밭 1에이커 정도는 일손을 구하지 않고 농부 혼자서도 재배가 가능했다.

프랑스 혁명은 포도밭의 증가에 이바지했을 뿐만 아니라 와인의 소비에도 직접적·간접적인 자극제 역할을 했다. 내국 관세의 철폐로 와인은 지역간의 이동이 자유로워졌고 간접세가 사라진 덕분에 가격이 떨어졌다. 혁명 이전에는 가격이 제동 장치 역할을 했던 만큼 1790년대에는 국내 소비가 폭등할 수밖에 없었다. 당시 정부는 최대의 고객이었다. 대규모 혁명군을 유지하려면 그에 상응하는 와인이 필요했던 것이다. 1793-94년 사이 프랑스의 군인은 80만 명에서 100만 명 정도였다. 정부에서는 현역 군인과 더불어 부상병도 돌봐야 했다.

1792년에 시작되어 1815년 나폴레옹이 패배할 때까지 계속된 혁명 전쟁은 프랑스 와인 무역에 여러 가지 영향을 미쳤다. 혁명 이전까지만 하더라도 에스파냐 와인을 수입하던 프랑스 남서부 지방은 무역이 중단되자 국내산 와인으로 고개를 돌렸다. 적국들이 경제적인 봉쇄를 감행했지만 프랑스의 와인 수출은 의외로 타격을 많이 받지 않았다. 영국 수출 같은 경우에는 거의 변화가 없었다. 영국 해군은 중립국 선박이 프랑스 물품을 싣고 중립국으로 향하는 것을 허용했기 때문에 중간에 영국 항구에 들러 고급 와인을 내려 놓기가 수월했던 것이다.

한 마디로 말하자면 프랑스 혁명은 포도 재배와 와인 시장의 확산에 적합한 환경을 조성했다. 와인 생산량이 증가한 것은 분명하지만 과잉 생산으로 인한 문제는 없었다. 와인의 가격은 오히려 1776-89년, 1801-05년 사이에 3분의 2가 올랐다. 소비가 계층과 지역을 넘어 확산되고, 1인당 소비량이 늘어난 덕분이었다. 1793년에 생활 필수품의 가격 상한선이 정해지면서 와인도 규제 대상이 되었다. 1794년 9월을 예로 들면 묵은 와인 한 병은 10수, 햇 와인은 11수가 가격 상한선이었다(와인은 생산된 이듬해 크리스마스, 그러니까 포도를 수확한 지 15개월이 지나면 묵은 와인으로 간주되었음).

규제가 풀리면서 와인 소비는 급증했고 수많은 지방에서 판매 시간 규제에 나섰다. 혁명 정부가 정한 주점의 영업 마감 시간은 구(舊)체제 때보다 빨랐다. 1790년대에 부르고뉴의 어느 마을에서는 늦은 밤까지 계속되는 음주가 폭동과, "공화국의 도덕성에 위배되는" 사건으로 이어진다는 이유를 들어 오후 8시 이후 와인 판매를 금지했다(여행객과 숙박객은 예외였음). 어떤 마을이 정한 영업 마감 시간은 오후 9시였고 또 어떤 마을은 해질 무렵이었지만 여름 몇 달 동안은 예외가 인정되었다.

폭음을 가장 즐기는 계층은 노동자와 포도 재배업자였다. 이들은 몸을 움직일 수 없을 만큼 술을 많이 마셔서 결국 구걸로 연명하거나 아이들을 길거리로 내몬다는 누명을 쓰고 살았다. 이 점에서는 와인 생산업자들도 마찬가지였다. 이들은 1년 내내 외상으로 술을 마시다 결국에는 와인을 술집 주인에게 다 빼앗겨서 세금도, 생활비도 마련할 수 없는 부류로 묘사되었다.

혁명 기간 동안 와인은 정치적 이슈가 되었다. 와인은 품질에 따라 연상되는 이미지가 다르기 때문에 정치적으로 중립적일 수 없는 상품이었다. 혁명 초기에 제작된 인쇄물을 보면 프랑스를 대표하는 세 계급(성직자, 귀족, 평민을 대변하는 제삼계급)이 와인 잔을 들고 새로운 체제의 출범을 축하하는 그림이 그려져 있었다. 여기에서 귀족은 세로로 홈이 나 있고 샴페인용으로 쓰이는 잔을, 성직자는 부르고뉴산 와인을 마실 때 쓰는 둥근 잔을, 혁명복을 입은 평민은 평범한 와인에 쓰이는 고블릿(굽이 높은 술잔을 말함)을 들고 있다.

정치성이 다분한 축제가 열릴 때마다 동원된 것은 바로 이 평범한 와인이었다. 자유, 평등, 박애를 위한 건배쯤은 다반사였고 특별한 경우에는 와인으로 만든 분수가 등장하기도 했다. 술에 취하면 혁명 군가였다가 프랑스 국가가 된 "라 마르세예즈"를 개사해서 부르는 사람들이 있었다. 예를 들면 두 번째 소절 "영광의 날이 왔도다."를 "음주의 날이 왔도다."로 바꾸는 식이었다. 혁명 정부는 축제 때마다 레드 와인을 마셨는데, 레드 와인이 혁명의 이미지와 보다 잘 어울렸기 때문이다. 게다가 백색은 지긋지긋한 부르봉 왕가의 상징이었다.

하지만 색보다 중요한 것이 품질이었고 고급 와인은 암묵적인 공격의 대상이 되었다. 극단주의자들은 화장분을 뿌린 가발, 프록 코트, 샴페인과 같은 유명 와인, 부르고뉴, 보르도와 같은 고급 와인을 부패한 귀족 정치의 상징으로 간주했다. 혁명이 과격한 방향으로 치닫던 1794년 초반 무렵에 파리의 중앙 정부는 고급 와인 처리에 대한 지시 사항을 각 지방에 전달했다. 혁명의

적으로 간주되어 외국으로 추방당했거나 정치범으로 기소된 사람들이 소유한 고급 와인의 목록을 만들라는 것이었다. "전 주인의 사치스러운 욕망"을 반영하는 "리큐어, 수입 와인, 온갖 고급 와인"을 "기본적인 생활 필수품과 교환"하려는 것이 목록을 만드는 것이 목적이었다. 와인을 국내 혹은 해외에서 판매하려고 했던 것인지, 물물교환을 하려고 했던 것인지는 알 수 없다.

그런데 이 시기가 서민용 저급 와인을 널리 권장하던 시대였나 하면 그렇지도 않은 것이, 혁명 정부 인사는 대부분 부르주아지 출신이었다. 즉 최고급까지는 못 되더라도 어느 정도 괜찮은 와인을 즐길 만한 여력은 되었다. 프랑스는 혁명 기간 동안 양극단 사이의 격차를 줄이기 위해 많은 노력을 기울였는데, 정치적인 면 못지 않게 생활 수준도 계층마다 달랐다. 이 시기에는 와인의 품질 개선을 위해 포도 재배와 와인 제조 방식을 놓고 많은 연구가 이루어졌다. 생활 필수품의 가격 상한선을 정할 당시 아무리 평등 정신에 투철한 혁명 정부라도 와인의 품질과 지명도에 관계없이 똑같은 가격을 매기지는 않았다. 1793년 본 지역에서 볼네, 포마르와 같은 1급 와인은 1쾨(456리터)당 560-70리브르에 판매된 반면 사비뉘 와인의 상한가는 340리브르, 몽텔리에 와인의 상한가는 250리브르였다. 파스투그랭과 가메 와인의 상한가는 각각 200리브르, 180리브르였다.

포도 재배 연구로 업적을 이루면 부상이 주어졌고 1794년에 발간된 공식 회람에서는 "포도나무를 심고 수확하는 방법을 가르친" 바코스를 칭송의 대상으로 삼았다. 1799년에 부르고뉴의 사비뉘 지방에서 수여한 상 10개 가운데 8개는 "병충해의 피해를 전혀 입지 않고 풍성한 수확을 거둔" 포도 재배업자나 "사비뉘 최고의 농부였던 늙은 아버지를 성실하게 모시는 훌륭한 아들인 동시에 훌륭한 포도 재배업자" 등에게 돌아갔다.

혁명 초기에는 교회의 재산이 국유화되고, 나중에는 외국으로 추방당했거나 정치범으로 기소된 사람들의 재산이 몰수되면서 포도밭의 주인도 많이 바뀌었다. 일부 농촌에서는 1790년부터 포도밭 경매가 시작되었고 수지 맞는 사업에 뛰어들 기회를 잡기 위해 온갖 계층의 사람들이 몰려들었다. 유명 와인 생산지 가운데 보르도는 교회 소유의 포도밭이 적었기 때문에 부르고뉴보다 혁명의 영향을 덜 받았다.

국유지 경매는 혁명 정부가 왕정으로부터 물려받은 부채 청산을 위해 동원한 수단이었다. 경매를 선택한 이유는 조금이라도 비싼 가격에 넘기기 위해서였고 토지를 나누어 구입하거나 공동 입찰하는 것은 금지되었다. 이러한 방식은 부유층에게 유리했고 국유지 경매의 최대 수혜자는 시내에 거주하는 부유한 부르주아지였다. 이렇게 해서 수많은 포도밭의 주인이 교회와 귀족에서 인근 도시의 투자가, 사업가, 전문가로 바뀌었다. 땅을 구입할 여력이 있는 농민은 거의 없었다. 1795년 3월의 어느날 부르고뉴에서 열린 경매에서는 즈브레 샹베르탱의 포도밭 10구획을 한 사람이 모조리 낙찰받았다. 낙찰 주인공은 디종의 포도 재배업자라고 밝힌 오베르(Aubert)였고, 예나 지금이나 부르고뉴에서 최고로 꼽히는 포도밭 10구획의 낙찰가는 6,625리브르였다.

유명한 포도원도 경매 대상이기는 마찬가지였다. 콩티(Conti) 공의 영지였던 로마네 콩티도 그중 하나로, 1794년 7월에 주인이 바뀌었다. 코트 드 뉘에서 생산된 기타 고급 와인에 비해 5-6배나 비싼 와인을 생산했던 로마네 콩티의 명성은 18세기 당시에도 매우 높아서 경매 소개 문구도 장황하기 그지없었다.

이곳은 품질 좋은 와인으로 유명한 포도원입니다. 그리고 위치상 본 지방 중에서도 포도 재배에 가장 완벽한 조건을 가지고 있습니다. 지대가 동쪽보다 서쪽이 높기 때문에 1년 내내 아침 첫 햇살이 비치고 하루 중 가장 뜨거운 태양의 축복을 누릴 수 있습니다.……라 로마네는 코트 도르는 물론이거니와 프랑스 공화국 전체를 통틀어 가장 훌륭한 와인을 생산하는 곳으로 유명합니다. 기후가 좋았던 해에 이곳에서 생산된 와인은 타의 추종을 불허합니다. 선명하면서도 부드러운 색상, 뜨거운 맛, 감미로운 향이 모든 이의 감각을 사로잡습니다. 보관만 잘하면 시간이 지날수록 맛이 좋아지며 8년 혹은 10년이 지나면 노약자에게는 진통제가 되고 죽은 자를 되살리는 명약이 됩니다.

이와 같은 소개 문구는 여러 가지 면에서 흥미롭다. 먼저 의학적인 효과를 강조한 점이 시선을 끄는데, 이 문구가 작성된 때는 귀족의 처형이 극에 달했던 공포 정치 시대였다. 따라서 부유층이 즐길 만한 최상품이라고 하기보다는 "노약자"에게 좋다는 공익적인 측면을 부각시키는 편이 훨씬 적합한 조치였다. 그리고 마지막 문장은 카피라이터 특유의 과장법이라고 보는 쪽이 맞을 것이다. 이 포도원의 이름은 혁명 전까지만 하더라도 라 로마네였다. 여기에 '콩티'를 붙인 사람은 새로운 주인으로 등극한 파리 시민 드페르(Defer)였다.

어떤 측면에서 보면 프랑스 혁명은 프랑스의 포도 재배와 와인 산업에 긍정적인 역할을 했다. 혁명 덕분에 포도 재배업자들은 구체제 동안 계속되었던 여러 가지 구속에서 해방될 수 있었다. 이 시기에는 포도밭의 수와 포도 수확량이 증가했고 간접세의 폐지로 와인은 시장을 더욱 넓고 깊게 파고들 수 있었다. 고급 와인에 대한 반감은 수요나 공급에 그다지 영향을 미치지 않았고 유명 포도원의 주인이 바뀌어도 생산되는 와인의 품질에는 별다른 변화가 없었다. 정부는 국가적인 차원에서나 지역적인 차원에서나 포도 재배와 고급 와인의 생산을 장려했다. 정부가 와인 산업에 깊숙이 개입하기 시작한 것도 이때부터였다.

8

와인의 산업화

과학과 경영 정신으로 쌓은
와인의 이미지

19세기가 시작되면서 나폴레옹은 유럽에서 전쟁을 시작했고 1812년에 프랑스는 유럽 대륙의 4분의 3을 차지하는 제국으로 성장했다. 유럽을 휩쓴 전쟁과 프랑스의 득세는 여러 가지 면에서 와인에 영향을 미쳤다. 나폴레옹이 대륙 봉쇄령을 시행하여 유럽과 영국 간의 무역에 제재를 가하자 와인 무역은 타격을 받았다. 대륙 봉쇄령은 프랑스가 점령한 유럽 국가들 사이의 통상과 상호 협력을 증진하고 영국을 경제적으로 봉쇄하여 평화 조약을 맺기 위해 입안된 정책이다.

영국은 막강한 해군력을 앞세워 새로운 무역 파트너를 찾았고 유럽 여러 정부의 묵인하에 밀수가 횡행했기 때문에 대륙 봉쇄령은 실패로 돌아갔다. 심지어는 프랑스마저도 스칸디나비아와 발트 해 연안으로의 재수출과 내수를 겨냥하고 영국으로 와인과 브랜디를 수출하는 정도였다. 1807년에서 1816년 사이 영국으로 수출된 프랑스 와인은 한 해 4,478배럴에 달했다. 이는 프랑스 와인 수출의 8분의 1에 해당되는 수치였다. 영국이 가장 많은 와인을 수입하는 나라는 포르투갈(50퍼센트)이었고 에스파냐(23퍼센트)가 그 뒤를 이었다.

프랑스는, 자국이 내린 무역 금지 조치를 어기면서도 1세기 동안 영국 와인 시장을 독점하다시피 한 포르투갈이 대륙 봉쇄령에 동조하기를 거부하자 제재에 나섰다. 프랑스와 에스파냐 연합군은 1807년에서 1809년 사이 도루 강 인근의 와인 생산지로 유명한 포르투갈 북부 지방을 침공했고 1809년에는 영국이 이에 맞서 군대를 파견했다. 하지만 이 지역의 포도밭은 군대의 접근이 어려운 도루 강 상류에 자리 잡고 있었기 때문에 전쟁으로 인한 피해를 거의 받지 않았다. 1808년에 포르투갈은 이와 같은 지형 조건을 이용하여 고지대의 포도밭에서 포격을 퍼부었고 도루 강변을 따라 이동하던 프랑스의 진군을 저지하는 바리케이드로 활용했다.

좀더 폭넓은 관점에서 보자면 도루의 와인 생산업자들은 전쟁으로 인해 생활과 직업적인 면에서 여러 가지 고충을 겪었다. 고급 인력들이 군대로 끌려갔고, 외국 군대는 와인 저장실을 주기적으로 약탈했고, 포르투(리스본에 버금가는 포르투갈 제2의 도시임)에 살던 영국 상인들은 프랑스 군대가 도착하자마자 자취를 감추었고, 와인 수출의 길은 갈수록 험난했다. 그렇지만 와인의 생산과 거래는 예상 외로 별다른 타격을 받지 않았다. 수출량의 감소는 외국 주둔군이 충당했고 포르투갈에 주둔하며 와인을 접하게 된 군인들이 본국으로 돌아가면 새로운 소비자가 될 가능성이 컸다. 하지만 포르투를 장악하고 있던 영국 상인들이 자취를 감추면서 포르투갈 와인의 가격은 치솟았고 1811년과 같이 흉년이 든 해에는 가격 상승 속도가 훨씬 빨랐다. 여기에 품질에 대한 의구심이 더해지면서 영국 시장에서 포르투갈 와인의 인기는 낮아지기 시작했다.

　다른 지역의 경우 전쟁보다는 프랑스의 확장 정책이 와인에 미친 영향이 컸다. 나폴레옹은 영토 확장을 프랑스를 살찌우고 유럽 전역의 문화 수준을 프랑스에 맞추는 계기로 생각했다. 그는 특히 '교화 운동'이야말로 프랑스의 사명이라고 생각했다. '교화 운동'의 목적 가운데 하나는 교회의 경제력 약화였다. 프랑스 군은 1790년대 초기 혁명 정부가 그랬던 것처럼 대주교, 주교, 수도원 소유의 땅과 맞닥뜨릴 때마다 모조리 압수하여 일반인들에게 팔아 넘겼다. 1803년 한 해 동안 모젤 지방에서 프랑스 정부가 몰수한 포도밭은 전체의 4분의 1에 달했다. 시토 수도회가 12세기부터 포도를 재배했던 에베르바흐 수도원의 땅은 나사우 공의 차지가 되었다. 피에몬테를 위시한 이탈리아에서도 마찬가지 정책이 실시되었고 이때 포도밭의 새로운 주인이 된 계층은 농민이 아니라 부유층이었다.

　교회와 수도원이 중세 포도 재배와 와인 생산에 미친 영향은 과대 포장되었을지도 모르지만 이들 소유의 포도원은 중세 초기부터 주인이 바뀌지 않았다. 하지만 18세기 들어 교회가 관리하던 부르고뉴의 수많은 포도원이 일반인들의 손에 넘어가고, 프랑스 혁명 정부가 교회의 토지를 몰수하여 경매에 붙이고, 나폴레옹의 정책이 프랑스를 넘어 유럽 전역에서 시행되면서 중세 초기부터 이어져 내려오던 관행은 막을 내렸다.

　1815년으로 접어들면서 나폴레옹 전쟁도 막을 내렸고 유럽의 정치적 · 경제적 상황은 안정세로 접어들기 시작했다. 패전의 피해를 비껴 간 프랑스의 포도 재배 산업은 18세기 중엽부터 비롯되었던 확장세를 계속 이어 갔다. 1828년 무렵 프랑스의 포도밭 면적은 20,000제곱킬로미터에 달했고, 전 세계 와인 생산의 40 퍼센트를 차지했다. 반면에 이탈리아의 포도 재배 면적은 프랑스의 5분에 1에 불과한 4,000제곱킬로미터였다(오늘날에는 이탈리아의 와인 생산량이 프랑스의 와인 생산량을 능가함). 오히려 오스트리아(6,250제곱킬로미터)와 헝가리(5,500제곱킬로미터)가 이탈리아를 앞질렀다.

나폴레옹 전쟁이 끝나면서 유럽 전역의 와인 생산업자들은 희망에 부풀었지만 평화의 원년 격인 1816년의 포도 농사는 극심한 추위로 인해 고전을 면치 못했다. 하지만 이와 같은 역행에도 불구하고 와인의 수요는 여전했고 와인 생산업자들은 프랑스 혁명이 일어난 후 4반세기 동안 계속된 정치적 불안을 극복하기 위하여 최선을 다했다. 영국 상인들은 포르투갈 전쟁이 끝나기 이전부터 포르투로 다시 돌아가서 영국 시장의 주도권을 계속 유지할 방법을 모색했다. 포르투갈 와인의 수요는 1811년 이후로 내리막길을 걸었지만 유명한 포트 와인 상사를 창립한 샌더먼(Sandeman)을 비롯한 상인들은 시장이 되살아나고 포르투갈 와인의 새로운 번영기가 찾아오기를 기대했다.

하지만 이들의 기대는 꺾이고 말았다. 영국의 인구는 1800년에서 1850년 사이 두 배로 증가했지만 와인에 대한 수요는 제자리에 머물러 있었다. 이는 질적인 발전을 이룬 맥주와 증류주 때문이다. 폭음의 폐해에 대한 인식과, 금주 운동의 영향으로 와인을 즐기는 부유층과 중산층 내에서도 기호의 변화가 생겼다. 포트 와인은 가벼운 와인에 밀려 설 자리를 차츰 잃었고 독한 맛을 원하는 사람들은 포트 와인이 아니라 셰리주를 찾았다. 1800년에만 하더라도 영국 와인 수요의 절반을 차지했던 포트 와인이지만 1830년에는 3분의 1로 만족해야 했다.

영국으로 수출되지 못한 포트 와인은 포르투갈 식민지로 행선지를 바꾸었다. 1700년대 후반과 1800년대에 포르투갈 와인과 증류주를 상당량 수입한 식민지로는 앙골라를 들 수 있다. 1798–1807년 사이 10년 동안 리스본에서 루안다로 향한 와인의 양은 1년 평균 282피파(약 14만 리터)에 달했다. 1860년대 무렵 서아프리카의 포르투갈 식민지로 공수되는 술은 2,300만 리터에 달했고, 대부분이 장거리 여행과 뜨거운 열기에 잘 견디는 증류주였다.

도루의 몰락은 헤레스의 부상(浮上)으로 이어졌다. 1814년에서 1824년 사이 영국이 수입한 와인 가운데 셰리주가 차지하는 비율은 5분의 1에 불과했지만 1826년에서 1840년 사이에는 5분의 2로 증가했다. 에스파냐에서 수출하는 셰리주의 행선지는 10분의 9가 영국이었다(영국에서 다른 나라로 재수출되는 부분도 포함된 수치임). 이와 같은 수출 붐은 헤레스에 많은 영향을 미쳤다. 1817년에서 1851년 사이 헤레스의 포도 재배 면적은 50퍼센트 증가했고 1870년까지 다시 50퍼센트가 늘어났다. 새롭게 만들어진 포도밭의 주인은 대개 대규모 상사였고 영국 시장을 겨냥한 값싼 셰리주가 이곳에서 양산되었다. 농민들이 생산하는 값비싼 셰리주의 가격은 계속 내리막길을 걸었다(1865년에는 1 버트당 110페세타였던 가격이 1880년에는 40페세타로 떨어졌음). 이 때문에 농민들은 울며 겨자 먹기로 포도 농사를 포기했고 19

세기 말 헤레스 포도밭의 대부분은 두프, 가르베이, 비야스와 같은 대기업에게 넘어갔다.

에스파냐의 포도 재배 산업은 헤레스 이외의 지방에서도 꽃을 피웠다. 에스파냐의 포도밭은 19세기를 거치면서 4배로 증가했고, 1890년대에 에스파냐에서 한 해 동안 생산된 와인의 양은 20억 리터였다. 카탈루냐만 하더라도 1890년의 와인 생산량이 1860년의 6배였다. 그 결과 에스파냐의 전체 수출에서 와인이 차지하는 비율은 점점 높아만 갔다. 1850년대 후반의 경우 가격으로 따지면 전체 수출의 3분의 1이 와인이었다.

이 시기에 유럽의 음주 문화는 전반적인 변화를 겪었다. 포도 재배가 거의 혹은 전혀 불가능한 유럽의 중부, 동부, 북부 지방에서는 산업 알코올—포도가 아니라 사탕무와 당밀을 증류 · 제조하는 술—의 인기가 날로 높아졌다. 독일과 스칸디나비아가 슈냅스와 같은 곡물 발효주의 주요 생산지로 각광을 받은 것도 이 무렵이었다. 와인으로 유명한 프랑스에서도 북부 공업 단지의 노동자들은 증류주를 즐겨 마셨다. 하지만 대량 생산되는 대체 알코올의 등장에도 불구하고 와인의 생산량은 내리막길을 걷기는커녕 19세기 내내 오름세를 보였다. 유럽 각국의 인구가 꾸준히 증가했기 때문에(프랑스는 예외였음) 와인 소비층의 비율이 감소하더라도 절대적인 수치 면에서는 오히려 늘어났다.

와인 생산은 1800년대를 휩쓴 포도뿌리혹벌레 때문에 심각한 타격을 입은 적도 있지만 전반적으로는 상승했다. 프랑스의 경우 1840년에는 1인당 와인 생산량이 51리터였지만 1859년에는 60리터, 1872년에는 77리터로 증가하면서 30년 만에 50퍼센트라는 놀라운 성장세를 기록했다. 생산량 증가의 주역은 저렴하고 질이 떨어지는 와인이었지만 고급 와인으로 유명한 지역에서도 상황은 비슷했다. 1850년대 후반 보르도의 와인 생산량은 한 해 1억 7천만 리터였지만 10년 뒤에는 4억 5천만 리터, 1870년대 중반에는 5억 리터를 기록했다.

1800년대 프랑스의 와인 산업은 구성 면에서도 중요한 변화를 겪었는데 근대적인 의미에서 '산업'이라는 표현을 쓸 수 있게 된 시기가 바로 1800년대였다. 당시 프랑스 와인은 넓은 의미에서 보자면 두 종류였다. 하나는 해외의 사치품 시장으로 수출되며 소량 생산되는 프리미엄급 와인으로, 보르도가 여기에 해당되었고, 19세기 초 수레와 운하를 통해 연간 2천만 리터의 와인을 파리에 납품한 부르고뉴도 마찬가지였다. 그리고 나머지 하나는 농민들이 내수용으로 생산하는 평범한 수준의 와인이었다.

당시에는 와인의 생산(한 해 3억 5천만-4억 리터)이 국내 수요를 능가했기 때문에 와인 생산업자로서는 힘든 시기였다. 1800-1820년 사이, 다시 1820-1850년 사이 와인의 가격은 25퍼센트나 하락했고 포도 재배업자들의 손에 떨어지는 수입은 미미했다. 수출은 한 해 1억-1억5천만 리터 사이로 저조했고 과중한 세금은 프랑스 내에서 유통되는 가격을 높이는 역할을 했다. 보졸레의 양조업자들은 파리에서 와인 10,000리터를 판매하면 수입이 5,800프랑이지만 포도 재배에 드는 비용(200프랑), 통 값(750프랑), 운송비(700프랑), 상인에게 떼어 주는 10퍼센트의 수수료(580프랑), 온갖 직접세(93프랑), 간접세(2,675프랑)를 빼고 남는 802프랑을 포도밭 주인과 양조업자가 나누어 가져야 하는 실정이라고 주장했다.

19세기 후반으로 접어들면서 프랑스는 '거대한 와인 생산 단지'를 구성하기에 이르렀다. '거대한 와인 생산 단지'는 프랑스 북부에서 발달한 대규모 섬유 산업과 금속 산업에 빗대어 생긴 별명이었다. 프랑스의 와인 생산이 이와 같은 변화를 겪은 원인으로는 몇 가지를 꼽을 수 있다. 첫째 혁명 정부와 나폴레옹 시대에 상당한 수준으로 증가한 포도밭은 19세기 말까지 계속 늘어났다. 1850년 20,000제곱킬로미터 미만으로 출발한 프랑스의 포도밭은 1875년 26,000제곱킬로미터로 늘어나면서 30퍼센트에 육박하는 증가율을 보였다. 포도밭 면적 상승의 주역은 남부 지방, 그중에서도 랑그 도크였다. 1800년 이 지방의 포도 재배지는 650제곱킬로미터에 불과했지만 1869년에는 에로(프랑스 남부 랑그 도크 루시용 주의 현)에서만 2,260제곱킬로미터가 포도 농사에 사용되고 있었다.

둘째 생산성의 향상이 이루어지면서 생산량의 증가율이 포도 재배 면적의 증가율을 앞질렀다. 남부 지방의 포도 재배업자들은 가지치기와 수확이 간편한 평야와 완만한 경사지에까지 포도나무를 심었다. 그레나슈처럼 산출량이 많은 품종이 대거 등장했고 발 드 루아르와 부르고뉴 외곽 지역으로 가메 품종이 점차 퍼져 나갔다. 이와 같은 현상을 염려한 부르고뉴의 와인 생산업자들은 1845년 디종에서 열린 양조업자 회의에서 1395년 가메를 가리켜 "아주 나쁜" 품종이라고 혹평한 필립(Philip) 공의 의견을 다시 한 번 강조했다.

셋째 내수용 와인의 최대 시장 역할을 하는 북부와 남부의 소통이 원활해졌다. 철도의 확산으로 인구가 많은 도시까지 쉽고 빠르고 저렴하게 와인을 공급할 수 있게 된 것이다. 프랑스는 중앙 집중화가 잘된 나라였고 모든 철도는 파리로 이어졌다. 수도에서 출발한 철도는 포도나무 뿌리처럼 주요 와인 생산지까지 뻗어 나갔다. 부르고뉴 코트 도르의 북단인 디종과 파리를 연결하는 철도는 1851년에 개통되었고, 결과적으로 디종은 보르도 노선이 선을 보인 2년 뒤까지 짧게나마 특혜를 누렸다. 1856년부터는 랑그 도크의 대규모 포도원에서 생산되는 와인이 기차를 타고 북부 시장으로 향했고 1875년에는 프랑스 전역을 포괄하는 철도망과 와인 시장이 탄생했다.

철도의 등장과 더불어 와인 생산에 영향을 미친 요소는 철도 회사마다 다르게 적용하는 운송료였다. 수화물 운송료가 거리에 정비례하는 것이 아니었기 때문에 파리를 비롯한 대규모 시장과, 먼 거리에 있는 와인 생산지 사이의 경쟁이 더욱 치열하게 전개되었다. 이들이 지불하는 운송료를 수화물 개수로 나누면 시장과 가까운 지역보다 오히려 운임이 저렴했다. 그 결과 미디(프랑스 남부 지방을 일컫는 속칭)의 와인 산업은 번창한 반면 파리 인근의 포도밭은 사양길로 접어들었다. 우아즈 강변의 경우 1852년에는 23제곱킬로미터에 달했던 포도 재배 면적이 10년 뒤에는 8제곱킬로미터로 줄어들었다. 근근이 명맥을 이어가던 지역에서 와인 산업이 쇠퇴하는 속도는 10-20년 후 창궐한 포도 뿌리혹벌레로 인해 더욱 가속화되었다.

남부 지방의 와인을 쉽게 구할 수 있게 되었다고 해서 파리 시민들의 입맛이 금세 바뀌지는 않았다. 부르고뉴 와인은 1860년대 후반까지 많은 사랑을 받았지만 부르고뉴에 불어 닥친 흉년으로 파리 시민들은 대안을 찾아 나설 수밖에 없었다. 파리는 점점 늘어나기만 하는 와인 소비량 때문에 새로운 와인이 필요한 상황이기도 했다. 1840년 8,600만 리터에서 1872년 3억 리터로 불어난 파리의 와인 소비량은 인구 증가율을 훨씬 웃도는 실정이었다. 이처럼 급등한 와인 수요가 충족될 수 있었던 것은 남부 지방의 값싼 와인 덕분이었다.

국제 정세의 변화는 프랑스 와인 무역에 긍정적인 역할을 했다. 나폴레옹 전쟁의 패배로 시장이 몇 군데 사라졌지만 프랑스의 와인 생산업자들은 아메리카 대륙(특히 아르헨티나)으로 수출을 시작했고 1840년대부터는 미국으로의 수출 길도 열렸다. 하지만 미국의 대규모 프랑스 와인 수입은 일시적인 현상이었고 1860년대 들어 남북전쟁과 캘리포니아 와인 산업, 보호무역주의의 등장이 복합적으로 작용하면서 프랑스 와인의 수요는 내림세로 접어들었다. 금주 운동의 득세로 미국 내 주류 시장이 위축된 것도 어느 정도 영향을 미쳤겠지만 금주 운동가들이 그 폐해를 염려한 술은 와인이 아니라 증류주였고, 일각에서는 다른 술에 비하면 와인이 훨씬 낫다는 주장을 펼치기도 했다.

유럽 최대의 프랑스 와인 수입국은 독일과 네덜란드였다. 보르도 와인 가운데 품질이 좋은 것은 독일, 품질이 떨어지는 것은 네덜란드가 그 행선지였다. 양으로 따지면 영국은 규모가 작은 시장이었고 그나마도 프리미엄급 보르도 와인만 찾았다. 하지만 1860년 양국간에 맺어진 조약으로 프랑스 와인에 부과되는 관세가 큰 폭으로 하락하면서 미국으로의 수출량이 하락하는 시기에 발맞추어 저렴한 클라레가 영국에서 인기를 끌기 시작했다. 영국의 와인 소비층 사이에서 이베리아 반도산 와인의 명성은 여전했지만 1860년대 중반에서 1870년대 중반 사이 프랑스 와인의 소비량은 8배로 증가했다.

영국 소비자들이 프랑스 와인을 선택한 이유는 무엇보다 그 가격이 저렴해졌고 프랑스 와인이 건강에 좋다고 생각했기 때문이다. 1860년대에 드루이트(Druitt) 박사는 의학지와 베스트셀러가 된 저서에 잇따라 발표한 논문을 통해 프랑스 와인의 장점을 강조했다. 노약자나 환자, 머리를 많이 쓰는 사람들은 에스파냐나 포르투갈 와인보다 프랑스 와인(보르도 와인이건 부르고뉴 와인이건)을 마시는 편이 좋다고 주장한 것이다.

드루이트는 2,000년 전 그리스·로마 시대의 문필가들처럼 의학적인 측면에서 와인의 품질을 논했다. 하지만 19세기 초에는 다른 관점에서 와인의 품질을 논하는 목소리가 들리기 시작했다. 보르도 와인의 등급이 나뉘기 시작한 것은 1800년대 초반, 일부 포도원(마르고, 라투르, 라피트, 오브리옹)에서 생산된 와인이 다른 지역에서 생산된 와인보다 월등히 우수하다는 데 전문가들이 의견을 모으면서부터였다. 파리에서 국제박람회가 열린 1855년에는 보다 명쾌하고 상세한 등급 분류 체계가 만들어졌고 이때 나뉜 등급은 150년이 지난 지금까지도 고스란히 유지되고 있다.

이탈리아에서도 19세기 들어 고급 와인에 대한 관심이 증폭되면서 바롤로, 키안티, 바르바레스코와 같은 일부 와인이 두각을 나타내기 시작했다. 이탈리아 와인은 전국에서 생산되었고 모든 계층이 즐겼지만 국내용으로 판매되는 값싼 제품이 대부분이었다. 프랑스와 달리 이탈리아에서는 프리미엄급 와인이 발달하지 못했고 부유층은 보르도와 부르고뉴 등지에서 수입되는 와인을 마셨다. 지금은 고급 와인으로 유명한 피에몬테도 당시에는 별반 다를 게 없었다. 에스파냐나 포르투갈과 달리 이탈리아의 일반 와인은 외국으로 수출되지 않았다. 유럽 무역의 중심지가 지중해에서 대서양으로 옮겨지면서 이탈리아가 변두리 국가의 한계에 봉착했기 때문이다.

이탈리아에서 고급 와인이 뒤늦게 등장한 데에는 몇 가지 이유가 있다. 이탈리아 반도는 1860-61년 통일될 때까지 여러 왕국으로 나뉘어 있었다. 이 중 일부는 독립 왕국이었고 베네치아, 롬바르디아 등은 오스트리아 제국의 속국이었다. 각 나라마다 도량형이 달랐고 다른 나라에서 수입하는 물품마다 관세를 부과했기 때문에 전국적인 규모의 와인 시장이 형성될 수 없었다. 게다가 나라별로 흩어져 있는 부유층은 고급 와인의 자체 생산을 뒷받침할 만한 수가 되지 못했다. 쉽게 상하는 이탈리아 와인의 특성상 장거리 국제 무역은 이루어질 수 없었다. 18세기에 바롤로를 영국으로 수출하려는 시도가 있었지만 정화 작업을 거치고 주정을 강화하고 올리브유를 위에 뿌려 공기와의 접촉을 차단했음에도 불구하고 원 상태를 유지한 와인이 거의 없었다.

이탈리아 북부 지방에서 두각을 나타낸 피에몬테의 바롤로, 베네치아의 발폴리첼라는 빈 등지로 소규모나마 수출이 되었다. 하지만 유럽 전역의 와인 무역 양상이 그랬던 것처럼 관세의 형식을 띤 정치적 압력에 따라 이윤이 달라졌다. 1833년에 오스트리아 정부는 피에몬테산 와인에 부과되는 관세율을 낮추었지만 13년 뒤에는 헝가리 와인 생산업자들의 압력에 못 이겨 관세를 2배 이상 높였다. 그 결과 바롤로는 가격이 폭등하면서 판매고가 하강 곡선을 그렸다.

이탈리아 북부 지방의 와인은 19세기 동안 정치의 가장 직접적인 영향을 받았다. 19세기 중반으로 접어들 무렵 이탈리아의 지도층은 외세를 배척하고 여러 개로 나뉘어 있던 반도를 하나로 통일하려는 움직임을 보이기 시작했다. 1861년 이탈리아 통일을 주도한 카보우르(Cavour)와 리카솔리(Ricasoli) 남작은 각자의 고향인 피에몬테와 토스카나의 포도 재배 산업을 육성하는 데 관심이 많았다.

리카솔리는 키안티의 창시자로 알려진 인물이다. 키안티 지방에서는 19세기 이전부터 훌륭한 와인을 생산했지만 17세기와 18세기 내내 프랑스와 포르투갈에 밀려 영국으로 수출하는 양이 소수에 불과했다. 그리고 19세기 초에는 아예 내수용으로만 쓰였다. 리카솔리는 자신의 브롤리오 영지를 기점으로 질적인 면에서나 양적인 면에서나 와인 제조 산업의 발전의 기틀을 마련하기 시작했다.

1851년에 리카솔리는 프랑스의 포도 재배와 와인 제조 기술을 연구하기 위해 론, 보졸레, 부르고뉴 지방의 포도밭을 시찰하면서도 내내 토스카나의 발전 가능성을 머릿속으로 그렸다. 그는 1846년산 보졸레를 음미한 뒤 일기에 다음과 같이 기록했다.

좋은 와인이기는 하지만 맛이나 향 면에서 별다른 특징이 없고 황금빛이 도는 붉은색이 강렬하기보다는 편안하게 다가온다. 맛이나 향은 키안티가 낫다. 하지만 키안티는 보졸레에 비해 약간 씁쓸하고 짙은 색상이 눈에 거슬린다는 단점이 있다.

리카솔리는 키안티의 재료가 되는 포도의 품종을 산지오베세, 카나이올로, 말바시아, 트레비아노로 제한했다. 그는 프랑스 수입품을 비롯한 여러 품종으로 실험을 했지만 토스카나에서 재배되는 품종의 위의 4가지로 거의 통일이 되었다. 이뿐만 아니라 리카솔리는 수확 방식을 바꾸었고, 그의 영지에서 포도 농사를 짓는 농부들에게 물어 수확을 시작하기에 가장 알맞은 시점을 결정했다. 그의 의견에 따르면 수확시기야말로 "브롤리오 와인의 명성을 결정짓는" 중요한 요소였다.

하지만 리카솔리는 좋은 포도로 만들었다고 반드시 좋은 와인이 된다고 생각하지는 않았기 때문에 와인 제조 기술에도 많은 관심을 기울였다. 그는 나무통을 닫고 발효시키는 방식을 택했고 정화 기술을 개선했다. 반면에 한두 달 동안 말린 포도의 즙을 짜서 발효가 막 끝난 와인과 섞는 '고베르노' 방식은 계속 고수했다. 발효가 재개되도록 해서 알코올 도수를 높이는 것이 '고베르노' 방식의 목적이었다. 오늘날에는 이런 방식을 쓰는 지방이 적지만 19세기 토스카나에서는 보편적으로 사용된 방법이었다.

리카솔리가 개발한 신기술은 와인의 양과 질을 모두 높이는 역할을 했다. 1870년대 브롤리오의 와인 생산량은 1830년대에 비해 5분의 1이 늘었고 이 중 70퍼센트가 1등급 와인이었다. 이와 같은 성적은 소작농 고유의 방식과 생각을 무시한 채 막무가내로 몰아붙여 낳은 결과였다. 리카솔리가 숨을 거두자 소작농들은 그에게 유령이 되어 백마를 타고 키안티 숲이나 한없이 서성이라며 저주를 퍼부었다. 하지만 토스카나 지방은 키안티가 해외 시장에서 거둔 성공과 이탈리아의 통일이 가져다 준 국내 소비량 증가의 혜택을 충분히 누렸다.

1700년대 후반부터 몰락의 길을 걷던 키안티가 1세기 만에 부활하면서 이탈리아 와인의 주류는 스위트 와인에서 드라이 와인으로 바뀌었다. 바롤로와 바르바레스코의 경우 스위트 와인으로 출발했다 드라이 와인으로 19세기를 마감했다. 시칠리아는 1820년대부터 특유의 독한 스위트 와인과 더불어 드라이 와인을 생산하기 시작했다.

독일의 와인 생산지는 19세기 들어 치열한 경쟁에 돌입하면서 품질 관리에 각별한 주의를 기울이기 시작했다. 1834년 관세동맹의 결성으로 대내 관세가 철폐되자 가격 경쟁력을 잃은 저급 와인은 고급 와인에 밀려 입지가 좁아졌고 이와 같은 현상은 철도 확산에 따른 운송 수단의 개선으로 더욱 가속화되었다. 그 결과 일부 와인 생산지는 번영을 누린 반면에 나머지 지역은 사양길로 접어들었다. 뷔르템베르크와 프랑켄의 포도밭은 절반으로 줄었고, 바덴은 보르도에서 수입된 와인의 공세로 고전을 면치 못했다. 라인란트 와인은 프러시아에서 날개 돋친 듯 팔려나갔지만 베를린과 드레스덴을 겨냥하여 값싼 와인을 생산하던 프러시아의 와인 제조업은 내리막길을 걸었다. 이것은 미디 와인의 보급과 더불어 파리 인근의 포도밭이 붕괴된 것과 비슷한 현상이었다.

하지만 독일의 양조업자들이 와인 제조 기술과 품질 관리에 쏟은 관심은 정치·경제의 변화를 넘어서는 수준이었다. 이들은 전국 각지에서 포도 재배업자 협회를 만들었고, 19세기 후반에는 정부가 후원하는 포도 재배 연구 기관이 설립되었다. 뿐만 아니라 와인 생산지를 제한하고 라벨 표기의 기준을 정하는 길고 고된 작업도 시작되었다. 일부 국가에서 사용하는 라벨 표기 체계는 포도의 품종을 기준으로 해서 간단명료했지만 일부 국가에서 사용하는 라벨 표기 체계는 실용성이 없을 만큼 복잡했다. 1830년대 팔츠의 경우에는 품질을 65등급으로 나누는 표기 체계를 채택했다.

대규모 양조업자들이 품질을 가다듬고 신기술을 도입함에 따라 시장을 놓고 외국산 와인과 경쟁을 벌이게 된 대다수의 소규모 양조업자들은, 협동조합을 만들어 공동 압착기와 양조 시설을 갖추고, 토지와 품종 개선에 힘썼다. 1869년 아르 지방에서 최초로 선을 보인 협동조합은 1900년대 초반 무렵 100여 개로 늘어났고 20세기에는 이들을 중심으로 수백 개의 협동조합이 탄생했다.

독일 모젤 지방은 18세기 후반부터 포도알이 마를 때까지, 심지어는 보트리티스 곰팡이 혹은 귀부포도균의 습격을 받을 때까지 수확을 늦추는 것으로 유명했다. 그 뒤로 독일에서는 수확 시기, 포도의 상태, 와인용 포도의 선별 방식을 지칭하는 용어가 등장했다. 지금은 독일 와인의 당도를 표현하는 데 쓰이기 때문에 오늘날의 와인 애호가들에게는 낯익은 용어인데, 수확을 늦게 한 포도는 슈페틀레제, 과당이 특별히 많은 포도는 아우슬레제, 잘 익은 포도만 골라서 따는 방식은 베렌아우슬레제라고 불렸다. 건포도에 가까울 정도로 마른 포도만 골라서 따는 방식을 말하는 트로켄베렌아우슬레제와 아이스바인(Eiswein, 아이스 와인)이라는 용어는 나중에 등장한다.

포도뿌리혹벌레의 공격을 받은 이후 규모가 좀 줄어들기는 했지만 독일의 포도 재배 면적은 19세기 내내 일정한 수준을 유지했다. 하지만 독일의 인구는 프랑스와 달리 1800년대 들어 폭발적인 증가를 보이면서 50년마다 2배가 되는 성장률을 기록했다. 덕분에 와인의 수요와 공급 간의 불균형은 날이 갈수록 심화되었다. 독일인들이 주로 마시는 술은 맥주와 증류주였지만 와인의 수요는 공급을 능가했고 한때 와인 수출국이었던 독일은 19세기 말부터 수입국이 되었다. 제1차 세계대전이 벌어지기 이전 몇 년 동안 독일이 해마다 프랑스에서 수입한 와인은 평균 33만 리터, 이탈리아에서 수입한 와인은 평균 88,000리터였다.

19세기 유럽의 와인 산업은 전반적으로 성장세를 보였지만 새로워진 환경에 적응해야 하는 면도 있었다. 많은 지역에서 와인 생산량이 꾸준히 증가했지만 소비자의 기호가 변화한 한편 다른 주류가 와인 시장을 비집고 들어오거나 와인의 확산을 저지하고 나선 것이다. 나폴레옹의 패배 이후 50-60년 동안 유럽은 사회적·문화적으로 많은 변화를 겪었다. 한 예로 금주 운동을 들 수 있겠지만 금주 운동이 와인에 부정적인 영향만을 미친 것은 아니었다.

유럽이 겪은 변화에는 와인 관련 지식의 확산에서 비롯된 부분도 있었다. 과학자들은 18세기 말부터 와인의 화학적·생물학적 수수께끼를 깊이 파고들기 시작했다. 이전까지만 하더라도 와인의 발효 과정이나 보관의 원리에 관해서는 알려진 것이 거의 없었다. 발효가 기후 조건에 따라 달라지며 공기나 폭염에 노출되면 와인이 변질된다는 사실이 밝혀진 뒤에도 와인 생산업자와 상인들은 여전히 전통적인 방식을 고수했다. 하지만 새로운 변화가 전혀 없었던 것은 아니다. 뜨거운 유황을 통 안에 발라 방부제로 활용하는 방식이 17세기 이후 널리 전파되었고 증류주를 섞는 방식도 마찬가지였다. 이탈리아의 와인 생산업자들은 공기와의 접촉을 차단하기 위해 올리브유를 와인 위에 끼얹었다. 하지만 기본적인 제조 방식의 개선을 통해 와인의 품질과 보존 기간을 향상시킬 수 있을 만한 전문적인 지식은 아직까지 나타나지 않았다.

18세기가 거의 저물어 가던 무렵 발효에 관한 중요한 연구 결과가 나왔다. 프랑스 혁명이 시작되기 직전, 과학자인 라부아지에(Lavoisier)가 발효를 화학 작용에 따른 과정으로 규정하는 저서를 발표한 것이다. 그는 와인으로 실험을 한 결과 발효가, 과당이 알코올, 탄산가스, 아세트산으로 변화하는 화학 반응의 소산이라는 결론을 내렸다. 그의 주장에 따르면 이전과 이후의 산소와 이산화탄소의 양이 일정한 것으로 미루어 볼 때 발효는 과당의 분자가 재배열되는 과정이다.

발효가 화학 작용에 따라 일어나는 과정이라는 라부아지에의 주장은 19세기 중반, 프랑스 과학자인 파스퇴르(Pasteur)의 등장으로 위기를 맞게 되었다. 파스퇴르는 현재까지도 뱅 드 파이유 등 독특한 와인을 생산하는 쥐라 지방 출신답게 와인에 대해 다양한 관심을 품고 있었다. 그는 쥐라 와인을 유별나게 홍보하는 면도 있었지만―수많은 실험을 할 때마다 쥐라 와인을 썼다―와인 자체를 사랑하는 사람이었다. 와인업계에서는 제품을 홍보하거나 와인이 인체에 해롭다는 의견을 반박할 때마다 와인은 "건강에 가장 좋고 가장 위생적인 음료"라고 한 그의 말을 인용했다.

파스퇴르의 평가를 신뢰할 수 있는 이유는 그가 과학자인 동시에 와인을 대상으로 많은 연구를 했기 때문이다. 그가 와인 연구에 쏟은 시간은 1850년대 후반에서 1860년대 초반으로 이어지는 3-4년에 불과했지만 그의 연구 결과는 프랑스를 비롯한 여러 나라의 와인 생산을 근본적으로 변화시키는 역할을 했다. 그중에서도 가장 빛나는 업적을 꼽으라면 발효가 단순한 화학 작용이 아니라 생물학적 변화의 소산이기도 하다는 사실을 밝힌 것이다. 파스퇴르는 인간과 동물의 질병에 박테리아가 미치는 영향과, 전염병 예방 분야를 연구한 대가답게 유기체(이스트)가 포도즙의 과당과 만났을 때 발효가 시작되며 와인이 식초로 변하는 원인은 내부에 존재하는 박테리아 때문이라는 결론을 내렸다.

파스퇴르가 한 와인 연구의 중심 골자는 산소의 역할이었다. 그의 실험 결과에 따르면 발효는 산소가 없는 환경에서 가장 잘 이루어졌고, 와인이 산소와 닿으면 박테리아(아세트산균)가 증식하면서 와인 내의 여러 가지 산이 아세트산, 즉 초산으로 변했다. 와인업계에 저온 살균법이 도입된 것도—널리 전파되지는 않았지만—파스퇴르 덕분이었다.

하지만 파스퇴르와 같은 과학자들의 연구 결과는 토대를 마련하는 역할에 그쳤을 뿐 19세기 와인 제조 방식에 결정적인 영향을 미치지는 못했다. 영세 농민이 대부분이었던 유럽의 와인 생산업자들은 과학적인 지식 없이도 가능한 전통적인 방식을 고집했다. 단순한 화학 작용이건 생물학적 변화의 소산이건 해마다 계속되는 것이 발효였고 이렇게 해서 생산되는 와인의 수명은 수십 년이 아니라 1년이 목표였다.

『샤프탈의 방식으로 와인을 제조하는 방법』7장을 보면 알 수 있듯이 생산업자들에게 새로운 지식을 전달하려는 시도가 전혀 없었던 것은 아니다. 하지만 『샤프탈의 방식으로 와인을 제조하는 방법』의 파급 효과가 어느 정도였는지 정확하게는 알 수 없다. 프랑스의 포도밭은 대부분 소규모였고 이들의 주인인 농민은 대부분 문맹이었다. 게다가 소작농이 샤프탈의 주장을 실제로 적용하기에는 재정적인 부담이 컸다. 설사 비용이 들지 않는 신기술이라 하더라도 위험 부담이 따르기 마련이다. 파리에서 형편없다는 평가를 받는 와인이나마 꾸준히 생산하는 것이 이들의 생계 수단이었다.

발자크(Balzac)의 『잃어버린 환상(*Illusions Perdues*)』에는 농민들의 이러한 태도가 여실히 드러난다.

높으신 양반들—후작 나으리, 백작 나으리, 무슨 무슨 나으리들―말로는 내가 만드는 게 와인이 아니라 쓰레기라는군. 교육은 받아서 무엇에 쓰겠나? 이럴 때 써야지. 자네, 내 말을 듣고 생각해 보게. 이런 나으리들은 1에이커당 와인을 7배럴 혹은 8배럴 생산해서 1배럴당 60프랑을 받고 판다네. 그러니까 풍년이 들면 1에이커당 400프랑을 버는 셈이지. 나는 20배럴을 만들어서 30프랑을 받고 파니까 총수입이 600프랑이라네. 그럼 어느쪽이 멍청한 사람이겠나? 품질? 품질이 나한테 무슨 소용인가? 품질은 후작 나으리, 백작 나으리들이나 따지라고 하게. 나에게 중요한 것은 돈이니까.

이것은 와인을 수지 맞는 장사로 생각하는 입장에서 보면 일리가 있는 말이지만 프리미엄급 와인을 생산하는 입장에서 보면 프랑스 와인 산업의 문제점을 단적으로 보여 주는 것이다. 하지만 최고급 와인들이 명성을 누리는 이유는 희귀한 데다 대량 생산되는 와인과 비교했을 때 품질이 월등하게 뛰어났기 때문이다. 따라서 프리미엄급 와인이 돋보인 것은 평범한 와인이 있었기 때문이다.

파스퇴르나 기타 과학자들과는 다른 관점에서 와인을 좀더 체계적으로 이해하려는 사람들도 있었다. 19세기에는 유럽과 세계 각지의 와인을 소개한 서적의 출간이 줄을 이었다. 이러한 서적은 와인 문학, 즉 와인의 모든 면―역사, 기술, 경제, 미학―을 망라하는 장르의 효시 격이었다. 오늘날 대중 잡지나 신문 칼럼에서 접할 수 있는 와인에 대한 해설이나 평가는 19세기에 시작된 것이다.

와인 전문가들이 고대 그리스·로마 시대부터 이어져 내려오던 진부한 평가 방식을 탈피한 것도 이 무렵이었다. 18세기 말까지만 하더라도 와인 전문가들은 근대 와인의 진가를 폄하하는 고대의 인습을 답습했다. 고대 와인과 근대 와인의 평가를 목적으로 1775년에 발간된 어느 서적은 고대 와인 소개에만 거의 모든 부분을 할애했다. 근대적인 시각에서 와인을 조명한 최초의 인물로 꼽히는 파브로니(Fabbroni)조차도 작품에서 고대 전문가들의 평가를 인용하기 일쑤였다.

18세기 말과 19세기 초는 신고전주의 건축과 예술이 인기를 모으고 사람들이 고전 문학 비평에 열을 올리던 시대였다. 이러한 분위기를 감안하면 와인 전문가들이 고대 와인을 기준으로 근대 와인을 평가한 것도 무리는 아니었다. 그러나 고전 문학과 근대 문학의 경우 서로를 비교하며 각자의 장점을 논할 수 있지만 고대 와인을 직접 마셔 볼 수는 없다는 점에서 이는 무의미한 시도였다.

하지만 수십 년이라는 시간이 흐르자 19세기의 특징이라 할 수 있는 진보 정신이 와인 전문가들에게도 스며들었다. 이들은 2천 년 전에 생산된 와인의 맛을 상상하며 말재간을 늘어놓기보다는 근대 와인을 좀더 진지한 관점에서 연구하기 시작했다. 근대 와인의 개선 방법을 소개한 과학자들의 업적과 발 맞추어 나타난 현상이었다. 이들은 그리스와 로마 시대로 되돌아가려는 노력을 접은 채 근대 와인의 발전 가능성을 인정했고 더 이상 근대 와인을 쓰레기로 간주하지 않았다.

이 당시 와인 문학의 기틀을 다진 주인공은 두 사람이었다. 프랑스의 와인 매매업자 줄리앙(Jullien)은 1816년에 발표한 서적에서 프랑스는 물론 유럽과 세계 각지의 주요 와인 생산지를 소개했다. 놀라우리만큼 방대한 지식이 담겨 있는 이 책에는 와인을 고르는 데 도움이 되는 정보는 물론이고 와인 제조에 필요한 포도 재배 관련 정보도 들어 있다.

1833년에는 레딩(Redding)이 영국에서 『근대 와인의 역사와 서술(History and Description of Modern Wines)』을 출간했다. 그는 이 작품을 통해 전 세계의 와인을 소개하는 한편 와인의 보관과 변질 등 실용적인 면에도 일부분을 할애했다. 그의 주장에 따르면 영국으로 수입되는 와인에는 가짜가 많았다. 주정 강화 와인의 경우에는 알코올 성분이 많이 첨가된 탓에 전문가도 감별하기 어려웠기 때문에 정도가 특히 심했다. 하지만 "기품 있고 부드럽고 향긋한 로마네 콩티는 흉내내기가 어렵다."고 했다.

레딩은 이와 같은 상황을 영국의 탓으로 돌렸다. 증류주와 주정 강화 와인을 워낙 많이 마시는 바람에 진짜 와인과 가짜 와인을 구분하지 못할 만큼 미각이 무디어졌다는 것이다. 그는 다음과 같이 가차없는 비판을 가했다.

영국 국민의 연간 와인 소비량은 1인당 1쿼트이다. 하지만 증류주는 1갤런 이상 소비되고 맥아주, 집에서 만든 와인, 사과주, 페리주의 소비량은 이루 헤아릴 수 없을 정도이다. 증류주의 소비가 늘어날수록 와인의 소비는 줄어든다. 뜨거운 쇠를 만지느라 굳어진 대장장이의 손은 감각이 무디어지기 마련이다. 이와 마찬가지로 건강에 좋고 상큼한 와인이 증류주에 마비된 사람에게는 너무 차갑고 심심하게 느껴지기 때문에 조잡한 불순물이 섞여 있다 하더라도 알아차릴 수가 없다.

소비자 중심의 와인 문학이 등장하면서 유럽의 중산층과 상류층은 보다 세련된 와인 문화를 발전시켰다. 줄리앙이나 레딩이 출간한 서적은 농민이나 도시의 노동자를 위한 것이 아니었다. 농민이나, 도시의 노동자가 유럽 일부 지역에서는 대규모 와인 소비층으로 자리잡았을지 몰라도 이들이 마시는 와인은 저렴한 제품으로 한정되어 있었고 양적인 면에서도 일시적인 갈증을 해결하는 수준에 불과했다. 이들이 와인으로 가득한 저장실을 가지고 있을 확률은, 저축이나 연금을 가지고 있을 확률만큼이나 낮았다.

19세기에는 중산층의 확장과 부르주아지의 성장으로(일부에서는 19세기를 일컬어 '부르주아지의 시대'라고 부름) 일용품을 대하는 시각이 달라졌다. 산업화에 따른 대량 생산과 광고를 바탕으로 소비 문화가 확실하게 자리를 잡기 시작한 것이다. 1851년에는 런던에서 대박람회가, 1855년에는 파리에서 국제박람회가 열리는 등 일용품을 위한 성대한 의식들도 곳곳에서 선을 보였다. 런던 대박람회와 파리 국제박람회의 차이점이 있다면 런던에서는 주류의 전시가 금지된 반면 파리에서는 집중적인 조명을 받았다는 점이다. 파리 국제박람회를 조직한 측에서는 이 자리를 프랑스는 물론이거니와 유럽 전역, 멀리는 오스트레일리아의 최고급 와인을 소개하는 기회로 삼았다.

보르도 와인의 등급을 나누는 '크뤼' 시스템이 만들어진 곳도

1855년 파리 국제박람회였다. 최고급 보르도 와인의 구분을 명확히 하라는 나폴레옹 3세(Napoleon III)의 지시가 떨어지자 와인 매매업자 협회는 며칠 안으로 방안을 마련해야 하는 입장에 놓였다. 이들은 58개의 레드 와인을 5개의 등급으로 나누었다. 이 중에서 1등급(크뤼)은 4개, 2등급은 12개, 3등급은 14개, 4등급은 11개, 5등급은 17개였다. 20개의 화이트 와인은 1등급과 2등급으로 나뉘었고 21번째 화이트 와인(샤토 디켐)은 '프르미에 크뤼 쉬페리외'라는 특별한 등급으로 구분되었다.

보르도의 와인 등급 체계는 만들어진 당시부터 논란의 대상이 되었다. 당시 가격을 기준으로 와인의 등급을 나눈 데다 보르도 몇몇 지방의 와인은 제외시켰기 때문이다. 메도크에서 생산되는 레드 와인 가운데 제외된 것은 오브리옹뿐이었다. 19세기 중반 보르도 와인의 선택 기준을 제시하기 위해 마련된 이 등급 체계는 예상 밖으로 오랫동안 권위를 지켜 갔고, 아성에 도전하여 성공을 거둔 와인은 1973년에 2등급에서 1등급으로 상향 조정된 샤토 무통 로트실트뿐이었다. 하지만 이 체계에서 등급 분류를 받아 마땅한 와인이 제외되었다는 비판은 오늘날까지도 꾸준히 제기되고 있다.

고급 와인을 생산하는 사람들은 자신이 만든 제품을 자연의 산물인 동시에 오랜 전통의 결정판이라고 생각했다. 이들이 보기에 자연스러운 것은 전통이라는 단어와 맞닿았고 인공적이고 일시적인 것은 신식이라는 단어로 연결되었다. 하지만 하나의 방식이 관행으로 굳어지면 전통이 되듯, 이 시기의 몇몇 지방에서는 새로운 전통을 탄생시켰다.

이 시기에 새로운 전통을 구축한 대표적인 경우로는 포도원 이름 앞에 '샤토(chateau, 城)'라는 단어를 쓰기 시작한 보르도를 들 수 있다. 18세기에는 마르고, 오브리옹이었던 와인의 이름이 19세기에는 샤토 마르고, 샤토 오브리옹으로 바뀌었다. 이는 1798년 석판 인쇄술의 발명으로 라벨을 대량 생산할 수 있게 되면서 나타난 현상으로 추측할 수 있지만 사실 샤토라는 단어의 추가는 석판 인쇄술의 발명과 무관한 변화였다.

포도원 옆에는 보통 성이 있으니 만큼 샤토라는 단어를 붙여서 안 될 이유는 없었다. 하지만 이것이 널리 퍼진 것은 1800년대 후반부터였다. 사이러스 레딩은 1833년에 조사한 내용을 1850년 책으로 출간하면서 보르도의 1등급 와인들 가운데 샤토라는 이름이 붙는 와인은 마르고 하나뿐이라고 했다. 1855년에 등급 체계가 마련될 당시 샤토 명칭이 붙는 와인은 다섯 개뿐이었고 1870년 영국에서 발표한 목록에는 샤토가 오브리옹, 라피트, 라투르, 마르고에만 쓰였다. 그런데 20세기에는 등급 분류의 대상이 되는 모든 와인 앞에 샤토라는 단어가 붙었다.

성 주변의 땅에서 생산되는 와인은 이제 성과 직접적인 연관을 맺게 되었고(성이라고 해 보아야 작은 탑이 있는 평범한 건물에 불과한 경우도 있었음) 이와 같은 관행은 성 주변의 땅에서 생산되는 와인을 일반 와인과 구별하는 역할을 했다. 그것은 샤토라는 명칭을 붙인 와인이, 역사가 오래 된 유서 깊은 귀족 가문과 모종의 관계가 있는 듯한 분위기를 풍겼기 때문이다(귀족적인 분위기에 집착한 당시 와인 산업의 분위기는 보트리티스 곰팡이를 '귀부포도균'이라고 부른 것을 보아도 알 수 있음). 하지만 18세기 들어 보르도의 수많은 포도밭을 차지한 주인공은 대부분 신흥 귀족이었고 '샤토' 포도밭의 주인이 바뀐 시기도 프랑스 혁명이 일어난 이후였기 때문에 이는 얼토당토않은 추측이었다. 실제로 '샤토' 포도밭의 주인 가운데 나폴레옹 시대에 작위를 받은 귀족과, 외국 출신 귀족 일부를 제외한 나머지는 귀족과 전혀 상관없는 계층이었다. 게다가 귀족이고 평민이고 할 것 없이 대부분의 포도밭 주인이 포도밭을 상업적인 수단으로 생각하는 사업가에 불과했다. 1836년에 샤토 마르고의 주인이 된 라 마리스마(Las Marismas) 후작은 파리에서 활동하는 은행가였다. 라 마리스마 후작과 같은 은행가들은 19세기 중반 메도크의 유명 포도원을 대거 사들일 때 이윤 외에는 아무것도 관심이 없었다. 오브리옹은 1825년에 매각되었을 당시 3분의 2는 증권 중개인, 3분의 1은 와인 매매업자의 차지가 되었고 1836년에 다시 파리의 은행가로 주인이 바뀌었다.

샤토라는 명칭은 보르도를 넘어 루아르, 미디 등 프랑스 전역으로 퍼져 나갔고 금세 유럽 전역에서 유행했다. 저 멀리 오스트레일리아에서는 1879년 빅토리아 주 태빌크(Tahblik) 포도원의 이름이 샤토 타빌크로 바뀌었다. 그렇게 된 것은 2년 전 관리인으로 임명받았고 이름부터 귀족인 척하는 분위기가 물씬 풍기는 프랑수아 드 쿠에슬랑(François de Coueslant)의 권유 때문인 듯하다. 이후 샤토는 오스트레일리아뿐만 아니라 캐나다 포도밭의 이름 앞에도 쓰였다.

어떻게 보면 오랜 세월 동안 한 자리를 지킨 성을 포도원의 역사가 서린 곳으로 지정한 것은 일리가 있는 조치였다. 1817년에

완공된 샤토 마르고 즉 마르고 성은 다음과 같이 묘사된다.

> 샤토 마르고는 고급 와인을 닮았다. 기품 있고 당당하며 약간은 엄숙한 분위기마저 감도는 것이⋯⋯와인 숭배 의식에 쓰였던 고대 신전을 연상시키며⋯⋯포도원이나 저택이나 일체의 장식을 거부한다. 하지만 와인은 주문이 풀리기 전에 마셔야 하듯 샤토 마르고는 손님이 안으로 들어오기 전까지 자신의 매력을 공개하지 않는다. 샤토 마르고의 진면모와 마주친 사람들의 입에서는 똑같은 단어가 튀어 나온다. '우아하다, 확실히 다르다, 섬세하다, 오랜 세월 동안 사랑이 듬뿍 담긴 주인의 손길을 받은 흔적이 느껴진다.' 오랫동안 묵힌 와인과 오랫동안 사람과 함께 부대낀 집, 마르고 와인과 마르고 성은 '엄격함'과 '세월'이 빚어 낸 산물이다.

포도밭의 주인이 바뀌고 재배하는 품종이 달라져도 샤토는 변함없었다. 샤토 마르고 주변의 토양까지 그대로였는지는 알 수 없지만, 라벨에다 그렇게 복잡한 사정까지 적을 수는 없었다(샤토 가운데 품종을 표기하는 와인은 거의 없음). 변화를 거부하며 몇 세대 동안 한결같이 한 자리를 꿋꿋하게 지킨 샤토는, 전통과 부동(不動)의 상징이었다. 따라서 샤토가 그려진 라벨은 변함없는 품질을 약속하는 징표와도 같았다.

샤토 와인의 주요 고객은 상류층이었고, 주류 시장이 분산된 프랑스에서 상류층이 차지하는 부분은 소규모에 불과했다. 프랑스의 주류 시장이 분산된 양상은 여러 가지였다. 첫째, 와인은 맥주와 더불어 기본 식료품으로 간주되었지만 여성보다는 남성들이 많이 마셨다. 과거의 음주 문화를 정확하게 판단하기는 어렵지만 남성들이 여성보다 훨씬 자주, 많이 마셨던 것은 분명하다. 둘째, 주류 시장에는 계급별로 격차가 있었다. 마시는 와인이 달랐고 좀더 광범위하게 말하자면 상류층과 중산층은 와인을 즐겼지만 농민과 노동자는 지역별로 차이가 있었다.

19세기를 거치면서 프랑스의 음주 문화는 와인을 즐기는 남부 지방과 증류주를 즐기는 북부 지방으로 점차 확실하게 나뉘기 시작했다. 남부와 북부가 이렇게 다른 길을 걷게 된 데에는 두 가지 이유가 있다. 와인은 가격이 저렴한 생산지 위주로 인기를 얻기 마련인데, 북부 지방의 포도 농사는 1800년대 내내 고전을 면치 못했기 때문에 와인의 인기가 시들할 수밖에 없었다. 한 군데 예외가 있다면 와인을 즐기는 문화가 전통으로 굳어진 파리뿐이었다. 반면에 온갖 종류의 증류주는 북부의 신흥 산업 도시에서 생산되었고 도시 노동자가 즐겨 찾는 술로 자리를 잡았다. 19세기 전반에는 증류주를 포도즙으로 만들었지만 포도뿌리혹벌레가 창궐한 이후로 포도의 가격이 폭등하자 사탕무나 당밀이 주재료가 되었다.

19세기 중반 무렵, 프랑스의 사회학자 르 플레(Le Play)는 가족의 형태와 행동 연구의 일환으로 각 가정의 와인 소비량을 조사했다. 르 플레가 연구 대상으로 삼은 파리의 표백업자 가족은 1년 동안 술을 구입하는 데 300프랑 가까이를 소비했고 그중 거의 대부분(290프랑)이 부르고뉴산 와인을 사는 데 쓰였다. 르 플레가 관찰한 것에 따르면, 이 가정에서는 집안의 최고 어른이 통

째로 구입한 와인을 병에 따르면 온 식구들이 점심과 저녁 때 와
인을 마셨고 와인을 거르는 날이 단 하루도 없었다. 가장이 목수
로 일하는 파리의 또 다른 가정에서는 한 해 동안 90리터의 와인
(1리터들이 병 10개가 든 바구니를 9개 해치웠다는 뜻임)을 마셨
고 "친구나 친척들과의 관계를 다지기 위해" 브랜디 1리터를, 친
구들과 함께 술집에서 브랜디 5-6리터를 마셨다. 이처럼 수많은
가정을 대상으로 행한 르 플레의 연구 결과를 보면 술의 소비 양
상이 뚜렷했다. 프랑스 남부 지방에서는 와인만 마셨다. 베아른
의 어느 농가에서는 특별한 날에 혹은 힘든 일을 끝낸 뒤에 제르
산 와인을 마셨다. 프로방스에서 비누 제조업을 하는 어느 농가
에서는 직접 만든 와인 320리터를 마셨고 포도와 브랜디로 리큐
어를 만들었다.

르 플레의 연구는 프랑스 이외의 나라들을 대상으로도 진행되
었다. 브뤼셀에서 인쇄업을 하는 어느 가정은 주로 맥주를 즐겼
지만 1년 동안 마신 술의 양이 맥주 10리터, 브랜디 1리터에 불
과했다. 1년 동안 술 소비에 쓴 금액이 소금과 후추 구입에 쓴
금액과 일치하는 7프랑이었다. 반면에 9명으로 구성된, 토스카
나의 어느 소작농 집안에서는 직접 만든 와인 712리터와 피케트
458리터를 마셨다. 르 플레의 관찰에 따르면 이 집안 사람들은
보통 약한 와인을 마셨지만 "힘든 일을 끝낸 뒤에는 아껴 두었던
고급 와인을 마셨다. 예전에는 (고급 와인이) 늘 넉넉했지만 지
금은 흉년으로 와인의 가격이 뛰었기 때문에 아껴 두어야 했다."
마지막으로 에스파냐 카스티야의 어느 소작농 가족은 한 해 동
안 포도로 빚은 브랜디를 넣어 알코올 성분을 강화한 피케트 20

리터를 마셨고 독일 켐니츠의 은식기 공장에서 일하는 노동자들은 브랜디, 와인, 맥주를 다양하게 즐겼다.

위에서 소개한 가족들은 일종의 사례에 불과하지만 19세기 유럽의 중류층과 상류층뿐만 아니라 서민들도 와인을 일상적으로 즐겼다는 증거가 되기에는 충분하다. 1인당 소비량은 많았던 것 같은데(가족 구성원 가운데 누가 마셨는지는 불분명함), 일반적으로 프랑스 남부 지방, 토스카나, 라인 지방, 에스파냐와 같은 와인 생산지의 소비량이 유럽 북부의 산업 중심지보다 많았다. 물론 전체적인 술 소비량으로 따지면 정반대이다.

증류주가 인기 있었던 프랑스 북부 지방에서 예외인 곳은 파리였다. 파리 시민들은 모든 계층이 와인을 즐겼고, 철도의 발달로 남부에서 값싼 와인이 대량으로 유입되기 시작한 이후로는 이와 같은 현상이 더욱 두드러졌다. 파리 시민들은 값이 싼 시외곽의 술집에서 주로 와인을 마셨기 때문에 정확한 통계를 내기가 불가능하지만 1인당 와인 소비량은 19세기 전반 동안 내리막길을 걸었던 것으로 추정된다. 파리의 성인 남성은 한 해 평균 100-175리터의 와인을 마셨다고 하는데 175리터였다고 하더라도 18세기의 수치에는 한참 못 미치는 수준이었다. 하지만 1865년으로 접어들면서 1인당 와인 소비량은 한 해 평균 225리터로 뛰었고 맥주 소비량은 80리터, 여러 가지 증류주의 소비량은 12리터였다.

파리의 노동자들이 마시는 술의 양이 1850년대 이후로 계속 증가한 이유는 빵과 육류 위주로 식생활이 달라졌기 때문이다. 다른 지방에서 보기에 파리의 노동자들은 미식가였다. 1880년대에 목수 조합 회장은 지난 40년 동안 노동자들의 생활 환경이 개선된 증거로 와인 소비량의 증가를 들었다. 이제는 노동자들도 점심식사를 하면서 와인을 즐길 수 있고 예전에는 0.25리터밖에 마실 수 없었지만 지금은 1리터를 마실 수 있다는 것이었다. 하지만 술 소비량의 증가가(여기서 말하는 술이 와인이라 하더라도) 생활 환경의 개선을 뜻한다는 데 모두가 동의하는 것은 아니었다. 아침식사를 화이트 와인이나 브랜디 한 잔으로 때우는 노동자들을 보며 우려를 나타내는 사람들도 있었다.

19세기 들어 생산과 소비의 증가를 보인 것은 대중용 와인뿐만이 아니었다. 1800년에는 한 해 생산량이 30만 병이던 샴페인이 1850년에는 2,000만 병, 1883년에는 3,600만 병으로 늘어난 것을 보면 고급 와인 시장의 성장세를 확실하게 알 수 있다. 샴페인은 그 생산량이 늘어나면서 프랑스 외부로 수출되는 양도 많아졌다. 17세기 이래로 샴페인의 최대 수출 시장은 영국이었지만 곧이어 1위가 미국으로 바뀌었다. 뒤에서 1877년 한 해 동안 대서양 너머로 수출한 샴페인은 42만 병이었지만 25년 뒤에는 150만 병을 기록했다. 1900-1910년 동안 미국 내의 샴페인 판매량은 무려 4배가 증가했다.

샴페인은 전 세계 특권층이 마시는 와인으로 자리 잡으면서 제조 방식과 특징에 중대한 변화를 겪었다. 샹파뉴 지방만 특별한 제조 방식은 와인을 병에 넣고 발효시킨 뒤 그대로 소비자에게 전달하는 것이었다. 그런데 이 방식에는 두 가지 문제점이 있었다. 첫번째 문제점은 발효 과정에서 생기는 탄산가스의 압력 때문에 병이 터질지도 모른다는 것이었다. 오늘날 생산되는 샴페인은 기압이 6이다. 즉 병 내부의 압력이 외부의 여섯 배에 달한다는 의미이다. 묵직하고, 두껍고, 밑바닥이 움푹 들어간 병이 등장하기 전까지는 샴페인이 발효 도중에 병이 폭발하는 경우가 종종 있었다.

두 번째 문제점은 발효 과정에서 생기는 찌꺼기의 처리 방법이었다. 19세기 초반에는 찌꺼기를 걸러 낸 다음 다시 마개를 달았지만 이렇게 하면 기포가 너무 많이 빠져 나갔다. 그러다 1810년대의 어느해에 지금은 뵈브(미망인을 말함) 클리코라고 알려진 젊은 미망인, 니콜 바르브 클리코 퐁사르댕(Nocole-Barbe Clicquot-Ponsardin)이 운영하던 샴페인 양조장에서 리들링 기법을 만들어 냈다. 리들링이란 발효 기간 동안 샴페인 병을 천천히 뒤집어서 죽은 이스트균을 병 목 근처로 모으는 방식을 말한다. 이렇게 해서 모인 찌꺼기는 마개를 열면 압력으로 인해 밖으로 튀어 나오는데 걸러 낼 때보다 마개를 훨씬 빨리 닫을 수 있기 때문에 빠져 나가는 기포의 양이 줄어들었다.

뵈브 클리코는 몇 년 동안 이 기법을 비밀에 부쳤지만 1820년대에는 다른 샴페인 양조장에서도 똑같은 기술을 사용하기에 이르렀다. 기포를 보존하는 방법과 압력에 견디는 유리병의 발명으로 샴페인 산업은 급속한 성장기에 접어들었다. 이제는 즐거운 자리마다 코르크 마개를 따는 소리가 들렸다. 1820년 이전에는 여섯 군데(뵈브 클리코 퐁사르댕, 에드식[Heidsieck], 모에 [Moét], 페리에 주에[Perrier-Jouet], 루이 뢰데레[Louis Roederer], 태탱제)에 불과하던 제조 회사가 1820년대에는 3개(조셉 페리에 [Joseph Perrier], 뫼, 랭제[Bollinger]) 더 늘어나고 이후 30년 동안 수많은 회사가 늘어나면서 샴페인은 산업이라는 단어를 붙이기에 손색이 없을 정도가 되었다.

1800년대의 샴페인은 1900년대와 비교하면 생산량이 훨씬 적었고 맛과 모양도 상당히 달랐다. 애초에 샴페인은 달콤한 맛이 특징인 발포성 와인이었지만 시장에 따라 단맛의 정도가 달라졌다. 가장 달콤한 샴페인을 찾는 나라는 러시아였고(1리터당 설탕 300그램) 영국은 가장 쌉쌀한 맛을 원했다(1리터당 설탕 22-66그램). 프랑스는 중간이었다. 그런데 영국의 한 와인 매매업자가 페리에 주에를 설득하여 1846년산 샴페인의 단맛을 줄인 이후로 쌉쌀한 맛이 인기를 끌기 시작했다. 포트 와인, 마데이라 등 단맛이 강한 와인으로 넘쳐나는 영국에 쌉쌀한 샴페인이 수입되면 독특한 시장을 형성할 수 있다는 것이 그의 주장이었다. 1870년대에 영국으로 수출된 샴페인은 대부분 단맛이 거의 없었다. 프랑스와 기타 유럽에서는 단맛이 도는 샴페인이 더욱 인기를 끌었지만 19세기 말에 생산된 샴페인은 1800년대에 생산된 샴페인보다 당도가 훨씬 낮았다.

모양을 이야기하자면 19세기 전반 샴페인의 색상은 지금처럼 금빛이 도는 밝은 노란색이 아니라 분홍기가 도는 황갈색('꿩의 눈 색'이라고 했다)에서부터 누런색, 갈색에 이르기까지 다양했다. 블렌딩하는 과정에서 검은색 포도 껍질을 넣으면 분홍기가 도는 샴페인이 만들어졌고 찌꺼기를 없앤 뒤 마개를 닫기 전에 코냑을 넣는 관행을 따르면 누런색 샴페인이 제조되었다. 딱총나무를 끓여서 만든 것으로 색깔을 내는 경우도 있었다.

19세기에 샹파뉴만큼 전통을 의식하는 와인 생산지는 없었다.

상파뉴는 전통을 새로 창조해야 하는 입장이기 때문에 그럴 수밖에 없었다. 샴페인은 신기술의 도입과 더불어 맛과 색상의 변화를 통해 19세기 들어 거듭 난 와인이었다. 그것은 새로운 산업사회의 산물이었다. 귀족 및 왕실과 연줄을 만들기 위한 노력이 은밀히 진행되기는 했지만 샴페인의 주요 고객은 상류층의 생활방식을 닮고 싶어하는 부유한 부르주아지였다.

보르도산 프리미엄급 와인을 취급하는 쪽과는 달리 샴페인 중개업자들은 새로운 홍보 수단을 총동원했다. 최대한 많은 사람들의 취향을 만족시키는 쪽으로 이미지가 형성된 샴페인은 근대의 상징이었다. 포스터가 최고의 홍보 수단으로 꼽히던 시절에 샴페인의 라벨은 소형 포스터나 다름없었다. 이 중에는 샴페인을 사냥, 승마 등의 스포츠나 레저 활동과 연관짓는 라벨도 있었다. 바람에 머리카락을 흩날리며 자전거를 타는 젊은 여성의 뒤를 두 남자가 쫓아가는 그림 밑으로 이에 걸맞게 "자전거 족을 위한 고급 와인, 세기말"이라고 쓰여 있는 식이었다. 어떤 라벨에서는 샴페인을 사랑, 결혼, 세례식과 연관지었다. 1892년 콜럼버스(Columbus)의 아메리카 대륙 발견 400주년이나, 1889년 프랑스 혁명 100주년을 기념하는 라벨도 있었다.

샴페인 제조업자들은 다양한 정치적 성향을 띤 사람들을 만족시키기 위해 노력했다. 프랑스 혁명 100주년을 기념하는 라벨을 예로 들면 좌파와 자유주의자의 입맛에 맞는 혁명 장면이 묘사된 것도 있고 보수 진영에서는 순교자로 간주되는 마리 앙투아네트(Marie-Antoinette)가 그려진 것도 있었다. 일부 샴페인 회사에서는 자신의 제품의 이미지를 프랑스의 상징과 연관되도록 국기, 병사, 전투 장면을 표현한 라벨을 만들었다. 제1차 세계대전의 전운이 감돌 무렵 한 샴페인 회사에서는 수출국에 따라 군복의 색깔과 국기를 다르게 고쳤다. 드레퓌스(Dreyfus)라는 유태인 장교가 간첩으로 오인되는 바람에 프랑스 내에서 반(反)유태 감정이 고조되었을 당시에는 '샴파뉴 앙티쥐프(반유태 샴페인)'까지 등장했다. 이 샴페인의 주요 고객은 드레퓌스의 유죄 판결을 듣고 축배를 든 유태인 배척론자들이었을 것이다.

한 마디로 말해서 샴페인의 라벨과 홍보 방식, 제조업자들이 만들어 낸 이미지는 상당히 유동적이었다. 샴페인은 모든 음식에 어울린다는 평가를 받은 와인답게 누구나, 언제 어디에서든 마실 수 있는 와인이었다. 떠들썩하면서도 엄숙한 결혼식장, 자전거를 타고 나와서 즐기는 피크닉, 정당에서 주최하는 만찬, 진수식 등 샴페인이 어울리지 않는 자리는 없었다.

그러나 격동이라는 단어로 한 세기를 마감한 이 시대의 수많은 부르주아지에 버금갈 만큼 엄청난 변화를 겪은 샴페인이지만 19세기의 전반적인 분위기와는 정반대로 전통과 역사, 기본적인 성격을 중요시하는 측면도 있었다. 정치적인 변화가 잦고 자유, 심지어는 민주주의를 표방하는 단체들이 속속 등장하는 와중에도 샴페인 회사들은 보르도의 샤토 와인 생산업자와 마찬가지로 귀족이나 왕실과의 연대 관계와 혈통을 강조했다.

샴페인 라벨은 볼랭제, 피페 에드식, 빌카르 살몽, 모에 에 샹동 등 제조회사의 이름만을 넣어 우아하고 고상한 분위기를 부각시키는 쪽으로 바뀌었다. 자크송 에 피스처럼 혈통을 강조하는 라벨도 있었고 폴 로제 에 콩파니처럼 일부는 법인단체임을 전면에 내세웠다. 귀족이나 왕실에 납품하는 샴페인 라벨에는 그들의 문장을 그려 넣었다. 주요 샴페인 생산지 가운데 랭스는 9세기부터 18세기까지 프랑스 국왕의 즉위식이 거행된 지방이기 때문에 왕실과 강한 유대 관계를 맺고 있었다.

샴페인 제조업자들이 홍보를 할 때 품질만큼이나 강조한 부분이 유명 고객이었다. 1890년대 말 로랑 페리에는 '상 쉬크르(무설탕)' 샴페인을 홍보하면서 벨기에와 그리스 국왕, 색스 코부르크 고타(Saxe-Coburg Gotha) 공, 테크(Teck) 공작 부인, 더럼(Durham) 백작, 로앙(Rohan) 공, 윌턴의 그레이(Grey) 경 등 수많은 귀족, 기사, 군 장교들을 내세웠다. 이와 같은 선전 문구가 전하는 메시지는 누구든 샴페인을 마시면 이들과 동급이 될 수 있다는 것이다. 로랑 페리에는 "모든 중개업자의 손을 거쳐 전 세계로 공급되는 와인"임을 강조하며 상금 6,000파운드가 걸린 대회―자존심 강한 귀족들이 참가할 만한 대회는 아니었다―의 개최를 널리 홍보했다.

19세기 샴페인 업계는 1668년에서부터 1715년까지 에페르네 인근 오빌레르 수도원에서 수도사로 지냈던 페리뇽(Perignon)의 이야기를 널리 퍼뜨려 스스로 샴페인의 역사를 창조하는 수완까지 발휘했다. 페리뇽은 수도원의 와인 생산에 관여하며 가지치기와 와인 블렌딩 분야에 공헌한 인물이었으니 만큼 코르크 마개와 튼튼한 영국산 유리병을 도입하여 샴페인의 제작 및 보관 방식을 발전시켰을 가능성도 있다. 페리뇽의 경우에는 사실과 허구의 분간이 어렵지만 그가 발포성 와인을 '발명한' 인물이 아닌 것만은 확실하다. 발효가 다시 시작되는 '2차 발효'는 기온의 변화에 따른 현상이지 인간의 개입이나 발명에서 비롯된 것이 아니다. 우연히 등장한 샴페인은 시대를 거치면서 하나의 산업으로 자리를 잡았지만 특정 시기에 특정 인물이 발견하거나 발명한 와인은 아니었다.

그러나 1821년에 오빌레르 수도원의 수도사로 있던 그로사르(Grossard)는 페리뇽을 샴페인의 발명가로 추대했다. 페리뇽의 업적을 과대 평가한 그의 기록은 페리뇽뿐만 아니라 오빌레르 수도원의 위상을 높이는 데 이바지했다. 1820년대에 색상과 맛, 제조 방식상의 변화를 겪은 이후로 새로운 전통을 세우기 위해 고심한 샴페인 업계의 노력에 페리뇽의 이미지가 부합하지 않았더라면 그로사르 역시 역사의 뒤안길로 묻혀 버렸을 인물이다. 19세기 후반으로 접어들면서 그로사르의 기록은 사실로 굳어졌고 페리뇽은 샴페인의 아버지로 이름을 떨쳤다. 이야기는 점점 더 윤색되어 페리뇽은 앞을 볼 수 없었지만 후각과 미각이 워낙 날카로워서 그의 와인 블렌딩 솜씨를 어느 누구도 따라올 수 없었다는 정도로까지 미화되었다.

샴페인 업계는 페리뇽의 이야기를 널리 퍼뜨리는 데 기민한 움직임을 보였다. 이 이야기가 샴페인은 증류주와 달리 오랜 역사가 있다는 이미지를 굳히기에 안성맞춤이었기 때문이다. 앞에서도 거론했다시피 페리뇽은 샴페인을 처음 맛본 순간 "별을 마시는 기분이다!"라고 감탄했다는데, 결혼식, 세례식, 취임식, 진수식 등 신성한 자리에 쓰이는 샴페인이니 만큼 수도사와의 관계를 강조해도 나쁠 것이 전혀 없었다. 이로부터 수십 년이 지난 1937년에 모에 에 샹동은 '동 페리뇽'이라는 프리미엄급 샴페인을 선보였다.

19세기 샴페인의 마지막 특징으로 지적할 수 있는 것은 여성들과의 연관성이다. 일반적으로 와인 소비층은 남성에 국한되어 왔고 특히 보르도와 부르고뉴의 레드 와인은 남성의 상징이었다. 귀족이 마시는 술이라는 이미지도 작위가 남성들에게 대물림된다는 점에서 다분히 남성적이었다. 하지만 샴페인은 남녀 모두를 타깃으로 삼았다. 수많은 라벨에 여성들이 등장했고 로랑 페리에가 전면에 내세운 주요 고객들 가운데는 더들리(Dudley) 백작 부인, 스탬퍼드(Stamford)와 워링턴(Warrington) 백작 부인, 아델리나 파티 니콜리니(Adelina Patti-Nicolini) 부인, 시빌 톨레마슈(Sybil Tollemache) 부인 등이 있었다. 남성 고객들에 비하면 소수였지만 그래도 이와 같은 여성들의 이름이 포스터의 한 구석을 차지했던 것이다.

샴페인 업계에서도 여성들의 활약은 두드러졌다. 그중에서도 가장 유명한 뵈브 클리코는 미망인이 된 뒤로 남편 대신 자신의 이름을 라벨에 넣었고 이 라벨은 지금까지도 계속 쓰이고 있다. 클리코는 찌꺼기를 모으는 동안 샴페인 병을 거꾸로 넣어 놓는 선반을 발명한 주인공이기도 하다. 뵈브 포므리(Pommery)는 이보다 덜 유명하지만 1858년 남편이 사망한 이후로 수출 시장을 개척하고 1874년 드라이 샴페인을 최초로 만든 인물이다. 하지만 그녀의 이름은 '루이즈 포므리'라는 특별한 블렌드에만 쓰일 뿐 라벨에 등장하지는 않는다.

샴페인은 중산층에서 귀족, 왕실에 이르기까지 남녀노소가 언제 어디에서나 즐길 수 있는 술이었고 19세기 와인 시장의 주역

이었다. 페리뇽 일화의 확산, 기타 여러 가지 전통의 창조, 특권
층 고객의 강조는 당시 사회 분위기에 역행하는 조치였지만 샴
페인 산업에는 어마어마하게 긍정적인 역할을 했다. 1800년에
존재했던 소수의 샴페인 회사는 실제로 소규모 특권층을 고객으
로 거느리고 있었다. 그러나 이들은 1880년대에 등장한 여러 샴
페인 회사와 함께 대중들 속으로 파고들면서 고급스러운 이미지
와 대중적인 이미지를 동시에 얻는 효과를 거둘 수 있었다.

　　19세기 들어 급부상한 산업 사회가 유럽 와인 시장에 영향을
미쳤다면 대서양 주변과 남반구의 와인 생산업자들은 각기 다른
문제점에 직면했다. 미국의 경우에는 와인의 숙성이나 홍보가
아니라 와인을 대규모로 생산하는 것이 급선무였다. 17세기와
18세기의 실패담은 어두운 그림자를 드리우기에 충분했지만 미
국인들은 여러 지방에서 다양한 품종을 대상으로 실험을 멈추지
않았다. 이와 같은 실험이 성공을 거둘 수 있었던 이유는 새로운
삶을 시작한 수많은 포도 재배업자들이 약속의 땅이라는 미국에
서 와인 생산이 불가능할 리가 없다는 생각으로 노력한 덕분이
었다.
　　정부는 가장 적합하지 않은 땅에서 가장 가망성 없는 농사를
시작하는 이들을 지원했다. 1815년 나폴레옹이 패배한 이후 아
메리카 대륙으로 망명한 수백 명의 전직 군 장교와 민간 관리들
의 경우 2년 뒤 프랑스 농업 · 제조업 협회를 결성하고 의회로부
터 지원받은 372제곱킬로미터의 앨라배마 땅에 포도나무와 올
리브를 심었다. 의회가 마음이 너그러웠던 건지 생각이 짧았던

건지 알 수는 없지만 프랑스에서 건너온 이들은 농사를 지어 본 경험이 전혀 없었고 국수주의적인 발상에서 미국의 재래 품종을 외면한 채 비니페라 품종을 고집했다. 어쨌거나 이들은 나폴레옹 제국민 특유의 저돌적인 자세를 무기로 10년 동안 포도와 올리브 농사를 지었지만 1828년에 포도밭은 황무지로 변했다.

미국에서 최초로 와인의 대량 생산에 성공한 주인공은 스위스 출신의 이주민, 뒤푸르(Dufour)였다. 동쪽 해안 지역에서 고전을 면치 못하는 포도밭을 보고 켄터키에서 포도 농사를 시작한 그는, 1799년에 공동 출자 회사인 켄터키 포도원 조합을 결성하고 '1차 포도밭'에 35개 품종의 포도나무 10,000그루를 심었다. 포도나무들은 처음에는 잘 자라는가 싶더니 3년째 되던 해부터 흑균병과 백분병을 비롯한 기타 병충해의 희생양이 되었다. 하지만 두 가지 품종—뒤푸르는 비니페라의 변종이라고 생각했지만 사실은 둘 다 토종의 변종이었다—만큼은 병충해를 이기고 살아남았다. 뒤푸르는 그 두 품종을 다시 심었지만 이번에도 실패하였다.

그는 토양에 문제가 있다는 결론을 내리고 인디애나의 브베이(스위스의 와인 생산지로 유명한 브베에서 따온 이름)에서 다시 농사를 시작했다. '2차 포도밭' 부터는 스위스에서 건너온 뒤푸르의 가족들이 참여했고 1808년, 드디어 800갤런의 와인이 생산되었다. 이곳의 와인 생산량은 꾸준히 증가했고 1820년에는 12,000갤런으로 정점을 이루었다. 와인의 품질과 경쟁 상대에 대해서는 의견이 엇갈렸다. 뒤푸르는 자신의 포도밭이 있는 오하이오 강 주변이 라인 강이나 론 강 유역 못지 않은 와인 생산지가 될 것이라고 호언장담했지만 정작 출시되었을 때는 "평범한 보르도 클라레보다 낫다."고 선전했다. 이와 같은 광고 문구에 이의를 제기하는 사람들도 있었지만 뒤푸르가 만든 와인은 상업적인 성공을 거두었다. 신시내티에서는 가격이 갤런당 2달러였고 양조장 근처에서는 반값이었다.

인디애나는 뉴하모니 주민들이 포도 농사를 시작한 곳이기도 했다. 뉴하모니는 독일에서 건너온 이주민들이 1800년대 초 워배시 강 근처에 건설한 이상향이었다. 리슬링, 실바너와 같은 독일 품종을 선택했다 실패한 뉴하모니 주민들은 변종을 재배한 결과 상업용 와인을 탄생시킬 수 있었다. 1824년 무렵 이 지역의 포도밭은 0.04제곱킬로미터에 달했고 여기서 생산되는 와인은 인근에서 인기를 누렸다. 하지만 묽고 맛이 이상하다는 게 외부인들의 평가였다.

이와 같은 성공 사례 덕분에 인디애나, 오하이오, 켄터키를 연결하는 지방은 미국 포도 재배 산업의 선두 주자로 떠올랐다. 1860년에 실시된 조사 결과에 따르면 미국 전역에서 생산되는 와인의 양은 160만 갤런이었다. 캘리포니아의 능력을 과소 평가한 수치일지는 모르겠지만 이 보고서는 전국 생산량의 3분의 1을 웃도는 568,000갤런이 오하이오에서, 180,000갤런이 켄터키와 인디애나에서 생산된다고 밝혔다. 나머지 절반은 와인 생산 실적이 미비한 지역의 몫이었다.

초기 포도 재배와 와인 생산이 실패한 이유는 토질 때문이 아니라 양조업자들이 똑같은 실수를 반복했기 때문이다. 이들은 비니페라 품종 재배에 실패한 뒤에야 변종이나 토종으로 눈을 돌렸다. 일부 개척자들은 2단계로 넘어가지도 않은 채 비니페라가 제대로 자라지 않으면 포도 농사를 포기했다. 당시 미국의 와인 소비층은 비니페라 이외의 품종으로 만든 와인을 상상할 수 없을 만큼 문화적인 열등감에 시달렸기 때문에 그것은 어떻게 보면 일리가 있는 판단이었다. 제퍼슨 대통령이 토종으로 시도해 보라는 지시를 내렸을 때 어느 양조업자는 미국에 그런 와인은 필요없다고 대답했다. 토종으로 만든 와인인 것이 밝혀지면 이전까지는 극찬을 늘어놓던 사람들도 당장에 태도를 바꿀 게 뻔하다는 것이었다.

이 양조업자의 이름은 애들럼(Adlum)으로, 토종으로도 좋은 와인을 만들 수 있다는 사실을 몸소 보여 준 인물이었다. 그가 선택한 품종은 카토바였고(토종과 비니페라의 변종으로 추정됨) 1809년 이 와인을 마신 제퍼슨은 샹베르탱과 견줄 만하다는 평가를 내렸다. 이후로 1816년에 애들럼은 컬럼비아 특별구의 조지타운에 포도나무를 심고 와인을 빚은 뒤 '토카이'라는 이름을 붙였다. 브랜디와 야생 포도즙을 섞은 '토카이'는 카토바 와인보다 못 하다는 평가를 받았다.

실질적으로 거둔 성과는 미미하지만 애들럼은 비니페라 이외의 품종으로 와인을 생산하는 전문가의 대열에 올랐다. 그는 1823년, 『미국 내 포도 재배 체험기와 최상의 와인 제조법(A Memoir on the Cultivation of the Vine in America, an the Best Mode of Making Wine)』을 출간했다. 비등점 가까운 온도에서 발효를 시작하라는 식의 쓸모없는 내용이 군데군데 보이기는 하지만 토종으로도 좋은 와인을 만들 수 있다는 주제 자체는 의미심장했다. 이 교훈을 깨닫지 않는 한 미국의 포도 재배업자들은 실패를 거듭할 수밖에 없었다.

남부의 몇몇 주도 19세기 중반까지 와인 생산에 노력을 기울였지만 와인 산업 발전에 기여한 부분은 미미했다. 1820년대에 사우스캐롤라이나와 조지아 의회는 내리막길로 접어든 농업 부흥책의 일환으로 포도 농사 지원을 결정했다. 하지만 북부나 연방정부와는 달리 규제 조항이 많았다.

19세기 초반의 와인 생산 인구는 그다지 많지 않았다. 1825년 조사 결과에 따르면 미국 전역의 포도원은 60군데였고 포도 재배 면적은 2.4제곱킬로미터였다. 그런데 5년 뒤의 조사 결과로는 200군데, 20제곱킬로미터였다. 5년 사이에 일어난 변화라고는 믿어지지 않지만 시간이 흐를수록 실패보다 성공을 거두는 포도밭의 숫자가 많아진 당시의 전반적인 분위기를 그대로 반영하는 수치였다. 이 시기에는 포도밭의 규모도 커져서 1825년에는 평균 면적 0.04제곱킬로미터이던 것이 1830년에는 0.1제곱킬로미터로 늘어났다. 면적이 넓어지면 규모의 경제가 이루어지고 경쟁력을 갖춘 양조장이 탄생할 가능성도 높아지는 법이었다.

초기 양조업자로 꼽히는 롱워스(Longworth)는 1840년대 초반부터 신시내티 인근의 오하이오 강에서 카토바 와인을 만들었다. 화이트 와인도 인기 있었지만 정작 그를 유명인으로 만든 것은 발포성 와인이었다. 페리뇽처럼 우연히 발포성 와인을 발견한 롱워스는 몇 년 동안 실험을 거친 끝에 새로운 방식으로—얼마 안 있어 '전통적인' 방식이 되었지만—상당량의 발포성 와인을 생산하는 데 성공했다. 그러나 롱워스도 샹파뉴의 양조업자들과 비숫한 어려움을 겪었다. 2차 발효 도중에 폭발하는 병이 한 해 42,000개에서 50,000개에 달했던 것이다. 이때 엎질러진 와인은 증류하여 브랜디로 만들었다.

얼마 후 이 문제는 해결되었고 롱워스의 발포성 와인 카토바 는, 프랑스에서 수입되는 샴페인과 미국 시장을 놓고 경쟁했다. 신시내티 어느 호텔의 와인 가격표를 보면 롱워스의 와인은 에 드식과 똑같이 한 병에 2달러였고 뮴은 이보다 조금 비싼 2달러 50센트였다. 화이트 와인 가격표를 보면 카토바 화이트 와인은 병당 1달러 50센트, 루데샤이머는 3달러였다. 참고로 이 호텔에 서 판매하는 샤토 라피트는 한 병에 3달러였다.

신시내티의 와인 소비층은 롱워스와 기타 양조업자의 제품을 환영했고 이런 현상은 다른 지방에서도 마찬가지였다. 1851년에 열린 런던 대박람회에 출품된 샘플은 규정상 전시가 되지는 않 았지만 카탈로그에 다음과 같이 긍정적으로 소개되었다.

사람도 그렇듯이……금세 진가를 발휘하는 와인이 있는가 하면 시간이 지나야 진가를 발휘하는 와인도 있다.

3년 뒤 홈 그라운드에서 열린 뉴욕 박람회에서 롱워스의 발포 성 와인 이사벨라는 쏟아지는 찬사를 받으며 최우수 미국 와인 상을 수상했다.

롱워스를 비롯한 여러 양조업자들 덕분에 신시내티 주변 지역 은 1850년대 미국 와인 산업의 중심지가 되었고 1860년에는 미 국 내 와인 생산의 3분의 1을 오하이오가 담당했다. 하지만 이때부터 흑균병과 백분병과 같은 병충해가 기승을 부리기 시작했다. 농민들로서는 병충해의 원인을 알 수 없었기 때문에 예방하거나 치료할 방법이 없었다. 몇 년 뒤 시작된 남북전쟁으로 사회적·정치적 혼란이 야기되면서 양조업자들의 어려움은 가중되었고 이제 막 싹을 틔운 와인 산업에는 제동이 걸렸다.

하지만 남북전쟁이 미국 전역의 와인 산업에 악영향을 미친 것은 아니었고 뉴욕 주 인근의 양조장은 1860년대에 번영을 누렸다. 핑거 레이크스 지역 최초의 포도원을 기반으로 1860년에 문을 연 플래즌트 밸리 와인 상사는 1864년 무렵 30,000갤런의 발포성 와인을 생산하였다. 와인 생산지는 롱아일랜드, 허드슨 강변, 이리 호 남쪽으로까지 확산되었다.

뉴욕 주 북부의 캐나다 식민지 일부에서도 소량이나마 와인 생산을 시작했다. 이 지역에서 생산된 최초의 와인은 1811년, 토론토 인근에서 탄생했고 산파 역할을 한 사람은 퇴역한 독일 군인 실러(Schiller)였다. 실러는 펜실베이니아에서 가져온 포도나무를 심고 이웃 사람들과 나누어 마실 만큼만 와인을 만들었다. 하지만 1860년대에 그의 포도밭은, 클레어 하우스라는 회사를 설립하고 와인을 판매하던 쿠르트네(Courtenay) 백작에게 넘어갔다. 쿠르트네 백작은 일찍이 퀘벡에서 와인 사업을 시작했지만 별다른 성과를 거두지 못하고 온타리오로 근거지를 옮긴 인물이었다. 클레어 하우스는 캐나다 북부에서 성공을 거두었고—어쩌면 온타리오 소비자들의 입맛이 덜 까다로웠던 덕분인지도 모르겠다—1867년 파리 박람회에 때 샘플을 전시하기도 했다. 토론토의 한 일간지는 보졸레와 비슷하다는 프랑스 쪽의 반응을 소개하며 보졸레가 "프랑스에서는 가장 좋은 와인"이라는 잘못된 정보를 실었는데, 이는 와인에 대한 정보가 부족한 독자들을 우롱한 처사일 수도 있겠다.

그 후 온타리오 와인 생산지로 지정된 이리 호의 필리 섬에 수많은 포도밭이 일구어졌다. 이 가운데 한 포도밭의 경우 1860년대에는 카토바 품종을 재배해서 오하이오 양조장에 납품했지만 1893년부터는 캐나다 와인 상사인 브라이츠에 납품할 스위트 와인용 품종도 함께 재배하기 시작했다. 1866년에 켄터키의 투자가 세 사람이 뱅 빌라라는 상사를 설립하고 필리 섬 최초의 상업용 양조장을 건설한 뒤로 수많은 양조장이 뒤를 이어 등장했다. 나이애가라 반도 인근의 와인 생산지는 1900년 무렵 포도 재배 면적이 20제곱킬로미터에 달했지만 성장 속도가 더디었다. 이곳에서 재배되는 품종은 대부분 콩코드였고 생식용으로 쓰이다 나중에는 주스와 젤리로 만들어졌다. 1868년에는 콩코드와 다른 품종의 교배로 나이애가라 품종이 탄생했고 나이애가라 품종은 1880년대에 온타리오 전역으로 퍼져 화이트 와인을 만드는 데 쓰였다.

1890년 무렵 온타리오에는 35개의 양조장이, 퀘벡과 브리티시 컬럼비아 주를 비롯한 기타 지역에는 6개의 양조장이 있었다. 서부 지방 가운데 브리티시 컬럼비아의 오커노건 강변 지역은 재속수사(在俗修士, 로마 가톨릭 교회 평신도로서 수도회나 종교기관에 소속되어 그 규정에 따라 살아가는 사람)들이 포도 재배를 하는 곳이었다. 캐나다의 와인 산업은 19세기 말로 접어들면서 걸음마를 시작했지만 미국 동부와 마찬가지로 변종만으로는 고급 와인을 생산할 수 없다는 한계에 봉착했다.

온타리오이건 미국 남부이건 북아메리카 대륙은 포도 농사에 관한 한 열광적이고 낙관적이었다. 1850년대 말 미국 남부 지방에 포도 재배 열풍이 불었다고 해도 과언이 아닐 정도였다. 이 시기에 결성된 남부 포도 재배업자 협의회는 평범한 사안을 놓고도 미국 전역을 대상으로 회의를 소집했다. 북부에서는 무시당하는 형편이었지만(당시는 남북전쟁이 시작되기 직전이었음) 이들은 품종의 명확한 분류와 새로운 라벨 체계 등 미국 와인 산업의 주요 현안을 놓고 토론을 벌였다. 당시 미국 와인은 라벨에 품종을 표기하는 것이 일반적인 관행이었지만 남부 포도 재배업자 협의회는 주, 지역, 생산자 이름을 차례대로 표기하자고 제안했다. 그러나 이들의 낙관주의와 거국적인 비전은 남부 와인 산업의 쇠퇴와 함께 빛이 바랬다. 남북전쟁 이후 와인 생산이 내리막길로 접어든 대표적인 남부 지방으로는 조지아 주를 들 수 있다.

한편 서부의 와인 산업은 동부와 다른 양상으로 전개되었다. 영국, 프랑스, 스위스, 독일, 네덜란드에서 건너온 이주민들이 비니페라를 놓고 고심한 동부와 달리 에스파냐 출신의 예수회 수도사들은 '미션'으로 알려진 비니페라 변종으로 상당한 양의 와인을 생산하는 데 성공했다. 에스파냐의 세력이 약화되면서 멕시코는 1821년에 독립을 쟁취했고 오늘날 뉴멕시코, 텍사스, 캘리포니아에 해당되는 멕시코 북부 지방은 미국에 합병되면서 미국에서 가장 오랜 역사를 자랑하는 와인 생산지로 탈바꿈했다.

에스파냐의 지배를 받던 뉴멕시코는 포도 재배 산업의 전망이 밝은 지역이었다. 엘패소 와인('패스 와인'이라고 불렸음)은 평판이 좋았고 1848년 아메리카 합중국의 일원이 된 이후로도 와인은 이 지역 경제 발전의 원동력으로 꼽혔다. 에스파냐의 지배를 받을 당시 포도 농사는 이 지역의 유일한 수입원이었고 엘패소 와인의 명성은 인근에 자자했다. 1846년에 이 지역을 탐사했던 어느 병사는 "풍부한 향과 산뜻한 맛이 미국의 어떤 와인보다 뛰어나며 라인 강변이나 프랑스의 양지 바른 언덕에서 생산되는 최고급 와인도 이보다 못할 것 같다."고 묘사했다. 군 감독관은 "최고급 부르고뉴 와인에 비교할 만하다."고 했다. 그러나 이 지역의 와인 산업을 육성해야 한다는 주장에 워싱턴 정부는 아무런 반응을 보이지 않았고 텍사스와 뉴멕시코의 포도 농사는 사양길을 걷다 20세기 말에 이르러서야 되살아났다.

캘리포니아의 와인 생산은 선교원을 중심으로 이루어졌고 종교 의식에 쓰고 남은 와인은 인근 시장에서 판매되거나 남아메리카 대륙으로 수출되었다. 실제 생산량을 정확하게 알 수는 없지만 로스앤젤레스 인근의 산 가브리엘 선교원은 1820년대 무렵 0.7제곱킬로미터의 포도밭에서 한 해 35,000갤런의 와인을 생산했다고 한다. 대부분은 증류를 거쳐 브랜디로 바뀌었지만 산 가브리엘 선교원은 2종류의 레드 와인(드라이 와인과 스위트 와인), 2종류의 화이트 와인, 한 종류의 주정 강화 와인을 만들었고, 발효가 거의 되지 않은 포도즙에 브랜디를 넣어 맛이 미스텔과 비슷한 '안젤리카(인근 마을의 이름을 딴 술)'도 만들었다.

이 시기에 캘리포니아 남부, 특히 로스앤젤레스를 중심으로 성장하던 와인 산업은 1833년, 선교원 소유의 포도원을 민영화하겠다는 멕시코 정부의 발표로 일대 위기를 맞이했다. 이에 대해 예수회 수도사들은 초토화 전술로 맞섰다. 초토화 전술에서 살아남은 포도밭도 상당 기간 동안 방치되었기 때문에 선교원 중심의 와인 산업은 19세기 중반 무렵 자취를 감추었다. 하지만 선교원 소유의 포도밭이 황무지로 변하기 이전부터 양조업을 시작한 사람들 덕분에 와인 생산은 계속 이어졌다. 몇몇 사업가들이 로스앤젤레스(당시만 해도 작은 마을에 불과했음)를 중심으로 포도원을 건설했고 선교원 중심의 와인 산업이 내리막길을 걷기 시작하던 1830년대 무렵, 이들이 관리하는 포도밭의 면적은 0.2-0.4제곱킬로미터 정도였다. 최초의 상업용 양조장을 설립한 사람은 프랑스에서 건너온 비녜(Vignes)였다. 보르도 토박이로서 통 제조업자 집안 출신인 비녜는, 와인 제조의 기본을 정확히 알고 있었고, 1840년에는 0.14제곱킬로미터의 포도밭에서 생산한 와인과 브랜디를 샌타바버라와 샌프란시스코에서 판매하는 성과를 거두었다. 비녜는 여러 가지 유럽 품종으로 실험을 하기도 했지만 주로 재배한 품종은 미션이었다.

비녜의 뒤를 이어 여러 와인 생산업자가 등장했고 1850년 경에는 로스앤젤레스를 중심으로 와인 산업 지대가 형성되었다. 로스앤젤레스의 인구는 여전히 2,000명에 못 미쳤지만 백여 개의 포도밭에서 다른 지방으로 와인을 수출하는 실정이었다. 이 중에서 켈러(Keller)는 미국 와인업계 최초로 백만장자가 되었다. 여기에는 다소 과장이 섞여 있다 하더라도 캘리포니아 와인의 가능성을 보여 주는 것이었다. 하지만 캘리포니아 와인은 과잉 생산과 품질 미달이라는 문제점을 안고 있었다. 즉 와인의 생산량이나 품질을 규제하는 제도가 전혀 없었던 것이다. 1878년에 양조 담당자에게 특정 셰리주를 어떻게 만드느냐고 물었던 켈러는 다음과 같은 대답을 들었다.

화이트 와인, 증류주, 포도 시럽, 히코리 열매 달인 물, 콰시아, 호도 달인 물, 씁쓸한 알로에가 그 셰리주의 재료인데 섞는 비율은 저도 잘 모르겠습니다. 맛이 괜찮으면 참고하려고 카드에 적어 놓았는데 맛이 별로 없다는 사장님의 편지를 받고 카드를 찢어 버렸습니다.

이런 방식으로는 고급 와인을 생산하거나 장기적인 성공을 기대할 수 없는 실정이었다.

1850년대에 설립된 회사들은 직접 와인을 생산하는 정도에 그치는 것이 아니라 다른 포도밭에서 만든 와인을 사들여 캘리포니아 와인을 널리 퍼뜨리는 역할까지 담당했다. 이 중에서 대표격인 생스뱅 브러더스는 비녜의 조카들이 삼촌의 사업체를 사들여 설립한 회사였다. 이들은 사업을 확장할 생각에 발포성 와인 제조까지 시작했지만 결국에는 이것이 악수가 되어 사양길로 접어들었다. 반면에 독일 출신인 두 사람이 세운 콜러 & 프롤링 사는 번영을 누렸다. 이들은 계약을 맺고 다른 포도밭의 수확물로 와인을 생산하는 한편 품질 관리를 위해 수확과 압착에까지 관여했다. 콜러(Kohler)와 프롤링(Frohling)이 새로운 품종을 도입한 이후로 캘리포니아의 남부 지역에서는 품질이 입증된 미션 품종 외의 다른 품종도 재배되기 시작했다.

콜러 & 프롤링의 주요 업적은 캘리포니아 와인을 캘리포니아

이외 지역으로 판매한 데 있다. 콜러 & 프롤링의 주요 판매지는 샌프란시스코였지만(1861년의 경우에는 로스앤젤레스에서 생산된 와인 13만 갤런이 샌프란시스코로 향했음) 이들은 보스턴과 뉴욕에도 대리점을 두고 있었고 1860년에는 7만 달러 상당의 와인을 외지에서 판매했다. 캘리포니아 와인은 동부에서 좋은 반응을 얻었고 1860년대 말에는 캘리포니아에서 생산된 안젤리카, 포트 와인, 화이트 와인의 4분의 3에 해당되는 75만 갤런이 동부로 흘러 들어갔다. 이와 같은 인기를 보고 당황한 오하이오와 뉴욕의 양조업자들은 캘리포니아의 와인 제조업자들이 와인에 불순물을 섞고 가짜 라벨을 붙이며 심지어는 미국 동부산 와인을 캘리포니아산이라고 속여 판다고 비난을 퍼부었다.

캘리포니아 남부의 와인 붐은 북쪽으로까지 이어졌고 1850년대에는 소노마와 내퍼 밸리를 중심으로 포도 재배가 널리 확산되었다. 1848년에는 14,000명이었던 외지인 인구가 금광이 발견된 이후인 1852년에는 224,000명으로 증가한 것도 포도 재배 산업을 발전시키는 원동력이 되었다. 금광이 없는 것으로 판명이 된 땅은 포도밭으로 바뀌었기 때문에 골드 러시의 뒤를 이어 그레이프 러시가 일어났다. 이때 포도 산업에 뛰어든 사람들 가운데 골드 러시의 도화선 역할을 한 스위스 출신의 서터(Sutter)도 있었다. 1855년에는 3만 개이던 포도밭이 1856년에는 15만 개, 1857년에는 50만 개로 늘어난 샌타바버라를 보면 이 당시 포도 재배 열풍이 어느 정도였는지 알 수 있다.

새로운 포도밭의 주인들은 대부분 와인 제조 경험이 전혀 없었고 금광을 찾아 달려들었을 때와 마찬가지로 포도 재배에서도 성공할 가능성이 거의 없어 보였다. 그런데 이들이 실패를 면한 것은 시찰단을 파견한 캘리포니아 농업 조합 덕분이었다. 로스앤젤레스 인근에서는 볼 수 없는 다양한 유럽 품종들이 순식간에 샌프란시스코 북쪽의 강변을 뒤덮었고 상당한 수준의 와인들이 쏟아져 나왔다. 내퍼 밸리에 자리잡은 톰슨(Thompson) 형제의 포도밭을 예로 들면 1850년대 말 당시 45종에 달하는 포도나무가 자라고 있었다. 캘리포니아 북부의 포도 재배 산업은 10년 만에 남부를 추월했다. 토양과 기후 조건이 뛰어난 데다 샌프란시스코 시장과 가까워서였다. 운송료 때문에 가격이 비싼 캘리포니아 남부의 와인은 샌프란시스코에서 설 땅을 잃었다.

하지만 이 당시 캘리포니아 북부 지역에서 생산된 와인의 품질이 뛰어났던 것은 아니다. 캘리포니아 북부 지역에서 생산된 와인에 대한 평가는 여러 가지로 엇갈렸고 칭찬하는 쪽에서도 개선의 여지가 있다는 점은 인정했다. 캘리포니아 주지사는 1861년에 3명으로 구성된 위원회를 결성하고 와인의 품질 개선 방법을 연구하는 임무를 맡겼다. 이 위원회의 일원이었던 헝가리 출신의 하라스티(Haraszthy)는 캘리포니아 와인 산업의 대부로 불린다. 하라스티는 위스콘신과 캘리포니아의 여러 지역에서 포도 재배를 하다 소노마에 정착한 사업가였다. 그는 1857년을 기준으로 부에나 비스타 포도밭에서 14,000그루, 묘목장에서 12,000그루의 포도나무를 관리하고 있었고 그가 만든 와인은 주 경연대회에서 여러 차례 입상한 경력이 있었다. 이 정도만 해도 상당한 업적이기는 하지만 그가 캘리포니아의 상징으로 자리 잡은 진판델 포도나무를 처음으로 들여 온 인물이라는 주장은 사실이 아니다.

19세기가 저물어 가는 시점에서 캘리포니아의 와인 생산량은 해마다 늘어났고 북부는 남부를 완전히 따돌렸다. 유럽에서 포도뿌리혹벌레가 기승을 부리고 있다는 소문을 듣고 와인 수출이 활발해질 것이라고 예상한 투자가들이 포도 재배로 몰리면서 로스앤젤레스 인근이 잠깐 인기를 모은 시기도 있었다. 하지만 남캘리포니아에도 병충해가 찾아오면서 수많은 포도밭이 폐허로 변했다(그중 일부는 이미 재정적인 문제를 겪고 있었음). 남캘리포니아의 농부들은 와인용 포도가 아니라 건포도용 포도 재배로 전환했다. 남부의 와인 산업은 완전히 소멸하지는 않았지만 북부의 그늘에 가려 빛을 잃었다.

20세기가 시작될 무렵 캘리포니아의 와인 산업은 완전히 자리를 잡았지만 영세 양조업자들이 여전히 주류를 이루고 있었다. 대규모로 운영을 시도한 사업가들도 몇 명 있었지만 대부분 고배를 마시고 물러났다. 1880년대에는 전직 주지사이자 스탠퍼드 대학교의 창립자인 스탠퍼드(Stanford)가 새크라멘토 강가의 비나 농장에 수천 평에 달하는 포도밭을 만들었다. 그는 관개 시설을 만들고 프랑스에서 양조업자를 초빙하고 압착 시설과 보관 시설을 건설했지만 그 결과는 참패였다. 비나 와인을 생산하여 대부분을 브랜디로 만들고 코냑만큼이나 훌륭하다는 평가를 받았지만 스탠퍼드의 기준에서 보자면 실망스러웠던 것이다. 캘리포니아의 와인 산업은 750개의 포도밭에서 거둔 수확물로 100-200명의 양조업자들이 와인을 생산하는 소규모 체제를 계속 유지했다.

품종도 19세기 내내 별다른 변화가 없었다. 레드 와인용 품종은 미션이었고—고급 레드 와인에는 진판델이 쓰이는 경우가 점점 많아지기는 했다—화이트 와인용 품종은 샤슬라였다. 하지만 다른 품종들이 서서히 두각을 나타내기 시작했고 품종 식별과 분류 작업이 활발하게 이루어졌다. 리슬링으로 분류된 품종은 변종이었을 가능성이 높은데도 1893년 시카고에서 열린 콜럼버스 박람회 때 전시된 캘리포니아 와인에는 리슬링, 카베르네, 세미용, 바르베라, 말벡 등의 꼬리표가 달려 있었다. 1800년대 초반을 장악했던 스위트 와인은 19세기 말에서 20세기 초로 접어들면서 드라이 와인에 주도권을 빼앗겼지만 1910년까지 전체 생산량의 40퍼센트를 차지하는 마지막 투혼을 발휘했다.

캘리포니아의 와인 생산은 세기의 변화와 더불어 폭등세를 보였다. 생산량은 매년 달라지기 마련이지만 1880년에는 1,000만 갤런, 1886년에는 1,800만 갤런, 1902년에는 4,400만 갤런, 1905년에는 3,100만 갤런, 1910년에는 4,500만 갤런을 기록했으니 전반적인 상승 곡선은 누가 보아도 확연했다. 생산된 와인의 대부분은 캘리포니아 내에서 자체적으로 소비되었다. 미국 동부와 남아메리카, 태평양, 영국으로 수출 시장이 열려 있기는 했지만 외부로 반출되는 양은 1900년을 기준으로 5퍼센트 정도에 불과했다. 수출이 지장을 받은 이유는 운송료 부담과 변질 가능성 때문이다. 게다가 미국 동부의 와인 소비층은 유럽 와인을 캘리포니아산 와인과 거의 비슷한 가격에 구입할 수 있었고 캘리포니아는 고급 와인 시장을 형성하는 데 실패한 상황이었다.

와인의 생산과 홍보를 위해 1894년에 설립된 캘리포니아 와인

공사는 캘바 라벨의 와인 판매를 시작했고 1906년에 샌프란시스코 지진으로 건물과 1,000만 갤런의 와인을 잃어버렸지만 어느 정도 성공을 거두었다. 캘리포니아 와인 공사에서 판매한 와인은 다양한 주정 강화 와인과 레드 와인과 발포성 와인을 비롯한 테이블 와인이었다. 런던의 독점 총판 역할을 했던 해로즈는 캘바 진판델을 "건강과 혈액 생성에 가장 좋은 와인"이라고 선전했는데 이 문구는 당시 사람들에게 매우 섬뜩하게 들렸을 것이다.

건강에 좋은 와인을 만들고 있었는지는 몰라도 당시 캘리포니아의 와인 산업은 달라진 미국의 분위기를 온몸으로 실감하는 중이었다. 1880년에는 한 해 1갤런을 약간 웃돌았던 1인당 와인 소비량이 1900년에는 3분의 1갤런으로 뚝 떨어졌다. 건강에 좋다는 평가를 받던 와인이 이제는 질병의 원인으로 지목되었다. 1897년에 작성된 어느 신문기사에는 '생활의 유명한 착각들'이 열거되었다. 기사에 따르면 미국인들은 "식욕을 돋운다는 명목으로 식전에 고급 와인을 한 병씩 마시는데……(이 때문에) 소화 기관에 부담이 될 만큼 음식을 많이 먹게 된다."고 꼬집었다. 이 기사는 와인이 건강에 좋은 음료라는 주장에 반기를 든 의학계와 일반인들의 변화를 단적으로 보여 주는 증거였다. 이보다 더한 치명타는 금주 운동이었다. 와인에 대해서만큼은 너그러웠던 기존의 입장과는 달리 금주 운동가들은 와인도 다른 술 못지않게 규탄했다. 금주법을 시행하는 주가 하나씩 늘어나더니 1920년에는 미국 전역에서 금주법이 시행되었다.

금주법으로 인해 달라진 분위기는 포도 주스의 개발과 인기로 이어졌다. 포도 주스의 선구자 웰치(Welch) 박사는 발효를 주제로 한 연구 결과를 검토하던 도중 신선한 포도즙을 섭씨 60도로 끓이면 야생 이스트가 죽어 발효가 시작되지 않는다는 사실을 발견했다. 포도 주스는 와인 대신 마실 수 있는 안전한 음료로 선전됐고 설상가상으로 미국에서는 '웰치 박사의 무발효 와인'이라는 라벨을 달고 부르고뉴 와인 병에 담겨 판매되었다. 포트 와인 소비자 공략에 나선 영국에서는 라벨에 '무발효 포트 와인'이라고 썼다. 포도 주스는 미국에서 1907년부터 매해 100만 갤런의 판매고를 올렸다.

와인 개발을 위해 시행된 연구 결과가 와인의 입지를 무너뜨리는 데 쓰이다니 아이러니컬하지만 희비가 엇갈린 포도 주스와 와인을 통해 미국 와인 산업은 근본적인 한계를 드러냈다. 미국의 와인 및 술 산업은 금주 운동이라는 대세를 막지 못했고 미국에서는 결국 상업용 와인 제조, 양조, 증류가 법으로 금지되기에 이르렀다.

한편 신대륙 남쪽에서 와인을 제조하는 사람들의 고민은 대규모 시장과 너무 멀리 떨어져 있다는 점이었다. 19세기 초반 들어 에스파냐와 포르투갈의 영향력이 줄어들면서 두 나라의 비호를 받던 라틴 아메리카의 와인 산업은 새로운 국면을 맞이하게 되었다. 거리상 에스파냐 와인의 반입이 어려웠기 때문에 제한 없이 포도 재배가 이루어지던 페루와 칠레는 별다른 변화를 겪지 않았다. 하지만 에스파냐 와인을 보호하는 차원에서 규제가 실시되던 멕시코는 사정이 달랐다. 포도나무를 새로 심지 말라거나 기존의 포도나무를 없애라는 지시가 마드리드에서 날아 오더라도 지켜지지는 않았지만 이와 같은 간섭은 멕시코 와인 산업의 발전을 가로막는 역할을 했다.

식민지 시대 브라질에서 와인이 전혀 생산되지 않은 것도 이와 비슷한 이유에서였다. 브라질은 기후 조건상 몇몇 지방을 제외하고는 포도 재배가 불가능한 면도 있었지만 누군가 포도 농사를 시작했다 하더라도 수출 시장을 확보하려는 포르투갈 식민지 정부에 제지당했을 것이다. 18세기 말로 접어들면서 식민지 정부의 조치는 더욱 강화되었고 포르투갈 와인은 브라질 시장을 독점했다. 리우데자네이루의 부유층을 사로잡은 와인은 도루산 2등급 와인이었다. 이와 같은 정책으로 인해 브라질 내에서 판매되는 와인의 가격은 포르투갈 국내 가격의 5배에 달했고 와인의 가격을 둘러싼 지방 정부와 리스본의 갈등은 브라질의 독립으로 이어졌다.

1800년대 라틴 아메리카 최대의 와인 생산지로 꼽혔던 칠레와 페루에서는 에스파냐가 아메리카 대륙 서안을 따라 마구잡이로 심어 놓은 미션 품종이 주류를 이루었다. 양국에서 생산되는 와인(대부분은 브랜디였음)은 맛이 괜찮다는 것이 중론이었기 때문에 양조업자들은 품종이나 제조 방식을 바꿀 필요가 없었다. 그러나 1851년 에라수라스(Errazuriz)라는 칠레의 지주가 산티아고 남쪽 포도밭에서 다양한 프랑스 품종을 재배하기 시작하면서 변화의 조짐이 보였다. 그가 심었던 메를로, 카베르네 소비뇽, 말벡, 소비뇽 블랑, 리슬링 등은 칠레 근대 와인 산업의 기틀이 되었다.

안데스 산맥 반대편의 아르헨티나에서는 미션 품종이 주류를 이루었고 양조업은 규모가 작은 산업이었다. 그러다 19세기 중반 무렵 이탈리아에서 건너온 이주민들이 유럽의 변종을 소개했고 멘도사 지역의 포도밭은 1800년대 후반부터 유럽 포도나무로 대체되었다. 하지만 1880년대에 등장한 철도 덕분에 멘도사 지역이 시장과 연결되기 이전까지 아르헨티나의 포도 재배 산업은 간신히 명맥을 유지하는 수준이었다.

라틴 아메리카의 포도밭은 19세기 내내 꾸준하게 늘어났지만 아무런 주목을 받지 못했다. 장거리 운송의 어려움 때문에 주요 와인 시장에 별다른 영향을 미치지 못했던 것이다. 하지만 레딩은 저서에서 다른 사람의 평가를 인용하며 라틴 아메리카의 와인을 칭찬했다. 그의 말에 따르면 아르헨티나산 와인은 포도 재배에 정성을 기울인 표가 나고 멘도사에서는 "아주 훌륭한 2등급 와인"이 생산된다고 했다. 그는 칠레와 페루산 와인도 높이 평가하면서 "칠레산 와인의 맛이 가장 좋고 머스카딘 품종으로 빚은 와인의 맛도 비교적 좋다."고 했다. 하지만 또 다른 책에서는 라틴 아메리카의 와인을 모조리 2류로 치부하며 질이 떨어지고(볼리비아) 무난하며(브라질, 파라과이) 평범하다(부에노스아이레스, 칠레, 쿠바, 우루과이)고 평가했다. 이에 비해 페루의 와인은 마실 만하다는 평가를 받았다.

태평양 건너 오스트레일리아에서는 18세기 말까지 포도 재배에 별다른 진척이 없었다. 하지만 19세기로 접어들자마자 세계에서 가장 유명한 와인 생산지로 발돋움할 기틀이 마련되었다. 처음에는 수많은 다른 나라들과 마찬가지로 상황이 암울했다.

포도 농사는 간신히 명맥을 유지하는 수준이었고 얼마 안 되는 수확물로 빚은 와인은 맛이 형편없었다. 그러다 1801년에 프랑스인 포로 두 명에게 시드니 인근에 자리잡은 패러매타의 포도밭을 관리하는 임무가 맡겨졌다. 두 사람은 12,000그루의 포도나무를 심었고 1803년에 첫 와인을 만들었다. 하지만 와인의 맛을 본 식민지 총독은 두 사람이 포도 재배나 와인 제조에 대하여 아는 것이 전혀 없다는 결론을 내렸다. 두 사람이 양조업자 출신이라고 거짓말을 한 것인지, 식민지 정부가 프랑스 출신이라는 말만 듣고 덥석 포도밭을 맡긴 것인지, 원래는 실력 있는 양조업자였지만 척박한 환경 때문에 수준 이하의 와인밖에 못 만들었던 것인지는 아무도 알 수 없다.

이러한 상황에서 1803년에 시드니의 어느 일간지는 오스트레일리아에서는 처음으로 포도 재배 산업에 대해 다루는 기사를 실었다. 포도 재배와 와인 제조의 노하우를 알린다는 것이 기획 의도였지만 이 기사는 유럽에서 나온 글을 옮긴 것에 불과했다. 번역을 한 사람이나 편집과 조판을 담당한 사람이나 포도 농사에 대한 지식이 없기는 마찬가지였는지 남반구와 북반구의 계절이 다르다는 것도 잊은 채 1월과 2월에 가지치기를 하라는 식이었다. 1, 2월이면 유럽에서는 한겨울이지만 오스트레일리아에서는 한여름에 해당된다.

오스트레일리아에서 상업용 와인 생산에 최초로 성공한 사람은 1816년, 피노 누아르와 피노 뫼니에 품종으로 와인을 빚은 블랙스랜드(Gregory Blaxland)였다. 미국 포도 재배를 후원했던 런던의 왕립 예술 협회는 뉴사우스웨일스에서 재배한 포도로 최소 20갤런 이상의 와인을 생산한 양조업자들 가운데 우열을 가려서 메달을 수여하는 대회를 열었다. 블랙스랜드는 1822년에 출품한 와인으로 동메달을 받았지만 그다지 좋은 평가는 받지 못했다. 하지만 6년 뒤에 출품한 와인은 단연 독보적이라는 평가와 함께 금메달을 그에게 안겨 주었다.

오스트레일리아의 와인 산업은 1820년대 버즈비(Busby)의 등장과 함께 일대 부흥기를 맞이했다. 버즈비는 프랑스의 포도원을 시찰하고 오스트레일리아로 건너가서 뉴사우스웨일스에 포도밭을 일군 와인 애호가였다. 그가 실제로 와인을 생산했는지 여부는 알 수 없지만(확실한 증거가 남아 있지 않음) 그 당시 오스트레일리아에서 버즈비만큼 포도 재배 홍보에 열을 올린 사람은 없었다. 1831년에 다시 유럽으로 돌아간 버즈비는 에스파냐와 프랑스의 와인 생산지를 돌며 포도나무와 와인 제조에 대한 정보를 수집했고 362가지 품종을 오스트레일리아로 가지고 가서 시드니의 식물원에 심었다. 그리고 1833년에 발표한 『프랑스와 에스파냐의 포도밭 여행기(*Journal of a Tour through Some of the Vineyards of France and Spain*)』를 통해 그 동안 쌓은 지식을 널리 전파했다.

버즈비는 영국으로 향하는 길에 오스트레일리아에서 생산된 와인 10갤런을 절반은 통에, 절반은 병에 담아서 들고 갔다. 목적지에 도착했을 무렵 병에 담았던 와인은 시큼하게 변해 있었지만(병을 잘 씻지 않았기 때문일 것임) 통에 담았던 와인은 무사했다. 버즈비는 그중 일부를 유명한 오포르투 와인 매매업자가 주최하는 만찬에 내 놓았고 부르고뉴 와인과 비슷하다는 평가를 받았다. 게다가 남아서 오스트레일리아로 다시 가지고 돌아간 와인도 "조금도 변질되지 않고⋯⋯진한 향과 맛을 자랑했다." 유럽 시장으로의 수출을 꿈꾸던 오스트레일리아 와인 생산업자가 들으면 기뻐할 만한 소식이었다.

버즈비가 다진 기반 덕분에 뉴사우스웨일스에서는 1830년대 들어 시드니와 북쪽 헌터 밸리를 중심으로 포도밭이 등장하기 시작했다. 이 당시 선구자 격에 해당됐던 사람들의 이름은 라벨을 통해 오늘날까지 전해 내려온다. 1836년에는 윈덤(Wyndham)이 7,000리터의 와인을 생산했고 1840년대에는 린더맨(Lindeman) 박사가 포도 농사에 뛰어들었다. 포도는 뉴사우스웨일스의 2차 농산물로 순식간에 자리를 잡았다. 1850년 무렵 포도밭의 면적은 4제곱킬로미터를 웃돌았고 그중 절반이 헌터 밸리 인근에 있었다. 그렇지만 와인 산업은 근근이 유지되는 수준이었다. 와인은 다른 술에 비해 값이 비쌌고 식민지의 주민 구성상 와인과 연관이 있는 계층은 거의 없었다. 와인보다는 럼주, 진, 브랜디, 맥주의 인기가 훨씬 높았다.

오스트레일리아의 다른 지역에 건설된 식민지에도 포도밭이 등장했다. 태즈메이니아 섬을 드문드문 차지한 포도밭은 19세기 내내 내리막길을 걷다 20세기 후반에 들어서 르네상스를 맞이했다. 빅토리아 주의 경우에는 좀더 광범위하게 포도 농사가 지어졌고 이후 스위스에서 건너온 이주민들 덕분에 붐을 누렸다. 1850년 무렵 이곳의 포도 재배 면적은 오늘날의 멜버른에 해당되는 지역과 북쪽의 야라 밸리를 중심으로 0.6제곱킬로미터를 웃돌았다. 포도나무는 멀리 웨스턴오스트레일리아에까지 전해졌다. 이 지역에서 와인이 최초로 등장한 시기는 1834년이지만 마거릿 강 유역에서 생산된 와인이 널리 알려지기 전까지는 그다지 빛을 보지 못했다.

하지만 사우스오스트레일리아에서는 성장 속도가 빨랐다. 1830년대 식민지가 건설되자마자 애들레이드를 중심으로 포도밭이 형성되더니 1840년에는 제임스 버즈비가 프랑스와 에스파냐에서 들고 온 포도나무의 묘목을 심고 최초의 상업용 포도밭을 일구었다. 사우스오스트레일리아에서 최초로 와인을 생산한 사람이 누구인지에 대해서는 논란의 여지가 있지만―오늘날 와인 산업의 심장부로 꼽히는 지방이기 때문에 중요한 문제이다―이 지방의 와인을 최초로 수출한 사람은 1845년, 빅토리아(Victoria) 여왕에게 에충가 호크 한 상자를 보낸 더필드(Duffied)이다.

오스트레일리아의 또 다른 유명 인사로 꼽히는 펜폴드 (Penflod) 박사가 사우스오스트레일리아 '그랜지' 농원에 병원을 차린 것은 1840년대 무렵이었다. 그는 그레나슈를 비롯한 프랑스 남부 지방의 품종을 이곳에 심고 와인을 만들었다. 애초에 와인을 만든 목적은 약으로 쓰기 위해서였다. 와인은 철 함유량이 많아서 오스트레일리아까지 먼 여행을 하느라 빈혈에 걸린 수많은 이주민들의 치료에 제격이었다. 이와 거의 비슷한 시기에 슐레지엔 출신의 루터교도들이 애들레이드 북쪽 바로사 계곡에 정착지를 마련하고 그람프(Gramp)라는 이주민이 라인 지방의 리슬링 품종을 제이콥스 크릭에 심으면서 오스트레일리아의 포도 재배 산업은 일대 전기를 맞이했다. 이주민이 꾸준히 증가하고 인근에 와인 시장이 형성된 덕분에 바로사 계곡은 금세 포도나무로 뒤덮였다.

하지만 바로사 계곡 인근 지역은 예외적인 경우였고 오스트레일리아 주민들 대부분은 와인에 무관심했다. 결국 오스트레일리아의 와인 생산업자들은 유럽에서 활로를 찾기 시작했다. 이들이 생산하는 와인의 기준은 유럽 와인이었고 유럽의 와인 전문가에게 긍정적인 평가를 받는 것이 이들의 궁극적인 목표였다. 이들 가운데 일부는 농업·산업 박람회를 제품 홍보의 기회로 삼았다. 앞에서도 밝혔다시피 1851년 런던 대박람회에서는 와인 전시가 금지됐지만 헌터 밸리에 있는 캠던의 포도원에서는 샘플을 보냈다. 박람회 카탈로그에는 술 전시 금지 조항 때문에 "샘플이 전시되지 않았다고" 설명되어 있었다. 그러나 다른 한편으로 카탈로그에는 캠던 포도원과 와인 제조 기술이 상세하게 소개되어 있었다.

첫번째 포도원에서 보낸 와인은 프랑스에서 수입한 '라 폴' 포도즙과 마데이라 포도즙을 1대 3 비율로 섞은 '버데일로'이다……
제조 과정을 소개하자면 다음과 같다. 수확한 포도를 기계에 넣고 완벽하게 압착한다…… 용량이 800-1,600갤런이며 돌을 깎아 만든 대형 통에 넣고 발효시킨다…… 발효가 끝나면 400갤런을 담을 수 있는 보관용 통으로 옮긴다.

카탈로그에는 다음과 같이 이 와인의 맛까지 묘사되어 있는데 샘플이 전시되지는 않았더라도 유용하게 쓰였음을 알 수 있는 대목이다. "뉴사우스웨일스 와인 특유의 쌉쌀하고 씁쓸한 맛이 느껴지지만 금세 익숙해지고 시간을 두고 묵히면 씁쓸한 맛이 사라진다." 카탈로그는 이 와인을 최소한 3년 정도 묵힌 뒤에 마시는 것이 좋다며 "건강에 매우 좋고 맛을 아는 사람들 사이에서 폭넓은 사랑을 받는다."는 다소 거만한 말투로 마무리되었다.

오스트레일리아 와인은 4년 뒤 파리에서 이보다 더 큰 성과를 거두었다. 1855년 파리 국제박람회는 와인의 경연장이나 다름없었다. 이것은 더욱 많은 참여를 유도하기 위하여 자국의 최고급 와인까지 전시한 프랑스 덕분이었다. 하지만 오스트레일리아 와인은, 신대륙의 다른 나라들과 마찬가지로 최고라는 찬사는 유럽 와인만(혹은 프랑스 와인만) 누릴 수 있다는 편견과 싸워야 했다. 1873년 빈 박람회에서 프랑스 평가단은 블라인드 테스트 결과 빅토리아에서 생산된 몇몇 와인을 칭찬했지만 원산지가 밝혀지자 프랑스 와인이 아니고서는 그 정도 품질일 수 없다며 평가를 번복했다. 보르도 국제박람회에서는 헌터 밸리에서 생산된 몇몇 와인이 금메달을 받았지만 시큰둥한 반응 때문에 빛이 바랬다. 오스트레일리아산 최고급 레드 와인이라도 프랑스의 평범한 와인만 못하며 원재료는 좋지만 개선의 여지가 있다는 것이 평가단의 판정이었다.

그렇지만 오스트레일리아 와인은 프랑스에서 열린 경연 대회에서 잇따라 수상의 영광을 누렸다. 1878년 파리 박람회에 전시된 빅토리아산 시라의 경우 향은 샤토 마르고와 비슷하고 풍부한 질감은 고급 부르고뉴 와인과 견줄 만하며 "여기에 맛이 더해져서 완벽한 삼위일체를 이룬다."는 평가를 받았다. 1882년 보르도 국제박람회에서는 오스트레일리아 와인이 금메달을 받았고 1889년 파리 국제박람회에서도 마찬가지였다. 이 당시 오스트레일리아의 와인 제조업자들은 프랑스 와인이 세계 최고이며 프랑스나 유럽과 똑같은 와인을 만들어야 한다고 생각했다. 이들은 새로운 이름을 지을 생각도 하지 않은 채 자신이 만든 와인을 '부르고뉴,' '보르도,' '호크,' '셰리'라고 불렀다. 신대륙의 와인이 신대륙 내에서 인정을 받기까지는 100년이라는 세월이 걸렸고 유럽식 이름을 버리고 제 이름을 찾는 데에는 이보다 더 많은 시간이 필요했다.

19세기 후반으로 접어들면서 오스트레일리아의 와인 생산은 폭발적으로 증가했다. 빅토리아 주의 벤디고 지방을 예로 들면 1861년에는 0.5제곱킬로미터의 포도밭에서 6,825리터의 와인을 생산했지만 8년 뒤에는 2제곱킬로미터에서 53,000리터를, 1880년에는 2.2제곱킬로미터에서 275,000리터를 생산했다. 1880년 당시 이 지방의 양조장은 100여 개에 달했다. 19세기 후반은 사우스오스트레일리아의 주요 와인 생산지 가운데 두 곳이 발전한 시기이기도 하다. 1880년 중반 무렵 하디(Hardy)는 머클러렌 베일에 있는 약 6제곱킬로미터의 땅에 포도나무를 심고 해마다 50만 리터의 와인을 생산하기 시작했다. 이후 머클러렌 베일보다 훨씬 고립된 지역이었던 쿠나와라가 뒤를 이었다. 1891년 26개의 포도밭으로 출발한 이 지역은 금세 와인 생산업자들의 눈길을 끌었다.

와인 생산의 증가와 더불어 와인 산업과 와인 문화도 무르익기 시작했고 1847년에는 헌터 밸리 포도원 협회가 결성되었다. 오스트레일리아의 초기 와인 산업에 프랑스, 독일, 스위스 이주민들이 기여한 부분도 크지만 선구자에 해당되는 와인 생산업자들은 다수가 영국 출신이었고 헌터 밸리 포도원 협회가 결성된 이유도 문화적인 한계를 극복하기 위해서였다.

우리는 와인을 생산하지 않는 나라에서 온 사람들입니다. 때문에 포도 재배와 와인 제조에 대해서 아는 것이라고는 책을 통해서 혹은 일천한 경험을 통해서 얻은 지식뿐입니다.

이 협회의 설립 목적은 양조업자들 사이의 정보 교환과 전시회 주관이었다. 헌터 밸리에는 시라와 세미용 품종이 가장 적합하다는 결론을 이끌어 내고 1850년 시드니에서 최초의 와인 전시회를 개최했으니 본연의 목적을 달성한 셈이었다.

와인 제조 기술도 발전했다. 1800년대 초반에만 하더라도 와인은 가내 공업품이었다. 포도는 손으로 땄고 압착은 발로 했고 발효는 뚜껑도 없는 통에서 이루어졌다. 하지만 19세기 후반 들어 대형 압착기가 사용되었고 따뜻한 오스트레일리아의 가을에 맞추어 포도즙은 냉각 과정을 거쳤다. 미국산 참나무 선반과 술통이 대량으로 수입됐다. 셉펠트 양조장만 하더라도 바로사 계곡에서 생산되는 수백 만 리터의 와인을 감당하려면 6-10명의 통 제조업자가 쉴새없이 일손을 놀려야 했다.

당연한 논리이지만 오스트레일리아의 와인 산업이 성공하려면 시장이 있어야 했다. 헌터 밸리에서 생산되는 와인(1860년 기준으로 273,000리터였음)의 대부분은 인근에서 판매되었지만 1860년대부터 대규모 시드니 시장으로 진출하려는 움직임이 시작되었다. 뉴사우스웨일스의 와인 생산지가 급속히 성장할 수 있었던 이유는 도시에서 와인 문화가 발전한 덕분이었다. 1895년 뉴사우스웨일스에서 생산되는 와인은 400만 리터에 달했고 대부분이 뉴사우스웨일스 내에서 소비되었다. 사우스오스트레일리아에서 마케팅의 선두 주자는 토머스 하디 사였다. 토머스 하디는 1880년대에 와인 바를 만들고 샌드위치와 차가운 클라레 와인 한 잔을 5펜스에 즐길 수 있는 점심 메뉴를 선보였다. 또한 그는 1893년에는 연구소, 블렌딩 탱크, 저장 용량이 30여 만 리터에 달하는 창고, 와인 운송에 쓰이는 말과 수레를 보관하는 마구간을 갖춘 거대한(당시 기준으로는) 본사를 애들레이드에 건설했다. 1895년 기준으로 175만 리터를 생산한, 사우스오스트레일리아 최대의 와인 제조업자다운 면모였다.

이 당시 하디는 영국으로 상당량의 레드 와인을 수출하고 있었다. 하디를 비롯한 오스트레일리아의 와인 수출업자들은 속도가 빠른 증기선의 혜택을 톡톡히 누렸다. 와인 무역은 이 시기에 발전한 대규모 식료품 무역의 일부였다. 뉴질랜드는 일찍이 1881년부터 냉동된 육류를 영국으로 수출하고 있었다.

19세기가 저물어 가는 무렵 오스트레일리아의 연간 와인 생산량은 1,200만 리터에 육박했고 와인 산업은 번창 일로를 걸었다. 그런데 1901년에 오늘날의 오스트레일리아 연방이 탄생하면서 내국 관세 장벽이 무너졌다. 내국 관세 장벽의 철폐로 가장 많은 혜택을 누린 지방은, 테이블 와인과 주정 강화 와인, 브랜디로 빅토리아와 뉴사우스웨일스의 도시를 장악하다시피 한 사우스오스트레일리아였다. 포도뿌리혹벌레에 시달리던 소규모 양조장들은 셉펠트와 같은 사우스오스트레일리아의 대기업에 흡수되었다. 포도뿌리혹벌레와 와인 재벌의 세력 확장에서 살아남은 양조장도 상당수에 달했지만 20세기로 접어들면서 오스트레일리아의 와인 산업은 엄청난 변화를 겪게 된다.

영국의 또 다른 식민지인 뉴질랜드의 와인 산업은 오스트레일리아보다 발전이 더디었다. 포도나무는 노스 섬에서 1819년부터 자랐지만 와인이 만들어지기 시작한 것은 1830년대였다. 뉴질랜드에서 최초로 와인을 만든 주인공은 와인에 관한 한 열정을 주체할 수 없는 버즈비였다. 1833년 태즈먼 해를 건너 뉴질랜드에 상륙한 버즈비는 어찌나 빨리 포도 재배를 시작했던지 1840년 이곳에 들른 프랑스 선박 아스트롤라브 호의 선원들에게 와인을 대접할 수 있을 정도였다. 아스트롤라브 호의 선장이 내린 평가에 따르면 이 와인은 "톡 쏘는 화이트 와인이었고 맛이 아주 좋았다."고 한다. 주교가 부임하면서 포도나무의 숫자는 더욱 많아졌고 가톨릭 선교원에서는 1840년대부터 와인 생산을 시작했다. 사우스 섬의 소규모 프랑스인 정착지인 아카로아의 주민들도 이와 비슷한 시기에 와인을 만들기 시작했다.

하지만 와인 생산이 산업으로 발전할 조짐을 보인 것은 1890년대부터였다. 뉴질랜드 정부는 빅토리아의 포도 재배 담당 고문을 초빙하여 뉴질랜드의 포도밭을 보이며 성장 가능성을 물었다. 이들이 긍정적인 반응을 보이자 1898년, 뉴질랜드 정부는 테카우화타에 실험용 포도밭을 건설하고 여러 가지 품종을 재배했다. 당시 오스트리아 제국의 일원이었던 달마치야(오늘날 크로아티아의 한 지방을 말함)에서 포도 재배 경험이 있는 이주민들이 건너온 것도 뉴질랜드 입장에서 보면 행운이었다. 처음에는 카우리 수지(카우리소나무의 딱딱한 송진) 캐는 일을 주로 하던 이들이 1900년대 초반 들어 오클랜드 북쪽의 헨더슨으로 이주한 뒤로 이 일대는 수십 년 동안 뉴질랜드 와인 산업에서 중추적인 역할을 했다.

남아프리카 와인의 역사는 정치와 밀접한 관계를 맺고 있다. 1795년에 네덜란드를 물리친 영국은 1814년 런던에서 맺은 협정을 통해 케이프 식민지를 대영 제국에 정식으로 합병했다. 영국의 통치가 시작된 초기에는 별다른 변화가 없었다. 케이프 와인의 품질은 누구나 인정하는 바였지만 영국으로 수출할 수 있는 와인은 최고급 콘스탄티아로 한정되어 있었다. 갤런당 1파운드라는 가격은 남아프리카에서도 비싼 편이었는데, 런던으로 넘어가면 더욱 높아졌다. 상한 와인을 마시고 병사들이 집단으로 사망하는 사건이 발생하면서 평범한 케이프 와인에 대한 불신은 절정에 달했고 정부는 1800년대 초반에 임시적으로 공식 와인 감별사를 두는 조치를 취했다.

와인 감별사 제도는 1811년에 다시 부활했다. 케이프 총독이 전쟁으로 빚어진 무역 분규를 틈타 영국으로 향하는 남아프리카 와인의 수출량을 늘리기로 한 덕분이었다. 총독은 8가지 와인과 브랜디를 식민지 관리에게 보내면서 영국 해군과 영국 내의 수요를 충족시키기 위하여 와인 생산 장려 정책을 세워야 한다고 촉구했다. 이때부터 영국으로 수출되는 와인은 감별사의 검사와 승인을 거쳐야 했다. 그리고 수출되기 전에 최소 18개월의 숙성 기간을 거쳐야 했다. 정부에서는 포도 재배와 와인의 품질 개선에 앞장선 사람에게 훈장을 수여했다.

하지만 남아프리카의 와인은 영국에서 별다른 호응을 얻지 못했다. 중개업자와 소비자들은 품질을 놓고 불만을 터트렸다(이들 가운데 일부는 프랑스나 포르투갈의 와인 산업과 밀접한 이해관계를 맺고 있었던 것으로 추정됨). 와인 무역에 대해 다룬 어느 서적에서는 남아프리카의 와인 생산업자들을 무책임하다고 나무랐다. 해방된 노예들에게 수확을 맡겨서 잘 익은 포도, 덜 익은 포도 할 것 없이 줄기나 꼭지는 물론 여기에 묻은 흙까지 한꺼번에 통 속에 집어넣고, 압착이나 발효 과정을 전혀 관리하지 않는다는 것이었다. 여기에서는 "와인의 품질에 대해 이렇게까지 철저하게 무관심하다니 고집 세고 외곬수인 네덜란드인들의 기질이 이보다 더 단적으로 드러나는 경우는 없다."고 결론을 내리고 있다. 이것은 과거 유럽의 와인 발전에 이바지했던 네덜란드인들의 이미지하고는 상당히 거리가 먼 결론이다. 하지만 사이러스 레딩은 와인 생산업자가 아니라 운송이 문제라고 지적했다. 그는 남아프리카의 레드 와인이 훌륭하다고 하면서도 "하지만 영국에서 이 와인을 마셔 본 사람들 가운데 어느 누가 내 말을 믿겠느냐?"고 반문했다.

이처럼 편견으로 가득한 시각에도 불구하고 케이프 와인이 영국 시장으로 대량 수출된 것은 가격이 저렴했기 때문이다. 남아프리카 와인은 대영 제국의 생산품으로 간주되어 관세 특혜를 받았기 때문에 값이 비교적 저렴했다. 1861년, 프랑스에 부과되었던 어마어마한 관세율이 낮아지자 케이프 와인은 경쟁력을 잃었다. 1859년에는 100만 갤런에 달했던 수출량이 1861년에는 127,000갤런으로 추락했고 3년 뒤에는 3만 갤런으로 곤두박질 쳤다.

이로 인해 심각한 타격을 입은 남아프리카의 와인 생산업자들은 그들이 처한 입장을 돌아보았다. 기후가 따뜻한 지역을 통과하여 영국에 도착할 때까지 와인의 품질을 유지하려면 알코올 도수가 최소한 26도 이상은 되어야 하는데, 그 정도로 주정이 강화된 와인에 적용되는 관세율은 프랑스의 테이블 와인에 붙는 것보다 높았다. 영국 정부가 관세에 관한 한 강경을 입장을 고수하자 대다수의 케이프 양조업자들은 와인 생산을 포기했다.

하지만 트랜스발과 케이프 주에서 금과 다이아몬드가 발견된 이후 와인과 브랜디에 대한 국내 수요가 늘어나면서 포도 농사는 다시 부흥기를 맞이했다. 1859년에는 1,300만 그루에 불과하던 포도나무가 1891년에는 7,900만 그루로 늘어난 것이다. 1880년대로 접어들면서 와인 산업에 좀더 비중을 두기 시작한 정부는 연구용 양조장을 건설하고 외국에서 전문가를 초빙하고 양조업자들에게 위생과 발효 기술에 관한 기본적인 사항을 교육시켰다. 하지만 운송에 따른 문제는 여전히 남아 있었고 와인이 열대 지방을 지나면서 2차 발효를 시작하는 경우도 빈번했다. 1889년 파리 박람회에 출품된 와인은 "훌륭한 와인 생산지로 꼽히던 케이프 식민지의 명성에 이루 말할 수 없는 오점을 남겼다."고 한다.

9

와인의 사회화

금주법, 병충해, 경제 불황을
넘어 건강 음료로

19세기 후반으로 접어들면서 와인 산업은, 와인의 생산과 소비량이 세계적으로 증가하고 고급 와인에 관심이 모아지면서 호기를 맞이하기도 했지만 잇따른 위기 상황의 속출로 향후 1세기 동안 비틀거리는 상황에 처하게 되었다. 포도뿌리혹벌레는 전 세계의 거의 모든 포도밭을 폐허로 만들었고 수많은 지역의 와인이 위조되거나 변조되었다. 포도뿌리혹벌레가 지나가고 난 뒤에는 과잉 생산과 가격 폭락이 포도 재배업자들의 생계를 위협했다. 음주에 반대하는 움직임은 미국에서 금주법이 시행될 만큼 지지를 얻었다 두 차례의 세계대전은 노동력을 고갈시키고 수출 시장을 파괴했다. 그리고 경제 침체로 수요가 줄었음에도 불구하고 관세 장벽은 사라질 줄 몰랐다. 이처럼 한 고비 넘었다 싶으면 또다시 찾아오는 위기로 인해 와인은 새로운 암흑기를 맞이했다.

이 중에서도 음주를 반대하는 움직임은 오랫동안 서서히 확대되다 19세기 말에서 20세기에 들어 절정에 달했다. 음주가 개인과 사회에 미치는 영향을 우려하는 목소리야 술이 만들어진 이후로 꾸준히 계속되어 왔지만 산업으로 발전한 상황을 위협할 만큼 조직적인 움직임을 보이기 시작한 것은 19세기 들어서부터 였다. 1820년대에 과학자들은 와인, 맥주, 사과주와 같은 발효주에 알코올이 들어 있음을 발견했다. 이것은 발효주에는 알코올을 구성하는 요소만 들어 있으며 발효가 아니라 증류를 거쳐야 알코올로 변하는 줄 알았던 기존의 통념을 뒤엎는 발견이었다. 비록 양이 적기는 하지만 와인 속에도 럼이나 브랜디와 똑같은 알코올이 들어 있다는 사실이 밝혀지자 와인에 대해서만큼은 너그러웠던 분위기가 어느 정도 바뀌었다.

1849년 알코올 중독이 질병으로 규정된 것도 일대 사건이었다. 스웨덴 의학자 후스(Huss)가 최초로 정의한 후 얼마 안 있어 전 세계 의학계는 알코올 중독을 다양한 신체적 · 정신적 증상을 동반하는 질환으로 규정지었다. 도덕성이 해이한 사람들만 알코올에 중독되는 것이 아니라 주량 조절이 아예 불가능한 사람도 있다는 것이 알려지면서 술에 대한 의혹의 눈길은 점점 짙어졌다. 지나친 음주벽은 당사자와 당사자의 가족에게 끔찍한 결과를 안겨 주지만 사회적으로도 큰 영향을 미쳤다. 알코올 중독은 질병으로 규정된 지 50년밖에 안 된 1900년대 초부터 서구 사회에서 사회 문제의 원흉으로 비난받았다.

1900년대 초에 등장한 문제점들은 19세기 서구 세계가 겪은 사회적 · 문화적 변화에서 비롯된 면도 있었다. 산업화, 도시의 확산, 노동자 계급의 성장으로 인한 노조와 사회주의 이데올로기의 출현은 기존의 사회 · 정치 · 종교 질서를 무너뜨리고 범죄, 매춘, 가정의 붕괴, 도박, 정신 착란, 자살 등 반사회적인 현상으로 이어졌다. 이 모든 현상은 술과 깊은 상관 관계를 맺고 있었다. 남성들은 몇 푼 안 남은 생활비를 주점에서 탕진하고 취한 채 집으로 돌아가 주먹을 휘둘렀고 술로 여성을 유혹했다. 음주는 매춘으로 향하는 지름길이었고 정신 착란, 살인, 자살의 원인이 되었다.

음주의 유해성과 사회가 흘러가는 방향을 놓고 우려하는 분위기는 금주 운동의 기폭제 역할을 했다. 1800년대 말, 금주 운동은 서구의 각 나라에서 진행되는 사회 개혁 운동 가운데 최대 규모를 자랑했다. 금주 운동의 내부를 들여다보면 두 파로 나뉘었다. 먼저 절대 금주파는 술의 생산, 판매, 소비의 전면 금지를 주장했다. 이들이 보기에 모든 술은 개인적·사회적 질병을 야기하는 절대 악이었다. 이들의 주장에 따르면 술을 마시는 사람은 콜레라에 걸릴 확률이 높았고 특히 과음을 즐기는 사람은 자연 발화될 위험마저 도사리고 있었다. 이들이 남긴 문헌에는 몸속에서 불이 나는 바람에 목숨을 잃은 사람을 목격했다는 이야기가 자주 등장했다. 입과 콧구멍에서 파란 불꽃이 솟아오르고 심지어는 새까만 숯덩이로 변하는 경우도 있다는 것이다. 독자들로서는 "북쪽 나라 사람들은 술에 취하면 위에서 불이 자주 나는구나." 하고 믿을 수밖에 없었다. 음주로 인한 병폐를 대대적으로 홍보하고, 술의 생산과 판매를 금지하는 법률 마련에 나선 금주 운동가들이 음주의 끔찍한 결과로 드는 사례들도 충격의 강도에 있어서는 이에 못지 않았다.

금주 운동의 또 다른 갈래인 절주파의 대표적 단체인 여성 그리스도교인 금주 연맹은 술의 생산과 판매를 규제하되 적절한 음주는 허용하자는 입장이었다. 이들은 위스키나 럼과 같은 증류주를 사회악으로 간주했고 와인과 맥주는 지나치지만 않으면 괜찮다고 생각했다. 이와 같은 구분을 정한 사람은 초기 절주파 작가이자 미국의 의학자인 러시(Rush)였다. 그는 1780년대에 발표한 저서에서 와인이나 맥주, 사과주는 음식과 함께 적당히 마시면 "생기와 활기를 불어넣고 영양소를 공급하는 역할을 한다."고 했다. 하지만 독한 술을 너무 많이 마시면 1차적으로는 나태, 2차적으로는 건강 악화, 빚, 범죄를 불러일으키며 결국에는 자살, 질병, 처형으로 인한 죽음으로 이어진다고 강조했다. 러시가 보기에 와인은 적당히 마실 수 있는 술이지만 증류주는 본질적으로 통제가 불가능한 술이었다. 19세기 금주 운동가들이 독한 알코올을 바라보는 시선은 오늘날 서구 사회가 마약을 대하는 시각과 비슷한 면이 있었다.

와인이 알코올로 분류된 이후에도 대부분의 금주 운동가들은 너그러운 태도를 보였고 심지어는 절대 금주파 중에서도 일부는 못마땅하다는 표정을 지으면서도 와인을 예외로 간주했다. 미국의 경우에도 처음에는 금주 대상이 '독한 증류주'로 한정되어 있었지만 전면적인 금주 쪽으로 방향을 바꾸는 사람들도 있었다. 1820년대에 와인에 알코올 성분이 들어 있음이 밝혀지자마자 버지니아에서는 2개의 금주 운동 단체가 와인을 금지 항목에 추가했다. 이 단체는 회원들이 와인에 증류주를 섞거나 브랜드에 분홍색 자몽즙을 넣어 와인으로 위장하는 것이 아닐까 의심의 눈초리를 거두지 못하던 참이었다.

이것은 와인에 대해서만큼은 너그러운 태도, 심지어 와인 생산을 지지하는 태도는 절주파의 역설적인 측면을 잘 보여 준다.

물론 미국처럼 와인 소비가 일부 부유층에 한정되어 있던 나라에서는 와인 때문에 생기는 문제가 다른 술에 비하여 적었을지도 모른다. 19세기 초반 미국의 술 소비량은 상당히 많았다. 국민 한 사람이 1년 동안 마시는 증류주의 양은 7.5갤런으로 1985년의 3배였다. 반면에 와인이 전체 술 소비에서 차지하는 비율은 10퍼센트 미만에 불과했다.

와인이 세계 각지에서 특별 대접을 받았던 이유는 건강에 좋다는 믿음이 계속 이어진 데다 의사와 와인 생산업자들이 절주파의 적극적인 후원자였기 때문이다. 오스트레일리아 와인 산업의 대부인 린더맨 박사와 펜폴드 박사는 절주 운동의 후원자였다. 미국의 러시 박사는 술의 유해성을 강조하면서도 포도밭에 투자했다. 이들은 나쁘다는 걸 알면서도 이윤을 얻기 위해 와인 산업에 뛰어든 위선자가 아니었다. 다른 절주파 사람들과 마찬가지로 이들은 와인이 다른 술과 다르다고 생각했을 따름이다.

의학계에서는 와인을 약으로 쓰는 경우가 비일비재했기 때문에 금주 운동가들로서도 이에 대해 이의를 제기하기가 어려웠다. 일부 금주 운동가들은 극히 이례적인 경우에 한해서 와인의 처방을 인정했지만 대부분은 술이 건강에 좋다는 발상 자체를 믿지 않았고 환자를 알코올 중독자로 만들고 있다며 와인을 약으로 쓰는 의사들에게 비난을 퍼부었다. 심지어는 "몰지각하거나 물질적인 욕심에 눈이 먼 의사가 와인을 처방한 그날부터 인류는 파멸의 길을 걷기 시작했다."고 주장하는 사람마저 있었다.

의학적인 논란은 차치하더라도 와인은 종교계, 특히 그리스도교에서 긍정적인 역할을 담당하고 있었다. 금주 운동가들은 대부분 신앙심이 깊었고 성경을 무기로 적당량의 와인을 마시는 것을 정당화했다. 하지만 절대 금주파가 보기에 어떤 술이든지 상관없이 술은 술이었다. 이들은 성경에서 부여한 와인의 권위를 깎아 내리기 위하여 여러 가지 방법을 썼다. 그중 첫번째 방법은 성경에서 포도주를 허용한 것은 분명하지만 19세기 과학의 발전으로 와인에 알코올이 들어 있다는 사실이 밝혀진 만큼 시대착오적인 발상이라는 주장이었다. 하지만 이러한 주장은 폭넓은 호응을 얻지 못했다. 과학의 칼날을 들이댄다면 천지창조와 같은 사건들마저 폐기 처분 대상으로 간주될 가능성이 다분했기 때문이다. 두 번째 방법은 성경 속에는 두 가지의 포도주가 존재한다는 '두 가지 와인 이론'이었다. 즉 하나는 좋은 포도주이고 하나는 나쁜 포도주인데, 좋은 쪽은 포도주가 아니라 발효되지 않은 포도즙이라는 주장이었다. 이러한 이론은 웰치 박사의 포도 주스가 '무발효 와인'이라는 문구를 달고 시판되면서 더욱 신빙성을 얻었다. 영국에서는 국교회의 성찬식 때 포도주를 포도즙으로 대체하려는 움직임이 일었지만 성공하지는 못했다. 대다수의 성직자가 금주 운동을 지지했지만 교회의 전통까지 포기할 정도는 아니었던 것이다. 미국의 일부 교회에서는 포도즙을 사용하기 시작했지만 19세기 중반 무렵 뉴욕에서 이 방식을 따르는 교회는 7퍼센트에 불과했다. 절주파의 선두 주자였던 감리교감독교회는 1880년까지 포도즙 사용을 거부했다. 가톨릭 교회는 영성체 때 일반 신도들에게 포도주를 주지 않은 지 이미 오래였다.

금주 운동은 와인의 소비나 생산이 그다지 많지 않은 나라에서 활발하게 전개되었다. 미국, 영국, 캐나다, 오스트레일리아, 뉴질랜드에서 와인은 소수만이 마시는 술이었다. 와인 산업이 지역 경제에서 중요한 역할을 차지하는 곳도 있었지만 국제적으로 발돋움하지는 못한 상태였다. 금주 운동가들이 와인을 비롯한 술의 규제 조치를 법률로 제정하는 데 성공한 곳도 이런 나라들이었다. 많은 사람들이 와인을 즐기는 유럽의 와인 생산국에서는 오랜 고심 끝에 와인을 제외시켰음에도 불구하고 별다른 성과를 거두지 못했다.

프랑스 금주 운동가들의 공격 대상은 곡물과 사탕무, 기타 여러 가지를 증류해서 만드는 산업 알코올이었다. 포도나 기타 과일을 자연 발효시키는 알코올과 달리 인공적인 과정을 많이 거치는 산업 알코올은 무색무취가 특징이라 리큐어나 아페리티프(식욕을 돋우기 위해 식전에 마시는 알코올)의 베이스로 쓰기에 안성맞춤이었다. 산업 알코올의 가장 큰 장점은 와인보다 가격이 저렴하다는 것이었는데, 포도뿌리혹벌레가 유행한 이후로 와인의 위조와 변조가 널리 확산되자 대체할 만한 술로 눈길을 돌리는 사람들이 점점 많아졌다.

산업 알코올이 인기를 얻기 시작할 무렵 알코올 중독이 질병이라는 인식이 확산되자 학자와 금주 운동가들은 둘 사이를 인과 관계로 파악했다. 의사들은 알코올 중독을, 예전에도 있었지만 이제야 이름이 정해진 병으로 생각하지 않고 신종 질병으로 간주했다. 1853년에 "프랑스에 폭주를 즐기는 사람들은 많지만 다행스럽게도 알코올 중독자는 없다."고 한 아카데미 프랑세즈의 주장을 보면 당시 분위기를 단적으로 알 수 있다. 와인이나 기타 과일주는 수백 년 전부터 존재했지만 알코올 중독을 불러일으키지 않았다는 점에서 면죄부를 받았다. 하지만 산업 알코올은 프랑스에서마저 골칫거리로 간주되었다.

프랑스의 과학자, 논객, 사회 운동가들은 모든 술을 똑같이 위험한 존재로 치부하기보다는 산업 알코올에만 초점을 맞추었고 산업 알코올 내에서도 등급을 나누었다. 도수가 높고 아브신트 쑥으로 맛을 낸 초록색 압생트는 환각 작용을 그나마 덜 일으킨다는 식이었다. 프랑스 노동자들이 특히 즐겨 마셨던 압생트는 1890년대로 접어들면서 맥주와 브랜디를 제치고 파리에서 와인에 이어 두 번째로 인기가 높은 술로 자리잡았다.

술도 종류별로 차이가 있는지에 대해서는 논란의 여지가 있었다. 화학자들은 증류를 거쳤건 발효를 거쳤건, 곡물로 만들었건 포도로 만들었건 술은 술이며 일부는 과일주에 비해 산업 알코올이 훨씬 더 깨끗하다고 주장했다. 하지만 대다수의 의학자와 위생학자, 와인과 관련된 압력 단체들은 과일 발효주가 안전하며 건강에 좋고 깨끗하다는 입장을 고수했다. 과일주라고 하면 와인이 대표적이지만 이는 사과로 만드는 칼바도스와 사과주, 배로 만드는 푸아레, 포도로 만드는 브랜디(코냑이 가장 유명함)를 통칭하는 단어였다. 증류주와 달리 와인은 포도나무가 자란 땅과 환경을 그대로 담고 있는, 자연의 산물로 여겨졌다. 와인의 색상과 맛, 강도를 조절하는 생산업자보다는 포도나무에 초점이 맞추어졌기 때문에 대규모 증류소의 생산 라인에서 쏟아져 나오는 산업 알코올과는 다르게 치부됐다. 앞에서도 수차례 강조했다시피 증류는 인공적인 과정이지만 발효는 자연 발생적인 과정이라는 것이었다. 덕분에 와인은 곡물과 포도 주스 등 '자연' 식품을 강조하는 19세기 말의 사회적인 분위기에 편승할 수 있었다.

프랑스에서 와인의 이미지는 워낙 긍정적이었다. 주요 절주파 단체는 오히려 와인의 생산 증가를 촉구했고 와인의 "자연적인 속성을 변조시켜 국민 건강을 저해하는 사기 행위"를 근절하기 위한 조치 마련에 고심했다. 이것은 와인 자체는 건강에 좋은데 식물의 즙이나 향료, 산업 알코올 등을 넣었을 때—이는 포도뿌리혹벌레가 유행하던 당시의 관행이었다—해로운 술로 변한다는 발상에서 비롯된 행동이었다.

가장 극단적인 절대 금주파를 제외하면 와인이 건강에 좋다는 데 이의를 제기하는 사람은 없었다. 예전부터 와인을 만병통치약으로 활용했던 의학계에서는 이 시기부터 와인을 성능별로 나누기 시작했다. 『프랙티셔너(Practitioner)』의 편집자이자 런던 웨스트민스터 병원의 내과의로 근무했던 앤스티(Anstie)는 1877년에 와인 활용법을 상세하게 소개하는 저서를 발표했다. 그는 와인을 남용하는 동료 의사들을 꾸짖으며 알코올 도수, 산도, 당도에 따라 적절하게 처방하고 독한 와인(포트 와인, 셰리주, 마데이라)과 도수가 10퍼센트 미만인 와인을 구분해야 한다고 강조했다. 앤스티의 처방을 일부 소개하자면 장티푸스에는 묵은 셰리주, 소화불량에는 부르고뉴 와인, 단순 빈혈이나 식욕 감퇴에는 포트 와인, 노인성 불면증이나 소화불량에는 '진하고 독한 와인'이 좋다는 식이었다. 그리고 건강 유지를 위한 강장제로는 하루에 반 병에서 한 병 정도의 와인을 마시는 것이 적당하지만 섞어 마시는 것은 금물이라고 강조했다. "한 종류의 와인을 고수하는 습관이 건강 유지에는 필수 조건"이라는 것이었다. 프랑스의 와인업계는 와인을 건강에 좋고 위생적이라고 표현한 루이 파스퇴르의 말을 자주 인용했고 1903년에 프랑스 국회는 와인을 건강에 좋고 위생적인 음료로 공식 지정했다.

와인을 치료제와 회복식으로 사용한 병원들을 보면 당시 의학계의 입장을 알 수 있다. 1870-71년 사이 독일 다름슈타트의 어느 병원에서는 화이트 와인 4,633병, 라인산 레드 와인 6,332병, 샴페인 60병, 고급 화이트 와인과 보르도산 레드 와인 수십 병, 포트 와인 약 360병을 소비했다. 1898년 한 해 동안 파리의 여러 병원에서 소비한 와인은 300만 리터에 달했다. 이야말로 와인을 적당히 마시면 건강에 좋다고 생각한 시대적인 분위기를 단적으로 보여 주는 증거이다. 그런데 과거에도 그랬던 것처럼 19세기에도 어느 정도가 한 번에 마시기에 적당한 양인지에 대해서는 의견이 분분했다. 어느 학자는 건강한 성인 남성을 기준으로 하루 1.5-4리터(2-5병)가 적당하다고 했지만 음식을 곁들이면 하루 1리터 정도는 괜찮다는 것이 일반적인 견해였다.

하지만 와인을 약으로 간주하는 시대는 막을 내리고 있었다. 19세기에서 20세기로 바뀌면서 새로운 약과 치료제가 등장하기 시작한 것이다. 아스피린을 위시한 진통제와 다양한 진정제, 항생제가 병원 창고를 채웠다. 과학과 산업의 발달로—와인의 입장에서 보자면 산업의 발달은 저주이자 축복이었다—대량 생산이 이루어졌기 때문이다. 신약들은 임상실험을 거친 뒤 놀라운 약효를 증명하는 보증서를 달고 출시되었다. 때문에 '인체에 무해한 소화제, 이뇨제, 진정제 겸 모든 질병의 완화에 대체적으로 좋은' 와인은 더 이상 점점 더 엄격해져 가는 의사와 환자의 요구 사항에 부합할 수 없었다. 좀더 근대적인 방식으로 환자를 치료하려는 의사들이 늘어나면서 와인은 허브 가루, 약초와 같은 민간 약품과 더불어 조제실 밖으로 밀려났다.

민족주의가 맹위를 떨칠 무렵 프랑스의 와인 옹호론자들은 와인이야말로 포도나무가 자라는 땅의 상징이라는 논리를 폈다. 그러고는 물을 마시는 사람들을 민족주의적인 태도로 꾸짖었다.

젊은 남자나 나이 든 노인들은 건강에 좋은 음료는 물뿐이라며 잘 숙성된 와인이나 고급 코냑 한 잔을 즐기는 사람들에게 저주를 퍼부을지도 모르겠다. 그러나 와인과, 쾌활함과, 열린 가슴과, 낙천적인 성격이 그 상징인 우리의 아름다운 프랑스에서 금주를 이야기하지는 말자. 당신이 마시는 물, 당신이 마시는 실론티와 커피, 당신이 마시는 레모네이드와 카밀레는 교수형에 처하자. 고결한 애국자라면 프랑스 와인을 마시자.

프랑스인들은 와인 반대 운동을 이해할 수가 없었다. 스위스를 근거로 절대 금주 운동을 펼치는 크루아 블뢰는, 그들이 보기에는 '와인을 못 마셔서 얼굴이 누렇게 뜬 주네브의 성직자 집단'이었다. 이것은 와인을 마셔야 혈색이 좋아진다는 통념에 근거한 야유였다.

프랑스를 비롯한 여러 나라의 절주 운동가들이 보기에 와인은 골칫거리가 아니었다. 오히려 와인은 술로 인한 문제를 해결할 수 있는 열쇠였다. 오스트레일리아의 린더맨 박사는 증류주를 알코올 중독의 원인으로, 와인을 해독제로 간주했고 미국의 제 퍼슨은 "와인 가격이 저렴한 나라의 국민들은 취할 일이 없다." 고 했다. 물은 술의 대용품이 될 수 없었다. 유럽에서 인간이나 가축의 배설물 또는 산업 폐기물에 물이 오염되지 않은 나라는 거의 없었다. 각국의 지도층 인사들은 산업 알코올을 마시는 사 람들이 와인을 마셔야 자연 그대로의 순수한 음료가 주는 혜택 을 누릴 수 있다고 생각했다. 그래야 알코올 중독과 더불어 온갖 사회악이 사라진다고 믿었다.

와인을 술로 생각하지 않는 분위기가 어찌나 거세었던지 프랑 스는 술 소비량을 조사할 때 와인을 빼는 경우가 태반이었다. 때 문에 산업 알코올의 인기가 높은 북부 사람들은 알코올 중독에 걸린 것으로, 남부는 멀쩡한 것으로 보일 때가 많았다. 하지만 와인을 계산에 넣는다면 남부의 술 소비량은 북부를 훨씬 앞질 렀다.

증류주보다 와인을 높게 평가하는 것은 계층에 따른 선입견을 보여 주는 것이기도 했다. 산업 알코올은 와인보다 저렴했기 때 문에 노동자들 사이에서 인기가 높았다. 프랑스 남부에서는 남 녀노소가 와인을 즐겼지만 파리를 제외한 북부에서는 와인을 마 시는 계층이 부유층으로 한정되어 있었다. 중·상류층에 해당되 는 의사들이 와인과 산업 알코올의 차이를 강조한 것도 이 때문 이다. 이들의 주장에 따르면 와인은 간에 안 좋지만 산업 알코올 은 뇌를 파괴한다. 산업 알코올은 지적·정신적 퇴화를 일으켜 빈민층은 멍청하고 거칠다는 고정관념을 더욱 강화하는 원흉으 로 지적됐지만 통풍(痛風) 등 와인으로 인한 간 질환은 높은 생활 수준의 상징이었다. 와인은 아무리 많이 마셔도 용서를 받았다. 프랑스의 와인 옹호론자들은 와인에 취하면 재치 넘치고 쾌활하고 총명한 프랑스인 특유의 기질이 나타난다고 주장했다. 반면에 다른 술에 취하면 거칠어지고 최악의 경우 위험한 인물이 된다고 했다.

프랑스의 절주·금주 운동가들은 제1차 세계대전이 벌어지기 직전인 1914년, 압생트의 판매를 금지시키는 데 성공한 것 외에는 정부 시책에 별다른 영향을 미치지 못했다. 게다가 정부가 압생트의 판매를 금지시킨 것도 개인과 사회에 미치는 영향을 염려해서라기보다는 군대에 미치는 영향을 두려워했기 때문이다. 와인은 금주 운동 때문에 판매, 생산, 소비에 지장을 받기는커녕 알코올과 관계된 질병의 치료제로 각광을 받았다.

금주 운동의 여파는 나라마다 달랐다. 이 중에서도 별다른 변화가 없던 프랑스와 술의 판매와 소비가 법으로 금지된 미국은 양극단에 해당되었다. 그 사이에 있는 여러 나라가 취한 금주 조치에는 와인이 포함되는 경우도 있었고 포함되지 않는 경우도 있었다. 일찍이 1838년부터 술의 판매 규제에 나선 매사추세츠 정부는 증류주 중개업자의 경우 최소 15갤런씩을 선불로 구입해야 한다는 조항을 만들었지만 와인은 예외였다. 독일의 금주 운동가들은 사회악으로 간주된 슈냅스의 대안으로 와인과 맥주의 생산을 장려했다.

미국의 금주 운동이 역사가들의 관심을 모은 이유는 눈부신 성과를 거두었기 때문이다. 미국의 여러 주는 19세기부터 알코올 규제 법안을 만들었다. 메인 주가 모든 증류주의 판매와 소비

를 금지한 1851년부터는 이와 유사한 법안 제정이 줄을 이어 4
년 사이 12개의 주와 준주(準州), 지방 자치 단체가 동참했다.
1855년에 건설된 일리노이 주 에번스턴은 '금주의 도시'가 될
것을 선언했다. 하지만 모든 주가 철저한 금주를 표방한 것은 아
니었다. 버지니아 주의 경우 금주법을 제정했지만 맥주나 증류
주, 와인 구입을 어느 정도(한 달에 1갤런) 허용했다. 당연한 노
릇이겠지만 법이 만들어졌다고 해서 실제로 금주가 실행된 것은
아니었고 관련 법령이 많아질수록 1인당 술 소비량은 오히려 늘
어났다. 금주법이 미국 전역으로 확산된 1920년에 각 주 정부가
깨달았듯이 법률의 제정과 실효는 별개의 문제였다.

1870년대에는 금주당과 여성 그리스도교인 금주 연맹이,
1890년대에는 금주 동맹이 결성되면서 미국의 금주 운동은 점차
세력을 확장했다. 이러한 사회 운동 조직은 금주당 후보를 지지
함으로써 정부에 영향력을 행사했고 1919년, 금주법이 연방의회
에서 통과될 당시 술—증류주, 맥주, 와인—거래를 금지하는
법률이 이미 제정된 주는 48개 주 가운데 33개에 달했다.

금주 운동은 미국의 와인 산업에 가장 심각한 영향을 미쳤다.
하지만 유럽에서는 금주 운동이 병충해와 비슷한 존재로 간주되
었다. 즉 성가시기는 하지만 극복할 수는 있는 것이었다. 당시
유럽의 포도 재배업자들을 괴롭혔던 병충해 가운데 대표적인 것
은 1840년대 들어 북아메리카에서 유럽으로 건너온 백분병이었
다. 백분병에 걸린 포도는 줄기에 흰색 반점이 생기며 수확량이
감소하는 것은 물론 고유의 맛과 색을 잃었다. 백분병이 아메리

카 토종에 미치는 영향은 비교적 적었지만 샤르도네, 카베르네 소비뇽과 같은 비티스 비니페라 품종에는 치명적이었다. 1850년 대 들어 백분병이 휩쓸고 간 프랑스의 포도밭은 1854년에 1788년 이래 사상 최악의 흉년을 기록했다. 이후로 프랑스의 포도 재배업자들은 유황을 살균제로 쓰기 시작했다.

그러나 유럽의 와인 산업을 송두리째 뒤흔든 포도뿌리혹벌레에 비하면 백분병은 아무것도 아니었다. 포도뿌리혹벌레는 길이가 1밀리미터 정도 되는 노란색 진딧물로 포도나무의 뿌리에 살면서 수액을 빨아먹었다. 이 진딧물의 습격을 당한 포도나무는 림프절 페스트에 걸린 사람처럼 뿌리에 혹이 생겼고 수액의 공급이 중단되면서 말라 비틀어졌다. 잎은 누렇게 변해 힘없이 떨어졌다.

암컷은 한 번에 수백 개의 알을 낳았고 7번의 여름을 거치는 동안 진딧물의 숫자는 급격히 불어났다. 포도뿌리혹벌레는 뿌리의 수액이 다하면 줄기와 잎으로 올라갔다. 포도뿌리혹벌레는 흙이나 바람을 통해 다른 포도나무로 번졌는데 포도뿌리혹벌레의 확산에 가장 기여한 것은 인간이었다. 장화나 연장, 농기구에 묻은 흙이나 관개용수가 주범이었다. 포도밭이 폐허로 변하는 속도는 포도나무의 상태나 토양에 따라 달랐다. 다른 병충해에 시달린 적이 있는 포도나무는 다른 포도나무보다 먼저 쓰러졌지만 척박한 땅에서 자라는 포도나무는 훨씬 오랫동안 버티었다. 포도뿌리혹벌레의 습격을 받은 이후로 계속 열매를 맺는 포도나무도 있었지만 대개는 몇 년 안에 수명을 다했다.

포도뿌리혹벌레는 북아메리카 동부에서 비롯된 병충해였다.

포도뿌리혹벌레에 감염된 재래 품종은 잎사귀에 붉은 혹이 생기기는 하지만 그래도 살아남는 반면에 유럽 품종은 그렇지 않았다. 17세기 유럽에서 수입된 품종이 북아메리카에서 자리를 잡지 못한 데에는 기후 못지 않게 포도뿌리혹벌레의 영향이 컸을 것이다. 유럽에서는 비니페라 품종을 워낙 높이 평가했기 때문에 미국산 포도나무를 수입할 이유가 없었다. 하지만 19세기 중반 들어 식물학에 대한 관심이 높아지면서 온갖 식물들이 대륙을 넘나들기 시작했다. 이와 같은 현상이 토착 식물군에 초래하는 위험을 지적하는 사람은 없었고 아무런 제재 조치도 시행되지 않았다.

1858년에서 1862년 사이 미국에서 유럽으로 건너온 식물들 중에는 많은 숫자의 포도나무가 포함되어 있었다. 그런데 유럽 전역—프랑스, 영국, 포르투갈, 독일의 과학 시설과 보르도, 알자스와 같은 와인 생산지—으로 퍼져 나간 이 포도나무의 뿌리에 포도뿌리혹벌레가 숨어 있었을 가능성이 크다. 영국과 프랑스 남부 지방에서 감염 사례가 처음으로 보고된 때는 1863년이었고 이로부터 10년도 안 되는 사이 프랑스 전역에서 말라 죽어가는 포도나무들이 속출했다. 론 강 남부 지역과 보르도가 첫 희생양으로 기록된 것을 보면 감염 경로가 두 곳이었던 것으로 추정된다. 1880년 무렵에는 프랑스 남부와 중부의 거의 모든 포도밭이 포도뿌리혹벌레의 습격을 받았고 1890년에는 프랑스 전역으로 확산되었다.

1868년에 결성된 위원회는 론 강 남부 지역을 조사한 후 노란색 진딧물을 범인으로 지목했다. 위원장을 맡은 자연과학자 플랑숑(Planchon)은 포도뿌리혹벌레가 참나무 잎사귀에 혹을 만드는 진딧물임을 밝히고 포도나무에서 자라는 종(種)에는 '필록세라 바스타트릭스' 즉 파괴자라는 이름을 붙였다. 당시에는 다소 극단적인 표현으로 들렸을 수도 있지만 이후 필록세라 바스타트릭스는 이름값을 톡톡히 했다.

포도 재배업자들은 처음에는 위원회의 발표를 믿지 않았다. 이들은 날씨나 토양의 탓으로 생각했고 일부 과학자들도 포도뿌리혹벌레를 문제의 원인이 아니라 결과로 간주했다. 종교계 인사들은 쓰러지는 포도나무가 신의 노여움을 나타내는 증거라고 했다. 구약성서를 보면 계명을 어길 경우 포도나무를 없애겠다는 하나님의 경고로 가득하다는 것이었다. 프랑스의 출산율이 유럽의 다른 나라들보다 급격한 속도로 추락하면서(실제로 포도뿌리혹벌레가 등장한 1860년대에는 인구가 감소하는 정도였음) 와인을 다산과 연관짓는 유서 깊은 발상이 다시 등장했다. 사람들은 이번에는 포도 농사의 실패가 불임으로 이어졌다고 생각했다.

국가적인 차원의 위원회가 조사에 착수한 1869년에야 포도뿌리혹벌레가 원인이라는 인식이 널리 확산되었지만 상황은 이미 걷잡을 수 없는 지경이었다. 프랑스의 와인 생산은 기복이 심해 1860년대와 1870년대에는 한 해 평균 생산량이 50억에서 60억 리터였다. 하지만 1880년대부터 절반으로 추락한 생산량—한 해 평균 30억 리터—은 1900년이 되어서야 회복되었다. 포도뿌리혹벌레가 습격하기 이전만 하더라도 25,000제곱킬로미터에 달했던 포도 재배 면적은 1900년에는 17,300제곱킬로미터로 3분의 1이 줄었고 그나마도 원활하게 재배가 이루어지는 땅은 얼마 되지 않았다. 1882년 2,200제곱킬로미터로 모든 지방을 통틀어 최대의 포도 재배 면적을 자랑하던 에로는 10년 뒤 900제곱킬로미터로 면적이 줄어들었다. 가르는 이보다 더 심해서 880제곱킬로미터의 5분의 4를 잃었다.

프랑스의 가장 중요한 산업이 무너지는데도 정부의 대처는 더디고 우유부단했다. 1870년 프로이센과의 전쟁이 프랑스의 패배로 끝나고 이듬해 파리에서 혁명이 일어나자 프랑스 정부는 포도나무에 주의를 기울일 여력이 없었다. 게다가 포도뿌리혹벌레가 프랑스 전역으로 확산되는 속도도 느렸다. 초기의 생산량 감소는 걱정스러운 수준이기는 해도 전례가 없는 정도는 아니었다. 1870년에 정부는 포도뿌리혹벌레 퇴치법을 개발하는 사람에게 2만 프랑을 주겠다고 약속했지만 4년 뒤에는 사태의 심각성을 깨달았는지 30만 프랑으로 올렸다.

유용한 것부터 황당무계한 것에 이르기까지 696개에 달하는 의견이 쏟아져 들어왔고 이 가운데 절반 정도가 시험을 거쳤다. 겨울 동안 포도밭을 물에 잠기게 하는 방법은 진딧물을 일시적으로 없애는 효과가 있었지만 경사지에서는 사용할 수 없다는 단점이 있었다. 토양에 뿌리는 살충제 중에서는 액체 아황산탄소의 효과가 가장 좋았지만 워낙 독해서 진딧물과 미생물은 물론 포도나무까지 죽이는 경우도 있었다. 하지만 즉각적인 해결책으로는 안성맞춤이었기 때문에 재발의 가능성이 있었지만 토양에 살충제를 뿌리는 작업이 시작되었다.

포도뿌리혹벌레에 강한 아메리카 품종의 뿌리줄기에 유럽 품종을 접붙이는 방법도 등장했지만 아메리카 포도의 '톡 쏘는'

맛을 닮으면 어떻게 하느냐는 우려가 제기되었다. 뿐만 아니라 애당초 포도뿌리혹벌레가 퍼지게 된 것이 아메리카에서 들어온 포도나무 때문이었기 때문에 그에 대한 반발심도 컸다. 수많은 양조업자들은 아메리카 품종의 수입 전면 금지를 원했다.

정부는 1878년과 1879년, 포도 재배지를 3군데로 나누어 각기 다른 대처 방법을 시행하는 법안을 통과시켰다. 피해가 가장 심각한 남부에는 프랑스 품종과 아메리카 품종을 접붙이도록 했다. 피해가 심하지 않은 중부는 아메리카 품종의 반입을 금지하고 살충제를 뿌리도록 했다. 포도뿌리혹벌레의 습격을 전혀 받지 않은 북부에는 아메리카 품종을 수입하는 데 제재를 가했을 뿐 아무런 조치를 취하지 않았다. 하지만 이러한 방법도 포도뿌리혹벌레 앞에서는 속수무책이었다. 포도뿌리혹벌레는 거의 모든 장애물을 극복하며 번식했고 정부의 시책은 효과를 거두지 못하는 경우가 태반이었다. 살충제를 뿌려도 효과가 일시적이었고 정부가 제시한 방법들이 성공하려면 모든 포도 재배업자의 협조가 필요했다. 한 포도밭이라도 지침을 따르지 않으면 그 일대 전체가 재감염의 위험에 놓였다.

1881년 보르도에서 열린 국제회의는 접붙이기를 최상의 포도뿌리혹벌레 퇴치법으로 선택했다. 이에 따라 접붙이기가 대대적으로 실시되었고 1900년에는 프랑스 포도밭의 3분의 2가 뿌리만 아메리카 품종인 프랑스 품종으로 바뀌었다. 시행 초반기에 규모가 작은 포도밭의 참여율은 저조했다. 비용 부담도 만만치 않을 뿐 아니라 포도나무를 다시 심으면 수확에 차질이 생기기 때문이다. 아메리카 포도의 맛을 닮으면 어떻게 하느냐는 걱정은 기우로 밝혀졌지만 일부 지방에서는 막무가내로 접붙이기를 거부했다. 부르고뉴에서는 접붙이기를 금지하다 대세에 밀려 1887년, 허용하는 쪽으로 방침을 바꾸었다.

하지만 이 방법에는 부작용이 따랐다. 접붙이기를 위해 수입한 아메리카 품종이 노균병(露菌病)을 퍼트리는 바람에 수확량이 감소하고 와인의 맛이 묽어졌던 것이다. 보르도 과학청은 잽싸게 치료법을 개발하여 황산구리와 석회 혼합액을 감염된 포도나무에 뿌렸다.

프랑스의 와인 산업이 흉년 속에서 허덕이는 동안 와인의 가격은 치솟았고 수입 건포도 등 다른 재료로 와인을 제조하는 방법이 등장하기에 이르렀다. 1880년에 발간된 『건포도로 와인 만드는 기술』은 눈 깜짝할 사이에 쇄를 거듭했다. 건포도로 만든 와인(가끔 랑그 도크의 값싼 레드 와인을 섞기도 했음)은 1890년 프랑스 와인 소비량의 10분의 1 이상을 차지했다. 프랑스는 알제리와 북아프리카 식민지에 포도밭을 늘려 나가기 시작했고 두 곳의 포도 재배 면적은 1880년에서 1900년 사이에 20배로 증가했다.

프랑스가 가장 큰 피해자이기는 했지만 포도뿌리혹벌레는 유럽 전역과 전 세계의 와인 시장에 영향을 미쳤다. 접붙이기를 위해 대거 수입된 아메리카 품종은 감염이 되지 않았던 지역에 포도뿌리혹벌레를 퍼트리는 역할을 했다. 에스파냐, 이탈리아, 그리스 등 남유럽의 수많은 포도밭이 폐허로 번했고 아메리카 품종을 구입할 여력이 안 되는 농가의 포도밭은 대부분 다시는 예전 모습을 회복하지 못했다. 이탈리아, 에스파냐, 포르투갈은,

프랑스가 포도뿌리혹벌레의 희생양이 된 덕분에 잠깐 특수를 누렸지만 곧 이어 프랑스와 똑같은 전철을 밟았다. 포도뿌리혹벌레가 에스파냐에 처음 나타난 때는 1878년이었고 첫 피해 지역은 '마운틴'으로 유명한 말라가 남부였다. '마운틴'은 19세기 전반 동안 영국과 미국에서 인기를 누린, 달콤한 맛의 주정 강화 와인이었다. 하지만 1800년대 후반 들어 셰리주와 포트 와인에게 시장을 빼앗기면서 드라이 와인 쪽으로 맛이 바뀌었다. 포도뿌리혹벌레가 말라가의 와인 산업에 미친 영향은 치명적이었다. 1891년까지 포도나무의 90퍼센트가 쓰러졌고 나머지도 거의 대부분 감염이 된 상태였다. 말라가의 경쟁 지역인 헤레스도 1894년 타격을 입는 등 다른 지역도 비슷한 양상이었던 것을 보면 일을 찾아 나선 말라가의 노동자들을 통해 포도뿌리혹벌레가 퍼진 것으로 추정된다.

포도뿌리혹벌레가 이탈리아의 골칫거리로 떠오른 것은 1880년대부터였다. 이탈리아의 포도밭은 서로 듬성듬성 떨어져 있고 뿌리 주변의 땅을 단단하게 다지는 이탈리아 특유의 재배법 때문에 포도뿌리혹벌레가 뿌리 깊숙한 부분까지 접근하기가 어려웠다. 하지만 포도뿌리혹벌레는 서서히 주변으로 확산되었고 1888년에는 정부가 관련 법안을 제정하기에 이르렀다. 이탈리아와 에스파냐는 후발 주자의 이점을 살려 프랑스의 교훈을 재빨리 받아들였다. 이탈리아의 감염 속도는 프랑스보다 훨씬 더디었고 1912년 무렵 45,000제곱킬로미터의 포도밭 가운데 포도뿌리혹벌레의 피해를 입은 면적은 5,000제곱킬로미터가 조금 넘는 수준이었다.

포도뿌리혹벌레는 유럽의 포도밭을 갉아먹는 한편 다른 대륙으로까지 마수를 뻗었다. 캘리포니아에서는 1873년에 포도뿌리혹벌레가 기승을 부렸는데 그 원인이 된 것이 프랑스산 비티스 비니페라인지 아메리카산 콩코르드인지는 확실히 알 수 없다. 1880년 무렵에는 소노마에서만 2.4제곱킬로미터의 포도밭이 포도뿌리혹벌레로 인해 폐허가 되었지만 증거—시들어 가는 포도나무—가 뚜렷한데도 불구하고 포도 재배업자들은 병충해의 심각성을 인정하지 않았다. 1900년에 내퍼 밸리에서 제대로 수확을 거둘 수 있는 포도밭은 8제곱킬로미터에 불과했고 1915년에는 지난 수십 년 동안 피해를 입은 포도밭이 최소한 1,012제곱킬로미터에 달한다는 조사 결과가 나왔다. 1870년대에 오스트레일리아에 상륙한 포도뿌리혹벌레는 먼저 빅토리아를, 10년 뒤에는 뉴사우스웨일스를 공격했다. 피해를 입은 포도나무를 완벽하게 제거하라고 강조했던 빅토리아 주 정부는 포도밭의 숫자가 급격하게 감소하는 것을 보고 다른 지역에 뒤지지 않기 위해서 접붙이기를 권장했다. 사우스오스트레일리아는 포도나무 보호를 위해 철저한 검역을 실시했다.

전 세계의 와인 생산지는 차례로 포도뿌리혹벌레 앞에 무릎을 꿇었다. 대부분은 포도밭의 면적이 줄어드는 것을 감수하고 접붙이기로 사태를 극복했다. 하지만 일부는 예전의 모습을 되찾지 못했다. 페루의 와인 산업을 예로 들면 포도뿌리혹벌레에 감염된 이후 오랫동안 내리막길을 걷다 1970년대에 들어서야 17세기와 18세기의 영광을 재현하려는 움직임을 보이기 시작했다. 아이러니컬하게도 페루의 이웃사촌인 칠레는 포도뿌리혹벌레의 피해를 전혀 입지 않았다. 칠레는 포도뿌리혹벌레가 습격하기 이전인 1851년에 유럽 품종을 수입했기 때문에 피해를 입지 않을 수 있었던 것이다. 고립된 지역이라는 지리적 조건 덕분일 수도 있겠지만(뉴질랜드 역시 고립된 지역이었지만 포도뿌리혹벌레를 피하지 못했음) 칠레의 토양과 관개 방식 덕분일 수도 있다.

포도뿌리혹벌레의 창궐은 세계 와인 산업을 송두리째 뒤흔든 충격이었고 무분별한 동물·식물의 반입이 환경에 미치는 영향을 단적으로 보여 주는 호된 교훈이었다. 접붙이기라는 대응책이 개발되지 않았더라면 비니페라 품종은 자취를 감추었을지도 모른다. 포도뿌리혹벌레가 와인의 생산과 무역에 미친 타격은 19세기 중반까지 이어져 내려온 소비 양상을 변화시키는 데 이르렀다.

약간의 과장을 섞어 이야기하자면 와인의 역사는 포도뿌리혹벌레 이전과 이후로 나뉜다. 포도뿌리혹벌레는 포도 재배와 와인 생산의 단기적인 측면과 장기적인 측면, 양쪽 모두에 지대한 영향을 미쳤다. 단기적으로 보자면 와인의 위조가 더욱 극성을 부렸고 엄격한 관리하에 생산되는 와인의 가치가 한층 높아졌다. 그리고 일부 포도밭의 소멸과 소유권 이전, 변종의 확산으로 이어졌다.

포도뿌리혹벌레가 와인 산업에 미친 가장 직접적인 영향은 포도 재배 면적과 와인 생산량의 감소였다. 와인 무역상들은 유럽의 다른 나라와 북아프리카에서 수입한 와인에 프랑스 와인을 섞었다. 1880년대에는 이탈리아, 에스파냐, 포르투갈에서 수입된 수억 리터의 진한 레드 와인이 묽은 프랑스 와인을 보완하는 역할을 했다. 아프리카의 프랑스 식민지에서 수입된 양은 이보다 많았다. 알제리의 경우에는 포도 재배 면적이 1872년 170제곱킬로미터에서 1890년 1,100제곱킬로미터로 6배가 늘었다. 포도뿌리혹벌레 때문에 남아메리카의 와인 산업이 침체기로 접어들었다면 남아프리카의 와인 산업은 부흥기를 맞이했다.

건포도로 빚은 와인 생산도 대규모로 이루어졌다. 건포도에 뜨거운 물을 붓고 발효시키면 알코올 도수 10 정도의 와인이 되는데 그냥 마시거나 랑그 도크산 레드 와인과 섞어서 마셨다. 1880년대와 1890년대에는 수십 억 톤의 건포도로 만든 와인이 생산되었던 것으로 추정되며 1880년대 초반에는 전체 와인 판매량의 6퍼센트, 1890년에는 10퍼센트를 건포도로 만든 와인이 차지했다. 중개업자들은 양을 늘리기 위해 물을 섞거나 포도가 아닌 다른 재료를 써서 와인을 위조하는 경우가 다반사였다. 공급 부족으로 가격이 치솟으면서 와인을 마시기가 부담스러워진 소비자들은 맥주나 증류주 등 대용품으로 시선을 돌렸다.

위에서 말한 여러 가지 문제점들이 복합적으로 작용한 지역으로는 알자스를 꼽을 수 있다. 1871년 프로이센이 프랑스와의 전쟁에서 승리를 거두면서 로렌과 함께 독일에 합병된 알자스는 독일의 와인 생산지가 되었다. 그러나 어마어마한 가능성—독일 와인 생산량의 5분의 2를 차지했다—에 놀란 다른 지방 양조업자들의 압력 때문에 알자스는 포도뿌리혹벌레에 신속하게 대처하지 못했고 포도나무를 모조리 불사르는 것은 물론 10년 동안 포도 농사를 짓는 것을 금지당했다. 10년 뒤 포도 농사를 다시 시작한 이후에도 비옥한 산비탈이 아닌 평지에 알자스의 대명사였던 리슬링 대신 변종을 심어야 했다. 알자스는 독특한 고급 와인을 생산하던 지방에서 블렌딩에나 적합한 평범한 와인을 생산하는 지방으로 전락했다. 1909년에는 설탕을 넣거나 도수를 높여도 된다는 허락이 떨어졌다. 하지만 4년 동안의 전쟁 끝에 다시 프랑스의 영토가 된 1918년에 알자스 와인의 수준은 19세기 중반 이전에 와인 생산을 시작한 다른 지역 와인에 비하여 한참 떨어졌다.

와인은 세계적으로 유통되는 생활 필수품이었으니 만큼 유럽의 참사는 멀리 캘리포니아에까지 영향을 미쳤다. 영국과 미국의 사업가들이 캘리포니아에 지대한 관심을 보이며 한 와인 회사에 50만 달러라는 어마어마한 금액을 투자하기에 이른 것이다. 폐허가 된 유럽의 포도밭을 떠올리며 희망에 부푼 캘리포니아 와인 생산업자들의 모습은 1879년 어느 포도 재배업자의 주장에서 여실히 드러난다.

앞으로 50년 뒤면 캘리포니아 포도를 미국 곳곳에서 만날 수 있을 것이다. 서반구 전역으로 캘리포니아 건포도가 공급될 것이다. 지구촌의 모든 사람들이 캘리포니아 와인을 마시게 될 것이다. 황금빛 해안, 화창한 기후, 포도나무가 무성한 언덕과 들판……캘리포니아는 세계적인 와인 생산지가 될 것이다.

50년 뒤인 1929년의 상황은 이 포도 재배업자가 제시한 청사진과 거리가 멀었지만(1929년은 주가 폭락으로 대공황이 시작된 해임) 1879년 당시로서는 예측하기 힘들었을 것이다.

좀더 장기적인 관점에서 보자면 포도뿌리혹벌레의 습격은 프랑스 포도 재배 산업의 구조 조정으로 이어졌다. 이후로 수많은 포도나무가 수확량이 많은 새로운 품종으로 대체된 덕분에 전반적인 생산량은 19세기 말까지 꾸준히 증가했다. 1880년과 1920년 사이 프랑스의 평균 와인 생산량은 1헥타르당 1,350리터에서 3,860리터로 3배 가까이 뛰었다. 1880년대에는 프랑스 시장에서 유통되는 와인의 양이 34억 리터에 불과했지만 1900년에는 2배도 넘는 71억 리터가 시장으로 쏟아져 들어왔다. 프랑스의 인구 증가 속도가 느렸던 점을 감안하면 한 사람에게 돌아가는 양 또한 2배로 늘어난 셈이었다.

포도 재배 면적의 감소를 상쇄하고도 남을 만한 생산량의 증가와 값싼 운송 수단의 등장은 공급의 과잉과 가격의 하락으로 이어졌다. 포도뿌리혹벌레 확산 이후 100리터당 최고 36프랑이었던 프랑스 와인의 가격은 1906년 들어 15프랑으로 떨어졌다. 이로 인해 가장 충격을 받은 지방은 포도 농사가 유일한 수입원인 미디였다. 비용 부담 때문에 아메리카 품종과 접붙이기를 할 수 없었던 영세 포도 재배업자들은 대부분 땅을 등진 채 도시로 향했고 새로 발전한 산업의 노동자 대열에 합류했다.

백분병과 포도뿌리혹벌레로 인해 품종의 변화가 생기자 영국의 부유층으로 대변되는 소비자들은 프랑스 와인의 품질을 의심하기 시작했다. 유명 와인의 재료로 꼽히던 옛날 품종은 사라지고 이제는 새로운 품종이 그 자리를 대신하고 있었다. 설상가상으로 새로운 품종의 뿌리 부분은 아메리카 품종이었다. 그러므로 부르고뉴와 보르도의 고급 와인에 아메리카산 와인의 맛이 섞이는 것은 아닌지 의심을 사고도 남을 만했다. 이와 같은 발상의 배경에는 미국을 낮추어 생각하는 영국인의 속물 근성이 깔려 있었다. 고귀한 유럽 포도나무를 아메리카 품종과 접붙인 것은 영국인들이 보기에는 1936년에 영국의 왕이 미국인 이혼녀와 결혼한 사건만큼이나 받아들일 수 없는 일이었다. 여기에 살충제 성분이 와인에 남아 있을지도 모른다는 두려움이 더해지면서 프랑스 와인의 입지는 날이 갈수록 좁아졌다. 영국인들은 스카치 위스키에서 위안을 찾았고 프랑스 와인은 제2차 세계대전 이후 재부흥기를 맞이할 때까지 기다려야 했다.

19세기가 20세기로 바뀔 무렵 프랑스의 와인 생산업자들은 4중고―과잉 생산, 가격 하락, 수출 시장 붕괴, 공공연한 위조·변조 행위―에 시달리고 있었다. 중개업자들은 고급 와인과 저급 와인의 블렌딩을 멈추지 않았고 포도뿌리혹벌레가 창궐하던 시절에 기승을 부리던 위조 와인은 진품 와인의 공급량이 넉넉해진 뒤에도 자취를 감추지 않았다. 랑그 도크를 중심으로 한 프랑스의 와인 생산업자들은 정부가 과감한 조치를 취할 것을 촉구했지만 헛수고였다. 1905년에 오드 주민들은 포도 재배업자 마르슬랭 알베르(Marcelin Albert)의 주도하에 다음과 같은 진정서에 서명했다.

아래에 기록된 서명 인단은 요구가 관철될 때까지 세금의 납부를 거부하고 정부 관리의 사임을 요구하며 미디와 알제리의 모든 주민들도 "자연산 와인이여 영원하라! 범법자는 물러가라!"라는 외침에 동참할 것을 촉구한다.

알제리에서 수입되는 와인에 대해 반감을 갖거나(알제리 와인은 프랑스 와인으로 간주되었음) 과잉 생산을 문제시하는 사람은 없었다. 위에서 등장한 표어는 와인 위조업자들을 겨냥한 것이었다. 1907년에 정부가 결성한 위원회에서도 와인 산업의 침체 이유가 과잉 생산 때문임을 파악하지 못했다. 19세기 후반 들어 감소한 포도 재배 면적에만 주의를 기울였을 뿐 증가한 와인 생산량 문제는 간과했던 것이다.

민생고를 해결해 주지 못하는 정부를 보고 좌절한 랑그 도크의 포도 재배업자들은 시위를 시작했다. 1907년 4월, 5월, 6월, 3개월 동안 일요일마다 벌어진 가두 행진은 날이 갈수록 규모가 커지더니 6월 2일 넘에서는 약 30만 명이, 그로부터 1주일 뒤 몽펠리에에서는 60만 명 이상이 시위에 참가했다. 그때마다 마르슬랭 알베르는 프랑스 혁명이 일어났을 때와 비슷한 분위기를 조장하며 "포도 재배업 보호를 위한 공동 대책 마련 위원회"의 결성을 촉구했다. 이러한 움직임은 각 지방의 시장들에게 지대한 영향을 미쳤고 6월 중순으로 접어들면서 이들 가운데 절반이 사임했다.

정부는 위조 와인을 제조하는 데 반드시 들어가는 설탕에 부과되는 세금을 높이는 한편 시위대를 무력으로 진압했다. 알베르를 비롯한 지도급 인사들에게 구속영장이 발부되었고 동요를 보인 지역에 군대가 파견됐다. 1907년 6월 19일, 양측간의 충돌이 빚어진 나르본에서는 시위대 5명이 목숨을 잃었다. 다음 날이 소식을 들은 페르피냥의 동조자들은 파리 당국의 상징인 시청에 불을 질렀다.

하지만 폭동은 오래가지 않았다. 각 지방에서 차출한 군대를 믿을 수 없었던 정부가 몇 걸음 양보했기 때문이다. 랑그 도크의 성질 급한 포도 재배업자들을 달래기 위해 1907년 6월 29일에 정부는 서둘러 새로운 법률을 제정했다. 정부는 새로운 법률에 따라 포도 수확량과 와인 재고량(창고나 저장실에서 숙성중인 고급 와인까지 포함한 수치임)의 연례 보고를 양조업자의 의무 사항으로 정했다. 이는 해마다 시장으로 유입되는 와인의 양을 파악하기 위해서였다. 그리고 위조 와인 산업에 타격을 주기 위하여 와인 제조에 쓰이는 설탕의 양에 상한선을 정했고 와인 위조에 쓰이는 재료의 판매를 금지했다. 이후 몇 달에 걸쳐 와인 매매를 관리하는 법률이 제정되었고 와인 위조를 근절시키기 위한 기관이 만들어졌다. 1907년 9월에는 와인을 "신선한 포도 혹은 신선한 포도즙을 발효시켜 만든 술"로 규정하는 조항이 만들어졌다. 정부는 와인 재고량을 처리하기 위하여 1908년에 200만 프랑 상당의 와인을 매입한 뒤 병사들에게 지급했다.

과잉 생산이라는 근본적인 문제점을 무시한 채 품질 개선에만 초점을 맞추었다는 아쉬움이 있지만 이 법률에는 중요한 의미가 있다. 와인의 생산과 매매를 법으로 규제한 나라는 예전부터 많았지만 정부 차원에서 체계적이고 실효성 있는 가이드 라인을 제시한 것은 20세기 초반부터였다. 이 방면의 선두 주자였던 프랑스는 여러 가지 측면에서 많은 나라의 본보기가 되었다.

와인 생산지의 경계선을 정하는 법률도 잇따라 제정되었다.

프랑스 정부는 1908년부터 샴페인, 코냑, 보르도, 아르마냑과 같은 유명한 술을 생산할 수 있는 지역에 제한을 두기 시작했다. 이것이 바로 '아펠라시옹 콩트롤레' 제도의 효시인데 이 제도는 와인뿐 아니라 치즈 등 여러 가지 제품에 적용되는 복잡한 규정이다. 자세한 설명은 다음 장을 참고하기 바란다.

와인의 생산을 허가받지 못한 지역의 항의는 불을 보듯 뻔한 일이었고 얼마 후 샴페인을 놓고 대규모 충돌이 일어났다. 원산지 표기 규제법에 따르면 샴페인은 마른과 엔에서 재배된 포도로 만들어야 했다. 오브의 포도밭은 제외된 것이다. 이것은 오브의 주도인 트루아가 샹파뉴의 중심 도시였던 것을 감안하면 오브의 입장에서는 일종의 모욕이었다. 또한 19세기 중반 이후로 오브에서 생산된 화이트 와인이 마른의 샴페인 양조장에서 블렌딩용으로 쓰여 왔던 관행을 무시한 처사였다. 오브의 양조업자들은 랑그 도크의 전철을 따라 1911년 폭동을 일으켰고 정부는 오브를 '2차 생산지'로 지정하는 선에서 백기를 들었다.

한편 마른의 양조업자들은 다른 지역에서 생산된 와인을 섞어서 판매하는 중개업자들을 상대로 전쟁을 선포했다. 이들은 1910년 12월에서 1911년 4월 사이 위조 와인의 진원지로 의심되는 저장실을 차례로 습격하여 찌꺼기 제거용 선반 위에 놓여 있던 병들을 부수었다. 이 사건으로 인해 못 쓰게 된 샴페인은 수십 만 리터에 달했다. 다시 한 번 군대가 파견되었지만 양조업자들과 심각한 충돌을 빚지는 않았고 관련 법률이 제정된 뒤로 폭동은 가라앉았다.

프랑스의 와인 규제 시스템은 포도뿌리혹벌레가 휩쓸고 간 충격이 사라지고 생산업자들이 수요와 공급의 균형을 맞추기 위해 애를 쓰던 1900년대 초부터 서서히 등장하기 시작했다. 앞에서도 살펴보았지만 이 과정에서 정부가 능동적인 역할을 했다기보다는 와인 생산업자들의 압력에 못 이겨 관련 법률을 제정하는 식이었다. 와인 생산업자들이 보기에 와인 위조는 와인의 품질이나 명성, 소비자 보호와 관련 있는 문제일 뿐 아니라 생계를 위협하는 것이었다. 포도뿌리혹벌레 때문에 수천 명의 포도 재배업자들이 농사를 포기한 상황에서 살아남은 이들은 그 어느때보다도 생업을 지키겠다는 의지가 투철했다.

1910년과 1911년 사이에 샹파뉴를 둘러싸고 벌어진 소동이 진정세에 접어든 것도 잠시였다. 이 지역은 다시 전쟁의 화염에 휩싸였다. 1914년은 여름 내내 날씨가 화창해서 풍년이 예상되는 해였다. 군대로 끌려간 수천 명의 포도 재배업자와 와인 생산업자들은 8월쯤이면 고향으로 돌아가서 포도를 따고 있을 모습을 상상했다. 하지만 이들의 바람과는 달리 수확은 부녀자와 노약자의 몫으로 돌아갔다.

기대했던 것처럼 1914년의 포도 농사는 대풍이었다. 와인 생산량은 60억 리터로 전년도와 비교했을 때 50퍼센트 가까이 늘어난 양이었다. 애국심이 투철하고 이재에 밝은 랑그 도크의 양조업자들은 부상병의 사기진작을 위해(그리고 빠른 회복을 위해) 와인 2천만 리터를 군 병원에 기증했다. 와인을 실은 배가 랑그 도크를 떠났을 무렵 수많은 목숨을 앗아간 대규모 전투가 연달아 일어나서 희망적인 분위기에 찬물을 끼얹었고 서부 전선은 소모전의 양상으로 돌입했다.

군인들에게 와인을 지급하는 것은 오랜 관행이었지만 19세기 들어 알코올의 효과를 놓고 우려가 제기되면서 제동이 걸렸다. 1900년대 초 여러 나라의 군대에서는 음주가 작전 수행에 영향을 미치는지 알아 보기 위해서 여러 차례 실험을 했다. 독일에서는 16일 동안 36,000회 총기를 발사한 병사들을 대상으로 조사한 결과 음주가 명중률에 별다른 영향을 미치지 않았다고 밝혔다. 그것은 아마도 마신 술의 양이 얼마 되지 않은 덕분이었을 것이다. 프랑스 군 당국은 좀더 현실적인 알코올 규제 방식을 택했다. 술을 마신 병사와 마시지 않은 병사를 비교하기보다는 맥주와 와인을 비교하여 와인 쪽이 그나마 낫다는 결론을 내린 것이다.

프랑스 군대에 지급되는 와인은 소량에 불과했고 병사들은 주둔지의 여건이 허락하는 한도 내에서 와인을 직접 사 마실 수 있었다. 하지만 랑그 도크의 와인 선물을 계기로 전시 내각은 병사들에게 와인을 정기적으로 지급하기 시작했다. 1914년 당시 0.25리터였던 배급량은 1916년이 되자 0.5리터로 늘어났다. 1918년에는 장교의 재량에 따라 휘하 부대에 0.25리터 추가 지급이 이루어졌고 병사들은 0.25리터까지 할인된 가격으로 구입할 수 있었다. 따라서 프랑스 병사들은 하루 1리터까지 합법적으로 와인을 마실 수 있었던 셈인데 불법적으로 양을 늘릴 수 있는 방법은 얼마든지 있었다(군 당국은 증류주 밀수를 막기 위해 끊임없는 전쟁을 치렀음). 최전방에 배치된 프랑스 군이 1917년 한 해 동안 소비한 와인의 양은 120억 리터였고 이듬해 전쟁이 끝나지 않았더라면 이 수치는 160억 리터로 늘어났을 것이다. 와인 수급을 위해 동원된 전차병만 하더라도 수천 명에 달했다.

공급의 감소로 가격이 상승하면서 정부가 와인 구입에 들이는 비용도 늘어났다. 1914년에 보낸 선물은 두둑한 보답으로 되돌아왔다. 랑그 도크의 양조업자들은 와인 징발로 상당한 이익을 챙겼다. 하지만 정부가 고급 와인을 구입하는 데 인색했기 때문에 보르도와 부르고뉴의 양조업자들은 생산비에도 못 미치는 가격으로 납품하는 것을 받아들여야 했다.

프랑스 군에 지급되는 와인은 사실상 전부 레드 와인이었다. 레드 와인이 화이트 와인에 비해 남성적이고 병사들의 피를 끓게 하며 용기를 불어넣어 준다고 생각했기 때문이다. 아이러니컬하게도 값싼 와인을 가리키는 영어 단어 '플롱크(plonk)'를 만들어 낸 것은 오스트레일리아 군이었다. 이는 화이트 와인을 가리키는 '뱅 블랑(van blanc)'이 '밴 블롱크(van blonk)'로 와전되면서 생겼는데, 이것을 보면 오스트레일리아 군은 프랑스 군과 달리 화이트 와인을 마셨던 듯하다. 전쟁이 막바지로 치달을 무렵 프랑스의 군 일간지 『전선의 메아리(*The Echo of the Trenches*)』는 승리의 주역 가운데 하나로 와인을 꼽았다.

물론 최고의 공신은 뛰어난 장교들과 용감무쌍한 병사들이다. 그러나 이들이 끝까지 포기하지 않은 것은, 이들에게 기개와 용기와 불굴의 의지와 담대함을 선물하고, 우리가 이긴다는 굳은 확신을 불어넣은 것은 플롱크(와인)였다.

이것은 와인 반대론자들의 주장을 한 방에 때려눕히는 근거가
되었다. 와인은 이제 알코올 중독과 도덕적인 타락뿐 아니라 전
쟁의 위기에서까지 나라를 구하는 영웅으로 떠올랐다.

하지만 프랑스의 양조업자들만으로는 군 수요를 감당하기가
힘들었다. 1914년은 대풍년이었지만 이듬해의 와인 생산량은
1914년의 3분의 1에 불과한 20억 리터였다. 포도나무들은 습한
날씨 때문에 다양한 병충해에 시달렸고 제대로 돌볼 일손이 부
족했다. 주요 운송 수단이었던 말은 물론이고 기타 포도 농사에
필요한 농기구를 구하기가 날이 갈수록 어려워졌다. 알제리도
상황은 비슷했고 프랑스의 수요(군 수요와 일반 수요 모두)는 이
탈리아와 에스파냐에서 대거 수입한 와인으로 충당하는 수밖에
없었다. 1916년과 1918년에는 상황이 조금 나아졌지만(각각 40
억 리터를 기록했음) 그래도 아직 부족했다. 1917년 전장에서 소
비된 12억 리터는 1916년 생산량의 3분의 1을 차지하는 양이었
다. 공급 부족은 가격 상승으로 이어졌다. 1914년에는 1리터당
20상팀이었던 가격이 1918년에는 1프랑 10상팀으로 뛰었다.

제1차 세계대전이 포도 농사에 미친 영향은 상당히 컸다. 전
시에 유럽 국가들은 군수 산업에 자원과 노동력을 집중시키기
위하여 술의 생산을 줄였고 노동력의 효율성을 높이기 위하여
술의 소비를 줄였다. 영국에서는 주점의 영업 시간을 단축시켰
고 맥주에 물을 섞었다. 이와 비슷한 조치를 취하기는 모든 교전
국이 마찬가지였다. 캐나다에서는 한 곳을 제외한 모든 주에서
1916년이나 1917년부터 금주법이 실시되었고 퀘벡은 1919년,
이러한 흐름에 동참하여 증류주의 판매를 금지했다. 전시 정책

의 실효성이 어느 정도였는지 알 수는 없지만 전쟁이 끝난 이후 출간된 어느 책에 따르면 적어도 영국에서만큼은 독일보다 끈질기게 버티는 "국가적인 차원의 효과"를 보였다.

침략군이 포도밭과 농경지를 쑥대밭으로 만들고 지나갔던 30년 전쟁 같은 기존의 전쟁과는 달리 제1차 세계대전 때 북유럽에서는 침략군이 점령지에 주둔하는 양상으로 전쟁이 진행되었다. 서부 전선은 1914년 12월 교착 상태에 빠진 뒤로 4년 동안 거의 변화가 없었다. 그러나 가장 격렬한 전투가 수 차례 벌어졌던 샹파뉴에서는 수백 헥타르에 달하는 포도밭이 폐기되었다. 전쟁중에는 그렇다 치고 전쟁이 끝난 뒤에도 포도 농사를 짓지 못한 이유는 불발탄이 곳곳에 방치되어 있었기 때문이다. 그러나 샹파뉴의 포도 재배업자들은 목숨을 걸고 수확을 했고 독특한 와인을 꾸준히 생산했다. 샹파뉴가 전쟁 원년에 20세기 최대의 수확량을 기록할 수 있었던 것도 사실은 전쟁 덕분이었다. 전쟁 때문에 어떤 포도는 덜 익어서 신맛이 강하고 또 어떤 포도는 너무 익어서 단맛이 강할 만큼 다른 해보다 마구잡이로 수확을 했던 것이다.

전쟁이 프랑스 와인 생산에 미친 영향은 의외로 심각하지 않았지만 노동력의 부족과 자원의 분산으로 인해 포도밭은 제대로 된 관리를 받지 못했다. 1915년에 전쟁에 뛰어든 이탈리아도 비슷한 상황이었지만 에스파냐와 포르투갈은 전쟁의 영향을 거의 받지 않았다. 영국으로 와인을 꾸준히 수출한 포르투갈은 1916년부터 '포트 와인'과 '마데이라'의 명칭 사용권을 독점했다. 이것은 원산지명을 보호하는 데 한 단계 더 나아간 발전된 조치였다. 그러나 와인 무역은 제1차 세계대전으로 인해 많은 타격을 입었다. 전쟁이 계속되는 동안 프랑스와 이탈리아 와인은 독일과 합스부르크 제국으로의 수출길이 막혔다. 1917년에 혁명이 일어난 러시아에서는 왕실과 귀족 계급과 더불어 샴페인 수출 시장의 10분의 1이 사라졌다. 와인보다는 보드카와 맥주를 즐기는 볼셰비키에게 시달리던 차르로서는 1916년 샴페인을 싣고 러시아 왕실로 향하던 선박이 독일 잠수함에게 격침당했다는 소식을 듣고 아쉬움을 금할 수 없었을 것이다. 당시 바다에 가라앉았던 샴페인—1907년산 에드식이었다—는 1998년에 무사히 인양되었다.

1914년에서 1918년까지 계속된 제1차 세계대전이 와인에 끼친 영향은 세계적이었고 심지어는 유럽에서 가장 멀리 떨어진 뉴질랜드까지 파급 효과가 미쳤다. 뉴질랜드 포도 농사의 주역은 달마치야 출신들이었는데 달마치야는 1918년까지 오스트리아 제국의 영토였다. 즉 영국의 적국이었던 것이다. 1914년 뉴질랜드의 어느 의원은 달마치야인이 생산한 "오스트리아 와인"을 본 적은 없지만 "사상 최악의 음료일 게 분명"하며 "마시는 사람을 타락과 풍기 문란과 정신 이상의 구렁텅이로 몰아 넣는 와인"으로 유명하다고 주장했다. 뉴질랜드 정부는 '인격 검증'을 거친 양조업자들에게만 인가를 내주겠다는 방침을 발표했다. 이와 같은 정책과 더불어 전쟁 기간 동안 수많은 달마치야인들이 억류당하면서 뉴질랜드 양조업자의 숫자는 1913년 70명에서 2년 뒤에는 35명으로 줄어들었다.

전쟁이 종결되자마자 전 세계의 와인 생산지는 옛 영광을 되찾으려 했지만 상황이 이미 달라진 뒤였다. 프랑스에서는 전쟁으로 인해 한 세대의 남성 인구가 격감했다. 마을 광장의 전쟁 기념비에 새겨진 이름들은 전사자의 명단일 뿐만 아니라 포도를 재배하고 와인을 재배할 노동력의 상실을 의미했다. 이때까지만 하더라도 와인 제조업은 노동 집약형 산업이었기 때문에 일손이 부족할수록 회복 속도가 더딜 수밖에 없었다.

독일의 와인 제조업은 전쟁으로 인해 심각한 타격을 받았고 전쟁 이후 포도 재배 면적은 감소 일로를 걸었다. 20세기 초반 1,200제곱킬로미터에 달했던 독일의 포도 재배 면적은 1913년 무렵 1,020제곱킬로미터로, 제1차 세계대전과 제2차 세계대전 중간에는 700-750제곱킬로미터로 줄어들었다. 알자스를 프랑스에 빼앗긴 것도 이와 같은 추세에 한몫 거들었다. 포도 재배 면적이 감소하는 속도가 워낙 빨랐기 때문에 양조업자들이 1920년대에 겪은 어려움은 와인의 역사의 뒤안길로 묻혀 버렸다. 론 강 서안의 주요 와인 생산지는 전쟁이 끝나고 10년 동안 프랑스 군의 지배를 받았고 마음대로 와인을 내다 팔 수가 없었다. 1920년대에 독일이 겪은 경제적 난국은 기타 생활 용품과 더불어 와인의 수요에 많은 영향을 미쳤다. 1923년에 있었던 인플레이션은 마르크화를 무용지물로 만들었고 수많은 중산층의 몰락으로 이어졌다. 게다가 베르사유 조약에 따라 독일은 매년 2,600만 리터의 프랑스 와인을 무관세로 수입해야 했다. 값싼 와인의 대량 유입은 독일의 와인 산업을 송두리째 흔들었고 많은 포도 재배업자들이 농촌을 떠났다. 독일의 와인 생산업자들은 1930년대로 접어들면서 여러 제약을 벗어날 수 있었지만 불황과 나치의 출현이 이들을 다시 옭아맸다.

독일과는 정반대로 전후 프랑스는 포도 재배업의 일대 부흥기를 맞이했다. 1924년의 포도 재배 면적은 500제곱킬로미터 가까이 증가했고 19세기 말 이후로 내리막길을 걸었던 파리 인근을 중심으로 수많은 변종 포도나무가 심어졌다. 남부에서 가장 눈부신 성장을 보인 랑그 도크의 포도 재배 면적은 1920년에서 1930년 사이에 1,700제곱킬로미터에서 2,700제곱킬로미터로 증가했다. 이에 발맞추어 와인 생산량도 늘어났고 1922년 72억 리터라는 놀라운 수치를 기록한 이래 1920년대가 저물 때까지 한 해 평균 60억 리터를 생산했다. 이와 더불어 수십 억 리터의 알제리 와인이 프랑스 시장으로 유입되었다. 와인의 주 소비층인 청년층 인구가 감소했는데도 1904년 당시 103리터였던 프랑스의 1인당 와인 소비량은 한 해 평균 136리터로 뛰었다. 1914년 이전에는 대부분 사과주와 증류주를 마시다 전쟁 기간 동안 와인에 길들여진 참전군인들 덕분이었다.

국내 소비량이 증가했음에도 불구하고 수출 시장이 위축되거나 사라졌기 때문에 프랑스의 와인 시장은 공급 과잉 현상을 보였다. 러시아 황실, 오스트리아의 합스부르크 가, 독일 왕실의 붕괴와 세 나라 특권층이 겪은 사회적 · 경제적 어려움으로 인해 프랑스의 고급 와인은 수많은 고객을 잃었다. 제1차 세계대전 이후로 벨기에에서 와인의 인기가 높아졌지만 시장 자체가 소규모인 데다 맥주가 주류였다. 미국은 1920년부터 금주법을 실시했다. 영국의 와인 수요는 1929년 대공황이 시작된 이후 큰 폭으로 하락했다. 영국 병사들은 전쟁 기간 동안 프랑스 와인에 맛을 들였다 하더라도 비싼 가격이 걸림돌이 되었다. 대영 제국에 유리하게 적용되는 수입 관세 때문에 영국의 와인 시장은 프랑스산 테이블 와인이 아니라 오스트레일리아산 주정 강화 와인으로 넘쳐났다. 포르투갈이 특정 명칭의 사용권을 독점한 1916년 이후로 오스트레일리아 양조업자들은 자신의 제품에 '포트 와인 스타일' 내지는 '마데이라 스타일'이라는 설명을 덧붙였다.

보호 관세와 1920년에서 1940년까지 이어진 공황 때문에 유럽의 와인 수출은 참패를 면치 못했다. 프랑스의 전후 와인 수출량은 이전의 절반에 불과했다. 1920년대에 프랑스의 와인 수출량은 연평균 1억 6천만 리터였지만 1930년대의 연평균은 이 수치의 절반이었다. 이 때문에 와인의 재고량은 줄어들 줄 몰랐고 풍년이 든 해마다 과잉 생산의 문제가 발생했다. 1934년과 1935년에는 국내에서 생산된 와인 100억 리터와 알제리에서 수입된 와인이 프랑스 시장에 흘러넘쳤다. 1934년 한 해 동안 수출된 샴페인은 4,559,030리터로 1919년 수출량인 13,583,719리터의 3분의 1에 불과했다. 1919년에서 1934년 사이 15년 동안 샹파뉴의 저장실에 쌓인 재고량은 7,200만 병에서 1억 4,700만 병으로 2배가 늘어났다.

제1차 세계대전에서 제2차 세계대전 사이의 기간 동안 프랑스는 포도뿌리혹벌레의 창궐로 시작된 여러 위기를 수차례 겪었다. 하지만 포도 재배업자와 와인 생산업자와 정부가 손을 잡고 시름시름 앓는 와인 산업의 보호와 육성에 나섰다. 1920년대와 1930년대에 시행된 여러 가지 정책들은 제2차 세계대전 이후 프랑스 와인 산업을 부흥시키는 밑거름이 되었다.

제1차 세계대전 이후에는 프랑스 남부 지역을 중심으로 협동조합 운동이 거세게 일어났다. 1920년 당시 협동조합은 92개였고, 이들의 와인 저장 용량은 1천2백만 리터였다. 하지만 20년 뒤 협동조합의 숫자는 838개로, 저장 용량은 1억2천만 리터로 늘어났다. 지방 정부에서는 조합 결성을 원하는 영세 양조업자들에게 법률적인 지원을 했고 건물과 장비 구입시 보조금을 지급했다. 정치인들은 좌익이건 우익이건 협동조합을 지지했다. 좌익이 협동조합을 지지한 이유는 그것을 사회주의 이념의 실현으로 간주한 때문이었고 우익이 그렇게 한 이유는 영세업자들을 보호한다는 생각에서였다.

고급 와인을 생산하는 지역에서는 협동조합의 인기가 덜했지만 그래도 몇 개가 만들어졌다. 부르고뉴 본 로마네의 영세 포도 재배업자들은 전쟁 직후 포도 농사를 지어도 수지타산이 맞지 않는 데다 장비를 구입하거나 수리할 여유가 없어 위기를 맞이했다. 이 모습을 보고 시장이 세운 협동조합은 구세주 역할을 했다. 이후 부르고뉴, 보르도, 샹파뉴, 보졸레의 협동조합은 자취를 감추었지만 영세업자들이 20세기 최대의 난관을 극복하는 데 많은 도움을 주었다.

제1차 세계대전과 제2차 세계대전 사이의 기간 동안 프랑스에서 일어난 가장 큰 변화는 AOC 제도의 등장이었다. '아펠라시옹 도리진 콩트롤레(Appellation d'Origine Contrôlée, 원산지 통제 명칭)'의 약자인 AOC는 생산지, 품종, 기타 특징을 표기하는 원칙으로 오늘날 프랑스에서 생산되는 와인의 절반 가량이 이

제도를 따르고 있다. 특정 명칭의 사용을 규제하는 법률은 제1차 세계대전 이전에도 존재했지만 1919년부터는 규제가 한층 엄격해졌다. 1919년을 예로 들면 와인 생산 제한 지역을 둘러싼 분쟁의 판결권이 법원에 주어졌고 생산지와 와인의 종류 외에도 품종이 표기 대상으로 추가되었다. AOC에 따라서 최대 수확량, 알코올 도수, 특정 포도 재배법과 와인 제조법의 준수 여부를 라벨 표기에 넣기도 했다.

와인 생산업자, 중개업자, 정부 대표로 구성된 위원회가 탄생했고 1930년대 후반 들어 제2차 세계대전으로 활동이 중단될 때까지 AOC와 관련된 수백 가지 사안과 이에 따른 불만을 처리했다. 이 위원회는 1947년 국립 원산지 표기 협회(National des Appellations d'Origine, INAO)의 창설로 이어졌다. INAO는 오늘날까지 이 역할을 담당하고 있다.

불리한 기후와 병충해, 불황과 더불어 AOC 제도와 협동조합의 탄생이라는 새로운 환경에 적응하기 위해 안간힘을 썼던 지방 가운데 몽텔리에가 있었다. 몽텔리에는 부르고뉴의 작은 마을로 거의 모든 땅에서 포도 농사를 짓기 때문에 수확기가 되면 닭이 굶어 죽는다는 우스갯소리가 있을 정도였다. 이 마을 사람들이 남긴 발자취를 들여다보면 당시 평범한 양조업자들의 생활상을 미루어 짐작할 수 있다. 몽텔리에의 양조업자들은 일찍이 1919년부터 코트 드 본의 표기를 쓸 수 있는 지방에서 제외된 데 불만을 품고 이 마을에서 생산되는 고급 와인의 홍보에 나섰다. 그들은 유명한 이웃마을 뫼르소, 볼네, 포마르의 명성에 몽텔리에 와인이 기여한 바가 크다는 사실을 알리는 일을 시작했다.

1923년에 이들은 몽텔리에 와인이 "이웃마을의 와인들과 품질이 동등하며 태곳적부터 포마르나 볼네에서 생산된 와인으로 판매된 적도 많다."고 주장했다.

1924년에는 생산지 하나만으로 와인을 분류하는 바람에 본 지역의 다른 마을에서 가메 품종을 재배하는 결과를 낳았다고 성토했다. 그리고 1925년에는 가메 품종으로 빚은 와인에 부르고뉴 와인 자격을 부여한 본 법원의 판결에 대하여 "전통에 어긋난다."며 항소를 제기했다. 1935년에 AOC 법안이 국회를 통과하자 이들은 AOC 등급을 신청하며 판결 위원회에 몽텔리에의 위상, 토양, 지형을 참고자료를 제출했고, 레드 와인에 사용하는 품종은 피노 누아르와 피노 누아르의 변종으로, 화이트 와인에 쓰이는 품종은 샤르도네와 피노 블랑으로 제한할 것을 다짐했다. 뿐만 아니라 이랑의 너비를 규격화하고 전통적인 와인 제조법을 준수하며 10.8도의 최소 알코올 도수를 지킬 것을 약속했다. 하지만 그들은 포도 덩굴이 뻗는 방향을 한쪽으로 정렬하거나 최대 산출량을 정하는 것에 대해서는 반대 의사를 분명히 했다. 포도 덩굴이 뻗는 방향은 정할 수 없는 것이고, 과잉 생산은 품질의 저하로 이어진다는 사실을 잘 알고 있기 때문에 걱정할 필요가 없다는 논리에서였다. 하지만 이와 같은 노력에도 불구하고 몽텔리에 와인은 1939년에 제2차 세계대전이 시작될 때까지 AOC 등급을 받지 못했다.

몽텔리에의 양조업자들도 협동조합을 결성할 유혹을 느꼈다. 1921년에 본 로마네의 협동조합을 시찰한 이들은 협동조합이 질보다 양을 우선시한다는 점에 반기를 들었다. 몽텔리에가 원하는 협동조합의 모습은 판매 활성화를 위해 노력하며 위조 와인에 대항하여 고급 와인의 위상을 지키는 조직이었다. 뉘 생 조르주의 협동조합을 접하고는 "그 지방의 번영한 모습과 포도나무의 완벽한 관리"로 미루어볼 때 각 마을마다 협동조합이 있는 것도 괜찮겠다는 결론을 내렸다.

　유럽 각지의 와인 생산은 불안한 경제 상황과 요동하는 정치 상황의 영향을 동시에 받았다. 무솔리니(Mussolini)가 이끄는 파시스트당이 1922년에 정권을 잡은 사건은 포도 농사에 이로운 역할을 했다. 이들이 자급자족 정책을 표방했기 때문이다. 파시스트 정권의 목표는 이탈리아 와인의 수출을 늘리는 것이었다. 농림정책부 장관은 "각지의 포도밭은 이제 가장 경제적인 구조로 정리되었고 해외 시장의 기준에 알맞은 생산물을 선보이고 있다."며 "정부는 불성실한 경쟁 태도를 처단하는 법률적 조치를 마련하여 자국의 와인을 보호하고 해외로 수출하는 길을 여는 데 성공했다."는 섬뜩한 말을 덧붙였다. 하지만 토지 개간과 보조금 지급은 포도가 아니라 곡물 재배업자에게 더욱 유리하게 작용했고 포도 재배 면적은 1920년대에서 1930년대로 넘어가면서 5-10퍼센트가 감소했다.

　1933년에 등장한 나치 정부는 독일의 와인 산업을 탐탁지 않게 여겼다. 히틀러(Hitler)는 금주론자에 가까웠다. 그는 뮌헨의 맥주홀에서 정치적 경력을 쌓으며 유명해졌지만 술을 마시기 위해 맥주홀을 찾은 것은 아니었다. 나치당은 지나친 음주를 부도덕한 행위로 간주했고(술에 취한 사람은 당에서 제명되었음) 알코올 중독을 타락의 일종으로 치부했다. 알코올 중독자로 판명된 사람들은 결혼 증명서를 발부받지 못했고 나치당의 독일 국민 우생 보호법에 따라 강제로 불임 수술을 받은 사람들은 20,000-30,000명에 달했다.

제3제국의 공식적인 정책은 술의 소비를 줄이는 데 초점이 맞추어져 있었지만 나치당은 알코올 산업에 대규모 제재를 가하지는 않았다. 제2차 세계대전이 일어나기 전까지는 증류장, 양조장, 포도밭이 만들어 내는 일자리와 술로 인해 생기는 세입이 필요했던 것이다. 와인 생산업자들의 경우에는 주 차원의 보조를 받기도 했고 와인 생산은 1930년대 내내 꾸준히 이루어졌다. 외무장관인 요아킴 폰 리벤트로프(Joachim von Ribbentrop)가 전직 와인 매매업자였기 때문인지도 모르겠다. 전시의 정확한 수치는 알 수 없지만 1930년대 들어 모든 술의 소비량은 증가했고 증류주의 소비량은 2배 가까이 늘어났다.

유럽의 기타 와인 생산국은 상황이 좋지 못했다. 내전을 겪은 에스파냐는 발렌시아, 카탈루냐 등지의 포도밭이 폐허로 변했고 전국의 포도밭이 제대로 관리되지 않았다. 에스파냐의 와인 산업이 회복되기 시작한 것은 1950년대부터였다. 1930년대에 독재 정권이 들어선 포르투갈에서는 협동조합 결성 붐이 일었지만 산업 구조 개편에도 불구하고 질적인 변화가 신속하게 이루어지지는 않았다.

유럽이 전쟁의 참화를 극복하느라 애를 쓰는 동안 미국의 와인 생산업자들은 포도뿌리혹벌레만큼이나 치명적인 위기를 맞이했다. 1920년에 의회가 '알코올성 음료'의 생산, 판매, 운송을 전국적으로 금지하는 수정헌법 제18조를 통과시킨 것이다. '알코올 도수가 0.5퍼센트 이상인 음료'로 알코올성 음료의 정의가 내려지면서 맥주와 와인만큼은 금주법의 철퇴를 피할 수 있을까 하는 희망마저 물거품이 되었다. 종교 의식, 의약품, 향신료로 쓰이는 경우에 한해 와인의 매매가 허가되었다는 것이 그나마 다행이었다. 이와 같은 예외 조항 덕분에 와인은 법망을 빠져 나갈 수 있었고—이에 따라 종교 의식과 의약용으로 쓰이는 와인의 양이 기하급수적으로 증가했다—몇몇 와인 양조장은 소규모로나마 생산을 계속했다. 하지만 맥주 양조장이나 증류장과 마찬가지로 대부분 문을 닫았다. 미국의 와인 양조장이 1919년 한 해 동안 생산한 와인은 5,500만 갤런(2억 리터)이었지만 1925년에는 90퍼센트 감소한 400만 갤런이었다.

하지만 이 수치는 공식적인 집계에 불과하며 금주법이 시행되는 동안 실질적인 와인 소비량은 상당한 수준으로 증가했다. 수정헌법 제18조의 시행을 위해 제정된 볼스테드 금주법에 따르면 '비알코올성 음료'인 사과주나 과일 주스를 집 안에서 마실 목적으로 제조하는 행위는 불법이 아니었다. 캘리포니아에서는 양조장에서 폭포처럼 쏟아져 나오던 와인의 양은 실개천 수준으로 줄었지만 포도 농가는 포도 재배를 계속했을 뿐 아니라 오히려 생산량이 늘어났다. 이곳에서 재배된 포도는 생식용으로, 주스로, 농축액으로, 건조시킨 '덩어리'로 미국 전역에 배달되었다. 주스와 포도로 만든 향신료(포트, 셰리, 클라레, 리슬링, 토카이 등 종류별로 있었음)의 용기는 발효에 적합한 나무통이었고 대도시에서는 집까지 배달이 되었다. 통에는 건조시킨 덩어리에 물과 이스트를 넣으면 발효가 시작되어 와인이 된다는 '경고' 문구가 달려 있었다. 이것은 목욕통에다 넣고 와인을 만들려는 사람들을 위한 정보였다. 은밀하게 대량 생산된 와인은 물론 음식점, 클럽, 무허가 술집에 공급되었다.

금주법이 술 소비에 미친 실질적인 영향은 운송이나 과세기록이 없기 때문에 정확하게 측정하기 어렵다. 맥주, 와인, 증류주 모두 자체적인 소비와 상업적인 판매를 목적으로 제조가 되었지만 가장 어려움을 겪은 쪽은 맥주였다. 맥주의 소비량은 금주법이 실시되기 이전에는 증가 추세에 있었지만 알코올 도수에 비해 부피가 컸기 때문에 와인이나 증류주보다 밀반출이 어려웠다. 따라서 금주법의 영향을 보다 강하게 받은 계층은 와인과 증류주를 마시는 부유층이 아니라 맥주를 마시는 노동자 계급이었다. 와인의 소비량은 수정헌법 제18조가 시행된 직후 내리막길을 걷다 포도로 만든 제품의 시장이 정착된 이후 오름세로 돌아섰다. 1920년대 후반의 와인 소비량은 제1차 세계대전 이전의 2배 정도였을 것으로 추정된다.

금주법이 폐지된 이후로 양조장은 다시 술을 주조하기 시작했지만 미국의 와인 소비량은 감소했다. 금주법 폐지의 혜택을 가장 많이 누린 술은 저렴한 맥주였지만 대공황의 여파로 모든 술이 1930년대 내내 고전을 면치 못했다. 술 시장이 다시 열린 미국으로 과잉 생산분을 수출할 꿈에 부풀어 있던 프랑스 와인 생산업자들은 캘리포니아의 양조업자들만큼이나 실망했다.

금주법은 북아메리카 전역의 와인 소비와 생산을 촉진하는 데 기여했다. 제1차 세계대전 동안 술의 제조를 금지한 온타리오에서는 포도 재배업자들의 로비에 밀려 주 정부가 인가를 받은 업자가 생산한 온타리오산 포도로 빚은 와인은 금주법의 규제 대상에서 제외했다. 1917년 당시 온타리오의 와인 양조장 수는 10개였지만 금주법이 실시되는 동안 주민들의 갈증을 해결하는 차원에서 이후 10년 동안 57개의 양조장이 인가를 받았다. 양조장 부지에 세운 상점에서만, 최소 5갤런씩 판매해야 한다는 조항이 있었지만 콩코르드 포도, 물, 설탕, 온갖 착색제와 첨가물을 혼합한 것에 불과한 형편없는 와인이라도 날개 돋친 듯 팔려 나갔다. 캐나다에서 국내산 와인의 수요는 1921년에 221,985갤런이었지만 1930년에는 온타리오 한 주의 소비량만 200만 갤런을 훌쩍 넘겼다.

1939년 유럽에서 시작된 또 다른 세계대전은 와인 생산과 매매의 붕괴를 의미했다. 1940년에 프랑스의 와인 수출량은 50퍼센트 추락한 5,000만 리터를 기록했지만 이후로 전쟁이 끝날 때까지 한 해 1억 리터 수준을 유지했다. 수출된 와인의 대부분은 독일이나 중립국으로 향했고 여기에서 일부는 영국 등 오랜 역사를 자랑하는 시장으로 재수출됐다. 1940년 독일의 침략을 받은 이후 1944년 해방될 때까지 프랑스의 와인 생산량은 한 해 평균 43억 리터였다. 1930년대 후반과 비교할 때 4분의 1 이상이 감소한 셈이었다. 알자스가 독일로 넘어간 탓도 있지만 프랑스 전역의 포도밭이 제1차 세계대전 때와 마찬가지로 노동력과 장비의 부족을 겪은 탓이 컸다.

길게는 80년 동안 병충해, 금주 운동과 금주법, 불안정한 경제 상황과 정치 상황에 시달렸던 전 세계의 와인 생산업자들은 1939년부터 시작된 제2차 세계대전으로 다시 한 번 타격을 입었고 그들 가운데 상당수가 회복할 수 없는 지경에 빠졌다. 높은 수익을 올리며 급성장하던 시절은 이제 과거의 일이었다. 몽텔리에의 양조업자들이 1940년에 겪은 어려움은 다음과 같았다. '1월의 혹한, 4월의 폭우, 6월의 독일군 침공, 잇따른 와인 몰수.' 이들의 표현에 따르면 이것이 바로 "특별히 다사다난했던 한 해의 결산 공고"였다.

프랑스의 와인 재고량이 제2차 세계대전 동안 감소한 이유는 독일 주둔군 때문이기도 했다. 몽텔리에의 양조업자들이 밝혔다시피 독일군은 저장실에서 숙성중이던 와인을 모조리 몰수하고 독일 화폐로 대금을 지불했다. 보르도와 부르고뉴의 양조업자들은 비축하고 있던 와인을 감쪽같이 감추는 데 성공했다. 프랑스군 병원이었다가 독일 공군의 휴양 시설로 쓰였던 샤토 오브리옹의 양조업자들은 와인 저장실 입구를 잡동사니로 가려 놓았는데, 전시에 와인을 생산하는 데 조금도 어려움을 겪지 않았다. 그러나 프랑스의 전반적인 와인 생산은 뒷걸음질쳤다. 독일군의 손에 넘어가지 않은 지방을 다스린 비시 정부는 전쟁 이전에 제정되었던 품질 관련 법률을 대거 폐지했다. 비시 정부의 목적은 와인 공급을 늘리는 것이었다. 비시 정부는 이를 위해 블렌딩을 허용하고 알코올 도수의 하한선을 낮추고 예전에는 금지했던 품종의 재배를 허락했다. 복잡한 배급 제도와 고정 가격제가 도입되었고 대규모로 와인을 생산하는 양조업자들은 생산량의 일부분을 의

무적으로 증류장에 넘겨야 했다.

제2차 세계대전은 전 세계 와인 무역에도 영향을 미쳤다. 오스트레일리아에서 전쟁 이전에 영국으로 수출한 양은 한 해 평균 1,600만 리터였지만—대부분이 주정 강화 와인이었다—1940-41년 사이에는 750만 리터로, 1943년에는 이의 절반으로 감소했다. 영국 정부가 허가증 없는 와인의 수입을 금지한 데다 와인을 실은 선박이 독일 잠수함에 격침당할 가능성이 다분했기 때문이다. 수출길이 막힌 와인은 오스트레일리아 내수 시장으로 흘러 들어갔다. 오스트레일리아의 국내 와인 소비량은 미국 주둔군 덕분에 1939년 1,450만 리터에서 1944년 3,700리터로 증가했다.

제2차 세계대전 때 서양의 와인 산업을 끊임없이 괴롭힌 혼돈의 시대는 최고조에 달했다. 19세기 후반부터 20세기 중반에 이르기까지 와인은 병충해, 금주법, 관세 장벽, 경제 불황, 세계대전에 휩쓸렸다. 이처럼 오랫동안 계속된 어려움을 극복하기가 쉽지 않았지만 1950년대부터 와인을 우호적으로 보는 사회 분위기가 계속 이어지면서 와인 산업은 번영과 안정의 시대를 맞이할 수 있었다.

10

와인의
오늘과 내일

**필수품에서 기호품으로,
와인 문화 진단**

번영은 상대적인 개념이지만 80년 동안 수많은 어려움을 겪은 와인 생산업자와 소비자들은 제2차 세계대전 이후 50년 동안 와인 산업이 어마어마하게 발전한 것으로 여겼다. 1950년대 이후 와인은 진보의 길을 걸었다. 몇 번 잡음이 일긴 했지만 엄격한 표기 제도가 거의 모든 생산지에 도입되었고 소비자들은 이제 라벨의 진위 여부를 놓고 의심할 필요가 없었다. 전 세계 생산업자들은 날이 갈수록 까다로워지는 소비자의 입맛에 맞추어 고급 와인 생산에 주력했고 와인이 맥주나 증류주에 비해 인기가 없었던 지역에서도 와인 수요가 늘어났다. 다양한 연구와 실험 결과 와인이 건강에 좋은 음료일 뿐 아니라 실제로 특정 질병을 예방하는 효과가 있다는 사실이 밝혀지면서 와인의 의학적인 효용성을 강조하는 분위기가 1세기 만에 다시 등장했다.

물론 번영의 청사진을 액면 그대로 믿을 수는 없었다. 와인 산업의 성공 뒤에는 생산업자들의 피나는 노력이 숨어 있었다. 그러나 수십 년 동안 와인 산업을 끈질기게 따라다니던 과잉 생산이라는 근본적인 문제도 여전히 남아 있었다. 뿐만 아니라 포도 재배 기술의 발전에도 불구하고 포도뿌리혹벌레와 같은 병충해는 사라지지 않았고 경기 변동과 입맛의 변화에 따라 수요가 들쭉날쭉했다. 1950년대 이후의 시기는 생활 필수품이었던 와인이 기호품으로 바뀌면서 광고의 역할이 한층 더 중요해진 때이기도 하다. 와인의 상업적인 성공과 와인 문화의 탄생은 품질의 개선과 성공적인 마케팅 전략의 합작품이었다.

1950년대 이후의 경제 환경은 와인 산업의 발전에 긍정적인 역할을 했다. 제2차 세계대전이 끝난 뒤 50년 동안 세계는 여러 차례의 경기 변동을 겪었고 불경기와 높은 실업률, 인플레이션으로 신음한 적도 있었지만 전반적으로는 번영을 향해 나아갔다. 유럽과 남아메리카의 빈민층이 여전히 수백 만 명에 달하기는 해도 이전보다 다수의 계층이 번영의 혜택을 누릴 수 있었다. 소득의 재분배로 1950년과 2000년 사이 중산층이 확대된 것도 와인 시장의 확산에 이바지했지만 반드시 그 때문만은 아니었다. 와인 소비가 늘어난 사회도 있는 반면에 뒷걸음질치거나 현상 유지 수준인 사회도 있었던 것이다. 반면에 와인 생산은 세계적으로 꾸준히 증가했고 과잉 생산이라는 고질적인 문제점은 해결될 기미가 보이지 않았다.

전후에 가장 눈에 띄는 변화는 과거 와인의 주요 고객이었던 나라들의 몰락이었다. 프랑스만 하더라도 1900년대 후반 들어 와인 수요가 급감하는 양상을 보였다. 1930년대 후반 프랑스의 1인당 와인 소비량은 연간 170리터였고 이후에는 전쟁으로 인한 공급 부족으로 하락세를 보였다. 1940년대 후반을 지나면서 제2차 세계대전 이전의 수준을 거의 회복한 와인 소비량은 1950년대 초반 150리터를 기록했지만 이후로 증가하거나 현상 유지라도 하기는커녕 꾸준히 내리막길을 걸었다. 1970년대의 1인당 와인 소비량은 110리터로 하락했고 1990년대 중반에는 이 수치의 절반인 60리터를 기록했다. 50년 사이에 60퍼센트나 하락한 것이다.

이처럼 급격하지는 않지만 비슷한 현상이 곳곳에서 나타났다. 이탈리아의 1인당 와인 소비량은 1950년대에서 1990년대 사이 110리터에서 60리터로 45퍼센트 하락했다. 같은 시기 칠레의 1인당 와인 소비량은 2분의 1, 포르투갈은 3분의 1, 그리스는 4분의 1이 줄어들었다.

1인당 와인 소비량은 성별이나 나이를 고려하지 않은 단순 수치이다. 그런데 서구 사회에서는 와인 소비층이(기타 술도 마찬가지이지만) 주로 성인 남성이라는 점으로 미루어볼 때 인구 구조의 변화는 1인당 와인 소비량에 영향을 미치기 마련이다. 프랑스를 예로 들자면 성인 남성이 1950년대와 1960년대 사이 예전과 똑같은 양의 와인을 마셨다 하더라도 전후 베이비붐으로 인해 총인구에서 아동이 차지하는 비율이 높아졌기 때문에 1인당 와인 소비량은 낮아질 수밖에 없었다. 게다가 전후 프랑스로 대거 이주한 북아프리카 출신 회교도들은 대부분 술을 전혀 입에 대지 않았다. 그러나 이와 같은 변수를 염두에 두더라도 와인 수요의 감소는 부인할 수 없는 대세였다. 15세 이상을 놓고 보았을 때 1960년대 초반부터 1980년대 중반 사이 프랑스인의 와인 소비량은 연간 127리터에서 97리터로 4분의 1이 줄어들었다.

유럽 대륙에서 와인의 수요가 감소한 이면에는 여러 가지 현상들이 숨어 있다. 첫째가 고급 와인 편중 현상으로 테이블 와인

(프랑스 와인 가운데 가장 낮은 등급에 해당되는 '뱅 드 타블'을 의미함)의 수요 감소가 AOC 등급을 받은 와인보다 훨씬 컸다. 1970년대 100리터였던 1인당 소비량이 1990년대 말에는 20리터 이하로 추락한 것이다. AOC 등급을 받은 와인의 가격이 와인 소비량의 감소에 영향을 미친 면도 있다. 하지만 지역별로 편차가 뚜렷한 프랑스답게 남동부, 남서부, 파리에서는 테이블 와인의 인기가 여전했다. 19세기에 주요 와인 소비지였던 이 세 지역은 농민과 노동자들이 와인 시장에서 차지하는 비율이 높았다.

1950년에서 2000년 사이 프랑스를 비롯하여 이탈리아, 에스파냐, 포르투갈 등 유럽의 주요 와인 생산국은 어마어마한 사회적 변화를 경험했다. 국민 다수가 여전히 빈민층이기는 했지만 전후 경제 부흥과 여기에서 비롯된 소비 문화를 향유하는 계층이 늘어난 것이다. 생활 양식이 변하면서 와인의 지위도 달라졌다. 수세기 동안 필수적인 식료품이었던 와인이 이제는 여러 가지 기호식품 가운데 하나로 바뀌었다. 그중에서도 가장 놀라운 점은 달라진 식탁 문화였다. 와인을 프랑스의 상징으로 생각했던 1900년대 중반의 애국자들이 와인 대신 물을 마시는 20세기 후반의 후손들을 보았다면 경악을 금치 못했을 것이다. 이와 같은 변화는 1950년대 이후 수돗물이 질이 놀랍게 좋아졌을 뿐만 아니라 생수의 시판이 증가했기 때문이기도 하다. 1950년대 후반에는 프랑스인의 3분이 1이 식탁에서 물을 마셨지만 1990년대에는 이 숫자가 4분의 3으로 늘어났다. 와인은 수많은 기호식품 가운데 하나에 불과했고 한 가정의 생활비에서 생수 구입이 차지하는 비용이 늘어날수록 와인 구입에 할당되는 비용은 줄어들었다.

와인이 여러 가지 기호식품 가운데 하나로 전락한 것은 음주와 생산 활동 간의 관계가 재조명된 이후의 일이다. 와인이 영양과 에너지의 공급원으로 간주되던 시절에는 근무 도중에 적당량의 와인을 마시는 것이 전혀 문제시되지 않았다. 음주와 작업 능률 간의 관계가 논의의 초점으로 떠오른 것은 주요 산업의 생산율 저하를 막기 위하여 음주 규제 조치가 선을 보인 제1차 세계대전 때였다. 그러던 중 어느 시점부터인가 음주가 생산 활동에 차질을 빚는다는 것이 공식처럼 자리잡기 시작했다. 하지만 이러한 시각에도 계층간의 차이가 존재한다. 경영진의 경우에는 와인을 곁들인 식사를 하면서 사업을 논의하고 계약을 체결할 수 있지만 생산 라인에서 근무하는 노동자나 사무직 근로자의 음주는 금기 사항으로 간주된다. 오늘날 대다수의 기업들은 근무 시간 내 음주를 엄격히 규제한다. 베네치아 무기 공장의 근로자들이 대형 통에서 흘러나오는 와인을 마셨다면(5장을 참고할 것) 오늘날의 사무직 근로자들은 정수기에서 나오는 물을 마신다. 이것은 시대와 음주 문화의 변화에서 비롯된 차이점이다.

와인은 가정과 직장에서뿐만 아니라 공공 생활 측면에서도 입지가 좁아졌다. 이러한 현상을 가장 단적으로 보여 주는 예가 프랑스에서 카페가 급격하게 감소한 것이다. 아직도 프랑스 하면 카페를 떠올리는 외국인들이 많지만 와인 한 잔 가볍게 마실 수 있는 노천 카페는 서서히 자취를 감추고 있다. 제1차 세계대전 이전에는 와인의 판매가 허용되는 4급 인가를 받은 카페가 50만 여 개에 달했다. 이것은 인구 80명당 하나 꼴에 해당되는 숫자였다. 하지만 1990년대에는 인구 360명당 하나 꼴인 16만 개로 줄어들었다. 게다가 술을 마시기 위해 카페를 찾는 사람들도 예전처럼 와인을 마시지는 않는다. 특히 젊은층 사이에서는 리큐어나 증류주가 인기를 끌고 있다.

1980년대 말과 1990년대에는 와인이 건강에 좋다는 주장이 다시 한 번 맹위를 떨쳤다. '프렌치 패러독스(French Paradox)' 즉 프랑스인은 식습관으로 인해 심장 질환에 걸릴 가능성이 높은데도 실제 발병률은 낮은 현상을 연구하는 과정에서 수많은 의학자들이 원인으로 꼽은 것이 와인이었다. 이후로 다른 술도 똑같은 역할을 하는지, 레드 와인과 화이트 와인의 효과가 같은지를 놓고 논란이 계속되고 있다. 적당량은 하루 1–2잔에서 4–5잔 사이로 의견이 분분하다. 지나친 음주는 건강에 해롭지만 적당량의 와인을 꾸준히 마시면 관상동맥질환과 심장마비 예방에 도움이 된다는 것이 현대 의학계의 공통적인 견해이다.

1991년 미국 텔레비전에서 황금 시간대에 이 연구 결과를 소개한 뒤로 레드 와인의 판매고는 4배로 치솟았다가 다시 진정세로 접어들었다. 와인이 건강에 좋다는 주장이 와인 판매에 장기적으로 미치는 영향을 가늠할 수는 없지만 소비를 촉진할 가능성이 높은 것은 사실이다. 그리고 임신중이나 운전, 기계류 조작 이전에 술을 마시는 일이 치명적인 것도 사실이다. 임산부의 음주나 음주 운전의 위험을 강조하는 캠페인은 와인 소비에 분명 영향을 미쳤겠지만 파급 효과가 어느 정도인지 정확하게 측정할 수는 없다.

1인당 와인 소비량과 기타 음료의 소비량은 20세기 후반에 나타난 음주 문화의 변화를 여실히 보여 준다. 예전에 프랑스의 도시 노동자들은 직장 동료나 이웃들과 함께 레드 와인을 몇 잔 마시는 것이 일과였지만 이제는 생활상이 달라졌다. 가정의 중요성이 부각되면서 카페에서 친구들과 어울리기보다는 집 안에서 가족들과 함께 시간을 보내는 사람들이 점차 늘어났다. 향수 어린 시선으로 과거를 돌아보며 지나친 음주가 개인과 가정, 사회에 미치는 영향을 간과해 버릴 수도 있겠지만 유럽의 주요 와인 생산국에서 일어난 와인 소비상의 변화를 부인할 수 없다.

유럽 이외의 나라들은 여러 가지 양상을 보였다. 미국의 경우 제2차 세계대전 이전의 1인당 와인 소비량은 2리터에 못 미쳤지만 1970년대와 1980년대에는 8리터를 웃돌았다. 1990년대 중반 들어서는 연방 정부의 소비세 인상이 가격 상승으로 이어지면서 한 해 7리터 수준을 유지하는 실정이다. 유럽이나 남아메리카에 비하면 낮은 수치이지만 와인이 전체 술 소비에서 차지하는 비율이 높아진 점은 주목할 만하다. 미국과 비슷한 양상을 보인 오스트레일리아에서는 1980년 17리터였던 소비량이 1987년 21리터로 늘어나더니 1990년대 초반에는 19리터로 내려앉았다. 하지만 이것은 영어권 국가에서는 가장 많은 소비량이었다.

네덜란드나 일본처럼 1인당 와인 소비량이 증가한 나라도 있었지만 전 세계적인 감소 추세를 역전시키기에는 역부족이었다. 네덜란드는 1인당 와인 소비량(1990년대 초를 기준으로 17리터)이 세계 20위지만 인구가 적었고 일본은 인구가 많은 반면에 1인당 와인 소비량이 1리터에 못 미치는 수준이었다. 세계적으로 소비가 감소하는 한편 생산은 증가했다. 캘리포니아에서는 1957

년에 테이블 와인 2,800만 갤런이 생산되었지만 10년 뒤에는 2
배로, 다시 10년 뒤인 1975년에는 4배인 1억9천7백만 갤런으로
늘어났다. 1996년에 캘리포니아가 생산한 와인은 테이블 와인 3
억4백만 갤런과 주정 강화 와인 9백만 갤런, 발포성 와인 1천9백
만 갤런이었다.

생산이 증가한 것은 포도 재배 면적이 늘어났기 때문이기도
하지만 기계화, 효율적인 병충해 관리, 품종 개량도 중요한 역할
을 했다. 유럽에서는 기계화가 비교적 늦게 시작되었다. 트랙터
가 발명된 것은 제1차 세계대전과 제2차 세계대전 사이였지만
1950년대와 1960년대 이전에는 사용하는 농민이 거의 없었다.
포도나무 사이를 누비기에는 트랙터가 너무 크고 포도가 주렁주
렁 열리는 여름에는 특히 사용하기 곤란했기 때문이다. 이때 등
장한 것이 스트래들 트랙터(프랑스어로는 '앙장뵈르'라고 함)였
다. 양쪽 바퀴가 포도나무를 사이에 두고 고랑을 굴러가게 디자
인된 스트래들 트랙터는 모터와 운전석이 높이 있어서 가지치기
나 농약 살포에도 안성맞춤이었다. 스트래들 트랙터가 널리 전
파되기 전까지 농민들은 주로 말을 이용했다.

영세 재배업자들의 입장에서는 기계화가 그림의 떡이었다. 구
입과 유지에 드는 비용과 수입을 비교하면 수지타산이 맞지 않았
던 것이다. 트랙터는 규모가 0.1제곱킬로미터 이상인 포도밭에
서만 투자 가치를 인정받을 수 있는데 1950년대 중반 당시 프랑
스 남부 지역의 포도밭은 84퍼센트가 0.05제곱킬로미터 미만이
었고 0.1제곱킬로미터 이상인 포도밭은 6퍼센트에 불과했다. 이
러한 상황에서 포도 재배 산업의 기계화는 불가능했고 영세 재배

업자들이 떠난 자리에 대규모 상사가 들어선 이후에야 트랙터를 비롯한 여러 가지 농기구들이 널리 사용되기 시작했다. 메도크 지방은 포도밭의 면적이 넓지만 포도나무의 간격이 너무 좁다는 것이 문제였다. 때문에 1956년에 혹한으로 대다수의 포도나무가 쓰러지자 일부 포도밭에서는 트랙터를 쓸 수 있도록 넓은 간격을 두고 포도나무를 다시 심었다. 프랑스와 유럽의 다른 지방에서는 포도나무 사이의 간격을 넓힌 뒤 포도 재배용으로 특수 제작된 스트래들 트랙터보다 저렴한 일반 트랙터를 사용했다.

기계화와 더불어 다양한 병충해 예방법이 등장하면서 포도밭의 수확은 더욱 풍성해졌다. 트랙터에 분무기를 장착하면 하루에 최대 35,000그루의 포도나무에 유황, 석회, 구리를 뿌릴 수 있었다. 예전 같으면 수십 명의 남녀가 탱크를 짊어지고 다녀야 가능한 일이었다. 농약 살포 횟수는 기후와 감염 여부에 따라 다르지만 보통은 1년에 10-20회 정도가 적당하다. 최근에는 항공기와 헬리콥터를 동원하여 유황을 뿌리는 농가도 있지만 이런 식으로 살충제를 뿌리면 약이 잎의 뒷면까지 닿지 않기 때문에 오히려 비효율적이다. 유황, 석회, 구리는 프랑스의 전통적인 살충제이며 오늘날 유기농 포도 재배에도 사용된다. 1950년 이후에는 신대륙을 중심으로 합성화학약품과 생화학제품이 널리 사용되기 시작했지만 요즘에도 유황, 석회, 구리를 쓰는 곳이 많다.

품종 개량으로 인해 생산량은 더욱 증가했다. 좋은 열매가 열리는 품종을 만들기 위해 노력한 역사는 이미 1,000년을 헤아리지만 20세기 후반에 들어서는 과학 기술의 발전으로 병충해에 강하며 일정 품질을 꾸준히 유지하는 품종을 개량·재배하는 시

대가 열렸다. 그리고 품종 개량을 통해 수확량이 많은 품종이 탄
생했다. 프랑스와 이탈리아처럼 엄격한 등급 제도를 도입한 나
라에서는 1헥타르당 최대 수확량을 제한했지만 20세기 후반 포
도 재배 기술의 발전은 전반적인 수확량의 증가로 이어졌다. 여
기에 수요의 감소가 더해지면서 전 세계 와인 시장은 공급 과잉
체제에 돌입했다.

  와인의 소비율과 생산량은 양조업자와 정부 모두의 관심사였
다. 특히 이러한 점에 관심이 집중된 시기는 수많은 나라에서 포
도 재배 면적이 확대되고 공급이 수요를 훨씬 웃돌며 엄청난 양
의 와인이 재고로 쌓이기 시작한 1950년대와 1960년대였다.
1940년대 후반부터 1960년대 중반까지 전 세계의 와인 생산량
은 193억 리터에서 280억 리터로 45퍼센트나 증가했다. 서유럽
의 와인 생산 증가율은 43퍼센트, 동유럽은 50퍼센트, 신대륙은
57퍼센트였다.

  유럽의 생산량이 증가한 반면 소비는 연간 2억 리터씩 하락하
면서 '와인의 호수'라고 불릴 만큼 엄청난 양의 재고가 쌓이기
시작했다. 공급이 수요를 웃돈 식료품이 와인 하나만은 아니었
지만(또 다른 예로 '버터의 산'을 들 수 있음) 이런 추세가 계속되
면 끔찍한 결과가 초래될 수밖에 없었다. 1980년대 초반에 유럽
공동체(유럽연합[EU]의 전신임)가 추진한 강제 증류 방침 덕분
에 와인의 호수의 수위가 조금 낮아지기는 했지만 여전히 대형
선박들이 둥둥 떠다니고도 남을 정도였다. 1980년대 후반으로
접어들면서 유럽공동체는 포도밭을 갈아엎는 업자들에게 보조
금을 지급했다. 그러자 불과 5년 만에 3,200제곱킬로미터의 포

도밭(유럽 전체 면적의 10퍼센트에 조금 못 미치는 수치임)이 사라졌다. 가장 높은 참여율을 보인 곳은 에스파냐와 프랑스 남부, 이탈리아 남부 지역이었다. 장기적인 관점에서 보자면 유럽 공동체의 정책은 포도 재배 면적을 1976년 4,500제곱킬로미터에서 1997년 3,400제곱킬로미터로 줄이는 성과를 거두었다. 같은 기간 동안 와인의 생산량은 210억 리터에서 154억 리터로 감소하면서 공급 과잉 현상이 사라졌다.

뉴질랜드와 아르헨티나, 오스트레일리아의 일부 지역도 1980년대 들어 포도나무 없애기 정책에 동참했다. 1963년에서 1977년 사이, 14년이라는 짧은 기간 동안 포도 재배 면적이 1,900제곱킬로미터에서 2,500제곱킬로미터로 3분의 1이나 증가한 아르헨티나는 보조금 지급을 통해 포도 재배 면적을 1989년에는 1,780제곱킬로미터로, 1990년대에는 1,500제곱킬로미터로 줄이는 데 성공했다. 1985년에 사우스오스트레일리아 정부는 생산성이 떨어지거나 인기 없는 품종을 재배하는 포도밭을 없애는 농민에게 보조금을 지급했다. 그 결과 1980년에서 1988년 사이 오스트레일리아의 포도 재배 면적은 640제곱킬로미터에서 540제곱킬로미터로 6분의 1이 감소했다. 하지만 1990년대 들어 오스트레일리아의 와인 수출이 성공을 거두면서—1998-99년에는 2억2천2백만 리터를 수출할 만큼 매년 25퍼센트의 증가세를 보였다—포도 농사를 장려하는 정책이 다시 등장했다. 한편 캘리포니아와 남아프리카에서는 1960년대에 와인으로 만들 수 있는 포도의 양을 제한하는 쿼터제가 도입되었다.

양조업자와 정부가 와인의 수출 실적, 1인당 소비량, 재고량에 주의를 기울였다면 소비자들은 가격과 품질, 그리고 그 상관관계에 관심을 보였다. 증가세를 보이건 하락세를 보이건 보합세를 보이건 수치로 나타나는 와인 소비량의 이면에는 부수적인 현상, 즉 질 좋은 와인을 구입하는 평범한 소비자가 그 어느때보다 많다는 사실이 숨어 있었다. 예전부터 부유층은 와인의 질을 강조했고 이러한 성향은 20세기 후반에도 변함없었다. 가격의 폭등으로 유명한 고급 와인 시장은 사실상 이들이 독점한 것이나 다름없었다. 이제 1등급 보르도 와인이나 이에 상응하는 프랑스 와인을 구입할 수 있는 사람들은 소수에 불과했다. 1990년대 말에 1989년산 샤토 오브리옹의 경매가는 평균 423달러였다. 소비자 가격은 이보다 훨씬 높았고 음식점에서 판매되는 가격은 이의 2-3배였다. 2000년 3월 소더비 경매에서는 샤토 페트뤼 12병이 24,150달러에 낙찰되었다. 이렇게 비싼 와인은 대개 프랑스산이었지만 캘리포니아산 카베르네 소비뇽이나 오스트레일리아산 시라 등 다른 나라의 와인 중에서도 한 병에 100달러를 호가하는 제품은 다수 있었다.

최고가 와인의 밑 단계인 상급 와인은 뛰어난 맛과 비교적 저렴한 가격을 무기로 질이 떨어지는 와인들을 시장에서 도태시켰다. 양조업자들의 경쟁심과 의욕도 어느 정도 영향을 미쳤겠지만 와인의 품질을 높이는 데 견인차 역할을 한 것은 1950-60년대에 비해 훨씬 안목이 높아진 1980-90년대의 소비자와 와인 시장의 압력이었다.

질적인 도약과 더불어 나타난 현상은 20세기식 변화를 거부하며 '유기농' 방식에 따라 와인을 생산하는 양조업자들의 등장이었다. 유럽에서는 정식 명칭으로 쓰이는 유기농 와인이란 화학비료나 농약, 살균제를 전혀 쓰지 않은 와인을 말한다. 유기농 와인 생산업자들은 와인의 찌꺼기를 줄이는 동시에 자연과의 조화를 추구하기 위하여 야생 효모로 발효를 시키되 와인을 걸러내지 않는다. 심지어 생체역학적인 유기농법을 따르는 사람들은 달과 별의 움직임이나 기타 자연 현상을 보고 수확 등 농사 일정을 잡는다. 생체역학적인 유기농법을 따르는 부류는 소수에 불과하지만 론 북부의 샤푸티에 등 몇몇 유명 생산지의 양조업자들이 여기에 속한다. 화학 비료를 써서 재배한 농산물과 유전자 조작 식품에 대한 우려가 증폭되면서 유기농 와인의 수요는 날로 증가하는 추세에 있고, 유기농 와인 코너를 따로 마련한 슈퍼마켓이나 주류 전문점도 종종 눈에 띈다.

20세기 후반 와인의 품질 향상에 제도적인 바탕이 된 것은 와인의 생산지와 종류를 규제하는 법률의 확산이다. 1930년대에 원산지 통제 명칭(AOC)의 기틀을 마련한 프랑스는 제2차 세계대전이 끝난 이후 지역별로 AOC 등급을 부여했다. 유럽의 다른 국가들은 제2차 세계대전이 시작되기 이전에 이와 비슷한 조치를 취했고 도루 지역과 같은 경우에는 이미 18세기부터 규제가 시작되었다. 하지만 품질과 관련해서 본격적인 정책 개발이 시작된 것은 제2차 세계대전이 끝난 이후부터였다. 국제 와인 무역이 폭발적으로 증가하면서 수입국의 요구 조건이 까다로워지면서 이러한 현상은 더욱 심화되었다.

이탈리아는 1930년대에 대충 윤곽을 잡아 놓은 원산지 통제 명칭(Denominazione di Origine Controllata, DOC) 제도를 1960년대 들어 확실하게 발전시켰다. 이탈리아의 DOC 제도는 원산지뿐만 아니라 포도의 품종, 최대 수확량, 알코올 도수, 심지어는 산도와 압착 단계까지 표기한다는 점에서 프랑스의 AOC만큼이나 포괄적이다. 1963년에 추가된 DOCG는 DOC에 '가란티타(e Garantita, 보증)'가 덧붙여진 등급으로, 해당 와인의 특징과 품질을 규제하는 정도가 아니라 보장한다는 뜻이다. DOCG로 분류된 와인은 병목에 색깔 있는 띠를 두르기 때문에 DOC급 와인과 한눈에 구별이 된다.

아주 평범한 와인을 DOCG로 분류하는 등 여러 번 시행 착오를 거친 끝에 이탈리아의 원산지 표기 규제법은 1992년에 개정되었다. 개정된 규칙에 따르면 가장 아랫단계에 해당되는 테이블 와인(비노 디 타볼라)은 원산지 표시를 하지 않는 것이 특징이다. 이보다 한 단계 위인 ICT(Indicazione Geografica Tipica)는 특정 지역에서 생산된 와인을 뜻했다. 고급 와인은 예전처럼 DOC와 DOCG로 분류하되 '비냐(vigna, 포도원)'를 추가하여 포도밭의 위치를 표기하도록 했다. 그리고 마지막으로 DOC나 DOCG의 조건을 만족시키지 않더라도 심의를 통과하면 라벨에 '이탈리아의 자랑'이라는 문구를 넣을 수 있도록 했다.

독일은 1930년에 제정한 원산지 규제 원칙을 바탕으로 1971년부터 1990년대까지 규정 마련에 나섰다. 독일의 포도 재배업자들은 포도가 잘 익지 않아 애를 태우는 경우가 많았기 때문에 독일의 규정은 프랑스나 이탈리아, 기타 서유럽 국가와 차이점이 있었다. 와인을 지역에 따라 구분하는 것은 비슷하지만 등급

책정에 있어서 포도의 숙성도를 강조했던 것이다. 독일에 산재한 2,600여 개의 포도밭은 아무리 규모가 작아도 모젤 자르 루버, 팔츠, 라인가우, 바덴 등 13개 구역 가운데 하나로 소속이 분류되었다. 그리고 각 포도밭에서 생산하는 와인의 등급은 포도의 숙성도에 따라 결정됐다. 가장 낮은 등급은 도이처 타펠바인(테이블 와인)과 도이처 란트바인(지역 와인)이지만 두 가지 등급의 와인이 전체 생산량에서 차지하는 비율은 극히 낮다.

독일 와인의 대부분을 차지하는 크발리테츠바인(고급 와인)은 규정된 기준에 맞는지 전문가의 시음을 거친 와인이다. 생산된 와인의 대부분을 고급 와인으로 지정한 덕분에 '고급'이라는 단어의 빛이 바래기는 하지만 크발리테츠바인은 다시 여러 갈래로 나뉜다. 이 중에서도 가장 낮은 등급인 QbA(크발리테츠바인 베슈팀터 안바우게비테, '특정 지역의 고급 와인')는 대다수의 독일 와인이 속하는 등급이다. QbA에는 설탕을 첨가해도 되지만 이보다 높은 등급인 QmP(크발리테츠바인 미트 프레디카트), 즉 '특징 있는 고급 와인'에는 설탕을 첨가해서는 안 된다. QmP는 다시 포도의 숙성도에 따라서 카비네트, 슈페틀레제, 아우슬레제, 베렌아우슬레제, 트로켄베렌아우슬레제, 아이스바인으로 나뉜다. 각각의 와인에는 독특한 특징이 있는데, 예를 들어 아우슬레제는 잘 익은 포도송이를 골라서 빚은 와인을, 베렌아우슬레제는 잘 익은 포도알을 따서 만든 와인을 뜻한다. QbA와 QmP 와인은 정부의 심사를 거쳐 승인번호(A., P., Nr.)를 받아야 하며 승인번호 없이는 시판할 수 없다.

독일 정부가 생산량을 규제한 것은 1989년부터이며 그나마도 상당히 너그러운 태도를 보였다. 모젤 자르 루버에서 리슬링을 재배하는 사람의 경우 와인 생산량의 상한선이 1헥타르당 12,000리터로, 프랑스보다 한참 높았다. 그러나 1990년대에는 QbA 와인 생산량의 상한선이 지난 10년간의 평균치로 책정되는 등 한층 더 엄격한 규칙이 적용되었다. 상한선을 넘긴 양조업자는 QbA가 아니라 테이블 와인으로 제품을 시판해야 했다. 이밖에도 1990년대에 새롭게 도입된 규칙으로는 한 곳에서 생산된 포도로 만들었는지, 여러 곳에서 생산된 포도를 섞어 만들었는지 표기하는 것을 들 수 있다.

오스트레일리아는 라벨 인테그리티 프로그램(Lavel Integrity Programme, LIP) 제도를 따라 라벨에 표기된 지방에서 생산한 와인의 함유량이 80퍼센트, 표기된 품종으로 생산한 와인의 함유량이 80퍼센트, 표기된 연도에 생산한 와인의 함유량이 95퍼센트를 넘겨야 한다는 규정을 만들었다. 그리고 블렌딩한 와인의 경우 섞은 비율에 따라 품종의 표기 순서를 정했다. 즉 세미용 샤르도네는 샤르도네보다 세미용의 비율이 높다는 뜻이다. 신대륙의 기타 와인 생산국과 마찬가지로 오스트레일리아도 유럽 시장으로 와인을 수출하기 위해 유럽연합 집행위원회와 협정을 맺었고 1994년부터는 라벨에 표기된 지방의 품종으로 생산한 와인의 최소 함유량을 80퍼센트에서 85퍼센트로 높였다.

미국의 경우에는 비교적 느슨한 규제 체제를 반영이라도 하듯 다른 국가들에 비하여 표기 제도의 정착이 늦었다. 먼저 주류·담배·소방 담당국은 1970년대 말에 미국 포도 재배지(American Viticultural Areas, AVA)라는 규정을 만들었다. 미국 포도 재배지란 지형과 기후가 와인 제조에 적합하고 오랜 와인 생산의 역사가 있는 지역을 뜻했다. 캘리포니아에서 최초로 AVA 지위를 부여받은 곳은 1981년 내퍼 밸리였고 2000년에는 AVA로 지정된 지방이 80여 개에 달했다. 다른 나라의 엄격한 표기 규제법과는 달리 AVA는 품종이나 최대 생산량을 명시하지 않았다. 정해진 지역의 포도로 생산한 와인의 함유량이 85퍼센트 이상이며 블렌딩한 와인의 경우 특정 AVA에서 생산한 와인의 함유량이 75퍼센트 이상이라는 점만 암시했다. 그리고 유럽의 규정과는 달리 AVA는 라벨에 표기하지 않았다. 미국은 와인 산업이 아직 걸음마 단계인 나라답게 규제 장치도 초보적이라는 둥, 아직까지 여러 품종을 실험중이며 최대 생산량이 결정되지도 않은 지역에 엄격한 잣대를 들이대는 것은 부당하다는 둥 오늘날에도 의견이 분분하다.

미국과 처지가 비슷한 캐나다의 양조업자들은 1990년에 VQA(와인 양조업자 품질 협정)라는 제도를 만들었다. 애초에 VQA는 원산지, 품종, 생산 연도를 라벨에 표시하자는 온타리오 양조업자들간의 자발적인 협정이었지만 나중에는 캐나다 전역에 적용되었다. 하지만 민간의 자발적인 협정만으로는 유럽연합 집행위원회의 허가를 받아서 유럽 시장으로 캐나다 와인을 수출할 수 없었기 때문에 1990년대를 거치면서 VQA제도는 브리티시 컬럼비아를 시작으로 법적 효력을 갖추기 시작했다.

표기 규제법은 앞으로 전 세계 와인 생산지로 확산될 전망이지만 뜻밖의 결과를 낳은 면도 있다. 원래 표기 규제법을 제정한 이유는 소비자를 안심시키기 위해서였다. 즉 '키안티' 라벨을 달고 있는 와인은 허가를 받은 지역에서 재배한 포도로 명확한 절차에 따라 생산한 와인이며 '리오하'도 마찬가지라는 사실을 보증하기 위해서였다. 하지만 이와 같은 인증 제도는 양조업자들의 창의력 발휘를 막고 와인의 상품성을 높이는 도구 역할을 하는 경우가 많다. 그리고 오스트레일리아나 미국보다는 유럽의 양조업자들에게 가해지는 제약이 많았다.

표기 규제법의 첫번째 문제점은 와인의 특징을 나타낼 따름이지 품질까지 보증하지는 않는다는 점이다. 즉 정해진 지역에서 재배한 포도로 일정 절차에 따라 생산한 와인이니 만큼 품질이 좋을 것이라고 추측할 수 있을 따름이다. 일반적으로 등급을 부여받은 와인의 품질이 좋기는 하지만 등급을 부여받지 못한 와인이라고 해서 반드시 질이 떨어지는 것은 아니다. 원산지 표기 규제법의 효력은 1855년에 제정된 보르도 등급 분류 체계와 비슷하다고 보면 된다. 전체적으로 따지면 등급을 부여받은 와인의 품질이 그렇지 못한 와인보다 나은 것은 사실이지만 등급을 부여받지 못한 와인 중에도 등급을 받은 와인보다 뛰어난 제품이 많다. 예를 들어 샤토 페트뤼의 경우 보르도 최고의 와인으로 꼽히며 경매에서 일반 보르도 와인보다 높은 가격에 판매되지만 어느 등급에도 속하지 않는다.

표기 규제법의 두 번째 문제점은 지나친 규제가 양조업자들이 창의적인 시도를 하는 데 걸림돌이 된다는 것이다. 최고 등급 와인을 생산하는 업자들로서는 원칙에 어긋나는 품종이나 양조 방식을 도입하여 기득권을 포기할 이유가 없다. 품질은 제쳐두더라도 샹베르탱이나 생테밀리옹과 같은 명칭을 포기하기에는 위험 부담이 너무 크다. 품질 개선에 걸림돌이 된다 하더라도 표기 규제법에서 정한 원칙을 위반할 만큼 용기 있는(혹은 경제적으로 여유가 있는) 양조업자는 거의 없다.

1980년대에 이탈리아 중부 토스카나 지방의 몇몇 양조업자들은 60년대와 70년대에 사시카이아 와인이 그랬던 것처럼 DOC 원칙을 무시하고 카베르네 소비뇽, 시라, 메를로 품종으로 와인을 빚어 세계적인 찬사를 받았다. 이들이 생산한 와인은 DOC 자격 미달이었기 때문에(영어권 국가에서는 "슈퍼 토스카나" 와인이라고 불렸음) 가장 낮은 등급인 테이블 와인으로 구분되었다. 하지만 1992년에 DOC 제도가 개정되자 이들은 '이탈리아의 자랑'이라는 문구를 사용했다.

표기 규제법의 세 번째 문제점은 등급을 부여받은 와인의 비율이 나라마다 다르다는 점이다. 독일에서는 95퍼센트에 달하는 와인이 크발리테츠바인으로 분류된다. 반면에 프랑스에서는 1990년대 이후로 비율이 점차 늘어나고는 있지만 AOC 등급을 받은 와인이 절반에 불과하다. 이는 각 나라별로 정한 기준이 다르기 때문에 빚어지는 현상인데, 그 결과 등급에 따른 혼선이 빚어지는 것은 물론이고 기준에 대한 논란이 일어난다. 뿐만 아니라 한 나라에서도 일관성이 지켜지지 않는다. 프랑스를 예로 들면 AOC의 기준이 어느 지역에서는 매우 엄격했고 어느 지역에서는 그렇지 않았다. 코트 뒤 론 AOC는 400제곱킬로미터에 달하는 한편 최소 규모의 AOC에 해당되는 샤토 그리예의 면적은 0.04킬로미터에 불과했다.

표기 규제법의 조항이 제대로 지켜지지 않는 경우도 있다.

1980년대에 오스트리아의 일부 양조업자들은 와인의 점성을 높일 목적으로 에틸렌글리콜을 섞었다. 이 사건은 커다란 파문을 일으켰고 이탈리아에서는 메탄올이 들어간 와인을 마시고 세 사람이 목숨을 잃은 사건이 발생했다. 이와 비슷한 시기에 독일의 유명 양조업자는 표기 규제법을 어기고 와인에 설탕물을 넣은 죄로 기소되었다. 1990년대에는 보르도의 3급지에 해당되는 마르고의 어느 포도원이 2등급 와인의 원료로 마르고보다 급이 낮은 오 메도크에서 재배된 포도를 쓴 사실이 밝혀지기도 했다. 일부 지역에서는 생산량의 상한선을 어기거나 실제 생산량보다 많은 양의 와인을 시판하거나 불법 첨가물을 넣는 경우도 드문드문 일어났다. 하지만 와인의 불법 위조를 뿌리 뽑기 위하여 생산지 제한 및 원산지 표기 규제법이 탄생한 것이니 만큼 20세기 후반으로 갈수록 이와 같은 사기극은 점차 자취를 감추고 있다. 원산지 표기 규제법과 이를 집행하는 기관, 개인 및 정부 산하 연구소에서 주기적으로 실시하는 와인 성분 분석 등을 통해 와인의 순도는 날이 갈수록 높아지고 있다.

신대륙에서는 품질에 대한 강조가 와인 산업의 재편으로 이어졌다. 제2차 세계대전이 끝난 직후 캘리포니아와 오스트레일리아 등지의 와인 생산은 소수 대기업의 손으로 넘어갔다. 캘리포니아 최대의 와인 생산업체인 갤로 사는 제2차 세계대전부터 와인 생산을 시작하여 1950년대와 1960년대에는 1억 갤런의 와인을 비축할 수 있는 곳으로 입지를 굳혔다. 오스트레일리아의 와인 시장은 오래 전부터 펜폴드, 린더맨, 하디와 같은 기업이 장악하고 있었고 뉴질랜드에서는 코번스와 몬태나가 거물급으로 꼽혔다. 소규모인 온타리오 시장은 브라이트와 조던 밸리의 차지였다. 하지만 소규모 양조장들도 명맥을 유지하며 꾸준히 유지하며 대기업보다 질 좋은 와인을 만들어 냈다.

소규모 양조장과 대규모 기업은 거의 항상 공조 관계를 유지했다. 하지만 대기업은 늘 자신의 제품이 낫다고 생각하고 있었다. 한 가지 예를 들자면 1950년대 후반에 갤로를 비롯한 캘리포니아의 대규모 와인 생산업체는 와인 자문위원회가 홍보자료에서 쓴 '프리미엄' 와인이라는 단어에 이의를 제기하고 나섰다. 일부 와인을 '프리미엄'으로 지정하면 대기업이 생산하는 와인은 이보다 못한 것으로 간주된다는 이유에서였다. 이에 따라 대규모 생산업자와 소규모 생산업자 사이의 입장 차를 좁히기 위하여 다양한 타협안이 제시되었다. '프리미엄'이라는 단어를 빼고 '품위 있는' 와인과 '대중적인' 와인으로 나누자는 의견도 나왔지만 이 역시 반발에 부딪혔다. 결국 1960년대 이후로 등장한 공식 광고에서는 모든 캘리포니아 와인을 동급으로 취급했다. 대기업의 입장에서 보면 만족스러운 조치였지만 "캘리포니아 와인"이라고 하면 "싸구려의 대명사"가 된다고 생각한 소규모 양조업자의 입장에서는 못마땅한 조치였다.

고급 와인을 선호하는 소비자들이 많아지면서 일련의 변화가 일어났다. 소규모 양조장에서 생산되는 와인이 한층 더 고급스런 것으로 인식되면서 대기업에서 대량 생산되는 와인을 앞지르기 시작한 것이다. 시간이 지나면서 소규모 양조장 가운데 일부는 명성을 고스란히 간직한 채 대기업으로 탈바꿈했다. 한편으로 기존의 대기업들은 대량 생산 체제를 유지하면서 질적인 면에 좀더 관심을 기울였다. 이들은 대량 생산하는 와인의 전반적인 품질 개선에 힘쓰고 소량(이들의 기준에서 보자면)의 고급 와인을 선보였다. 그리고 등급별로 이름을 다르게 해서 확실한 차별화 전략을 펼쳤다. 미국의 갤로를 예로 들면 가장 저렴한 와인은 카를로 로시와 리빙스턴 셀러스 라벨, 중간급 와인은 터닝 리프 라벨, 고급 와인은 어니스트 & 줄리오 갤로와 갤로 소노마 라벨을 붙여 출시했다.

고급 와인의 인기에 가속도가 붙은 1980년대와 1990년대에는 신대륙을 중심으로 새로운 양조장이 대거 등장했다. 대다수가 영세하고 '소매급 양조장'인 이들은 과거 포도 재배가 불가능했거나 지지부진했던 지역을 기반으로 했다. 1960년대 미국의 와인 생산은 캘리포니아가 장악한 상황에서 뉴욕과 오레곤이 명맥을 유지하는 실정이었다. 하지만 1980년대와 1990년대에는 포도밭이 전국적으로 확산되었고 2000년에는 알래스카와 노스다코타, 두 주를 제외한 미국 전역에서 상업용 포도 재배가 이루어졌다. 포도 재배 열풍의 결과는 주에 따라 다르지만 텍사스, 뉴멕시코, 메인의 양조업자들은 고급 와인을 생산하지 못하면 시장에서 도태된다는 사실을 뼈저리게 실감했다.

와인 제조업의 확산은 다른 나라에도 영향을 미쳤다. 뉴질랜드에서는 와인 산업의 중심이 노스 섬 북부의 오클랜드에서 남쪽으로 이동했다. 사우스 섬에서도 뛰어난 와인을 생산할 수 있다는 사실이 알려지면서 대규모 말버러 포도원이 등장한 것이다. 남쪽으로의 이동은 여기에서 그치지 않고 오타고로 이어져 세계 최남단에 자리잡은 포도 재배지를 탄생시키기에 이르렀다. 오스트레일리아에서는 기존의 헌터, 바로사, 야라 밸리를 중심으로 새로운 양조장이 건설된 것은 물론 이름 없던 지역들이 관심의 초점으로 떠올랐다. 이 중 대표주자인 웨스턴오스트레일리아 주의 마거릿 강은 와인 산업의 중심지인 남동부에서 멀찌감치 떨어진 지역이었다. 와인 생산이 온타리오의 나이애가라 인근에 집중되어 있던 캐나다에서는 서쪽으로 브리티시컬럼비아의 오카나간 밸리가 새로운 생산지로 부상했고 동쪽으로 퀘벡과 대서양 연안 지방에 소매급 양조장이 들어섰다.

역사와 전통을 자랑하는 중·소규모 양조장들은 하나둘씩 대기업의 손으로 넘어갔다. 라벨과 상표명을 그대로 유지한 채 대기업의 일원이 된 것이다. 오스트레일리아에서는 이와 같은 현상이 특히 두드러져서 사우스코프와 BRL 하디라는 2개의 모회사 밑으로 수십 개의 양조장이 딸려 있다. 사우스코프가 거느린 양조장만 하더라도 펜폴드, 린더맨, 시뷰, 셉펠트, 헝거퍼드 힐, 루주 옴, 킬라와라, 윈스 쿠나와라 에스테이트 등이었다. 합병은 신대륙에 국한된 현상이 아니었다. 프랑스 와인업계의 거인 루이 뷔통 모에 헤네시(LVMH)는 향수(디오르)와 기타 명품 사업 운영으로도 유명하다. 유명 샴페인 회사(모에 에 샹동, 뵈브 클리코, 크뤼)는 물론이고 유럽과 아르헨티나, 오스트레일리아 각지에 상당수의 와인 회사를 거느리고 있는 LVMH는 1999년에 그 유명한 샤토 디켐을 인수하는 기염을 토했다.

구대륙이건 신대륙이건 유명 포도원의 인수와 합병은 어제 오늘의 일이 아니다. 와인은 포도나무가 자란 토양뿐 아니라 생산업자의 영혼까지 담겨 있다고 해서 성스러운 것으로 취급받았지만 여타의 농산물과 마찬가지로 상업적인 측면에서 벗어날 수는 없다. 보르도와 부르고뉴의 유명 포도원은 지난 300년 동안 수차례 주인이 바뀌었지만 그 위상을 잃지 않았다. 이 점은 가장 최근에 벌어진 인수와 합병에서도 마찬가지로 적용될 것이다.

구대륙의 와인은 20세기 후반으로 접어들면서 신대륙의 거센 도전을 받아들여야 하는 입장에 놓였다. 지난 몇 세기 동안 유럽산 와인, 그중에서도 특히 프랑스 와인은 양조 기술의 꽃으로 여겨져 왔다. 이와 같은 믿음이 워낙 강했기 때문에 아메리카, 오스트레일리아, 남아프리카에서 생산되는 와인은 특징이 가장 비슷한 유럽산 와인의 이름을 빌리고는 했다. 캘리포니아산 부르고뉴나 온타리오산 셰리 등은 실제로 부르고뉴 와인이나 셰리와 비슷해서 지어진 이름이 아니라, 그렇게 되고 싶다는 희망의 안타까운 표현이었다. 유럽산 와인을 대하는 신대륙 양조업자들의 시각은 고대 그리스·로마 시대의 와인을 바라보는 18-19세기 와인 전문가들과 비슷했다. 이들에게 유럽산 와인은 판단 기준이요, 잣대였다.

하지만 고대 그리스·로마 시대 와인의 맛이나 기타 특징은 선입견으로 가득한 문헌들을 통해 상상만 할 수 있다면 신대륙 와인은 구대륙 와인과 직접 비교할 수 있다는 차이점이 존재했다. 신대륙의 와인 생산업자들은 상을 내건 협회나 보조금을 줄지도 모르는 식민지 관리나 유럽의 와인 감정가에게 샘플을 보내는 식으로 구대륙 와인과의 비교를 위해 100여 년 동안 줄곧 노력을 기울였다. 처음에는 국제박람회를 통해, 나중에는 와인 경연대회를 통해 신대륙 와인은 유럽에 정기적으로 선을 보였다. 유럽의 심사위원들은 대부분 권위적인 태도를 취했고 뛰어난 와인이 있어도 출처를 의심했다. 와인위조가 워낙 잦았던 시대라 그렇다고는 하지만 유럽 이외의 나라에서 이렇게 좋은 와인이 생산될 리 없다는 구시대적 발상이 남아 있었기 때문이다.

20세기 들어 영국이 오스트레일리아산 테이블 와인과 주정 강화 와인을 대량 수입하면서 이러한 분위기는 변화의 조짐을 보였지만 유럽 대륙, 특히 프랑스에는 여전히 거부감이 남아 있었다. 그런데 미국 독립 전쟁 50주년을 기념하기 위하여 미국 와인과 프랑스 와인을 비교 시음하는 행사가 1976년에 파리에서 열린 것을 계기로 극적인 반전이 이루어졌다. 이 행사에서 프랑스 와인 산업의 전문가―매매업자, 식당 주인, 와인 전문 필자, 정부 관리―들로 이루어진 시음단은 캘리포니아산 샤르도네 5병과 화이트 부르고뉴 5병, 캘리포니아산 카베르네 소비뇽 5병과 레드 보르도 5병을 각각 블라인드 테스트했다. 그 결과 화이트 와인과 레드 와인, 둘 모두 캘리포니아 와인이 선택된 사실이 밝혀지자 시음단은 경악을 금치 못했다. 이와 같은 시음 결과로 인해 프랑스 와인과 캘리포니아 와인, 특히 신대륙 와인을 바라보는 프랑스인들의 시각이 바뀌지는 않았더라도 캘리포니아를 고급 와인 생산지로 각인시키는 역할을 했다.

신대륙 와인에 대한 인식이 점점 달라지면서 신대륙 와인이 시장에서 차지하는 비율도 높아졌다. 캐나다인들은 온타리오 와인을 2류 변종이나, 콩코드와 같은 토종으로 생산하는 저급 와인으로 간주하고 무시하는 경향이 있었다. 하지만 비티스 비니페라로 고급 와인을 빚고 리슬링과 변종으로 아이스 와인을 생산하는 소규모 양조장들이 늘어나면서 온타리오 와인은 캐나다 시장을 잠식하기 시작했다. 신대륙의 다른 나라에서도 비슷한 현상이 벌어졌다.

이러한 변화는 기존의 와인 무역 양상에 영향을 미쳤다. 구대륙에서 신대륙으로 향하는 와인의 양이 그 반대의 경우보다 여전히 더 많기는 했지만 차츰 격차가 줄어들었고 신대륙 내에서 국산 와인의 인기가 높아질수록 유럽의 수출업자들의 입지가 좁아졌다. 그 결과 두 대륙 사이에 팽팽한 긴장 관계가 형성되었고 프랑스 정부가 국내 와인업자들의 로비에 밀려 신대륙 와인의 판매 제재 조치를 해지하는 데 미온적인 태도를 보인 탓에 긴장은 더욱 고조되었다. 유럽의 와인 생산국 가운데 미국과 오스트레일리아산 와인을 가장 많이 수입한 나라는 독일이었다.

신대륙의 양조업자들이 유럽 와인 생산지의 명성을 도용하지 못하도록 막는 조치도 속속 시행되었다. 부르고뉴, 셰리주, 포트 와인, 보르도, 샴페인, 라인 와인과 같은 명칭은 해당 지역에서만 쓸 수 있도록 하는 협정이 맺어진 것이다. 캘리포니아에서는 1988년부터 보르도와 똑같은 품종을 섞어 생산한 레드 와인이나 화이트 와인을 가리킬 때 '메리티지'라는 단어를 썼다. 유럽에서는 이제 샹파뉴에서 생산된 발포성 와인이 아니면 '샴페인'이라는 이름을 붙일 수 없다. 샴페인이 에스파냐에서는 '카바,' 독일에서는 '제크트'가 되고 미국과 오스트레일리아에서는 '스파클링 와인'이 된 것도 이때부터였다. 한편 수백 년 전부터 '토카이'라 불리던 알자스의 재래 품종은 헝가리 와인과 구분하기 위해 '토카이 피노 그리'로 이름을 바꾸었다.

이에 따라 신대륙 양조업자들이 품종명으로 와인의 이름을 바꾸기 시작한 것이 오늘날까지 관습으로 이어져 내려오고 있다. 경계선을 정해 놓고 소수의 품종을 재배하는 유럽의 유명 와인 생산지와는 달리 신대륙의 와인 생산지는 재배하는 품종이 다양한 것이 특징이다. 일부 지역은 그곳에서 특히 잘 자라는 품종의 이름을 딴 와인으로 유명하기도 하다. 오레곤은 피노 누아르, 캘리포니아의 센트럴 밸리는 진판델, 오스트레일리아의 헌터 밸리는 시라, 뉴질랜드의 말버러는 소비뇽 블랑으로 유명한 식이다. 하지만 이들 지역에서는 다른 품종으로도 와인을 생산하기 때문에 각각의 와인에 지명을 붙여서 오레곤, 센트럴 밸리, 헌터 밸리, 말버러라고 부를 수는 없는 노릇이다.

품종을 중시한 신대륙과는 달리 유럽에서는 전통적으로 지역을 우선시하는 경향이 있었다. 지역이라는 것이 원래 특정 품종과 밀접한 연관이 있고 오늘날에는 원산지 표기 규제법에 따라 법적으로 불가분의 관계를 맺게 되었다. 유럽의 양조업자들이 보기에 와인의 질을 결정짓는 요소는 장소, 그러니까 토양이었다. 페트뤼는 다량의 메를로에 카베르네 프랑을 조금 섞어서 만드는 와인이고 바르바레스코는 네비올로가 베이스라는 사실쯤은 알아야 한다는 것이었다. 유명한 유럽 와인 중에서도 라벨에 품종을 표기하는 제품이 있기는 하다. 대표적인 예로 알자스의 리슬링과 게뷔르츠트라미너를 들 수 있다. 하지만 원산지에 비하면 품종은 언제나 부차적인 문제였다. 어떻게 보면 유럽의 양조업자들은 AOC를 통해 간접적으로 와인의 재료가 된 품종에 대해 알렸던 것일지도 모른다. 원산지 표기 규제법에 대한 지식이 있는 사람이라면 라벨에 AOC 코트 드 본이라고 적힌 레드 와인은 피노 누아르 품종으로 만든 제품이라는 사실을 알 수 있을 테니 말이다.

하지만 아이러니컬하게도 유럽의 유명한 와인 생산지 이름을 신대륙에서 사용할 수 없도록 금지한 이후 미국, 오스트레일리아, 캐나다 등지로 수출되는 와인에는 원산지 대신 품종이 부각되기 시작했다. 라벨에 부르고뉴라는 원산지 이름보다 '피노 누아르'를 더욱 크게 쓴 부르고뉴 와인이 출시된 이후 프랑스 남부에서 생산되는 와인들도 그 뒤를 따랐다. 유명 와인들이 이런 식의 변화를 보인 것은 예전에는 상상할 수조차 없었던 일이지만 한편으로 국제 시장의 중요성과 날로 커져 가는 신대륙의 영향력을 보여 주는 것이기도 하다.

1980년대와 1990년대에는 국제적인 투자와 협력 체계가 이루어지면서 배경이 다양한 와인 생산업자들이 한데 뭉치는 계기가 되었다. 이 중에서도 가장 파격적인 협력 관계는 캘리포니아의 양조업자 몬다비(Mondavi)와 보르도의 지주 필리프 드 로트실트(Philippe de Rothschild) 남작인데 두 사람은 손을 잡고 오퍼스 원 와인을 만들어 냈다. 이 밖에도 단순히 투자만 한 경우로는 아르헨티나와 오스트레일리아의 발포성 와인 산업에 참여한 모에 에 샹동을 들 수 있다. 자금과 전문 기술이 신대륙에서 구대륙 쪽으로 넘어간 경우도 있다. 오스트레일리아 최대의 와인 생산업체인 BRL 하디는 1990년대에 키안티와 랑그 도크의 포도원을 매입했다. 키안티에서는 고전하다가 결국 포도밭을 처분했지만 랑그 도크에서는 베지에 인근 라 봄 지역에서 성공을 거두었다. 라 봄에서는 오늘날 자체 수확물과 인근 계약업자들이 납품하는 포도로 매년 수백 만 리터의 레드 와인과 화이트 와인을 생산하며 오스트레일리아 특유의 포도 재배 방식(야간 수확 등)과 와인 제조 방식을 일대에 소개하는 역할을 담당하고 있다.

프랑스에까지 진출한 하디를 보면 오스트레일리아가 20세기 말 세계 와인 산업에서 차지하는 위치가 어느 정도인지 알 수 있다. 오스트레일리아의 양조업자들이 전 세계 와인 생산에서 담당하는 몫은 2퍼센트에 불과하지만 이들은 샤르도네와 시라 등 여러 품종의 표준을 제시하는 등 맹활약을 보여 왔다. 뿐만 아니라 포도 재배와 와인 제조에 혁신적인 방법을 도입했고 작업을 대하는 태도가 유럽의 동종업자들과는 달랐다. 이들은 오스트레일리아에 농한기가 찾아오면 북반구로 넘어가 와인의 세계를 여행하며 짧은 기간 동안 노동자로 일을 했다. 덕분에 여러 방향에서 전문 지식의 교환이 이루어졌고(프랑스의 양조업자들도 오스트레일리아에서 일했음) 전 세계의 와인 생산업자들은 훨씬 폭넓은 지식과 경험을 쌓을 수 있게 되었다.

1980년대와 1990년대에 일어난 정치적인 변화는 이미 상당한 규모에 달했던 와인의 세계가 한층 넓어지는 계기를 마련해 주었다. 소련에서 사회주의 체제가 붕괴되기 시작한 1980년대에 고르바초프(Gorvachev)가 이끄는 개혁적인 정부는 술의 생산과 소비를 제재했다. 알코올 중독이 평균 수명 감소와 생산성 저하, 여러 가지 사회 문제를 야기하는 원인으로 지목되었기 때문이다. 주범은 보드카였지만 금주 운동의 대상은 모든 종류의 술이었다. 증류장, 맥주 양조장, 와인 양조장이 속속들이 문을 닫았고 소매점, 주점, 인가를 받은 음식점들도 마찬가지 전철을 밟았다. 그루지야 등 주요 포도 산지의 포도나무가 뿌리째 뽑혔고 포도 재배 면적은 4분의 1이 감소했다.

그 결과 제2차 세계대전 이후로 꾸준히 증가했던 주류 생산은 급반전을 맞이했다. 1940년 당시 소련의 와인 생산량은 2억 리터였지만 1960년에는 8억 리터로 4배가 증가했고 1970년에는 27억 리터, 1980년에는 32억 리터로 가파르게 늘어났다. 하지만 5년 뒤에는 다시 1970년의 수준으로 뒷걸음질쳤다. 여타의 술─특히 과일주와 보드카─도 마찬가지였지만 맥주만큼은 금주 운동 초반기에 생산량이 약간 증가하는 모습을 보였다. 시류를 거꾸로 거슬러 올라간 술은 '소비에트 샴페인'이라는 이름으로 판매된 발포성 와인이었다. 1960년에 3천7백만 병의 생산량을 기록한 소비에트 샴페인은 1970년에는 8천7백만 병, 1980년에는 1억7천8백만 병, 1988년에는 2억5천8백만 병이 생산되었다.

1991년에 소련이 해체되고 독립공화국이 들어서면서 와인 생산의 중심지였던 그루지야와 크림 자치 공화국의 포도밭을 포함하고 있는 우크라이나의 와인 산업에 소생의 빛이 비추었다. 소련보다 먼저 붕괴된 동유럽의 여러 나라들 가운데 헝가리, 루마니아, 불가리아 등지에는 국가의 관리를 받는 대규모 포도밭이 있었다. 사회주의 정권이 몰락한 뒤로 이 포도밭들은 개인의 손으로 넘어갔고 이후 수출 시장을 노리는 고급 와인 제조가 줄을 이었다.

이 밖에도 와인 산업에 직접적인 영향을 미친 정치적 사건이 있다면 남아프리카 공화국의 인종 차별 정책 폐지와 이에 따른 국제 무역 금지 조치의 해지이다. 남아프리카 공화국은 국제 무역에 제재를 받던 시기에도 꾸준히 와인을 생산했지만 수출이 막혀 있었기 때문에 생산성이 낮았고 신대륙의 다른 국가들에 비해 수준이 떨어졌다.

서구 사회에서 고급 와인에 대한 관심이 높아지면서 함께 발달한 것이 와인 문화였다. 와인 문화는 애호가 집단—단순히 마시는 수준을 넘어서 와인에 대해 진지하게 생각하는 계층—이 확대되어야 발전이 가능한데 이러한 계층은 제2차 세계대전 이후, 특히 1970년대부터 꾸준히 증가하고 있다. 원래 와인 산업과 관련된 업종에 종사하는 부유층으로 구성되어 있던 애호가 집단은 이제 중산층의 남녀들에게까지 확산되는 양상을 보이고 있으며 중산층 애호가들은 대부분 와인과 무관한 직업에 종사하고 있는 것이 특징이다. 와인 애호가 집단의 성장은 식료품에 대한 관심이 전반적으로 증가하면서 나타난 현상이기도 하다.

애호가 집단의 지지에 힘입어 다양한 와인 관련 용품과 서비스가 등장하기 시작한 때도 1970년대이다. 과거에 와인 잡지나 정기간행물은 와인 산업 종사자들이 주요 독자였다. 하지만 1970년대 이후로는 독자층이 넓어졌고 간행되는 출판물의 수도 늘었다. 1976년에 첫선을 보인 세계적인 와인 전문지 『와인 스펙테이터(Wine Spectator)』가 가장 대표적인 예이다. 20세기에서 21세기로 넘어가는 이 즈음 와인을 전문적으로 다루는 정기간행물은 수십 종에 달하며 와인의 여러 가지 측면을 다룬 서적들이 매년 수백 권씩 쏟아지고 있다.

와인 관련 출판계의 성장은 와인 전문 필자의 새로운 세대를 열었다. 19세기의 레딩과 줄리앙, 20세기의 시몽을 선배로 둔 이들은 독자 규모의 차이와, 와인 관련서 집필을 전업으로 삼고 있다는 점에서 선배들과 다르다. 영어권에서 가장 유명한 와인 전문 필자로는 존슨(Johnson), 로빈슨(Robinson), 파커(Parker), 클라크(Clark)를 꼽을 수 있다. 이들이 출간한 서적과 백과사전, 도해집, 소비자용 가이드, 생산지와 품종, 와인 제조법에 대한 연구서 등은 전 세계 서점의 서가를 빼곡히 메우고 있다. 이들은 집필 이외에도 강연, 시음회 주관, 텔레비전 프로그램 및 CD-ROM 제작 등 다양한 분야에서 활동하고 있다.

와인 애호가들은 관련 자료를 읽기도 하지만 디캔터, 호일 커터, 코르크 스크류, 온도계, 와인용 주전자, 와인 보관용 도구, 온도와 습도를 조절할 수 있는 와인 저장실 등을 갖추며 다양한 와인 용품을 구입하기도 한다. 정식으로 와인을 감별하고 싶은 사람들은 감별용 잔, 아로마 휠(향과 관련된 단어가 체계적으로 적혀 있는 원판), 감별 가이드 등을 구입한다. 와인을 직접 만들어 보고 싶어하는 사람들은 각종 기구와 함께 포도즙이나 포도를 구입한다.

와인과 관계된 지식을 쌓을 수 있는 방법도 매우 다양해졌다. 이제는 와인 감별 강좌와 소믈리에 인증 프로그램이 곳곳에 개설되어 있고 포도 재배와 와인 제조에서부터 와인 경영과 와인 컨설팅에 이르기까지 다양한 분야에서 학위를 받을 수 있다. 캘리포니아 대학교 데이비스 분교와 오스트레일리아의 로즈워디 농업대학, 보르도 대학교 등은 이 방면에서 유명한 교육 기관이다. 대다수의 와인 생산지에는 포도 재배, 와인 제조, 와인 경영을 가르치는 대학교가 있고 프랑스 쉬즈 라 루즈의 와인 대학교에서는 와인과 연관된 모든 분야를 공부할 수 있다. 영국의 와인 전문가 협회는 1950년대부터 엄격한 시험을 통과한 사람들을 대상으로 와인 전문가 자격증을 발부하기 시작했다.

한결 가벼운 마음으로 와인 공부를 하고 싶은 사람들에게는 와인 여행이 알맞다. 주위를 둘러보면 체계적인 와인 여행 프로그램이 있을 뿐 아니라 여러 지방의 와인 생산업자 협회는 축제를 열어 관광객을 유혹한다. 대부분의 양조장에서는 관람객을 환영하며 그 자리에서 직접 판매도 한다. 대도시에서는 와인 축제와 음식 축제가 정기적으로 개최된다. 축제나 시음회와 같은 행사는 와인의 홍보와 소비층 유지 · 확대가 목적인데 개별 양조장과 상공회의소, 정부의 지원이 잇따르는 것을 보면 와인이 각 지방의 경제에서 차지하는 부분이 어느 정도인지 알 수 있다. 대다수의 와인 생산지에서는 와인 박물관을 열어 병, 기구, 기타 용품을 전시하고 그 지방 와인의 역사를 소개한다. 오랜 옛날부터 대규모 와인 시장을 형성해 왔던 런던에서는 1999년에 건립된 비노폴리스(와인의 도시)가 와인 전시장과 와인 관련 정보 센터 역할을 하고 있다.

물론 이와 같은 소비 문화의 바탕에는 와인이 자리잡고 있다. 다른 술도 마찬가지이지만 근래 들어 와인의 구입 경로가 다양해진 것은 와인의 인기가 높아져서라기보다는 1980년대 이후의 특징인 경제 규제 완화 조치 덕분이다. 1950년대와 1960년대에는 정부의 관리를 받는 주류 전문점에서만 와인을 살 수 있었지만 지금은 슈퍼마켓에서도 와인을 구입할 수 있다. 영국의 테스코나 세인스베리와 같은 슈퍼마켓 체인점에서 자체 라벨을 단 고급 와인이 판매되는 것을 보면 대중 시장이 어느 정도로 확산되었는지 실감할 수 있다.

와인에 대한 규제 조치는 20세기 말에 들어서도 이따금씩 등장했다. 1999년 미국 의회가 주 경계선을 넘나드는 우편 주문 판매를 금지한 조치는 금주 운동을 답습하는 동시에 와인을 긍정적으로 받아들이기 시작한 사회 분위기에 제동을 거는 처사였다. 알코올 매매를 담당하는 연방 기구인 주류·담배·소방 담당국은 1990년대에 와인의 효능을 라벨에 게재해도 좋다는 허가를 내렸다.

와인이 맛있는 술인 동시에 건강에 좋은 음료라면 오늘날 소비자들은 과거 그 어느때보다 선택의 폭이 넓은 셈이다. 오늘날 미국과 영국의 소비자들은 미국은 물론 유럽, 라틴아메리카, 캐나다, 중동 일부, 북아프리카와 남아프리카, 오스트레일리아, 뉴질랜드에서 생산된 와인을 즐길 수 있다. 미국 소비자들이 마실 수 없는 와인은 무역 금지 조치가 내려진 쿠바산 와인뿐이다. 어쩌면 다양해진 와인의 종류가 와인에 대한 관심을 유발시켰는지도 모른다. 아나톨리아, 루터글렌, 이리 호 북단, 러벅, 풀리아 등 세계 곳곳에서 생산된 와인을 전시한 선반 앞에 서면 신비로운 맛의 여행을 떠나는 기분이 느껴진다. 원산지의 문화와 역사를 상징하는 와인 병을 바라보면 '토양'의 의미가 무엇인지 금세 알 수 있다.

서구 사회에서는 지금까지 수없이 많은 사람들이 와인을 알기 위해 시간과 돈을 투자했고 이 과정에서 기쁨을 느꼈다. 이들은 책을 통해, 영화를 통해, 여행을 통해, 그리고 가장 유익하게는 와인을 마시며 깨달음을 얻었다. 이런 애호가들 덕분에 고급 와인은 꾸준히 생산될 수 있었다. 새 천 년이 시작된 지금, 와인 산업은 순풍에 돛을 단 배와 비슷하게 보인다. 지속적인 경제 호조는 와인 시장 형성에 든든한 기반이 되고, 생산업자들은 품질에 한층 주의를 기울이고 있으며, 와인에 대한 관심은 과거 그 어느 때보다도 높고, 이에 따라 와인은 건강에 좋은 음료로 다시 한 번 각광을 받고 있다.

세기가 바뀌면서 최고의 인기를 누린 와인은 축하의 대명사인 샴페인이었다. 샴페인 이외에도 훌륭한 발포성 와인이 많지만 그해의 12월 31일 밤만큼은 누구나 오스트레일리아의 브루트나 에스파냐의 카바가 아니라 유명 샴페인 회사의 이름이 새겨진 코르크 마개를 터트리고 싶어한다. 세기말을 즈음해서는 샴페인의 공급이 부족해질 거라는 소문이 돌면서 일부에서 사재기를 시도했지만 샹파뉴의 양조업자들은 수요의 폭등을 예상하고 사전에 적절한 조치를 취했다. 1990년대 후반에는 연평균 2억7천만 병의 샴페인을 생산할 수 있도록 포도 재배업자와 미리 입을 맞추었다. 게다가 블렌딩용으로 비축되어 있던 와인 1억 리터가 샴페인 제조용으로 방출되었다. 그렇게 해서 시판되는 샴페인의 양은 1990년대 들어 해마다 꾸준히 증가해서 일시적인 침체기였던 1991-92년에는 2억 병이던 것이 1999년에는 3억 병을 기록했다.

21세기의 초반에는 샴페인의 수요가 줄어들 것으로 예상되는데 샴페인은 원래 다른 와인에 비해서 수요의 변동이 크다. 흥미롭게도 변동이라는 단어는 정치와 전쟁, 사회적 · 경제적 변화, 기호와 식생활의 전환, 종교와 의학과의 관계에 따라 부침(浮沈)을 겪은 와인의 오랜 역사를 한 마디로 요약해 준다. 그 역사를 보면 알 수 있듯이 와인은 평탄한 길과는 거리가 먼 일상용품이었다. 그런 까닭에 와인의 미래도 과거만큼이나 흥미진진하게 펼쳐지지 않을까?

와인 도량형

와인을 숙성시키고 운반하는 데 사용하는 용기는 시대에 따라 달랐다. 부피만 하더라도 수백 리터부터, 오늘날 일반적인 와인 병에 해당되는 0.75리터까지 다양했다. 용기의 크기는 시대뿐만 아니라 장소에 따라서도 달라졌다. 똑같은 배럴이라도 지방별로 차이가 있었다. 용량을 규격화하려는 움직임은 과거에도 여러 차례 있었지만 용기 제작법이 발달하여 규격화가 이루어진 것은 19세기 이후부터였다. 따라서 과거의 도량형을 오늘날의 수치로 환산하는 데에는 어려움이 있다. 최대한 정확성을 기하더라도 가장 가능성 높은 추정치에 불과한 경우가 대부분이다.

다음은 본문에서 거론된 와인 용량을 현대 도량형으로 환산하여 정리한 것이다.

암포라
고대 그리스·로마 시대에 사용한 암포라는 22-30리터였다. 평균 25리터 정도였던 것으로 추정된다.

배럴

배럴은 단위라기보다는 와인을 담는 용기의 통칭으로 보는 편이 훨씬 정확하다. 배럴은 중세 피렌체의 경우에는 45.5리터, 피사의 경우에는 68리터, 15세기 영국의 경우에는 143리터였다. 현재 통용되고 있는 표준 보르도 배럴은 225리터이다.

병

유리병은 하나씩 불어서 만들었기 때문에 시대별로 크기에 차이가 있었다. 오늘날 일반적으로 쓰이는 병은 0.75리터이다.

버트

15세기 영국 법률에서는 1버트를 573리터로 규정했다. 오늘날 셰리주에 쓰이는 버트는 491리터이다.

갤런

중세 영국에서는 1갤런이 약 3리터였지만 18세기에는 3.8리터로 늘어났다. 1824년에 명문화된 영국식 갤런의 경우에는 1갤런이 4.5리터이다. 영국식 갤런과 미국식 갤런의 비율은 1 대 1.25이다.

리거

리거는 케이프 와인을 계산할 때 쓴 단위로, 682리터에 해당된다.

뮈

뮈는 프랑스에서 널리 사용되는 단위로, 지방에 따라서 용량이 달랐다. 17세기와 18세기 파리에서는 1뮈가 268리터였지만 몽펠리에에서는 730리터, 루시용에서는 472리터였다.

피에스

피에스는 부르고뉴, 론, 루아르 일대에서 쓰였으며 225-228리터이다.

파이프, 피파

파이프나 피파는 이베리아 반도산 와인의 부피를 잴 때 쓰였으며, 근세를 기준으로 454-573리터에 해당된다. 오늘날 포트 와인 1파이프는 523리터이다.

턴

잉글랜드의 도량형으로 1턴은 2파이프 혹은 2버트로, 1,145리터에 해당된다.

감사의 글

이 책의 집필을 시작한 것은 1998년, 내가 오스트레일리아 멜버른 대학교 역사학부의 특별 연구원으로 재직하며 전혀 다른 분야의 연구를 하던 때였다. 멜버른에서도 와인은 그때까지 내가 거쳐 갔던 여타의 지방들과 마찬가지로 일상에서 없어서는 안 될 품목이었는데, 특히 멜버른은 와인과 포도밭에 관한 방대한 자료를 보유하고 있기로 유명했다. 나는 짬이 날 때마다 유명한 와인 산지를 여행하며 와인의 맛을 음미했고, 오스트레일리아 와인 역사의 산증인이라 할 수 있는 지미 윗슨스 와인 바에도 들렀다. 이렇게 행복한 시간을 보내는 동안 역사라는 내 전문 분야와 와인이라는 내 취미 생활을 접목시키면 어떨까 하는 생각이 떠올랐고 그 결과 탄생한 것이 바로 이 작품이다.

때문에 내가 제일 먼저 감사의 말을 전해야 할 사람은 역사학부의 동료였던 칩스 소어와인과 피터 맥피이다. 나는 멜버른 생활을 처음 시작하던 1998년, 와인 애호가로 유명한 짐 해머튼과 존 캐시미어의 집에서 수없이 와인 잔을 기울였다.

나는 이 책을 집필하며 수많은 동료들에게서 자료를 얻고 도움을 받았다. 어떤 이는 내가 궁금해하던 부분을 해결해 주었고

500

어떤 이는 자료를 건네 주었고 또 어떤 이는 원고의 일부를 검토해 주었다. 펜실베이니아 대학교 인류 · 고고학 박물관의 패트릭 맥거번은 고대 와인에 대한 지식을 기꺼이 나누어 주었다. 스코트 헤인은 18세기와 19세기 역사에 대해, 콜린 가이는 샴페인에 대해, 이언 티렐은 미국에 대해, 칼턴 대학교의 트레버 호지는 고대 역사에 대해 전문가였다. 이 밖에도 소냐 립셋 리베라, 카먼 비커튼, 조프리 가일스, 피터 맥피, 래리 블랙, 호세 C. 쿠르토, 발메이 행켈, 레베카 아델, 킴 먼홀랜드가 많은 도움을 주었다. 루스 피처드는 특유의 재능을 발휘하여 원고의 일부를 검토해 주었다. 이들의 충고를 모두 받아들인 것은 아니기 때문에 최종 작품에 대한 책임은 물론 나에게 있다.

이 책을 만들기까지 나보다 먼저 이 방면의 연구를 한 여러 학자들의 도움을 많이 받았다. 세계 각지에 퍼져 있는 와인의 역사를 고대부터 현대까지 다양한 측면에서 접근한 작품은 이 책이 최초인 셈인데, 팀 언윈, 토머스 피니, 그리고 와인 전문작가 휴 존슨과 잰시스 로빈슨이 없었더라면 불가능한 작업이었다.

나는 세계 여러 지방의 친절한 와인 생산업자들 덕분에 와인에 대한 지식을 넓힐 수 있었다. 너무 많아서 일일이 이름을 거론할 수는 없지만, 부르고뉴에 대한 조사를 할 때 도움을 준 제브레 샹베르탱의 장 미셸 기용과, 이곳에서 북쪽으로 몇 킬로미터 거리에 있는 마르사네 라 코트의 장 바르, 자니 바르 부부에게는 특별히 감사의 뜻을 전하고 싶다. 그리고 디종에서 만나 즐거운 시간을 함께 보냈던 짐 파, 밥 슈워츠, 마리에타 클레망에게도 마찬가지로 감사의 마음을 전한다.

오타와에서는 알공킨 대학의 빅 해러딘이 주관한 와인 강좌의 강사와 학생들, 오타와 소믈리에 길드의 동료들 덕분에 와인에 대한 관심을 유지할 수 있었다. 오타와는 기후 조건상 포도 재배가 불가능하지만 온타리오 주류관리협회 산하의 주류전문점 덕분에 선택의 폭이 점점 넓어지고 있다. 이들은 정부 주관의 주류 판매 시스템이 소비자의 욕구에 얼마나 효과적으로 대응할 수 있는지를 보여 주는 산증인이다.

마지막으로 서로의 집을 오가며 정기적으로 와인 감별식을 거행하는 친구들을 위해 잔을 들어 건배를 청하고 싶다. 가장 최근에 만난 자리에는 루스 피처드, 카터 엘우드, 질 세인트 저메인, 소냐 립셋 리베라, 세르히오 리베라 아얄라, 테드 코헨, 제임스 밀러, 프란츠 차보, 캐서린 차보가 참석했다. 이 친구들과 만나는 것은 와인에 대한 진지한 토론과 함께 잔을 기울이는 기쁨이 완벽하게 어우러지는 자리를 뜻한다.

이 작품은 펭귄출판사의 뛰어난 인재들 덕분에 출간될 수 있었다. 담당 편집자인 사이먼 와인더는 1차 콘셉 회의 때부터 열의를 보였고 원고의 완성도를 높이기 위하여 마지막까지 조언을 아끼지 않았다. 제작을 담당한 엘라 올프리는 뛰어난 유머감각의 소유자였고 교정을 맡은 리처드 두구이드는 와인에 대한 열정을 원고 손질에 쏟았다. 세실리아 맥케이는 내가 원했던 삽화의 사용이 불가능하게 되었을 때 멋진 대안을 제시했다.

감사의 말이라는 것은 아무리 길어도 부족하기 마련이다. 지금까지 도움을 준 많은 지인들의 은혜를 이 작품으로 조금이나마 갚을 수 있었으면 하는 바람이다.

옮긴이 후기

나는 술을 잘 못한다. 아니, 전혀 못한다고 보는 쪽이 옳다. 이런 나를 두고 한 지인(知人)은 "인생의 일락(一樂)을 모른다." 며 안타까워했다. 맞는 말이다. "술에 취해 보지 않은 자와는 인생을 논할 수 없다." 등의 이야기를 접할 때 예전 같으면 술을 못 마신다고 해서 못할 일이 무어냐며 씩씩댔을 것이다. 하지만 지금은 더불어 인생을 논할 수 없는 이유를 알 것도 같다. 술을 전혀 못하는 자의 슬픔은 조금만 마셔도 취한다는 데 있지 않다. 취할 만큼 마실 수 없다는 데 있다. 육체적으로는 나와 한 자리에 있지만 정신적으로는 이미 다른 공간으로 이동해 버린 사람들을 바라볼 수밖에 없는 서글픔에 있다.

그런 의미에서 『와인의 역사』의 번역 작업은 대리만족의 과정이었다. 나는 "꿀꺽 마시지 말고 천천히 음미해야 하는 책"이라는 어느 서평대로, 병에 담은 채로 한 달을 놓아 두었더니 신기하게 와인으로 변해 버린 포도즙 한 잔을 옆에 두고 와인이 남긴 발자취를 차근차근 글로 옮겼다. 그러면서 나는 와인으로 인해 빚어진 희노애락의 역사를 느껴 보려고 애를 썼다. 인류 최초의 와인도 내가 마신 포도즙처럼 우연의 소산이었다니, 고대인들도

시큼하게 변한 포도즙을 맛보고 나처럼 깜짝 놀라며 신기해하지
않았을까?

문득 한 사람의 인생도 와인을 빚는 과정과 비슷하다는 생각
이 들었다. 20대는 포도 농사를 위해 땅을 다지고 씨를 뿌리고
포도를 가꾸는 데 전력을 바쳐야 하는 시기이다. 햇빛을 충분히
쪼이고 온갖 병충해를 제거해야 열매를 맺을 수 있는 포도처럼,
그렇게 살아야 하는 시기이다. 30대는 좋은 와인을 빚기에 알맞
은 포도를 고르는 시기이다. 한 알 한 알 정성스럽게 딴 포도를
광주리에 넣으며 흐뭇한 미소를 짓는 시기이다. 40대는 30대에
딴 포도를 압착하여 에센스만 골라 내는 시기이다. 그리고 50대
는 이 에센스를 발효시키는 시기이고, 60대는 이것을 숙성시키
는 시기이다. 특히 포도 농사의 첫 단추를 어떻게 끼웠느냐에 따
라서 수확물인 와인의 품질에 어마어마한 차이가 있다는 사실이
야말로 인생과 와인의 가장 큰 공통점이 아닐까 싶다.

저자는, 와인에 종교적인 의미가 부여된 까닭은 포도가 와인
으로 바뀌는 과정이 부활을 상징하기 때문이라고 했다. 파종의
20대가 수확의 30대로 부활하고, 30대가 압착의 40대로, 40대가
발효의 50대로, 50대가 숙성의 60대로 부활한다면 이 얼마나 축
복받은 인생인가! 잘 익은 와인의 맛을 알 것만 같은 봄여름가을
겨울의 노래도 있듯이 "Bravo My Life," 우리네 인생을 위하여
건배를!

찾아보기

와인의 역사

2002년 12월 17일 초판 1쇄 인쇄
2014년 5월 8일 초판 4쇄 발행

지은이 | 로드 필립스
옮긴이 | 이은선
발행인 | 이원주
책임편집 | 김효선
책임마케팅 | 조용호

발행처 | (주)시공사
출판등록 | 1989년 5월 10일(제3-248호)

주소 | 서울시 서초구 사임당로 82(우편번호 137-879)
전화 | 편집(02)2046-2864 · 마케팅(02)2046-2878
팩스 | 편집(02)585-1755 · 마케팅(02)588-0835
홈페이지 | www.sigongsa.com

ISBN 978-89-527-3098-5 03900